Der Marsch nach Magdala

GA Henty

Writat

Diese Ausgabe erschien im Jahr 2024

ISBN: 9789359947457

Herausgegeben von
Writat
E-Mail: info@writat.com

VORWORT.

Durch die Übermittlung der bereits in der Tagespresse erschienenen Briefe an die Öffentlichkeit in gesammelter Form hat ein Sonderkorrespondent die Möglichkeit, einen von zwei Kursen zu wählen. Der eine Weg besteht darin, die Briefe so weit wie möglich in ihrem ursprünglichen Zustand zu veröffentlichen, als Tagebuch, das von Tag zu Tag und von Woche zu Woche geschrieben wird; die andere, das Ganze neu zu formulieren, die Briefe neu zu schreiben und eine kontinuierliche Erzählung der Expedition als ein vergangenes Ereignis zu geben. Der zweite dieser Kurse hat den Vorteil, dass er einen einheitlichen Zweck verfolgt; es wird weniger Fehler, weniger falsche Vorhersagen über den wahrscheinlichen Verlauf der Ereignisse und vor allem weniger Wiederholungen enthalten, die in einer Reihe von Briefen unvermeidlich vorkommen müssen. Auch der Stil wird natürlich viel glatter und ausgefeilter sein als in den Originalbriefen, die normalerweise in Eile und unter sehr schwierigen Umständen geschrieben wurden. Aber andererseits würde eine solche Erzählung viel von der Frische verlieren, die Originalbriefe besitzen, und ihr würde das Interesse fehlen, das eine Kenntnis der Hoffnungen und Befürchtungen, der Zweifel und Erwartungen, der Pläne, die dazu bestimmt sind, vereitelt zu werden, mit sich bringt. und die Meinungen, die sich im Laufe der Ereignisse ständig ändern, müssen zu einer Erzählung führen. Auch das Präsens ist weitaus angenehmer und weniger eintönig als das Präteritum . Ich habe mich daher entschlossen, bei der Einreichung meiner Briefe zur erneuten Veröffentlichung so weit wie möglich an der ursprünglichen Form und dem ursprünglichen Inhalt festzuhalten; Ich zögere jedoch nicht, viele Ergänzungen, Änderungen und Streichungen vorzunehmen, wenn spätere Informationen oder der Verlauf der Ereignisse bewiesen haben, dass meine Meinungen oder Schlussfolgerungen falsch waren.

Das vorliegende Werk erhebt nicht den Anspruch, eine wissenschaftliche Aufzeichnung der Expedition zu sein. Es gibt weder Statistiken, allgemeine Anordnungen noch offizielle Dokumente. Dies wird zweifellos später von einem Offizier erledigt werden, der für diese Aufgabe weitaus besser qualifiziert ist als ich. Es ist lediglich die schlichte Erzählung eines Zuschauers, der die Expedition von Anfang Dezember 1867, als die Lage in Zulla am schlimmsten war, bis zur Schlussszene in Magdala begleitete. Gleichzeitig habe ich mich nicht davor gescheut, meine eigene Meinung zum Hergang der Ereignisse zu äußern. Eine große Katastrophe wie die völlige Panne des Transportzuges in Zulla kann nicht passieren, ohne dass jemand dafür schwere Schuld trägt. Ich betrachte es als eine der ersten Pflichten eines Korrespondenten, furchtlos die Personen und Ursachen darzulegen, die seiner Meinung nach zu einer großen öffentlichen Katastrophe geführt haben. So unangenehm es auch sein mag, Fehler zu finden, ich habe daher nicht gezögert, die Schuld dort zuzuweisen, wo ich sie für angemessen halte. Dies tat ich im allerersten Brief, den ich Zulla nach der Landung schrieb, bevor ich nach Senafe hinaufgegangen war ; und die Meinung, die ich damals geäußert habe, zögere ich jetzt, nachdem Monate vergangen sind und nachdem ich die Angelegenheit in allen Einzelheiten erörtert habe, nicht zu bekräftigen.

Mit den Ausnahmen, auf die ich angespielt habe, sind die Briefe in Form und Inhalt dieselben wie damals, als sie in den Spalten des *Standard erschienen* ; Und obwohl ich aus den Gründen, die ich angeführt habe, davon überzeugt bin, dass es der klügste Weg ist, sie so zu belassen, kann ich bei der Erinnerung an die Umstände der Eile, Ermüdung und Schwierigkeit, unter denen sie geschrieben wurden, nicht umhin, mich extrem zu fühlen zögerlich, sie „mit all ihren Fehlern auf dem Kopf" der Öffentlichkeit vorzulegen .

GAH

EINLEITUNGSKAPITEL.

Die Abessinien-Expedition hat seit ihrer ersten Entscheidung nicht nur in Großbritannien, sondern in der gesamten zivilisierten Welt eine große Aufmerksamkeit erregt, die in keinem Verhältnis zur Stärke der eingesetzten Armee oder zum Ausmaß der auf dem Spiel stehenden Interessen steht . Die Gesamtstärke der eingesetzten Streitkräfte lag unter statt über 10.000 Mann; nicht ein Fünftel der Stärke einer Armee, die wir selbst für einen Feldzug in Indien ins Feld führen könnten; kaum ein Fünfzigstel der Streitmacht, die einer der großen Kontinentalmächte befehligt. Offensichtlich war es nicht die Größe der Expedition, die die Aufmerksamkeit auf sich zog: Es waren die außergewöhnlichen und neuartigen Umstände, unter denen sie durchgeführt wurde; die fast unüberwindlichen Schwierigkeiten, die es zu überwinden gilt; Die unbekannte Natur des zu durchquerenden Landes und die romantische Desinteresse der Beweggründe, die England dazu veranlassten, sich darauf einzulassen, machten es zu einer der interessantesten und bemerkenswertesten Kampagnen, die jemals unternommen wurden. Seit der Expedition von Pizarro und Cortes im Mittelalter ist keine solch neuartige und gefährliche Expedition mehr bekannt. Das Land selbst war wie das des weithin berühmten Prester John – alles an ihm hatte einen Hauch von Wunderbarem . Es war bergiger, unzugänglicher, kriegerischer und wilder als jedes andere Land der Welt. Der König, mit dem wir Krieg führten, war ein Potentat, der sich durch seine militärischen Talente aus einer verhältnismäßig obskuren Position zur Souveränität über ganz Abessinien erhoben hatte: Er war über seine Rasse hinaus aufgeklärt; bevormundete Fremde, ermutigte Manufakturen, bemühte sich auf jede erdenkliche Weise, die Lage seines Landes zu verbessern, und war dennoch ein blutrünstiger Tyrann. Die Menschen selbst waren eine seltsame Rasse, weitaus zivilisierter als andere afrikanische Nationen, Christen inmitten eines mohammedanischen und heidnischen Kontinents, eine Mischung aus vielen Rassen – Afrikanern, Griechen, Arabern und Juden. Alles in allem war es ein Land der Romantik. Auch hatten die Reisenden nicht viel dazu beigetragen, uns über das Land aufzuklären. Einige hatten es als äußerst fruchtbar beschrieben; andere hatten von einem Land voller Berge und Unreinheiten gesprochen, in dem keine Hoffnung auf Nahrung für die Armee bestand . Sie hatten sich nur darin vereint, böse Dinge zu prophezeien – Hunger und Durst, unzugängliche Berge und weglose Einöden, Fieber, Cholera, Pocken, Ruhr, die Tetse -Fliege, den Bandwurm und den Guineawurm. Wir sollten vom Feuer verzehrt werden; Wir sollten in Schluchten mit Steinen vernichtet werden, die auf uns geworfen wurden. wir sollten von unseren Märschen weitgehend abgeschnitten werden; Wir sollten durch wiederholte Angriffe Tag und

Nacht zu Tode gequält werden. Alle diese und viele andere Prophezeiungen wurden frei geäußert, und es schien wirklich, als ob unsere Expedition stark an der Natur einer verlorenen Hoffnung teilhaben würde. Die Freunde der Offiziere und Soldaten verabschiedeten sich von ihnen, als würden sie in den sicheren Tod gehen, und die Versicherungsbüros verdoppelten und verdreifachten die Prämie für ihr Leben. All dies trug dazu bei, das öffentliche Interesse und die Besorgnis auf ein Höchstmaß zu steigern . Es erübrigt sich nun zu erwähnen, dass fast alle negativen Vorhersagen vollständig verfälscht waren und dass wir keinerlei Schwierigkeiten hatten, abgesehen von Bergen und Schluchten, dem Mangel an Transportmitteln und der Knappheit an Nahrungsmitteln.

allgemein bekannt ist, ist es dennoch notwendig, vor Beginn der Geschichte des Feldzugs einige Worte zu den Ereignissen zu sagen, die ihm vorausgingen und ihn verursachten; und da das Thema von Dr. Beke in seiner kompetenten Arbeit über die abessinischen Gefangenen erschöpft wurde, kann ich nichts Besseres tun, als meiner Geschichte eine kurze Zusammenfassung der in seinem Band dargelegten Fakten voranzustellen. Dr. Beke kannte Herrn Plowden, unseren verstorbenen dortigen Konsul, gut und kannte alle Ereignisse, die zur Gefangenschaft der englischen Partei führten, genau, und er stand in engem Kontakt mit ihren Freunden hier. Seine Aussagen werden durch zahlreiche offizielle Dokumente gestützt; und dieser Band, in dem er nun den Stand des Falles darlegt, kann offenbar mit Zuversicht und in jeder Hinsicht als zuverlässig angesehen werden.

Das Königreich Abessinien ist extrem alt und war einst ein großes und blühendes Reich. Es wurde von einer Reihe von Monarchen regiert, die angeblich direkt von Menilek abstammen , dem Sohn von König Salomo und der Königin von Saba. Im letzten Jahrhundert hatte der legitime Monarch nur sehr wenig Macht; die eigentliche Autorität lag in den Händen der mächtigsten Häuptlinge der verschiedenen Stämme, aus denen das Reich bestand, und die, als sie abwechselnd dominant wurden, den Titel Ras annahmen oder Wesir, der den Marionettenkaiser in ehrenhafter Gefangenschaft hielt , Geschäfte verwaltete und Kriege führte, ohne auch nur die geringste Rücksicht auf seine Wünsche und Meinungen zu nehmen. Das Königreich Abessinien besteht aus einem riesigen Hochplateau oder Hochland mit großer Fruchtbarkeit und einem gemäßigten und angenehmen Klima. An seinem nordöstlichen Ende nähert es sich fast dem Meer, wobei der Hafen von Massowa an dieser Stelle sein natürlicher Abfluss ist. Nach Süden hin verläuft das Hochland vom Meer weg und wird von ihm durch eine weite Tiefebene getrennt, die von mohammedanischen Stämmen bewohnt wird. Die Religion der Ureinwohner Abessiniens selbst war schon sehr früh christlich und sie besitzen eine einheimische Version der Heiligen Schrift, die aus dem vierten Jahrhundert der christlichen Ära stammt. Die

Gesetze dieses einzigartigen Volkes basieren, wie unsere eigenen, auf dem Kodex Justinians. Die verschiedenen Stämme, aus denen das Reich besteht, erkennen zwar die Vormachtstellung des Kaisers an, sind jedoch praktisch unabhängig, zahlen lediglich einen nominellen Tribut und führen Krieg gegen ihn und setzen ihn ab, wann immer sie sich dazu stark genug fühlen. Diese Stämme sind sehr zahlreich, aber als die wichtigsten können diejenigen angesehen werden, die Tigre bewohnen, die Massowa am nächsten gelegene Provinz , und daher die Zugänge zum Landesinneren beherrschen; Amhara, die Hauptstadt, liegt südlich von Tigre, Lasta im Zentrum und Shoa , Godjam und Kwara im Westen. Von diesen ist Tigre der Vertreter des alten Königreichs. Es ist fast vollständig vom Fluss Takkazye umgeben , der es vom Rest des Reiches trennt; und seine Bewohner sprechen die Sprache des alten Äthiopischen, in der sich die frühe Version der Bibel befindet. Seit der Mitte des 16. Jahrhunderts beanspruchten die Türken die gesamte Küste, besetzten jedoch nur Sawakin und Massowa .

Im Jahr 1810 entsandte die englische Regierung, beunruhigt über die Versuche der Franzosen, in Ägypten Fuß zu fassen, Herrn Salt, den späteren Generalkonsul in Ägypten, nach Abessinien, um freundschaftliche Beziehungen mit dieser Macht aufzunehmen; und da dieser Herr nicht in der Lage war, über Tigre hinaus vorzudringen, dessen Oberhaupt zu der Zeit der Ras oder mächtigste Oberhaupt des Königreichs war, überbrachte er dieser Persönlichkeit den Brief von König Georg und die dazugehörigen Geschenke. Fast gleichzeitig wurde jedoch die Macht der Franzosen im Indischen Ozean vernichtet, und einige Jahre nach dem Sturz Napoleons, der die britische Regierung von allen Ängsten vor einer französischen Aggression im Osten befreite, kam es zu einem Abbruch der diplomatischen Beziehungen zwischen England und Tigre Ende. Es scheint jedoch eine ständige Eifersucht und einen ständigen Kampf zwischen den protestantischen und römisch-katholischen Missionen gegeben zu haben, die von den verschiedenen Herrschern des Landes abwechselnd gefördert und vertrieben wurden.

Im Jahr 1847 wurde ein britisches Konsulat gegründet und Herr Plowden für den Posten ausgewählt. Leider beging er den großen Fehler, anstelle des unabhängigen Häuptlings von Tigre freundschaftliche Beziehungen mit dem Potentaten von Amhara aufzunehmen, der, da er über die einzige Kommunikationsmöglichkeit verfügte, ein Bündnis mit Amhara für beide Parteien völlig wertlos machte. Herr Plowden selbst schien zu spät entdeckt zu haben, dass er einen Fehler begangen hatte, und schrieb an den Earl of Clarendon, der damals Außenminister war, dass er befürchtete, dass dadurch nur geringe kommerzielle Vorteile erzielt werden könnten. Seine Lordschaft antwortete, dass die Regierung Ihrer Majestät nach Abschluss des Vertrags und der Errichtung des Konsulats nicht bereit sei, auf jede Hoffnung auf

Vorteile zu verzichten, und bat ihn, einen Plan vorzuschlagen, wie er sich in Massowah oder einem anderen Seehafen niederlassen und die Kommunikation mit ihm aufrechterhalten könne der Innenraum.

Herr Plowden gab in seinem Bericht ausführliche Informationen über das Land und insbesondere über den nördlichen Teil, in den die Ägypter ständig Plünderungszüge unternahmen, das Vieh und die Bewohner verschleppten und diese als Sklaven verkauften. Konsul Plowden schrieb eindringlich an die ägyptischen Behörden über deren Verhalten, und als Folge seiner Darstellungen erhob Lord Clarendon beim Vizekönig von Ägypten energische Vorwürfe wegen seiner Aggressionen gegen Abessinien. Währenddessen war ein bemerkenswerter Mann aufgetaucht. Dedjatj Kassai war Häuptling eines der Kawra- Stämme. Als Mann mit großem Ehrgeiz und Talent hatte er den Plan, ganz Abessinien zu erobern, und griff im Gegenzug die benachbarten Machthaber an und besiegte sie und eroberte schnell das gesamte Land, mit Ausnahme von Tigre, und dann nahm den Titel Kaiser Theodor an. Theodore wird in Mr. Plowdens Depeschen als ein Mann mit guten Impulsen und dem Wunsch beschrieben, gut und weise zu regieren, aber von heftigem Temperament und einem übermäßigen Stolz auf seine königliche Würde und Position. Mit ihm nahm Herr Plowden Verhandlungen über einen Vertrag mit England, über die Entsendung einer Botschaft in dieses Land und über die Einrichtung des britischen Konsulats in Abessinien auf, das in allen Fällen, an denen ein britischer Untertan interessiert sein könnte, Befugnisse und Gerichtsbarkeit erhalten sollte .

Der Kaiser erhob Einspruch gegen die Klausel, die die Gerichtsbarkeit dem Konsul übertrug, versprach jedoch, der Angelegenheit seine ernsthafte Aufmerksamkeit zu widmen, wenn er dazu Zeit finden würde, da er England gegenüber am wohlsten gesinnt war. Lord Clarendon begrüßte den Kurs, den Konsul Plowden verfolgte, sehr und erklärte, dass die Königin große Freude daran haben würde, die Botschafter, die Seine Majestät an ihren Hof schicken würde, zu empfangen und mit der gebührenden Ehre zu behandeln . Die Ratifizierung dieses Vertrags und die Entsendung der Gesandtschaft wurden aufgrund der ständigen Kriege, in die Theodore mit aufständischen Stämmen in verschiedenen Teilen seines Reiches verwickelt war, verschoben, doch er zeigte sich stets bereit, diese Verpflichtungen sofort auszuführen konnte die Muße finden, die ihm dies ermöglichte. Im März 1860 wurde Konsul Plowden auf seiner Rückreise nach Massowah getötet , von der er fünf Jahre lang am Hofe von Theodore abwesend gewesen war.

Herr Layard beschuldigte Herrn Plowden in einer Rede vor dem Unterhaus am 30. Juni 1865 zu Unrecht der Pflichtverletzung. Er erklärte, dass Konsul Plowden „anstatt sich um das Ziel zu kümmern, mit dem er dort eingesetzt wurde, nämlich den Handelsverkehr zwischen Großbritannien und Abessinien zu fördern, sich in lokale Intrigen stürzte ... Die Regierung Ihrer

Majestät schickte ihm sofort Anweisungen dazu." auf seinen Posten in Massowa zurückzukehren und sich nicht länger in ihre örtlichen Differenzen einzumischen." Diese Anschuldigung löste einen empörten Protest seitens des Bruders von Konsul Plowden aus. Er zeigte, dass Herr Plowden in Abessinien akkreditiert war und nicht in Massowa , einem türkischen Hafen ohne Handel und ohne britische Untertanen oder zu schützende Interessen, der nur als Mittel zur Einreise nach Abessinien und zur Kommunikation mit Europa wertvoll ist , und machte es offensichtlich aus diesem Grund nur zum Sitz des Konsulats. Die Aufgaben des Konsuls bestanden darin, ausländische Intrigen zu beobachten und ihnen entgegenzuwirken, den Frieden zwischen Abessinien und Ägypten zu wahren, den Sklavenhandel zu unterbinden und den Handel zu fördern; Pflichten, die er offensichtlich nicht erfüllen könnte, wenn er in Massowa bliebe , das durch einen feindlichen Stamm vom Sitz des Reiches getrennt war. Herr Plowden wies darauf hin, dass sein Bruder sein Konsulat damit begonnen hatte, ins Landesinnere zu gehen, um Briefe und Geschenke an den regierenden Potentaten zu überbringen, und dass er sich während seiner gesamten Amtszeit dort mit nur wenigen Unterbrechungen aufgehalten habe, wobei sein letzter Besuch dort fünf Jahre gedauert habe Jahre ohne Pause. Dass er während dieser ganzen Zeit regelmäßig mit dem Auswärtigen Amt korrespondierte, das über seine Aktivitäten informiert war und von dessen Anweisungen er sich leiten ließ. Damit zeigte Herr Plowden schlüssig, dass der rücksichtslose Angriff, den Herr Layard fünf Jahre nach seinem Tod so ritterlich gegen einen Offizier verübte, der edelste und schwierigste Pflichten erfüllt hatte, völlig jeder Grundlage entbehrte. Nach dem Tod von Konsul Plowden wurde Kapitän Cameron in den Amtsbezirk aufgenommen „Konsul Ihrer Majestät in Abessinien", aber erst am 9. Februar 1862 kam er in Massowa an . Seine Anweisungen waren eher vage und blieben notwendigerweise zu einem großen Teil seinem eigenen Ermessen überlassen, aber er wurde im Allgemeinen angewiesen, die Politik von Konsul Plowden fortzusetzen, die Verhandlungen über den Vertrag fortzusetzen und eine Botschaft nach England zu entsenden . Natürlich sollte Massowa sein Hauptquartier sein, aber es wurden ihm keine einstweiligen Verfügungen erteilt, nicht ins Landesinnere zu gehen. Im Gegenteil, er erhielt Briefe und Geschenke an den Kaiser , dem ihn Earl Russell vorstellte, und bat in seinem Namen um Theodores Schutz und Gunst . Kapitän Cameron war in der Zeit zwischen seiner Ernennung und seinem Weggang zu seinem Posten von Konsul Plowden gründlich über die Fortschritte bei den Verhandlungen unterrichtet worden und hatte die volle Befugnis, diese zum Zeitpunkt ihrer Verhandlungen aufzunehmen Als dieser Herr starb, wurde Herr Stern, der Missionar, von Earl Russell selbst gebeten, zu diesem Zeitpunkt in London zu bleiben, um mit Kapitän Cameron die geplante Botschaft und andere Angelegenheiten zu besprechen. Und doch wagte Herr Layard angesichts dessen am 31. Oktober 1865 an seinem Platz im Parlament die Aussage, als er Konsul Camerons Depesche zu diesem Thema zitierte: „Dies stand nun völlig im Widerspruch zu der Anweisung, die er erhalten hatte." " Konsul Cameron wurde von Kaiser Theodore mit großem Staat und Höflichkeit empfangen , der erneut seinen Wunsch zum Ausdruck brachte, eine Botschaft nach England zu schicken. Aber ein oder zwei Tage, nachdem der Konsul den abessinischen Hof erreicht hatte, traf die Nachricht ein, dass unser Konsul in Jerusalem, auf den immer geachtet worden war und der als Beschützer der dortigen abessinischen Kolonie fungiert hatte, vom Außenminister den Befehl erhalten hatte, sich zurückzuziehen dass ihr Kloster daher von den Armeniern geplündert worden sei. Diese Angelegenheit der Jerusalemer Abessinier wird von Dr. Beke mit großer Klarheit erzählt, aber der Platz verbietet mir hier, darauf einzugehen; Es genügt, dass Earl Russell ohne den geringsten Grund oder Vorwand den Schutz oder vielmehr die guten Dienste entzog, die Lord Malmesbury der abessinischen Kolonie gewährt hatte und die ein Grund für den guten Willen gewesen waren, mit dem England in Abessinien betrachtet wurde.

Am darauffolgenden Tag traf sich der Kaiser mit Kapitän Cameron, teilte ihm mit, dass er den Vertragsgegenstand gut überlegt habe und dass es keine Schwierigkeiten geben würde, und überreichte ihm einen Brief, den er an Ihre Majestät geschrieben hatte. Darin bringt der Kaiser nach vielen Bekundungen seiner Wertschätzung und guten Wünsche seine Absicht zum Ausdruck, die Türken wegen ihrer ständigen Aggressionen gegen ihn anzugreifen, und bittet Ihre Majestät, für das sichere Geleit der Botschafter zu sorgen, wozu er bereit ist sofort nach England schicken. Nach Erhalt dieses Briefes machte sich Konsul Cameron sofort auf den Weg zur Seeküste. Auf seinem Weg wurde er jedoch von einem Rebellenhäuptling aufgehalten; aber seine Briefe wurden von einem einheimischen Boten herabgeschickt und kamen am 12. Februar 1863 in London an. Kapitän Cameron selbst reiste in Begleitung des Vertreters des Kaisers und einer starken Eskorte nach Bogos, um den Wahrheitsgehalt der angeblichen Übergriffe des Kaisers zu untersuchen Türken oder Ägypter, wie sie gleichgültig genannt werden, in diese Provinz. Als Kapitän Cameron feststellte, dass diese weiterhin fortgeführt wurden, schrieb er an Generalkonsul Colquhoun in Alexandria und bat ihn, bei der ägyptischen Regierung Vorwürfe zu machen. Er schrieb auch von Bogos aus an Earl Russell und zweimal an den Kaiser , in dem er ihn über die Schritte informierte, die er zum Schutz seiner Untertanen unternahm, wobei er sich in dieser Hinsicht am Verhalten seines Vorgängers, Konsul Plowden, orientierte, der als Anwalt fungierte der Sache der christlichen Abessinier gegen die Türken, in vollkommener Übereinstimmung mit dem Vertreter und Günstling des Kaisers, der sein Begleiter war. Es ist daher klar, dass es nicht die geringste Grundlage für Earl Russells unüberlegte Behauptung gibt: „Der Hauptgrund für die Wut des

Kaisers auf Konsul Cameron war diese Reise nach Bogos." Sein Vorgehen erregte jedoch den Unmut sowohl der ägyptischen Regierung als auch der einheimischen Behörden. Zu Herrn Plowdens Zeiten befand sich Ägypten in einem Zustand der Desorganisation , und deshalb hatte die britische Regierung, nachdem sie den Bericht ihres Konsuls über die von den ägyptischen Truppen an den Bewohnern von Bogos verübten Gräueltaten erhalten hatte, die energischen Vorwürfe unseres Außenministers an die Regierung gerichtet Vizekönig; aber jetzt wurden die Dinge geändert. Ägypten war kompakt und stark, und Earl Russell wollte einen so gut regulierten Verbündeten um keinen Preis beleidigen. Deshalb wurde Captain Cameron ein scharfer Tadel erteilt, er solle sich um seine eigenen Angelegenheiten kümmern und nach Massowah zurückkehren . Das sind die Auswirkungen einer veränderten Lage der Dinge, und weil der arme Konsul Cameron nicht darüber nachdachte, wurde ihm vorgeworfen, er habe genau das Gleiche getan, wofür Konsul Plowden viel Verdienst erlangt hatte.

Als Kapitän Cameron nach längerer Abwesenheit im Juli an den Hof zurückkehrte, war seine Lage nicht gerade angenehm, denn er hatte immer noch keine Antwort auf den Brief des Kaisers an die Königin, der am 31. Oktober des Vorjahres abgeschickt worden war; Er hatte tatsächlich noch keine Antwort auf seine eigene Absendung erhalten , die diesem Brief beigefügt war; denn aufgrund von Verzögerungen hatte es, wie gesagt, England erst am 12. Februar erreicht, und Earl Russell hatte es nicht für wichtig genug gehalten, es mehr als zwei Monate später zu beantworten, und zwar ohne die geringste Anspielung auf die des Kaisers Brief, den es beigelegt hat.

Nachdem sich der Konsul von dem Vertreter des Kaisers in Bogos getrennt hatte, hatte er gemäß den Anweisungen, die er vom Auswärtigen Amt erhalten hatte, die ägyptische Provinz Sudan besucht, um sich über die Aussichten des dortigen Baumwollanbaus zu erkundigen Die Herstellung ägyptischer Baumwolle erregte damals in England große Beachtung. Diese Expedition verstärkte die Wut, die Kaiser Theodor empfand, weil er keine Antwort auf seinen Brief an Ihre Majestät erhalten hatte. Das folgende Gespräch fand bei seinem ersten Gespräch mit Kapitän Cameron statt und bezeugt eindeutig den wahren Grund für den Zorn des Kaisers :

„Wo warst du, seit du dich in Bogos von Samuel getrennt hast?"

„In die Grenzprovinzen von Sudan."

"Wozu?"

„Um etwas über Baumwolle und Handel usw. zu erfahren."

„Wer hat dir gesagt, dass du dorthin gehen sollst?"

„Die britische Regierung."

„Haben Sie mir eine Antwort von der Königin von England gebracht?"

"NEIN."

"Warum nicht?"

„Weil ich von der Regierung keine Mitteilung zu diesem Thema erhalten habe."

„Warum kommst du dann jetzt zu mir?"

„Ich bitte um Erlaubnis, nach Massowa zurückkehren zu dürfen ."

"Wozu?"

„Weil ich von der Regierung angewiesen wurde, dorthin zu gehen."

„Also", rief der verärgerte Monarch, „Ihre Königin kann Ihnen den Befehl geben, meine Feinde, die Türken, zu besuchen und dann nach Massowa zurückzukehren ; aber sie kann auf meinen Brief an sie keine höfliche Antwort schicken. Du sollst mich nicht verlassen, bis diese Antwort kommt."

Kapitän Cameron wurde dann im Juli 1863 ein Gefangener, allerdings nicht in Fesseln, sondern ein Gefangener auf Bewährung. Im September kam die Antwort von Kaiser Napoleon, an den Theodore gleichzeitig mit der Königin einen Brief geschickt hatte. Diese Antwort war sehr beleidigend, da sie von Marschall O'Neil und nicht vom Kaiser selbst verfasst wurde. Auch sein Inhalt war außerordentlich schlecht beurteilt, und das Schreiben wurde vor einem Rat der Würdenträger vom Kaiser in Stücke gerissen und mit Füßen getreten. Dem französischen Konsul und einem Begleiter wurde gerichtlich befohlen, das abessinische Territorium zu verlassen.

Im Oktober traf Earl Russells Antwort an Kapitän Cameron ein, jedoch ohne die geringste Anspielung auf Theodores Brief. Bis zu diesem Zeitpunkt war zwischen den Herren Stern und Rosenthal und dem Kaiser keinerlei Anlass zum Streit entstanden; aber die Wut, die Theodore über die so rücksichtslose Kränkung empfand, die ihm der britische Außenminister zugefügt hatte, brach jetzt über die Köpfe der gesamten Nation aus. Am 15. Oktober wurde Kapitän Camerons Diener oder Bote festgenommen und geschlagen; und am Abend desselben Tages wurden die beiden Diener von Herrn Stern ergriffen und so grausam geschlagen, dass sie beide in derselben Nacht starben. Herr Stern selbst, der zu diesem Zeitpunkt dabei war, legte in seinem Entsetzen über das Verfahren zufällig die Hand an den Mund. Es hieß sofort, er habe dem Kaiser in den Daumen gebissen , was als Rachedrohung gewertet wird;

und er wurde dementsprechend ergriffen und grausam geschlagen, und auch an seinem Leben war eine Zeit lang zu zweifeln. Eine Zeit lang geschah nichts weiter, und dann ließ der Kaiser, der seinen Wutanfall gegen einen Mann, mit dem er keinen Streit oder Grund zur Beschwerde gehabt hatte, irgendwie rechtfertigen wollte, alle Bücher von Herrn Stern und Herrn Rosenthal einholen Die Papiere wurden geprüft und verlesen. Dieses Amt wurde von einem Franzosen namens Bardel ausgeübt, der durchweg als verräterischer und erbitterter Feind der englischen Partei galt. Hier wurde in Form von Bemerkungen in ihren Tagebüchern über das Verhalten des Kaisers genügend kriminelles Material gefunden, und sie wurden zum Tode verurteilt; aber dies wurde in eine Gefängnisstrafe umgewandelt.

Am 22. November traf ein junger Ire namens Kearns mit einer weiteren Depesche des Auswärtigen Amtes ein – wahrscheinlich die vom 13. August, die jedoch keinerlei Anspielung auf den Brief des Kaisers enthielt. Das verärgerte Theodore natürlich mehr denn je, und Kapitän Cameron wurde nun angewiesen, ihn an beiden Händen zu fesseln. Am 4. Januar wurden Kapitän Cameron, seine Diener und die Missionare alle in Fesseln gelegt und im gemeinsamen Gefängnis eingesperrt. Der Grund für diesen erneuten Beweis des Zorns des Königs wird von Herrn Steiger, einem Mitglied der schottischen Mission, als die Ankunft des Leiters des Abessinierklosters in Jerusalem mit der Nachricht angegeben, dass der britische Konsul dort abgelehnt habe in ihrem Namen einzugreifen. Ist noch etwas nötig, um die Tatsache zu beweisen, dass die Behandlung der unglücklichen Missionare nur eine Nebenepisode der Hauptfrage war, die ausschließlich zwischen Kaiser Theodore und der britischen Regierung lag?

Die lange Haftzeit, die Folter und die Demütigungen, die den Gefangenen zugefügt wurden, sind der Öffentlichkeit bereits bekannt. Sehen wir uns nun an, welche Schritte die verstorbene Regierung unternommen hat, um ihre Freilassung zu erreichen.

Die Nachricht von der Inhaftierung von Kapitän Cameron erschien am 15. Dezember in den Pariser und Londoner Zeitungen; aber niemand konnte es glauben, da die Gunst des britischen Konsuls allgemein bekannt war. Lord Clarendon erklärte jedoch im House of Lords in der Debatte am 9. Februar 1866, dass die Nachricht zu dem angegebenen frühen Zeitpunkt der Inhaftierung des Konsuls eingegangen sei; Aber erst am 16. März 1864, also drei Monate nachdem es im Auswärtigen Amt bekannt wurde, erhielt die Londoner Gesellschaft zur Förderung des Christentums unter den Juden die traurige Nachricht und veröffentlichte sie. Frau Stern schrieb eine Petition an die Königin und bat sie, einen Brief gemäß dem von ihr selbst verfassten Zeichenhandbuch an den Kaiser zu senden. Lord Shaftesbury übergab diesen Brief an Earl Russell, fügte sein eigenes Gebet dem von Frau Stern hinzu und forderte ihn auf, die Petition der Königin vorzulegen. Am folgenden Tag, dem 7. Mai, gab Earl Russell die Petition, ohne sie vorgelegt zu haben, an Lord Shaftesbury zurück und sagte, dass er „nach langem Überlegen zu dem Schluss gekommen sei, dass er der Königin nicht raten sollte, an den König von Abessinien zu schreiben.“

So wäre es vielleicht bis zum heutigen Tag geblieben, wenn nicht eine Notiz, die Kapitän Cameron während seiner Gefangenschaft geschrieben hatte, von seinen Verwandten erhalten und von ihnen höchst indiskret in den Zeitungen veröffentlicht worden wäre. Darin sagte er, dass es keine Hoffnung auf seine Freilassung gebe, wenn nicht eine Antwort auf den Brief des Kaisers geschickt werde . Jeder war voller Empörung über die Verzögerung von vierzehn Monaten, die bei der Übermittlung einer Antwort auf ein so wichtiges Dokument entstanden war, und Earl Russell und seine Kollegen kamen zu dem Schluss, dass sie Ihrer Majestät schließlich raten sollten, auf den Brief zu antworten. was sie auch tat, und gegen Ende Juni wurde der Brief abgeschickt. Dies geschah jedoch so ineffizient, dass es, nachdem es Kairo erreicht hatte, nach England zurückgeschickt wurde, um dort Änderungen vornehmen zu lassen, und selbst dann war es nicht perfekt, denn viele Monate später stellte sich heraus, dass das königliche Siegel nicht angebracht worden war. und dementsprechend wurde im Februar oder März 1865 ein neuer Brief verschickt. Die Person, die für die Ausführung dieser heiklen Angelegenheit ausgewählt wurde, war ein Herr Rassam , der als Zahlmeister für die von Herrn Layard in Ninive beschäftigten Männer fungiert hatte und dazu angewiesen wurde forderte die Freilassung von Konsul Cameron, da es sich bei den anderen Gefangenen jedoch nicht um britische Untertanen handelte, dürfe er sich nicht zu autoritär für sie einsetzen. Aber Herr Rassam hatte, wie Dr. Beke bestätigt, eine andere und weitaus heiklere Mission. „Er sollte ein gutes Argument für die britische Regierung vorbringen – die Schuld von ihren Schultern nehmen, selbst wenn sie auf die anderer abgewälzt würde. Es spielte keine Rolle, wer der Sündenbock sein könnte, solange die Regierung entlastet wurde. Das ist ganz bewusst gesagt.“ Herr Rassam ging nach Massowah , wo er ein Jahr lang blieb und scheinbar überhaupt nichts tat. Dr. Beke meint, dass sein Verhalten die ganze Zeit, sowohl in diesem als auch in seinem späteren Verhalten, als er ins Landesinnere ging und den Kaiser sah , gelinde gesagt, nicht vernünftig war. Die Freilassung der Gefangenen, als Herr Rassam endlich den Kaiser sah und den Brief der Königin überreichte, und ihre anschließende Inhaftierung zusammen mit Herrn Rassam sind allen bekannt.

Während all der zahlreichen Debatten in den Parlamentsgebäuden dieser Zeit bemühten sich Earl Russell und Mr. Layard beharrlich , jede Diskussion zu ersticken, indem sie erklärten, dass sie dem Kaiser zu Ohren kommen würde; Aber als das Haus schließlich darauf bestand, sich nicht mehr mit vagen Allgemeinplätzen abschrecken zu lassen, machten sich diese beiden

Herren, die alles, was gesagt worden war, was die Gefühle des Kaisers Theodore verletzen könnte, so missbilligt hatten, nun schuldig, die stärksten und beleidigendsten Schimpfwörter auf sie anzuwenden Wären sie dem Kaiser bekannt geworden, hätte dies die sofortige Hinrichtung seiner Gefangenen sichergestellt. Dies war, gelinde gesagt, ein seltsamer und eigenartiger Fall von Inkonsistenz seitens dieser nachdenklichen Staatsmänner. Als Folge dieser Debatten im Repräsentantenhaus kam Earl Russell schließlich zu dem Schluss, dass es sich um eine Angelegenheit handelte, die nicht länger manipuliert werden konnte, und er selbst beauftragte Herrn Palgrave, nach Abessinien aufzubrechen, um sich um die Freilassung des Konsuls und seiner Gefährten zu bemühen in Gefangenschaft. Herr Rassam verhinderte jedoch, dass dieser Herr irgendetwas unternahm. Tatsächlich kann, wenn man Dr. Beke vertrauen darf, nichts außergewöhnlicher sein als das Verhalten dieser Person. Er erhielt die Nachricht von seiner Abberufung, während er wie üblich ruhig in Massowah wartete . Sofort bestieg er den Dampfer, der die Informationen brachte, dampfte nach Suez und telegrafierte von dort aus an den Agenten Ihrer Majestät und den Generalkonsul in Ägypten, dass Konsul Cameron freigelassen worden sei. Es ist erwiesen, dass dies völlig unbegründet war, aber es hatte die gewünschte Wirkung, indem es Mr. Palgraves Fortschritt aufhielt, da dieser Herr in Kairo angekommen war und im Begriff war, den Nil hinaufzufahren. Herr Rassam lehnte jegliche Gemeinschaft mit Herrn Palgrave ab und weigerte sich, dem Vorschlag zuzustimmen, dass einer den Nil hinauf und der andere über den Nil weiterfahren *sollte* Massowa . Herr Rassam nahm dann die von Herrn Palgrave mitgebrachten Geschenke entgegen und machte sich auf den Rückweg nach Massowa , von wo aus er das tat, was es zunächst keinen ersichtlichen Grund gab, warum er es nicht hätte tun sollen: Er machte sich auf den Weg ins Landesinnere. Herr Palgrave blieb in Kairo, um das Ergebnis von Herrn Rassams Mission abzuwarten . Dort blieb er, als im März 1866 die Nachricht kam, dass die Gefangenen freigelassen worden seien und sich auf dem Weg zur Küste befänden; dort blieb er, bis Herr Flad mit der Nachricht von der Inhaftierung von Herrn Rassam und den Gefangenen in Ägypten eintraf; und dann, was außergewöhnlich ist, als es schien, dass er von Nutzen sein könnte, machte er sich mit dem ersten Dampfer auf den Weg nach England.

Wie Dr. Beke sagt, ist die ganze Angelegenheit ein Rätsel, das gelöst werden muss. Diese plötzliche Reise von Herrn Rassam nach Ägypten, nachdem er die Nachricht von seiner Abberufung erhalten hatte, das unwahre Telegramm, das er von dort abschickte und das Herrn Palgraves Expedition ein Ende machte – kurz gesagt, jeder Vorfall, der mit dem Verhalten zusammenhängt Der Fall des ehemaligen Zahlmeisters von Herrn Layard erfordert eine tiefgreifende Untersuchung.

Dies ist der Bericht von Dr. Beke; und da Herr Layard, obwohl offen angegriffen, nie eine einzige gegen ihn behauptete Aussage widerlegt hat, sondern sich mit vehementen persönlichen Angriffen auf Dr „Gegner") muss davon ausgegangen werden, dass die Aussagen von Dr. Beke in allen wesentlichen Punkten richtig sind.

Dies war der Stand der Dinge, als das konservative Ministerium an die Macht kam; und nach einem weiteren erfolglosen Versuch, die Gefangenen freizukaufen, entschied man sich für den Krieg als einzige verbleibende Ressource.

Die Ankündigung der Absicht der Regierung wurde mit allgemeiner Zufriedenheit aufgenommen. Es war kein Krieg, für den man irgendeine Begeisterung verspürte; es gab keinen nationalen Ruhm, keinen nationalen Vorteil zu erlangen; aber ein nationaler Makel sollte abgewischt und eine Gruppe unserer Landsleute aus einer Lage gerettet werden, in die sie nicht durch eigenes Verschulden, sondern durch die schändlichen Beleidigungen *der* Regierung, der sie dienten, geraten waren; Daher kann man sagen, dass England im Allgemeinen, wenn es auch nicht mit ganzem Herzen in den Krieg eintrat und bei dem Gedanken an die wahrscheinlich enormen Kosten ein wenig zusammenzuckte, sich dennoch herzlich mit der Notwendigkeit des Krieges abgefunden hat. Sobald der Krieg beschlossen war, waren die Zeitungsspalten überschwemmt mit Vorschlägen von allen, die jemals in Abessinien gewesen waren, und von einer großen Zahl von Personen, die es noch nicht getan hatten; und diese waren sich, obwohl sie in fast jedem Punkt unterschiedlicher Meinung waren, doch darin einig, Gefahr auf Schwierigkeit und Schrecken auf Schrecken zu häufen, bis die Luft, die Erde und das Wasser Abessiniens von Würmern und anderen kriechenden Dingen zu wimmeln schien. In der Zwischenzeit gingen die Vorbereitungen stetig voran. Von England aus wurden Offiziere nach Ägypten, Spanien und in verschiedene Teile des Mittelmeerraums geschickt, um Maultiere zu kaufen. Woolwich war mit der Vorbereitung von Gebirgsgeschützen beschäftigt; Transporte wurden aufgenommen, Lazarettschiffe ausgerüstet und große Mengen an Zelten und anderen Vorräten vom Turm aus versandt. Das war fast alles, was England beisteuern sollte , denn es wurde beschlossen, dass die Expedition ausschließlich eine indische sein sollte und dass Bombay sowohl die Ehre als auch die Verantwortung für alle Vorkehrungen haben sollte.

Sobald aus England der Befehl einging, eine Expedition so schnell wie möglich auszurüsten, machten sich Sir Seymour FitzGerald, der Gouverneur von Bombay, und Sir Robert Napier, Oberbefehlshaber der Bombay-Armee, ernsthaft an die Arbeit. Der größte Verdienst gebührt zweifellos ersterem für seinen unermüdlichen Eifer und seine Ernsthaftigkeit; Er war unermüdlich, aber gleichzeitig bezweifle ich stark, dass es klug ist, die mit einer großen

Expedition dieser Art verbundenen Vorkehrungen einem Zivilisten zu überlassen, der zwangsläufig mit den Anforderungen einer Armee nicht vertraut sein muss und der sich vollständig von ihnen leiten lassen muss Rat seines Rates. Die Folge war, dass Sir Robert Napier verpflichtet war, den Gouverneur in jedem Punkt zu konsultieren, und der Gouverneur wiederum musste seinen eigenen Militärberater konsultieren, einen Offizier, der zwangsläufig weitaus weniger Ansehen hatte als Sir Robert Napier, der somit dem Namen nach überstimmt werden konnte vom Gouverneur, in Wirklichkeit jedoch von einem untergeordneten Beamten. So wurde, als eines von vielen Beispielen, Sir Robert Napiers Plan für einen Transportzug, der dem Gouverneur Anfang September zur Genehmigung vorgelegt worden war, vollständig aufgegeben, und der neue Plan wurde vom Gouverneur erst zwei Monate später herausgegeben ; So war Sir Robert, der bei seiner Ankunft in Abessinien allein dafür verantwortlich war, Gefahr, dass seine gesamten Vorkehrungen durch die Panne eines Transportzuges zerstört wurden, mit dessen Organisation er überhaupt nichts zu tun hatte.

Da es sich bei der vorliegenden Gegenwart lediglich um eine Erzählung über den Marsch der Armee nach Magdala handelt, muss ich die Vorbereitungen in Bombay flüchtig übergehen. Ich werde jedoch einige Auszüge aus den von Sir Robert Napier herausgegebenen Memoranden anführen, die ausreichen werden, um zu zeigen, wie genau er die Schwierigkeiten der zu erledigenden Arbeit einschätzte und wie gründlich er über jedes Detail nachdachte.

In seinem Memorandum vom 8. August schätzt Sir Robert Napier, dass er 12.000 Mann benötigen wird, wovon 2.000 im Hafen und am Posten Nr. 1 auf dem Hochland (Senafe) bleiben müssen; 2000 Mann bei Antalo oder zu einem ähnlichen Zeitpunkt im Voraus; und 2000 Mann, um die offene Kommunikation mit der Vorhut aufrechtzuerhalten und sie bei Bedarf zu unterstützen.

In der Minute des 31. August entwickelt er seine Pläne weiter. Er spricht dort von Posten Nr. 1 wie in Zulla , Posten Nr. 2 wie in Senafe , Posten Nr. 3 wie in Antalo , der, wie er sagt, „einer von großer Bedeutung sein wird und sehr stark sein sollte.“ „Posten Nr. 4 wird wahrscheinlich nicht weit von Socota entfernt sein , was ebenfalls ein sehr wichtiger Punkt sein wird. Es liegt in einem schwierigen und rauen Land und wird unsere letzte Hauptversorgungsbasis sein, von der aus die Einsatzkräfte unterstützt werden.“ Weiter sagt er: „Es wird notwendig sein, unserem äußersten Stützpunkt, den ich der Einfachheit halber Socota nennen werde, Vorräte für die zur Verteidigung dieses Gebirgslandes erforderliche Streitmacht und für das Einsatzkorps (wahrscheinlich insgesamt 7000 Mann) zu beschaffen.“ für vier Monate.“ In derselben Minute sagt er: „Beim Vorrücken von Posten Nr. 2 (Senafe) wird die führende Division sofort nach Antalo vorrücken , und der Rest der vorrückenden Truppe wird auf der Straße Posten beziehen, um den Nachschubtransport für fünf zu decken." Monate von Nr. 2 bis Nr. 3 werden sie an Stationen stationiert, wo sie Wasser und Futter erhalten können, und dann werden Vorräte für 9000 Mann an die Front weitergeleitet. Von Antalo aus wird der gleiche Vorgang wiederholt, bis die Vorräte für 7000 Mann zum Posten Nr. 4 in Socota transportiert wurden . Von diesem Zeitpunkt an wird die operative Kolonne je nach Bedarf ein oder zwei Monate lang mit Vorräten versorgt sein."

Diese Auszüge sind äußerst interessant, da sie die ursprünglichen Pläne des Feldzugs zeigen, wie sie von Sir Robert Napier festgelegt wurden. Im Verlauf der Erzählung wird sich zeigen, wie gänzlich von diesem Plan abgewichen werden musste, da Nahrung und Futter knapp waren und der Transportzug teilweise ausfiel; wie auf Beitrag Nr. 4, der als „lebenswichtig" beschrieben wurde , gänzlich verzichtet werden musste; und wie infolgedessen die Armee, als sie fünf oder sechs Tage von Magdala entfernt war, fast ohne Vorräte war, während ihr Stützpunkt in Antalo zweihundert Meilen entfernt war.

Am 12. September veröffentlichte Sir Robert ein ausgezeichnetes Memorandum über die Ausstattung der Schiffe und der Geräte zur Landung von Tieren und machte viele Vorschläge für die Gesundheit und das Wohlbefinden der Truppen.

Was die Auswahl der Truppen für die Expedition anbelangt, so wählte Sir Robert selbst die verschiedenen Regimenter aus. Zwischen den verschiedenen Präsidentschaften kam es zu einer intensiven Diskussion, wobei Madras und Bengalen natürlich den Wunsch hatten, eine möglichst große Quote beizusteuern. Zu diesem Thema sagte der General am 5. September weise: „Ich halte es für besonders vorteilhaft, wenn möglich die einheimischen Regimenter einer Armee zu haben, da sie in Harmonie miteinander arbeiten und sich aufeinander verlassen; Wenn sie unterschiedliche Präsidentschaften innehaben, entstehen große Bitterkeitsgefühle, wenn der eine oder andere im Hintergrund bleibt, und Parteilichkeiten werden als Grund dafür heraufbeschworen, warum der eine oder andere nicht in den Vordergrund gerückt wird."

Es gab eine beträchtliche Korrespondenz im Zusammenhang mit der Bildung und Zusammensetzung der Pioniertruppe, wobei die Meinung des Generals von der seiner Exzellenz, dem Gouverneur, überstimmt wurde. Der folgende Auszug aus dem Memorandum vom 8. September zeigt dies vollständig: „Ich kam zu dem Schluss, dass ich formelle und eindeutige Informationen über jede Änderung der Ansichten oder Pläne Seiner Exzellenz erhalten sollte, und war daher nicht darauf vorbereitet, von Colonel Marriott zu erfahren, als die Expedition stattfand." Er war fast bereit, fortzufahren, und seine Exzellenz hatte beschlossen, die verantwortungsvolle Aufgabe, endgültig den Ausschiffungspunkt zu bestimmen und die Erkundung in eine Besetzung der Küste durch eine Truppe von etwa 1500 Mann umzuwandeln, ganz Oberst Merewether zu überlassen. Über all die verschiedenen Umstände, die Seine Exzellenz zu dieser Schlussfolgerung geführt haben könnten, bin ich nicht vollständig informiert; aber ich hege starke Einwände dagegen, dass die Frage völlig der Entscheidung von Oberst Merewether überlassen wird, da er, in Übereinstimmung mit der Meinung Seiner Exzellenz (zum Ausdruck gebracht in der Note Seiner Exzellenz an Oberst Marriott), das militärische Kommando über die Partei innehat, – weil er dieser völlig zustimmt Da Seine Exzellenz diesen Offizier hoch schätzt, scheint es mir, dass Oberst Merewether starke vorgefasste Meinungen zugunsten einer Route hat, die mir aus den jüngsten Berichten, insbesondere dem von M. Munsinger , als solche erscheint das wäre gefährlich für den Erfolg der Expedition, und seine Wahl eines Ausschiffungspunktes wird durch so starke und aufrichtige Meinungen sinnvoll beeinflusst." Dem Protest von Sir Robert Napier wurde Beachtung geschenkt, und andere Offiziere wurden mit Colonel Merewether in Verbindung gebracht; aber dieser Auszug reicht aus, um zu zeigen, wie viel der Gouverneur von Bombay ohne die Zustimmung oder auch nur die Konsultation von Sir Robert Napier getan hat.

Die allgemeinen Anweisungen an die Pioniertruppe waren präzise: Sie wurden angewiesen, einen Landeplatz auszuwählen und sich dann nach der Frage der Beschaffung von Transportmitteln und Vorräten von den Eingeborenen zu erkundigen (letzteres war Oberst Merewethers besondere Aufgabe); und Colonel Wilkins, RE, wurde speziell damit beauftragt, die Anpassungsfähigkeit des Ufers für Landungen, die Errichtung von Piers, schwimmenden Kais und Unterständen aller Art zu bestimmen; Außerdem wurde ihm befohlen, über den militärischen Wert ausgewählter Stellungen zu beraten und bei der allgemeinen Aufklärung mitzuhelfen . Aber der Punkt, den General Napier vor allem anderen betonte, war, dass die Pioniertruppe auf keinen Fall in das Hochland vordringen dürfe; Er wusste, dass dies keinen Nutzen bringen konnte und dass es eine große und unnötige Arbeit bedeuten würde , sie in einer Entfernung vom Meer zu versorgen, insbesondere in einem so schwierigen Land. Sowohl Colonel Merewether als auch Colonel Phayre machte er diesen Punkt deutlich. In seinem Brief vom 9. Oktober an den ehemaligen Offizier sagte er: „ *Es ist keineswegs beabsichtigt, dass diese Truppe eine Position auf einer Anhöhe einnimmt* , wofür ihre Stärke und Zusammensetzung ungeeignet sind." Weiter sagt er: „Wenn die Nachrichten zufriedenstellend sind, wird Staveleys Brigade auslaufen, und *bei ihrer Ankunft* kann der Vormarsch erfolgen." Gegenüber Oberst Phayre war er ebenso deutlich. In einem Brief an ihn vom 9. Oktober sagt er: „ *Es ist natürlich nicht beabsichtigt, dass Colonel Field auf das Hochplateau* bei Dexan usw. zieht, sondern lediglich, um eine Position einzunehmen, die das Depot abdeckt und schützt." Vieh." Und noch einmal: „Sie werden verstehen, dass es *nicht mein*

Wunsch ist, eine Siedlung auf dem Hochland zu errichten , das wir zu lange aufrechterhalten müssten, bevor wir vorrücken."

Wie diese Offiziere die so klar und nachdrücklich dargelegten Anweisungen ausführten , werden wir später sehen.

Es erübrigt sich, jetzt auf Einzelheiten der Vorbereitungen in Bombay einzugehen, aber man kann sagen, dass sie äußerst umfangreich und vollständig waren. Für die Gesundheit und das Wohlergehen der Truppen wurde alles Erdenkliche getan. Geld wurde verschwendet wie Wasser; Aber in der Eile und Hektik, die vorherrschte, besteht kein Zweifel daran, dass die Behörden in vielen Fällen grob übergriffig waren und dass die Vorräte von so schlechter Qualität verschickt wurden, dass sie völlig nutzlos waren. Als Beispiel möchte ich die Stiefel für die Lokführer des Transportzuges nennen, die nie länger als eine Woche hielten und von denen nur sehr wenige auch nur dieses vergleichsweise respektable Alter erreichten. Wie bei diesen, so auch bei vielen anderen Geschäften; aber es ist wahrscheinlich, dass Fälle dieser Art untrennbar mit einer hastig vorbereiteten Expedition verbunden sind. Die anschließend weitergeleiteten Filialen waren von deutlich besserer Qualität.

Nach diesen einleitenden Bemerkungen beginne ich meine Erzählung mit dem Datum meiner eigenen Abreise aus Bombay.

DER MARSCH NACH MAGDALA.

An Bord des Transport General Havelock,
1. Dezember 1867.

Ich persönlich freue mich, sagen zu können, dass die Abessinien-Expedition begonnen hat. Ich bin auf dem Weg in dieses fröhliche und geordnete Land. Hätte ich bei der Landung in Bombay gewusst, dass ich dort einen Monat lang festgehalten werden würde, hätte ich es mir sehr bequem machen und mich außerordentlich amüsieren können. Aber ich dachte, dass es besser wäre, sofort weiterzumachen, obwohl der Oberbefehlshaber und die Hauptgruppe der Expedition zwei Monate lang nicht auf See waren. Ich beantragte daher eine Überfahrt, und mir wurde eine so bald wie möglich zugesagt. Dieser Satz „so schnell wie möglich" bedeutet im Mund eines gewöhnlichen Menschen etwas. Von einem Beamten bedeutet es einfach nichts. Es ist lediglich eine dieser vagen Unklarheiten, an denen sich die offizielle Meinung erfreut. Es ist eine Phrase, die überhaupt kein Argument zulässt.

Tag für Tag verging, und daraus wurde nichts. Ein oder zwei Dampfer legten an, aber obwohl wir unsere Bereitschaft zum Ausdruck brachten, an Deck zu schlafen und jede Art von Unterkunft in Kauf zu nehmen, konnte kein Platz gefunden werden. Einer von uns nahm hoffnungslos und angewidert die Überfahrt mit dem letzten Halbinsel- und Ostdampfer und wandert wahrscheinlich gerade in Aden umher und betet um eine Überfahrt. Ich hielt es für besser, hier zu warten, bis ich direkt zu unserem Ziel gebracht werden konnte. Endlich kam die Nachricht, dass unsere Pferde an Bord eines Segelschiffs gebracht werden könnten. Das war geschafft, und ich war wirklich dankbar, als ich nach einem langen Arbeitstag die Bordwand verließ und die Pferde und ihre Systeme an Bord zurückließ. Tatsächlich ist die Dienerfrage eine der ernstesten Fragen, die sich einem abessinischen Expeditionsteilnehmer stellen . Es ist nicht schwer, einen zu bekommen. Man muss nur sprechen, um ein halbes Dutzend Diener und Syces zu bekommen. Aber Sie wissen sowohl durch die Warnungen Ihrer Freunde als auch durch Ihren eigenen Instinkt, dass es so viele Bewerber, so viele Schurken gibt. Derzeit ist es in Bombay der beste Beruf, sich bei einem Meister, der nach Abessinien reist, anheuern zu lassen und zwei Tage vor der Abreise mit seiner Handtasche und allen anderen tragbaren Wertgegenständen, die nützlich sein könnten, zu verschwinden. Mein erster Diener, ein sanfter Hindu von einnehmendem Aussehen, wurde von einer

Lungenerkrankung befallen, während sein Bruder, der Diener eines Freundes von mir war, im letzten Moment von den Tränen einer alten und verzweifelten Mutter dahinschmolz und beide gingen uns; aber erst einige Stunden nach ihrer Abreise stellten wir fest, dass sie, natürlich aus Versehen, eine beträchtliche Menge an Bargeld und kleinen Wertgegenständen mitgenommen hatten. Als endlich ein Diener gefunden wird, der wirklich die Absicht hat, nach Abessinien zu gehen, gibt es mit ihm nicht wenig Ärger. Er muss einen Monats- oder vielleicht zwei Monatslohn im Voraus haben. Er muss eine Vereinbarung treffen, damit der Großteil seines Lohns während seiner Abwesenheit an seine Familie ausgezahlt wird. Ihm müssen auf Ihre Kosten warme Kleidung, Stiefel, Decken usw. zur Verfügung gestellt werden; und das alles mit der großen Chance, dass er im letzten Moment davonläuft. Einer meiner Syces beunruhigte mich sehr, weil er an dem Morgen, an dem die Pferde eingeschifft werden sollten, nicht erschien; aber er erschien schließlich drei Stunden nach der genannten Zeit am Landungssteg, gerade als sie in ein Feuerzeug geschleudert wurden. Ob er oder einer der Syces schließlich die Pferde begleitete, kann ich nicht sagen, da das Schiff, anstatt an diesem Nachmittag, wie von den Behörden eindeutig festgelegt, auszulaufen, drei oder vier Tage festgehalten wurde; und es ist sehr wahrscheinlich, dass die Syces während dieser Zeit mit ihrer warmen Kleidung, ihren Lohnvorschüssen usw. an Land schlüpften. Diese schmerzhafte Frage kann erst gelöst werden, wenn das Schiff mit den Pferden in Annesley Bay ankommt. Weitere vier oder fünf Tage vergingen, und dann kam der willkommene Befehl, sofort an Bord der General Havelock zu gehen, die am nächsten Tag um Mittag ablegen sollte. Wir gingen also an Bord, stellten jedoch, wie erwartet, fest, dass es für diesen Tag jedenfalls keine Chance mehr gab, zu starten. Es kam zum üblichen Ressortkonflikt. Eine Abteilung hatte befohlen, eine Truppe von zwanzig europäischen Soldaten und fünfzig Sepoys, die zum Transportzug gehörten, an Bord zu bringen. Das haben sie getan. Dann kam ein Ausschuss einer anderen Abteilung und fragte, ob die Havelock geeignet sei, diese Truppe zu transportieren, und ob sie nicht besser auf ein anderes Schiff verlegt werden sollte. Als man feststellte, dass die Sachen der Männer alle unten lagen, beschloss man, sie so zu lassen, wie sie waren. Dann beschloss dasselbe Komitee, vermutlich in der Absicht, das Schiff komfortabler zu machen, dreieinhalb Tonnen Schießpulver an Bord zu schicken, und schickte mit dieser Absicht im Laufe des Nachmittags einen Zimmermann, der das Schiff abbaute einzige verfügbare Bad, und vorbereitet, um dasselbe in ein Pulvermagazin umzuwandeln. Am nächsten Morgen kam derselbe Zimmermann an Bord, brachte weitere Werkzeuge mit und kehrte dann ans Ufer zurück. Am Nachmittag holte er die Werkzeuge weg. Inzwischen hatte eine Abteilung den Wasserleichter längsseits geschickt; aber eine andere Abteilung hatte keine Panzer an Bord geschickt, um es zu empfangen.

Daraufhin schickte diese Abteilung einige Panzer, aber da es nicht auf die Idee gekommen war, die Luken auszumessen, waren die Panzer erheblich größer als die Öffnung, durch die sie hindurchgehen mussten, sodass sie entfernt und ein neuer Satz Panzer hergebracht werden mussten Planke. Dann, lange nach Einbruch der Dunkelheit, kam das Wasserschiff wieder längsseits und wir saugten unser Wasser auf. In der Zwischenzeit gingen wir an Land zu der Abteilung, die uns an Bord geschickt hatte, um zu fragen, wann es wahrscheinlich sei, dass die Havelock wirklich auslaufen würde. Diese Abteilung versicherte uns, dass sie bereits begonnen hatte, und wir hatten große Schwierigkeiten, sie davon zu überzeugen, dass sie immer noch vor Anker lag und wahrscheinlich auch bleiben wird. Am nächsten Morgen, als das Pulver nicht eingetroffen war und weder von ihm noch vom Zimmermann mehr zu hören war, gab unser Kapitän Dampf und machte sich auf den Weg; und es ist keineswegs unwahrscheinlich, dass das Pulver derzeit mit ein oder zwei Abteilungsausschüssen im Hafen von Bombay auf der Suche nach dem Havelock unterwegs ist. Und doch ist unser Beispiel ein absolut positives Beispiel, denn letzte Woche wurde ein Dampfer sechs Tage nach dem Datum der Einschiffung seiner Passagiere festgesetzt. Und wenn diese Verwirrung schon jetzt besteht, wo nur ein oder zwei Schiffe pro Woche starten, was für eine Verwirrung wird es dann sein, wenn die Hauptstreitmacht ausläuft! Das ist immer so und wird immer so sein, solange unsere Armee von einer Reihe unabhängiger Abteilungen verwaltet wird, zwischen denen es keinerlei Abstimmung gibt. Wir haben hier die Abteilung des Generalquartiermeisters, das Kommissariat, die Abteilung für Landtransport, die Marine, die Abteilung des Generaladjutanten, die Artillerie und so weiter bis *ins Unendliche* . Militärs sind die ersten und lautesten, die sich über diese Vervielfältigung von Ämtern ohne Gewerkschaft oder Abstimmung beschweren, die in ruhigen Zeiten gut zusammenarbeiten, sich aber in Notfällen gegenseitig in ihren Bemühungen lähmen und genau im Verhältnis zu ihrer eigenen Zahl Verwirrung stiften. Es bedarf eines Militärreformers mit eisernem Willen und einer sicheren parlamentarischen Unterstützung, um all dem ein Ende zu setzen, die Unabhängigkeit der verschiedenen Dienststellen abzuschaffen und sie alle dem Generaladjutanten unterzuordnen Büro; so dass ein im Dienst befindlicher General seine Befehle nur seinem Generaladjutanten erteilen kann und dieser die Offiziere der ihm unterstellten Abteilungen anweisen kann, was zu tun ist. Ihm allein sollten alle Aufträge und Befehle erteilt werden, und er sollte für die Arbeit der verschiedenen Zweigstellen verantwortlich sein. In mancher Hinsicht stellte es sich auch heraus, dass wir nicht zur genannten Zeit angefangen hatten, denn nachts, als die Rationen an die Truppen ausgegeben wurden, stellte sich heraus, dass sowohl der Träger als auch der Arrack einen einigermaßen wichtigen Teil ausmachten B. einer Soldatenverpflegung, vom Kommissariat nicht an Bord geschickt worden. Groß war die Bestürzung. Glücklicherweise blieb jedoch am nächsten Tag, während die Abteilungen um Wasser und Wassertanks stritten und der Zimmermann mit seinen Werkzeugen hin und her ging, Zeit, sie zum Kommissariat zu schicken, damit diese ihren Fehler beheben konnten.

Die General Havelock ist ein Dampfer von etwa 250 Tonnen, und das Ziel ihrer Erbauer scheint darin bestanden zu haben, ein Maximum an Rolleigenschaften mit einem Minimum an Geschwindigkeit zu kombinieren. Bei ruhigem Wetter kann sie sechseinhalb Knoten pro Stunde dampfen; Bei leichtem Wellengang kann es einen Winkel von fünfunddreißig Grad erreichen . Nachdem ich dies gesagt habe, habe ich alles gesagt, was man über das Schiff loben kann. Für ein Schiff ihrer Größe verfügt sie über erstklassige Unterkünfte, ein gemütliches kleines Achterdeck, äußerst bequeme Sitze und Stühle, im Maschinenraum herrscht keinerlei Geruch und sie ist einer der fröhlichsten Kapitäne, die es gibt. Wir fühlen uns also sehr wohl. Wir sind fünf; drei Offiziere des Land Transport Corps und zwei „Specials"; Und als wir uns unter die Markisen auf dem Achterdeck begeben, während uns eine gute Brise mit einer Geschwindigkeit von acht Knoten pro Stunde vorantreibt, sind wir uns einig, dass wir alle Vorteile einer Dampfyacht ohne die Kosten haben. Die Regierung erhebt von den Offizieren an Bord eine Gebühr von acht Rupien pro Tag, die dem Kapitän des Schiffes ausgehändigt wird, der für diesen Betrag alles aufbringen muss. Ich glaube nicht, dass der Kapitän der Havelock von dieser Transaktion profitieren wird. Wir schlafen alle an Deck, nicht aus Notwendigkeit, denn unten gibt es jede Menge Schlafplätze, sondern teils, weil die Nächte an Deck reizend sind, wenn auch etwas kalt, und teils aus Angst vor einer Monsterart, die mir so vorkommt groß wie Katzen – aber das kann das Ergebnis von Fantasie und extremem Terror sein – und viel schneller zu rennen. Sie haben viele Beine und Hörner, die denen von Ochsen ähneln . Sie haben keine Angst vor dem Menschen und greifen ihn tatsächlich mit Wildheit an. Ich nenne sie Vampire – ihr gewöhnlicher Name ist Kakerlaken. Das Schlafen an Deck ist mit gelegentlichen Nachteilen verbunden. Letzte Nacht wurde ich durch einen Wasserspritzer auf meinem Gesicht geweckt. Da ich dachte, es sei Gischt, zog ich mir die Decke übers Gesicht, aber nur für einen Moment, denn ein Schwall Wasser prasselte auf mich herab, als ob es aus einem Eimer geleert worden wäre. Im Nu war jeder auf den Beinen und begann, sein Bett auf die Leeseite des Schiffes zu schleppen. Aber es hatte keinen Zweck. Der Regen prasselte über das Deck, als würde er von hundert Dampflöschfahrzeugen gepumpt, und uns blieb nichts anderes übrig, als uns durch das Seitenlicht der Kajüte zurückzuziehen , denn über die gewöhnliche Kotleiter aus dem Vorzelt zu gelangen, kam nicht in Frage . Als wir das erste Erstaunen und die Bestürzung vorüber hatten, lachten wir laut, als wir den Kabinenboden erreichten, völlig durchnässt und mit unseren seidenen Schlafgewändern, die uns auf die unbequemste Weise anschmiegten. Als wir diese gewechselt hatten, war der Sturm so plötzlich vorbei, wie er begonnen hatte, und wir holten uns frische Decken und fanden bald unsere Betten zurück, die, umgedreht, auf der Unterseite für alle praktischen Zwecke trocken genug waren.

Über dem Maschinenraum befindet sich ein großes Brückendeck, und hier sind die Quartiere der europäischen Soldaten, fünfundzwanzig an der Zahl, während die Sepoys das Hauptdeck bewohnen. Sowohl die Europäer als auch die Sepoys sind Freiwillige verschiedener Regimenter im Landtransportzug. Dabei handelt es sich um ein neu organisiertes Korps, das nur für die Zwecke der Expedition aufgestellt wird. Am Ende der Expedition kehren sowohl Offiziere als auch Mannschaften zu ihren Regimentern zurück. Es wird von Major Warden kommandiert und besteht aus vierzehn Divisionen, von denen jede zweitausend Packtiere enthält. Für jede dieser Divisionen sorgen ein Hauptmann und zwei Unteroffiziere sowie achtunddreißig Männer – Europäer und Sepoys, die in vier Klassen eingeteilt sind. Wenn man bedenkt, dass unter den zweitausend Tieren Ochsen, Pferde, Maultiere, Kamele und Elefanten sind und dass es für jedes zwei Tiere einen Betreuer geben wird, erkennt man, dass es sich um den Posten eines Offiziers in einer Abteilung des Landtransports handelt Das Corps wird keineswegs eine Pfründe sein. Auch seine Schwierigkeiten werden durch die Tatsache verschärft, dass die Fahrer Männer unzähliger Nationalitäten und Rassen sein werden – Spanier und Italiener mit den Maultieren, Griechen aus Smyrna und Beyrout , Ägypter und Nubier, Araber und Afghanen sowie Männer aus allen Ländern verschiedene Stämme Indiens. Die Sepoys, die bei uns sind, scheinen mir überhaupt nicht die Art von Männern für den Dienst zu sein. Sie gehören ausschließlich Infanterieregimentern an und sind mit Pferden überhaupt nicht vertraut. Der Hindu ist von Natur aus kein Reiter; und eine Reihe von Infanterie-Sepoys zu nehmen, sie auf Pferde zu setzen und sie sofort zu schwerer Arbeit zu schicken, ist eine Absurdität, die sich schnell dadurch beweisen wird, dass die Männer am Ende des ersten Teils zusammengeschlagen und im Krankenhaus liegen Woche. Nur Männer, die zur einheimischen Kavallerie gehörten, hätten sich freiwillig melden dürfen. Zwar gehören auch viele Europäer Linienregimentern an, aber derselbe Einwand gilt für sie nicht, denn die meisten Engländer sind mehr oder weniger an Pferde gewöhnt, und wenn nicht , verfallen sie bald darauf.

Annesley Bay, 4. Dezember.

Unsere Reise ist nicht so ereignislos zu Ende gegangen, wie sie begonnen hat, und ich schreibe nicht mehr an Bord der General Havelock, sondern auf der Salsette , einem sehr schönen Halbinsel- und Orientdampfer, der einen Teil des 33. Regiments aus Kurrachee an Bord hat der Indianerhäuptling mit einem weiteren Teil desselben Regiments im Schlepptau. Diese Schifffahrt im Roten Meer ist ein äußerst kompliziertes und gefährliches Geschäft, und insbesondere diese Westküste ist vollständig mit Inseln und Korallenriffen übersät. Diese Inseln unterscheiden sich völlig in ihrem Charakter – einige sind kühne Felsen, die senkrecht aus dem Wasser ragen, mit schroffen Gipfeln und phantastischen Umrissen und eine Höhe von 200 bis 300 Fuß erreichen; Andere, weitaus gefährlichere, sind lange, flache Inseln, die sich nur zwei bis drei Fuß über das Meer erheben und in einer dunklen Nacht aus einer Entfernung von fünfzig Metern nicht wahrnehmbar sind. Wieder andere, die gefährlichsten von allen, haben noch nicht einmal die Würde von Inseln erreicht, obwohl Millionen kleiner Insekten Tag und Nacht daran arbeiten, sie an die Oberfläche zu bringen. Dies sind die Korallenriffe, die aus einer Tiefe von vielen Klaftern bis auf wenige Fuß unter die Oberfläche reichen und so viele Fallstricke für den ahnungslosen Seefahrer darstellen. Die General Havelock segelte bei günstiger Brise an der Küste entlang, und wir hatten den ganzen Morgen das niedrige Ufer mit seinen verkümmerten Büschen und den seltsam kegelförmigen Hügeln beobachtet, die sich daraus erheben und eine fantastische Ähnlichkeit mit Heuhaufen und Scheunen hatten. und Sättel und in der Ferne eine mächtige Bergkette. Diese Berge hatten für uns ein seltsames Interesse, denn zwischen ihnen und über sie hinweg müssen wir gehen. Sie waren unser erster Blick auf Abessinien und waren als Anfang keineswegs ermutigend. Auf diese Weise verbrachten wir den Vormittag und wollten nach dem Mittagessen gerade wieder mit dem Nichtstun fortfahren, als wir zu unserem Schrecken hörten, wie der Mann, der in den Ketten stand und die Leine hob, laut rief: „Fünf Klafter!“ Sein Anruf vor zwei Minuten hatte zehn Klafter betragen. Der Kapitän rief : „Haltet sie auf!“ „Drehen Sie sie nach hinten!“ und der Chefingenieur sprang nach unten, um zuzusehen, wie der Befehl ausgeführt wurde. In der kurzen Pause des Schraubenschlags rief die Stimme des Anführers „Zwei Klafter!“ Die Schraube wurde umgekehrt, und ein Schwall gelb schäumenden Wassers an der Seite des Schiffes verriet uns sofort, dass es in Betrieb war und dass sich der sandige Boden nahe am Kiel befand. Allmählich hielten wir an und beglückwünschten uns gerade dazu, dass wir es fast geschafft hatten, als wir über die Seite blickten und sahen, dass das Schiff, während die Schraube kräftig rückwärts arbeitete, genau dort blieb, wo es war. Die General Havelock war spürbar am Ufer. Anfangs waren wir geneigt, die Sache auf die leichte Schulter zu nehmen, denn da sie sich so unauffällig verhielt, gingen wir davon aus , dass sie ohne große Schwierigkeiten davonkommen würde. Dementsprechend arbeiteten wir zuerst vorwärts, dann rückwärts, aber mit ebenso wenig Erfolg. Der Bug und das Heck schwangen beide herum , aber mittschiffs war sie schnell und bewegte sich nur wie auf einem Drehpunkt. Die Truppen wurden nun an Deck beordert und zunächst achtern und dann vorne versammelt; aber der General Havelock gab kein Zeichen. Dann wurde beschlossen, sie zu rollen, wobei die Männer in einem Körper von einer Seite zur anderen rannten. Dann haben wir versucht, sie abzuspringen. Die gesamten Europäer und Sepoys sollten im Takt springen – zuerst auf der einen Seite, dann auf der anderen. Ein lustigerer Anblick, achtzig Männer, schwarz und weiß, die auf und ab hüpften und sich dann von einer Seite zur anderen bewegten, hätte man sich nicht vorstellen können. Alle lachten, außer denen, die fluchten, als die dicken Munitionsstiefel eines englischen Soldaten auf ihre nackten Füße sprangen. Plötzlich ließ das Gelächter nach, denn allen wurde es zu heiß, um überhaupt zu lachen. Die Szene war zu dieser Zeit am seltsamsten und erinnerte mich mit den springenden Gestalten, der dunklen Haut und den langen Haaren mehr an einen neuseeländischen Kriegstanz als alles, was ich jemals gesehen hatte. Bei Experimenten dieser Art vergingen Stunden, aber die General Havelock blieb immer noch unbeweglich, erst als die Sonne unterging und der Wind aufkam , rollte sie fast so schwer, als ob sie über Wasser wäre, hob sich auf den Wellen und fiel mit einem heftigen Stoß in ihr Bett war sehr unangenehm. Nun wurden die Boote zu Wasser gelassen und Sondierungen vorgenommen, und es stellte sich heraus, dass das Wasser auf fast allen Seiten tiefer war als genau an der Stelle, auf die wir gestoßen waren. Die Trossen wurden herausgeholt und die Männer machten sich an die Arbeit am Spill. aber die Anker zogen sich nur durch den Sandboden hindurch und brachten Zweige weißer Korallen zum Vorschein. Ein Teil der Besatzung war die ganze Zeit mit dem Umladen der Ladung beschäftigt. Aber trotz aller Bemühungen blieb das Schiff vollkommen schnell. Es war offensichtlich, dass sie sich nicht bewegen würde, bis zumindest ein Teil ihrer Ladung von ihr entfernt worden wäre. Während wir überlegten, wie das geschehen sollte, da das Ufer auf beiden Seiten eine gute Meile entfernt war, der Wind frisch und die Boote klein waren, ankerte eine arabische Dhau, die wir beim Herunterfahren beobachtet hatten, etwa hundert Meter entfernt. Der Scheich kam an Bord und erklärte sich nach langem Gespräch bereit, für drei oder vier Stunden an Bord zu kommen, um einen Teil der Ladung und der Truppen an Bord zu nehmen und so unser Schiff zu erleichtern. Als der Handel abgeschlossen und die zu zahlende Summe vereinbart worden war, stellte er fest, dass nicht genug Wasser vorhanden war, um sein Boot längsseits schwimmen zu lassen. Damit waren die Verhandlungen beendet und der Scheich kehrte zu seinem eigenen Handwerk zurück. Bald darauf kam eine weitere und größere Dhau heran und ankerte in kurzer Entfernung. Wir machten uns auf den Weg, um zu sehen, ob er uns helfen könnte, aber es schien, dass er nicht weniger als zweiundsiebzig Kamele an Bord hatte, die nach Annesley Bay fuhren. Ich kann mir nicht vorstellen, wie die armen Kerle in einem Boot untergebracht werden konnten, das nicht groß genug schien, um höchstens zwanzig aufzunehmen, und sie waren in diesem Zustand den ganzen Weg von Aden hergekommen. Ungefähr eine Stunde, nachdem wir an Land gegangen waren, war ein großer Dampfer, von dem wir anhand seiner Nummer wussten, dass er die Salsette war, mit einem Schiff im Schlepptau in einer Entfernung von etwa drei Meilen vorbeigefahren, und wir gaben ihm ein Zeichen um Hilfe. Sie ging jedoch weiter und ankerte mit ihrer Gemahlin im Windschatten einer Insel, etwa sechs Meilen entfernt. Wir hatten alle Hoffnungen auf Hilfe von ihr aufgegeben und als letzten Ausweg begonnen, unsere Kohle über Bord zu werfen, als wir um neun Uhr abends ein Boot mit einem Schleppsegel näherkommen sahen. Als sie längsseits kam , stellte sich heraus, dass sie zur Salsette gehörte , die glücklicherweise den Befehl hatte, an der Stelle zu ankern, an der wir sie gesehen hatten. Bei einem Gespräch mit dem Offizier, der an Bord gekommen war, stellten wir fest, dass es für sie, beladen mit Truppen wie sie war, nicht sicher wäre, in Schleppweite von uns zu kommen, und dass sie uns daher vor allem unserem Schicksal überlassen musste da wir nicht in unmittelbarer Gefahr zu sein schienen. Sie boten jedoch freundlicherweise an, meinen Korrespondentenkollegen und mich mit an Bord zu nehmen, ein Angebot, das wir dankbar annahmen, da es durchaus möglich war, dass wir erst in einer weiteren Woche abreisen würden. Als wir an Bord der Salsette ankamen , wurden wir mit größter Freundlichkeit empfangen und hatten vor dem Aufbruch am Morgen die Genugtuung, das Signal „Wir sind flott" von der Havelock kommen zu sehen.

Von allen Sorgen wegen unserer verstorbenen Schiffskameraden, unserer Bediensteten und unseres Gepäcks befreit, genossen wir die Fahrt nach Annesley Bay außerordentlich. Es ist eine riesige Bucht, und einen schöneren Hafen kann man sich kaum vorstellen, wenn man erst einmal dort ist. Der Eingang ist jedoch kompliziert und gefährlich. In der Nähe der Mündung erstrecken sich kilometerlange Untiefen, und in der Bucht selbst gibt es mehrere Inseln. Alle Augen bzw. alle Teleskope waren auf den Punkt gerichtet, der unser Ziel sein sollte. Mein Glas, eines von Salomans , ist für seine Größe ein wunderbares Instrument und in der Tat weitaus besser als alle anderen, gegen die ich es seit meiner Abreise aus England ausprobiert habe. Meine ersten Eindrücke von unserem Landeplatz sind, ich gestehe, alles andere als erfreulich. Über dem Land liegt ein Nebel, der den Blick auf die Hügel oder überhaupt auf alles außer dem Küstenvorland versperrt. Dies ist eine tote Ebene, bedeckt mit niedrigen Büschen. Die Stadt besteht aus etwa fünfzig Zelten und Marbuees , einem großen Skelett eines hölzernen Lagerhauses, Haufen von Heu und Getreidesäcken, Hunderten von Gepäcktieren und einer Menge umherziehender Eingeborener. Es gibt nur einen Pier, der sich noch im Bau befindet. Im Hafen liegen etwa ein Dutzend

Transportschiffe und einige einheimische Dhaus vor Anker. Einige dieser Dhaus sind damit beschäftigt, Futter und Vorräte von den Schiffen an die Küste zu transportieren; und da sie selbst nicht mehr als ein paar hundert Meter an die Küste herankommen können, transportieren die Eingeborenen in langen Reihen die Waren auf ihren Köpfen ans Land. Ein Schiff entlädt Maultiere; Dies erreicht sie, indem sie sie auf ein Floß herablässt, auf dem sie mit Seilen bis nahe ans Ufer gezogen werden, wo die Pferde dann angestoßen oder überredet werden, auszusteigen und zu gehen. Die Havelock kam kurz vor Sonnenuntergang an, etwa zwei Stunden nach uns. Ich war noch nicht an Land. Die Beloochees , die gestern in Asia und der Burg Peckforten angekommen sind , landen heute.

Annesley Bay, 6. Dezember.

Ich hatte nicht vorgehabt, vor dem Abgang der nächsten Post noch einmal zu schreiben, da mein letzter Brief erst gestern Morgen abgegangen war; aber zwei Kompanien des 33. Regiments sollen heute Nachmittag landen und um Mitternacht aufbrechen, und da dies die erste Einheit europäischer Truppen ist, die gelandet ist, halte ich es für angebracht, sie nach Senafe zu begleiten , das sechzig Meilen entfernt liegt, wo Oberst Merewether ist und Phayre sind mit der Pioniertruppe hinaufgezogen. Über diesen Punkt hinaus werden sie eine Zeit lang nicht vordringen, und ich werde daher, wenn ich die Pässe gesehen habe, nach ein paar Tagen Aufenthalt dort zu diesem Ort zurückkehren, der derzeit den Hauptinteressepunkt darstellt. Ich würde in der Tat nicht davon abrücken, wenn nicht gewisse Zweifel bestünden, ob der König von Tigré uns den Durchgang erlauben würde. Er ist derzeit mit einer Truppe von 7000 Mann in der Nähe der Passhöhe stationiert, aber ich glaube, sein einziges Ziel dabei ist, uns seine Freundschaft so teuer wie möglich zu erkaufen. Wenn er wirklich Böses im Sinn hat , wird es in der Tat eine sehr ernste Angelegenheit sein; denn obwohl wir seine Streitkräfte natürlich leicht genug zerstreuen würden, hätten wir dadurch eine so enorme Marschlinie zu bewachen, dass es unmöglich wäre, einen Schritt zu machen, bis wir Tigré vollständig unterworfen hätten . Ich hoffe aufrichtig, dass dies nicht der Fall sein wird. Aber noch ein oder zwei Wochen werden es zeigen; Da ich in der Zwischenzeit reichlich Gelegenheit haben werde, über dieses Thema zu schreiben, muss ich zu meinem jetzigen Thema zurückkehren, nämlich dem Stand der Dinge am Landeplatz hier. Von Bord des Schiffes aus ist es, wie ich bereits sagte, kein schöner Ort, aber bei der Landung ist es noch viel schlimmer. Der Pier ist fast fertig und in der Tat eine sehr anerkennenswerte Arbeit. Es besteht aus Stein, ist etwa 300 Meter lang und breit genug für eine doppelte Schienenreihe. Eine Linie ist bereits festgelegt und erspart eine Menge Arbeit ; denn die Waren werden von den einheimischen Booten angelandet, die sie von der Schiffsseite herbringen, auf die Lastwagen verladen und direkt in den Kommissariatshof gefahren, der nur fünfzig Meter vom Ende des Piers entfernt ist. Bevor dieser Pier fertiggestellt war, musste alles auf den Köpfen der Eingeborenen an Land getragen werden; Und da sich ein Boot aufgrund des seichten Wassers der Küste nicht näher als 300 Yards nähern kann, kann man sich vorstellen, wie langsam die Ausschiffungsarbeit vonstatten ging. Der Pier ist für diesen Zweck lächerlich unzureichend. Auch jetzt noch liegen die Schiffe tagelang im Hafen und warten auf die Möglichkeit, ihre Waren anzulanden, obwohl immer noch Reihen von Eingeborenen den Pier ergänzen und Warenballen auf dem Kopf durch das Wasser werfen. Wenn die gesamte Expedition hier ist, wird es eine völlige Blockade geben, es sei denn, es wird eine sehr große Aufstockung der Landungskapazitäten ermöglicht. Der Hof des Kommissariats ist mit riesigen Mengen gepressten Heus, indischem und englischem Heu, Getreide, Reis usw. beladen. Sie sind gut angeordnet, und bei dem Wetter, wie wir es derzeit haben, besteht keine Gefahr, dass sie Schaden nehmen, wenn sie der Luft ausgesetzt werden, zumal die Vorsichtsmaßnahme getroffen wurde, als Fundament für die Pfähle Bündel aus gepresstem Heu zu legen von Getreidesäcken. Der Hof des Kommissariats zeichnet sich dadurch aus, dass wir hier nur Frauen sehen — farbenfrohe , malerisch gekleidete Wesen, von denen hundert aus Indien herübergeschickt wurden, um als Maismühlen zu dienen. Neben den Kommissariatszelten gibt es noch einige andere, die den anderen Abteilungen gehören, und diese bilden zusammen mit einem großen unvollendeten hölzernen Lagerhaus, in dem ein Dutzend chinesischer Zimmerleute arbeiten, das Lager am Landeplatz. Aber das ist nur ein kleiner Teil des Ganzen, da das Hauptlager anderthalb Meilen landeinwärts liegt; und tatsächlich gibt es ein halbes Dutzend kleiner Lager, eine Ansammlung von Zelten, die im Umkreis einer Meile verstreut sind.

Der Grund dafür, dass das Hauptlager so ungünstig vom Landeplatz entfernt lag, war, dass Wasser zunächst aus dort versenkten Brunnen gewonnen werden konnte. Aber dieser Nachschub hat seit einiger Zeit aufgehört, und es wäre besser, die Büros der Abteilungen in der Nähe des Landeplatzes zu konzentrieren und jede Seele, deren Anwesenheit hier unten nicht unbedingt erforderlich ist, nach Koomaylo zu schicken , das vierzehn Meilen entfernt ist im Landesinneren liegt und der erste Ort ist, an dem Wasser gewonnen werden kann. So wie es ist, sind alle Lebewesen, Mensch und Tier, für ihre

Wasserversorgung auf die Schiffe angewiesen. Jeder Dampfer im Hafen ist Tag und Nacht damit beschäftigt , Wasser zu kondensieren, wobei die durchschnittlichen Kosten nur für die Kohle zwei Pence bis einen halben Penny pro Gallone betragen. Die Folge ist natürlich ein enormer Aufwand für die Öffentlichkeit und sehr großes Leid für die Tiere.

Als ich das Lager verließ, begab ich mich zur Wasserstelle, wo meine Seh- und Geruchssinne so stark beeinträchtigt waren wie seit der Zeit auf der Krim nicht mehr. Überall am Ufer und in kurzer Entfernung davon lagen tote Maultiere, Kamele und Ochsen. Hier und da lagen Aschehaufen und verkohlte Knochen, bei denen versucht worden war, die Kadaver zu verbrennen. Andere, die erst kürzlich gestorben waren, waren von Geiern umgeben, die, voll Fleisch, kaum Anstalten machten, sich zu erheben, als wir uns näherten. Ein Ochse war nur wenige Minuten, bevor wir ihn erreichten, gefallen, und mehrere Geier beäugten ihn bereits, gingen in respektvollem Abstand umher und waren sich offensichtlich nicht ganz sicher, dass das Tier tot war. Hier und da liefen halb verhungerte Maultiere umher, mit gesenktem Kopf, hängenden Ohren und glasigen Augen vor dem nahenden Tod. Einige taumelten zum Meer hinab und schmeckten immer wieder das Salzwasser; Viele von ihnen tranken, halb wahnsinnig vor Durst, reichlich und fielen entweder tot um, wo sie standen, oder krochen davon, um im niedrigen Gestrüpp zu sterben.

Noch erbärmlicher war das Aussehen der Kamele. Mehrere Boote der Eingeborenen luden sie in einer Entfernung von zwei- bis dreihundert Yards vom Ufer ab. Das Wasser war nicht tiefer als drei bis vier Fuß; Aber als die armen Tiere hineingeworfen wurden, legten sich die meisten von ihnen nieder, nur mit dem Kopf über Wasser, und weigerten sich entschieden, den Versuch zu unternehmen, an Land zu gehen. Einige schafften es nicht, sich die Mühe zu machen, und ihre Körper trieben hin und her im glatten Wasser. Einige der Kamele waren bis auf fünfzig Meter an die Küste herangekommen und hatten sich dann niedergelegt, wobei sie mit ihren kurzen Körpern und langen Hälsen wie riesige Wasservögel aussahen. Den an Land getriebenen Menschen ging es kaum besser. Ihre Knochen schienen gerade dabei zu sein, durch ihre Haut zu ragen, und sie lagen wie tot im Sand und stießen schwach das fast menschliche Stöhnen und Klagen aus , das dem Kamel eigen ist. Andere hatten sich etwas erholt. Diese versuchten , die spärlichen Blätter der umliegenden Büsche abzugrasen. Einige dieser Kamele waren zwanzig Tage auf der Reise und während dieser Zeit waren sie wie Schafe in einem Pferch zusammengepfercht und hatten die ganze Zeit über so gut wie nichts zu essen oder zu trinken. Das Wunder ist, dass einer von ihnen es überlebt hat. Der Regierung entsteht durch den Tod dieser Unglücklichen kein Schaden, da ein Auftragnehmer zugestimmt hat, sie in einem angemessenen Zustand hierher zu liefern, und nur diejenigen, die die Reise überleben und etwas von ihrer früheren Stärke wiedererlangen, werden akzeptiert und bezahlt. Zumindest ist dies eine Version der Geschichte. Das andere ist, dass sie dem Land Transport Corps übergeben werden. Diese Körperschaft erhält jedoch keine Ankündigung von ihrem Kommen, und eine Bootsladung Kamele nach der anderen trifft ein und wandert vom Strand weg, um aus Mangel an Wasser in ihrer Reichweite zu sterben. Eine Meile vom Landeplatz entfernt ist die Szene äußerst schmerzhaft. Kamele und Maultiere wandern zu Hunderten umher, ohne Herren, ohne irgendetwas. Hier streben sie durch das Abpflücken spärlicher Triebe nach einer Existenz für ein paar Tage; hier werden sie krank und sterben. Die Szenen waren überall schrecklich, am schlimmsten aber an den Tränken. Das waren miserabel erfundene Dinge. Nur zehn oder ein Dutzend Tiere konnten sich gleichzeitig nähern; Sie waren so ungleichmäßig verteilt, dass, wenn ein Ende bis zum Überlaufen gefüllt war, am anderen Ende kein Zentimeter Wasser stand ; Und außerdem waren sie zu einer Zeit, als Wasser noch Gold wert war, stark undicht. Sie wurden morgens nur für etwa eine Stunde und abends für eine ähnliche Zeit mit Wasser versorgt; und infolgedessen war die Szene äußerst schmerzhaft. Es gab eine Wache, die die Ordnung aufrechterhielt, aber zehnmal so viele Männer hätten nicht für die Aufrechterhaltung der Ordnung sorgen können. Es gab Hunderte von Transporttieren, für jedes fünf oder sechs Tiere gab es einen Fahrer. Was könnte ein Fahrer mit sechs halb verrückten Tieren machen? Sie kämpften, sie bissen, sie traten, sie kämpften wie wilde Tiere um einen Schluck des kostbaren Wassers, für das sie starben. Außer diesen geführten Tieren gab es zahlreiche Nachzügler, die, nachdem sie ihre Kopfstricke zerrissen hatten, in die Ebene hinausgezogen waren, um auf eigene Faust ihren Lebensunterhalt zu verdienen. Für diese gab es kein Wasser; An ihre Ohren wurde keine Anforderung geheftet, und da sie die von den Behörden auferlegten Vorschriften auf skandalöse Weise nicht einhielten, beschlossen die Behörden, dass sie kein Wasser haben sollten. Sie wurden abgeschlagen. Die meisten von ihnen gingen nach ein oder zwei Abwehrmaßnahmen mit gesenktem Kopf davon, um zu sterben; aber einige kämpften um ihr teures Leben, bahnten sich mit Fersen und Zähnen den Weg zum Trog und tranken trotz der Schläge, die auf sie niederprasselten. Ich erkundigte mich beim Land Transport Corps, warum diese verstreuten Maultiere nicht eingesammelt und gefüttert werden. Mir wurde gesagt, dass fast alle dieser Maultier- und Kameltreiber desertiert sind und nach Massowa gegangen sind . Und so ist es. Die Maultiere und Kamele sterben vor Verdursten und Vernachlässigung; die vorgeschobene Brigade kann nicht mit Nahrungsmitteln versorgt werden; der Hafen füllt sich mit Transporten, weil es keine Möglichkeit gibt, die Männer ins Landesinnere zu bringen, obwohl es viele Tiere gibt; und das alles, weil die Landtransportleute desertieren. Die Offiziere dieses Korps arbeiten wie Sklaven; Sie stehen früh und spät auf, satteln mit ihren eigenen Händen Maultiere und doch geht alles schief. Warum ist das alles so? Ein Grund dafür ist zweifellos, dass die Tiere vor den Männern weitergeschickt wurden. Ein paar Offiziere und eine verhältnismäßig kleine Gruppe einheimischer Gefolgsleute werden ausgesandt, und zu ihnen treffen Tausende von Ochsen, Tausende von Maultieren und Tausende von Kamelen ein. Die arabischen Anhänger, entsetzt über die Menge an Arbeit, die auf sie zukommt, desertieren zu einem Mann, die Offiziere bleiben hilflos zurück. Wäre eine angemessene Anzahl von Offizieren und Gefolgsleuten losgeschickt worden, um die Tiere sofort in Empfang zu nehmen, wäre vielleicht alles gut gegangen. Es war einfach eine Fehleinschätzung. Und so ist es leider auch in einigen anderen Abteilungen. Sie beantragen ein Zelt und erfahren, dass überhaupt keine Rundzelte eingetroffen sind. Sie bitten um einen Packsattel, und der Generalquartiermeister teilt Ihnen mit, dass Sie keinen einzigen Packsattel in der Hand haben und dass Hunderte von Maultieren aus Mangel daran untätig herumstehen. Sie bitten um Rationen und werden darüber informiert, dass bisher nur Rationen der Einheimischen eingetroffen sind und dass keine Rationen für Europäer verschickt wurden, mit Ausnahme der 60-Tage-Verpflegung, die das 33. Regiment mitgebracht hat. Warum ist das? Im Hafen von Bombay liegen Dutzende Transporter , die nichts tun. Warum werden sie im Namen des gesunden Menschenverstandes nicht weitergeschickt? Die Nation zahlt eine sehr faire Summe für sie, und da liegen sie, während die Ministerien mit ihren kleinen Eifersüchteleien und ihren kleinen Streitereien herumwerkeln.

Tatsache ist, wir wollen hier einen Kopf. Die Obersten Merewether und Phayre sind fünf Tage marschiert und haben alle verfügbaren Transportmittel mitgenommen. Brigadegeneral Collings ist erst gestern angekommen und hat es natürlich noch nicht geschafft, die Dinge in Ordnung zu bringen. Ich freue mich, sagen zu können, dass General Staveley gestern Abend angekommen ist, und ich glaube, dass er bald etwas Ordnung in dieses Chaos bringen wird. Tatsache ist, dass wir in unserer Armee den wichtigsten Zweig der Wehrmacht sich selbst überlassen. Wenn der Landtransportzug seine Aufgabe nicht erfüllen kann, kann nichts gut laufen; aber das Landtransportkorps hat keine Autorität und keine Macht. Es ist niemandes Kind. Das Kommissariat besitzt es nicht, der Quartiermeister und der Generaladjutant wissen überhaupt nichts davon. Es kann sich von selbst verschieben. Alle *Verleumdungen* aller Abteilungen werden auf seine Schultern geworfen, und die Kapitäne, die die Arbeit verrichten, können Tag und Nacht schuften; aber ohne Hilfe und Hilfe können sie nichts tun. Der Landverkehr sollte lediglich ein untergeordneter Zweig des Kommissariats sein; Diese Abteilung sollte verpflichtet sein, an jedem erforderlichen Punkt Lebensmittel bereitzustellen. Jetzt müssen sie sich nur noch mit den anderen Abteilungen zusammenschließen, um die Beförderung des unglücklichen Landtransporters zu beantragen, und sich dann hinsetzen und ihren Göttern dafür danken, dass sie alles getan haben, was man von ihnen erwarten konnte. General Staveley ist ein energischer Offizier und wird meiner Meinung nach keine Zeit verlieren, die Dinge in Ordnung zu bringen. Selbst heute sehen die Dinge hoffnungsvoller aus, denn General Collings hat gestern Nachmittag dem Transportkorps die Dienste von 200 Madras- Dhoolie - Trägern zur Verfügung gestellt, um den Platz der desertierten Maultier- und Kameltreiber zu ersetzen. Ich habe daher die große Hoffnung, dass ich in einer weiteren Woche eine ganz andere Geschichte zu erzählen habe. Zusätzlich zu der Sterblichkeit, die durch die Reise, durch Strapazen sowie durch schlechte Ernährung und unzureichendes Wasser verursacht wird, kommt es unter den Pferden und Maultieren zu einer großen Sterblichkeit durch eine epidemische Krankheit, die starke Ähnlichkeit mit der Viehpest hat. Täglich sterben zehn oder zwölf Maultiere daran, und die 3. Eingeborenenkavallerie verlor während ihres Aufenthalts hier neunzig Pferde. Der Bezirk ist berühmt oder vielmehr berüchtigt für diese Epidemie; und die Stämme aus dem Landesinneren lassen, wenn sie in die Ebene hinabsteigen, ihre Pferde immer auf der Hochebene zurück und kommen zu Fuß herunter. Die Soumalis und andere einheimische Stämme entlang dieser Küste sind eine streitsüchtige Gruppe, und es kommt ständig zu Kämpfen unter den einheimischen Arbeitern, die sich gegenseitig mit kurzen, schweren Keulen, die australischen Waddies ähneln, schwere und manchmal tödliche Verletzungen zufügen . Die Wäsche, zumindest die Wäsche, die durchgeführt wird, wird nach Koomaylo geschickt . Gestern brachten zwei Dhoolies oder Wäscher eine Menge Kleidung ins Lager, als sie von einigen Eingeborenen angegriffen wurden, die einen töteten und den anderen fürchterlich umschlugen und dann mit der Kleidung davonzogen.

Einige der Schiffe haben die Pferde in hervorragendem Zustand zur Strecke gebracht. Die Yorick, die die Pferde der Offiziere der 33. Armee beförderte, ist ein Modell dafür, wie ein Pferdeschiff aussehen sollte. Die Tiere sind in Ställen über die gesamte Länge des Hauptdecks verteilt und die Breite ist so groß, dass auf beiden Seiten des Mastes Platz für einen breiten Durchgang ist. Diese Gänge waren mit Kokosnussmatten ausgelegt, und die Tiere wurden jeden Tag herausgenommen – außer einmal, als das Schiff zu stark rollte – und liefen im Kreis herum, um sich zu bewegen. Dadurch kamen sie in einem genauso guten Zustand an wie am Tag des Starts. Während ich schreibe, wird mir signalisiert , dass die Great Victoria in Sicht sei. Dieses Schiff enthält angeblich die Snider-Gewehre, die warme Kleidung, die Zelte und viele andere wichtige Dinge. Ihre Ankunft wird daher die Schwierigkeiten erheblich lindern und den Truppen den Vormarsch ermöglichen.

Zu der Zeit, als der obige Brief geschrieben wurde, war ich erst ein paar Stunden an Land und war natürlich nicht in der Lage, tiefer als bis zur bloßen Oberfläche zu blicken. Ich konnte daher nur den offensichtlichsten Grund für den völligen Zusammenbruch des Transportzuges nennen. Die Katastrophe ist mittlerweile historisch geworden und übertrifft die schlimmsten Tage auf der Krim, wenn nicht sogar; und da es eine Zeit lang die Expedition lähmte und während der gesamten Zeit einen äußerst verheerenden Einfluss ausübte, sollten wir, bevor wir das Land hinaufziehen, seine Ursachen gründlich untersuchen.

Nach eingehender Untersuchung aller Ereignisse vor meiner Ankunft zögere ich nicht, den Zusammenbruch des Transportzuges vier Ursachen zuzuschreiben, und in dieser Meinung kann ich sagen, dass ich durch neunundneunzig völlig bestätigt bin von hundert Offizieren, die dort waren. Die erste Ursache war die inhärente Schwäche der Organisation des Transportzuges, der lächerliche Mangel an Offizieren, sowohl Offizieren als auch Unteroffizieren, der Mangel an erfahrenen Fahrern und die Unwissenheit aller über die Funktionsweise eines Maultierzuges. Die zweite Ursache war das Missmanagement der Behörden von Bombay, indem sie Tiere auf einem Schiff, Fahrer auf einem anderen und über eine ganze Flotte von Transportern verstreute Ausrüstung schickten, anstatt wie üblich jede Schiffsladung Tiere komplett mit ihren Fahrern und Ausrüstung zu schicken durch die bengalischen Behörden. Die dritte Ursache waren die stark überfärbten Berichte der Offiziere der Pioniertruppe über den Zustand von Wasser und Futter, die die Behörden von Bombay dazu veranlassten, Menschen und Tiere herbeizustürmen, um nur eine kahle und wasserlose Wüste vorzufinden. Der vierte Grund war das Verhalten der oben genannten Offiziere, als sie mit allen Truppen nach Senafe marschierten und damit den erhaltenen Befehlen direkt widersprachen. Diese letzte Ursache war die tödlichste von allen. Trotz der ersten drei Gründe wäre alles einigermaßen gut verlaufen, wenn es nicht den vierten gegeben hätte.

In Koomaylo und Hadoda , jeweils dreizehn Meilen von Zulla entfernt , gab es reichlich Wasser sowie Büsche und Weidegründe für die Kamele. Hätten die Tiere bei der Landung sofort an diese Orte gebracht und dort bleiben dürfen, bis die Zeit für eine allgemeine Vorwärtsbewegung der gesamten Armee gekommen wäre, wie Sir Robert Napier es angeordnet hatte, wäre alles gut gegangen. Die Offiziere hätten genügend Zeit gehabt, eine gründliche und perfekte Organisation herbeizuführen ; Die Männer hätten ihre neuen Pflichten kennengelernt und sich eine gewisse Disziplin angeeignet; die Kamele hätten nach Zulla gehen und den Maultieren Futter bringen können; Keine tierische Not ist in Zulla geblieben , keiner hat unter Durst gelitten; und die immensen Kosten für die Kondensierung von Wasser wären ihnen erspart geblieben, abgesehen davon, dass vielen tausend Tieren das Leben gerettet worden wäre. Aber was ist passiert? Wie ich im vorherigen Kapitel gezeigt habe, hatte General Napier in seinen Abschiedsanweisungen zu Oberst Merewether gesagt: „Es ist keineswegs beabsichtigt, dass diese Streitmacht eine Position auf dem Hochland einnimmt, wofür ihre Stärke und Zusammensetzung nicht geeignet sind." tailliert;" und wiederum hatte er Ende Oktober geschrieben, „dass, wenn die Nachrichten zufriedenstellend wären, Staveleys Brigade auslaufen würde und *bei ihrer Ankunft* der Vormarsch erfolgen könnte." An Colonel Phayre hatte er am 9. Oktober geschrieben: „Es ist natürlich nicht beabsichtigt, dass Colonel Field auf das Hochplateau bei Dexan usw. zieht, sondern lediglich eine Position einnehmen soll, die das Depot abdeckt und das Vieh schützt; " und noch einmal im selben Brief: „Sie werden verstehen, dass es nicht mein Wunsch ist, eine Unterkunft auf dem Hochland zu errichten, das wir zu lange behalten müssten, bevor wir vorrücken." General Napier hatte also in seinen Befehlen so deutlich wie möglich zum Ausdruck gebracht, dass kein Vormarsch stattfinden dürfe; und er hatte in seinem Memorandum vom 7. September zum Thema des Transportzuges ausdrücklich gesagt, dass „große Sorgfalt darauf verwendet werden sollte, zu verhindern, dass sie überlastet werden". Und doch, trotz dieser Befehle, waren die Obersten Merewether und Phayre zusammen mit Oberst Wilkins, dem der General in seinen Anweisungen an die Pioniertruppe speziell mit dem Bau von Pfeilern usw. beauftragt worden war, zusammen mit Oberst Field und Die gesamte Truppe macht sich etwa am 1. Dezember auf den Weg nach Senafe ! Und das zu einer Zeit, in der täglich zwei bis drei große Transporte eintreffen könnten! Es traten die Konsequenzen ein, die man hätte erwarten können. Die unglücklichen Tiere wurden sofort nach ihrer Ankunft gesattelt, beladen und eilten davon, ohne einen Tag Zeit zu haben, um sich von den Strapazen der Reise zu erholen. Die Maultiertreiber wurden ebenfalls losgeschickt , ohne eine einzige Stunde Zeit zu haben, um sich einen Überblick über ihre Aufgaben zu verschaffen.

Senafe liegt fünf Tagesmärsche von Zulla entfernt und führt durch eine Schlucht von nahezu beispiellosem Schwierigkeitsgrad.

Auf und ab dieser Schlucht stolperten und schufteten die elenden Tiere, verhungerten, wenn sie sich im Pass befanden, und verdursteten während ihrer kurzen Pausen in Zulla ; Die Glücklichen starben in Scharen auf dem Weg, und die weniger Glücklichen erkrankten an einer Lungenerkrankung, die sie nach ein paar schmerzhaften Wochen ins willkommene Grab führte. Und das alles, um die Obersten Merewether und Phayre und die Truppen in Senafe zu ernähren . *Cui bono?* Niemand kann antworten. Bis heute konnte niemand auch nur die geringste Erklärung für den außergewöhnlichen Kurs dieser Offiziere liefern. Wenn Oberst Mere Wether es für seine Pflicht gehalten hätte, nach Senafe zu gehen , um mit den Häuptlingen der Nachbarschaft politische Beziehungen aufzunehmen und den Kauf von

Tieren und Lebensmitteln zu arrangieren, hätte ihm eine kleine Eskorte dies ermöglicht. Ihre Abwesenheit war nicht nur katastrophal für den Maultierzug, sondern führte auch zu größter Verwirrung in Zulla . Dort hatte niemand mehr das Kommando. So verblüffend es für jeden Militärangehörigen auch erscheinen mag, hier, in einem Hafen, in dem kaum, wenn überhaupt , ein Arbeitsaufwand bewältigt werden musste, in dem täglich Truppen, Tiere und Vorräte in großen Mengen eintrafen Zum Zeitpunkt meiner Ankunft gab es überhaupt keinen „kommandierenden Offizier" – nicht einmal einen nominellen Chef. Jeder Abteilungsleiter gab sein Bestes; aber wie Hal o' the Wynd kämpfte er um seine eigene Hand. Die daraus resultierende Verwirrung kann man sich vorstellen, aber nicht beschreiben. Nachdem ich kurz auf die Ursachen eingegangen bin, die zur Panne des Transportzuges geführt haben, setze ich mein Tagebuch fort.

Koomaylo , 9. Dezember.

Ich erwähnte in meinem Brief vor zwei Tagen, dass die Nachricht von der Front besagte, dass der König von Tigré mit einer Armee von 7000 Mann geneigt sei, sich unliebsam zu machen. Unsere letzte „Rasur", die von gestern, geht in das entgegengesetzte Extrem und sagt uns, dass die Könige von Shoa und Lasta beide Oberst Merewether geschickt und angeboten haben, Theodore anzugreifen. Die Feindseligkeiten und Bündnisse der Könige dieser Stämme sind natürlich von Bedeutung; Aber da diese einheimischen Machthaber nach vielen gemeinsamen Stunden nur selten wissen, was sie denken, und in einem Moment oder wegen einer eingebildeten Beleidigung von einem Zustand der Freundschaft in einen Zustand der Feindseligkeit wechseln, messe ich keinem von ihnen große Bedeutung bei Ausnahme ist der König von Tigré , durch dessen Herrschaftsbereich wir reisen müssen. Wenn er uns erlaubt, ungehindert hin und her zu gehen, können wir ohne die Allianz von Shoa oder Lasta sehr gut auskommen . Wir sind stark genug, um Theodore zu besiegen, selbst wenn er von den drei genannten Königen unterstützt würde; Und da wir nun alles vorbereitet haben, wird der Kostenunterschied zwischen einem Krieg von wenigen Wochen und einem von doppelt so vielen Monaten verhältnismäßig unbedeutend sein. Was die Truppen betrifft, so würde nichts einen solchen Ekel hervorrufen, als dass sie nach all den Vorbereitungen, die getroffen wurden, untätig zurückkehren würden. Ich glaube jedoch nicht, dass es für unsere Bewegungen jetzt einen großen Unterschied machen würde, selbst wenn die Gefangenen aufgegeben würden. Natürlich wären wir zufrieden gewesen, wenn sie vor einem Jahr auf unsere Bitte hin oder im Austausch für unsere Geschenke freigelassen worden wären. aber jetzt müssen wir mehr fordern als nur die Auslieferung der Gefangenen. Für ihr langes und schmerzhaftes Leiden muss eine Entschädigung gezahlt werden, und auf jeden Fall wird versucht, eine Entschädigung für unsere enormen Ausgaben zu erhalten. Daher lege ich wenig Wert darauf, was in Senafe geschieht , halte aber den Stand der Vorbereitungen am Landeplatz in Annesley Bay für den zentralen Punkt des Interesses. In den letzten zwei Tagen wurde viel getan, um die Dinge in Ordnung zu bringen. Packsättel wurden in Hülle und Fülle angelandet. Sir Charles Staveley ist von Bord gegangen und arbeitet hart. und insbesondere im Landtransportkorps wurde Großes geleistet. Kapitän Twentyman , der das Kommando führt, legte dem General eine Reihe von Vorschlägen vor, die dieser sofort billigte. In der Nähe der Tränke wurde Futter ausgestreut, und als die hungernden Tiere sich verirrten, wurden sie gefangen. Einhundertfünfzig von ihnen wurden dem Beloo- Chee -Regiment übergeben, dessen Männer sich freiwillig bereit erklärten, sich um sie zu kümmern. Als Ergänzung zu den absurd unzureichenden Trögen an der Tränke wurden vom Kommissariat Wannen beschafft, die nur zu bestimmten Tageszeiten mit Wasser gefüllt waren. Die 200 Madras -Dhoolie-Träger, die auf den Transport versetzt wurden, leisten gute Arbeit, und es besteht die große Hoffnung, dass die Dinge in einer weiteren Woche wieder in Ordnung sein werden und die elenden Nachzügler, die einen derzeit mit ihren Leiden schockieren, wieder sicher hereingehumpelt werden Linie mit anderen Tieren.

Die Arbeit, die die Offiziere dieses Korps leisten, ist enorm. Die Kapitäne Twentyman , Warren und Hodges sowie Leutnant Daniels beginnen zu vergessen, wie ein Bett ist, denn sie sind mehr als zwanzig der vierundzwanzig Stunden bei der Arbeit und unterwegs. Tatsächlich muss ich sagen, dass ich nie eine größere Pflichterfüllung gesehen habe als die der Beamten der verschiedenen Abteilungen. Die Abteilung des Quartiermeisters, das Kommissariat und andere wetteifern mit der Energie, die sie an den Tag legen, und das Einzige, was man sich wünschen kann, ist, dass ihre Bemühungen etwas einstimmiger wären. Jeder arbeitet für sich. Wären sie hingegen nur Zweigstellen einer *Intendance générale* , könnten sich die Leiter der Abteilungen untereinander und mit ihrem Chef an einem Abend treffen, jeder seine Wünsche und Bedürfnisse darlegen, sich gemeinsam über die Arbeit beraten, die am nächsten Tag ausgeführt werden soll, und dann handeln mit einem perfekten Wissen darüber, was zu bewältigen war. Dies ist jedoch eine Utopie , nach der man nicht seufzen kann. Wahrscheinlich werden wir bis zum Ende der Zeit getrennte

Abteilungen und geteilte Verantwortlichkeiten haben; und zwischen den Stühlen wird der britische Soldat weiterhin und sehr schwer zu Boden fallen.

Am Nachmittag des 7. sollten die ersten beiden Kompanien des 33. Regiments landen; und dieses Schauspiel war besonders interessant, da sie das erste europäische Regiment waren, das an der Küste Abessiniens landete. Eine große, von einem Dampfkahn gezogene Wohnung kam längsseits, und die Männer begaben sich mit ihren Taschen und Betten an Bord. Während sie das taten, begann die Regimentskapelle, die Männer und ihre Kameraden an Bord jubelten herzlich. Es war sehr aufregend und ließ das Blut in den Adern tanzen; Aber für mich haben diese Spektakel immer etwas Trauriges. Dies ist der dritte „ *Partant pour la Syrie* " , den ich gesehen habe. Ich war Zeuge der Gardeparade vor dem Buckingham Palace. Ich sah, wie sie wild jubelten, während die Musikkapelle spielte und die Königin ihnen mit ihrem Taschentuch zuwinkte; und sechs Monate später sah ich sie, ein zerschmettertes Überbleibsel eines Regiments, auf der Krim. Letztes Jahr habe ich eine Szene in Piacenza beschrieben, am Vorabend des Einmarsches der italienischen Armee in das Viereck. Es gab auch patriotische Lieder und herzlichen Jubel , es gab große Hoffnungen und mutige Herzen. Eine Woche nachdem ich gesehen hatte, wie sie aus dem Land, in das sie eingedrungen waren, zurückgeworfen wurden, besiegt von einem Feind, den sie fast verachteten. Glücklicherweise habe ich im vorliegenden Fall keine vergleichbare Katastrophe zu erwarten. Was die Kämpfe betrifft, muss das 33. Regiment Ihrer Majestät nichts fürchten, was ihm in Abessinien oder überhaupt irgendwo auf der Welt begegnen wird. Es ist ein Veteranenregiment; Auf der Krim erlangte es keinen geringen Ruhm, und ein paar Monate später wurde es abgezogen, um bei der Niederschlagung der indischen Meuterei mitzuhelfen. In Indien sind sie es seitdem, und sie sind so gute und soldatenähnliche Männer, wie man sie in der britischen Armee finden kann. Wir hätten um zwei Uhr landen sollen, aber ein paar der kleinen Dinge, die immer im letzten Moment erledigt werden, verzögerten uns um eine halbe Stunde; und diese Verzögerung von einer halben Stunde veränderte völlig die gesamten Pläne des Tages. Es war vorgesehen, dass die Männer nach der Landung bis fünf Uhr ruhig bleiben sollten, bis dahin würde die Hitze des Tages vorüber sein; dass sie dann das Gepäck auf die Kamele packen sollten, die sofort mit einer Wache aufbrechen sollten, dass die Männer sich hinlegen und bis Mitternacht schlafen sollten und dass sie dann marschieren sollten, um um fünf Uhr in Koomaylo anzukommen am Morgen. Alle diese auf ihre Art bewundernswerten Vereinbarungen wurden durch diese kleine Verzögerung von einer halben Stunde zunichte gemacht. Es wehte kein Windhauch, als wir das Schiff verließen, aber nach einer Viertelstunde, die die Passage besetzte, wehte die Meeresbrise herab, und als wir den Pier erreichten , brachen die Wellen bereits heftig. Immer wieder kamen die Boote des Kriegsschiffes zu uns, als wir dreißig Meter von uns entfernt lagen, und nahmen jedes Mal eine Ladung ab; Einmal trieben wir auch so nah an das Ende des Piers heran, dass die Männer auf den rauen Steinen abspringen konnten. Auf diese Weise stiegen alle Truppen außer dem Gepäckwächter aus. Aber zu diesem Zeitpunkt hatte die Brandung so stark zugenommen, dass die Boote nicht mehr längsseits fahren konnten; Dementsprechend musste der Schlepper den Lastkahn ein paar hundert Meter hinaus schleppen und dort bleiben, bis die Meeresbrise nachließ. Folglich war es neun Uhr abends, bevor das Gepäck an Land kam, und fast ein Uhr morgens, bevor die Kamele ihre Ladung hatten; und selbst dann mussten einige der Männerbetten zurückgelassen werden. Angesichts der extrem späten Stunde und der Tatsache, dass der Mond bald untergehen würde, hielt ich es für das Beste, bis zum Tagesanbruch zu schlafen. Unter dem Schutz eines freundlichen Zeltes legte ich mich bis fünf Uhr auf den Sand und machte mich dann, nach einem leichten Schütteln, um den losen Sand loszuwerden, auf den Weg.

Die Straße von Annesley Bay nach Koomaylo kann kaum als interessant oder klar definiert bezeichnet werden. Der Weg verläuft zunächst geradeaus über den Sand, und da der Sand überall zertrampelt ist, ist es einfach unmöglich, ihm zu folgen. Uns wurde gesagt, dass die Route genau nach Westen verlief, aber genau dort, wo der Dschungel begann, gab es einen Wegweiser. Mit dem Kompass in der Hand steuerten wir nach Westen und gelangten in das niedrige Dornengestrüpp, aus dem der Dschungel besteht. Kein Wegweiser. Wir ritten eine Meile weiter, als ich, als ich zurück in die aufgehende Sonne blickte, in weiter Ferne so etwas wie einen Wegweiser sah. Auf dem Rückweg erwies es sich als der gewünschte Wegweiser, und die Straße von hier aus ist bei Tageslicht deutlich genug zu erkennen. Auf den ersten sechs Meilen verläuft er über eine tote Sandebene, die mit einem Strauch mit sehr kleinen und sehr spärlichen Blättern und sehr großen und äußerst üppigen Dornen bedeckt ist. Trappen, Auerhühner, Hirsche und anderes Wild sollen hier sehr häufig vorkommen, aber wir haben keines davon gesehen. Eine Art großer Habicht war sehr zahlreich, aber das waren die einzigen Vögel, die wir sahen. Ungefähr sechs Meilen vom Meer entfernt steigt der Boden abrupt um etwa zehn Fuß an, und dieser Anstieg verlief nach Norden und Süden, so weit das Auge reichte. Es markierte zweifellos den Meeresspiegel zu einem nicht allzu fernen Zeitpunkt. Von diesem Punkt an blieb die Ebene zwei Meilen lang flach, sandig und buschig wie zuvor; aber danach erhob sich etwas zu unserer Rechten ein Felsvorsprung, und der Sand wurde mit Steinen und Felsbrocken durchsetzt. Unser Weg verlief rundherum hinter dem Hügel, und dann konnten wir in etwa vier Meilen Entfernung ein oder zwei weiße Zelte an der Mündung einer Öffnung im Berg vor uns sehen. Diese weißen Zelte waren das Lager in Koomaylo . Ungefähr drei Meilen von Koomaylo entfernt stießen wir auf eine sehr merkwürdige Grabstätte. Es befand sich in einer niedrigen Ebene nahe einer Schlucht und erstreckte sich über eine Fläche von etwa fünfzig Quadratmetern. Die Gräber waren sehr dicht beieinander angeordnet und bestanden aus quadratischen Steinhaufen, die nicht zusammengeworfen , sondern aufgebaut waren, etwa einen Quadratmeter im Quadrat und ebenso hoch. Sie wurden von einer groben Pyramide aus Steinen gekrönt, wobei die oberste im Allgemeinen weiß war. Unter diesen Steinhaufen befand sich eine Art Gewölbe. Von diesem Punkt an stieg der Boden steiler an als bisher.

Koomaylo liegt an der Mündung des Passes, der ihm seinen Namen verdankt. Das Tal ist hier etwa eine halbe Meile breit. Es ist etwas mehr als dreizehn Meilen vom Meer entfernt und soll 415 Fuß über dem Meeresspiegel liegen; aber es scheint bei weitem nicht so hoch zu sein. Die Höhe macht es jedenfalls nicht kühler; denn so heiß es in Annesley Bay auch ist, hier ist es mindestens genauso heiß. Die größte Plage, der ich derzeit in Abessinien begegnet bin, sind die Fliegen, die ebenso zahlreich und lästig sind wie in Ägypten. Zum Glück schlafen sie, wenn die Sonne untergeht; Und da es keine Mücken gibt, die ihren Platz einnehmen, kann man ruhig schlafen . Als wir in Koomaylo ankamen, stellten wir fest , dass die Truppen noch nicht lange dort waren. Sie hatten sich in der Nacht zerstreut, weil einige der Kamele zusammengebrochen waren; hatten ihre Führer verloren, einander verloren und den Weg verloren. Schließlich marschierten jedoch gegen acht Uhr alle Truppen in einer Gruppe unter ihren Offizieren ein. Die Tiere waren in ihren Bewegungen nicht ganz so einstimmig; Denn einige von ihnen nahmen den völlig falschen Weg und gingen nach Hadoda , einem Ort etwa sechs Meilen nördlich von hier und zwölf Meilen von Zulla entfernt . Da es dort Brunnen gibt, bekamen sie etwas zu trinken und kamen im Laufe des Tages dazu. Ein paar sind jedoch noch nicht aufgetaucht, und eines dieser vermissten Tiere trug einen Teil meines eigenen Gepäcks und meiner Vorräte. Die anderen werden vielleicht kommen; aber ich bin moralisch davon überzeugt, dass dieses Tier nie wieder auftauchen wird. Da die Männer bei ihrer Ankunft zu müde waren, um ihre Zelte aufzuschlagen, von denen viele tatsächlich noch nicht eingetroffen waren, wurde ihnen gestattet, eine Reihe von Zelten in Besitz zu nehmen, die als Hauptquartier aufgestellt worden waren. Als wir ankamen, waren sie alle niedergeschlagen; Die Männer schliefen in den Zelten, und die Kamele waren zum Wasser hinabgestiegen. Der erste Schritt bestand darin, hinunterzugehen, um unsere Pferde und Maultiere zu tränken, der nächste, um Rationen für uns selbst, unsere Anhänger und das Vieh zu holen. Die Wasserstelle ist eine Viertelmeile von diesem Lager entfernt, das auf ziemlich ansteigendem Gelände liegt. Die Brunnen liegen natürlich im Bett eines in der Regenzeit mächtigen Baches mit einer Breite von fünfzig Metern.

Ich habe viele einzigartige Szenen gesehen, aber ich weiß nicht, dass ich jemals eine seltsamere gesehen habe als diese Brunnen. Sie sind sechs an der Zahl, haben einen Durchmesser von zwölf bis vierzehn Fuß und eine Tiefe von etwa zwölf Fuß. Sie werden durch die Masse aus Steinen und Felsbrocken gegraben, die das Bachbett bildet, und drei der sechs verfügen über eine Art Holzplattform, auf der Männer stehen, um die Eimer an Seilen ins Wasser abzusenken. Die anderen Brunnen haben schräge Seiten, und auf ihnen stehen Gruppen von Eingeborenen, die Eimer von Hand zu Hand reichen und sie in Erdtröge oder vielmehr Schlammbecken entleeren, aus denen die Tiere trinken. Während die Eingeborenen so beschäftigt sind, halten sie den ständigen Gesang aufrecht, ohne den sie scheinbar nicht in der Lage sind, irgendeine Arbeit zu erledigen. Die Worte dieses Gesangs variieren unendlich und bestehen fast immer aus zwei Wörtern mit insgesamt vier oder fünf Silben; die von der nächsten Gruppe von Männern mit der Variation einer der Silben und in einem Ton wiederholt werden, der zwei Noten tiefer ist als der der ersten Gruppe. Um diese Brunnen herum versammelt sich eine riesige Schar von Tieren – Herden von Ziegen und kleinen Schafen, Hunderte an der Zahl, Reihen von Zugochsen, Maultieren, Ponys, Pferden und Kamelen, Hunderte von Eingeborenen mit ihrer spärlichen Kleidung, ihren Speeren, ihren … Schwerter, die genau Mähhaken ähnelten, und ihre schweren Keulen. Hier sind ihre Frauen und Schwestern, einige von ihnen in gewöhnlichem drapiertem Kattun, andere sehr malerisch gekleidet in ledernen Unterröcken und einem Körperkleid aus einer Art Ledertuch, das über eine Schulter und unter dem anderen Arm geht und die Brust bedeckt und sehr hübsch mit Sternen und anderen aus weißen Muscheln geformten Elementen verziert. Um den Hals tragen sie Halsketten aus roten Samen und Muscheln. Einige von ihnen sehen wirklich sehr gut aus und haben bemerkenswert intelligente Gesichter. Die Szene rund um die Brunnen ist sehr aufregend, denn die Tiere drängen am eifrigsten voran und ihre Begleiter haben die größten Schwierigkeiten, die Ordnung aufrechtzuerhalten, besonders unter den Maultieren und Kamelen. Das Angebot entspricht jedoch der Nachfrage, und am Ende des Tages sind die Brunnen fast leer, außer von den Soldaten, die gerne hinuntergehen und ihr Wasser frisch aus den Brunnen schöpfen. Die oberen Brunnen, in denen nur Eimer mit Seilen verwendet werden, haben wirklich sehr klares Wasser; diejenigen für die Tiere sind nicht klar, aber dennoch trinkbar. Alle haben einen Geschmack, der ein wenig dem Wasser aus Torfmooren ähnelt. Die Eingeborenen sind damit beschäftigt, weitere Brunnen zu graben, was möglich ist, denn die entnommene Menge scheint kaum oder gar keinen Unterschied im Wasserstand der vorhandenen Brunnen zu machen. Einige der Kamele werden gelegentlich ziemlich wütend; Heute sah ich eines, dessen Sattel unter seinem Bauch herumgerutscht war, wie es wild zu springen und zu stürzen begann, den Kopf in die Luft reckte und dabei die unhöflichsten Schreie ausstieß. Es kam zu einem allgemeinen Ansturm, besonders unter den Maultieren, von denen viele meiner Meinung nach noch nie zuvor ein Kamel gesehen haben. Es dauerte einige Minuten, bis das Tier von seinem Fahrer gefangen und auf die Knie gezwungen werden konnte, und zu diesem Zeitpunkt hatte es in seiner Nachbarschaft bereits den Boden freigemacht . Die Kamele werden so oft wie möglich kniend gehalten, und zu der Zeit, als er mit seiner Entwicklung begann, befanden sich ein paar Hundert oder zwei in seiner Nähe. Wenn sich ein Kamel erhebt, bemühen sich alle in seiner Nachbarschaft immer , dasselbe zu tun; und die Bemühungen dieser Tiere, sich zu erheben, die Schreie ihrer Treiber und der Ansturm der Maultiere bildeten eine äußerst lächerliche Szene. In der Nähe der Brunnen befindet sich ein weiterer großer Friedhof; Die Gräber hier sind etwas kunstvoller als die, die ich bereits beschrieben habe, einige von ihnen sind rund und fast alle haben Schichten aus weißen Quarzsteinen. Auf vielen dieser Gräber liegen zwei oder drei flache Steine, die hochkant aufgestellt sind und ein wenig an kleine Kopf- und Fußsteine erinnern. Da es keine Inschrift auf ihnen gibt, wäre es interessant herauszufinden, zu welchem Zweck die Eingeborenen sie errichteten.

Nachdem wir unsere Pferde getränkt hatten, gingen wir zum Zelt des Kommissariats. Hier wird eine ungeheure Menge an Arbeit verrichtet, da alle Tiere und Menschen täglich ihre Rationen beziehen; und ich habe keinerlei Beschwerden gehört, außer dass einige Parsen, während ich meine Rationen bekam, herbeikamen und sich bitterlich beschwerten, weil es kein Hammelfleisch gab und es ihrer Religion widersprach, Rindfleisch zu essen. Der Kommissariatsoffizier bedauerte den Umstand, wies jedoch darauf hin, dass derzeit keine Schafe angelandet worden seien und dass die kleinen Dinge des Landes nur Haut und Knochen seien und für die Truppen völlig ungeeignet seien. Die Parsen, die, glaube ich, Angestellte einer der Abteilungen waren, gingen äußerst unzufrieden. Die Moral dahinter ist offensichtlich, dass Parsen in einem Land, in dem Hammelfleisch knapp ist, nicht in den Krieg ziehen sollten. Was die Hindus betrifft , kann ich nicht einmal ahnen, wie sie ihre Kaste intakt halten werden. Es ist bedauerlich, dass ihre Priester ihnen keine Ausnahmegenehmigung erteilen konnten, damit sie für die Zeit, in der sie möglicherweise außerhalb Indiens leben, alle ihre Kastenpflichten außer Kraft setzen. Ich gehe davon aus, dass wir unter dem jetzigen Stand sehr große Schwierigkeiten damit haben werden.

Koomaylo , 12. Dezember.

Als ich vor zwei Tagen schrieb, hatte ich kaum damit gerechnet, einen weiteren Brief von Koomaylo datiert zu haben . Ich hatte mich darauf vorbereitet, nach Senafe aufzubrechen, mein Gepäck zurückzulassen und in etwa zehn Tagen zurückzukehren. Der große Einwand gegen diesen Plan war, dass es weder in Zulla noch hier Hütten oder Geschäfte gibt, in denen Dinge zurückgelassen werden können. Das Einzige, was wir tun konnten, war, sie im Zelt eines Freundes zu lassen; aber da auch er jeden Moment die Route bekommen könnte, wäre es, gelinde gesagt, ein sehr gefährliches Unterfangen gewesen. Vorgestern Abend erhielt ich jedoch die freudige und lang erwartete Nachricht, dass das Schiff, das sechs Tage vor meinem Aufbruch mit meinen Pferden Bombay verlassen hatte, endlich im Hafen lag . Mein Kurs war jetzt klar; Ich sollte hinuntergehen, meine Pferde holen und dann mit meinem gesamten Gepäck nach Senafe hinaufgehen. Jeden Tag treffen Schiffe und Truppen ein, und die Anhäufung von Arbeitsrückständen nimmt noch schneller zu. Major Baigrie , der Generalquartiermeister, ist unermüdlich, aber er kann nicht dreißig große Schiffe an einem kleinen Steg entladen, an dessen Ende sich nur eine Wassertiefe von fünf Fuß befindet. Wenn nichts unternommen wird, und zwar schnell und in großem Umfang, werden wir völlig zusammenbrechen. Es ist offensichtlich, dass ein Steg, an dem höchstens drei dieser Landboote zum Entladen liegen können, nur ausreicht, um Platz für ein großes Schiff zu bieten, und dass es mehrere Tage dauern würde, seine Ladung von sagen wir tausend Tonnen zu löschen. mit größtmöglicher Schnelligkeit . Wie kann man dann hoffen, dass die Schiffe im Hafen , deren Zahl täglich um zwei oder drei zunimmt, entladen werden? Auf der Krim kam es zu großer Not, weil es den Schiffen im Hafen von Balaclava nicht gelang, ihre Vorräte zu löschen. Aber der Hafen von Balaclava bot im Vergleich zu diesem Ort enorme Entlademöglichkeiten. Es gab einen etwa eine Viertelmeile langen Kai mit tiefem Wasser daneben, so dass Waren von den Schiffen über Planken oder Laufstege ans Ufer gerollt werden konnten. Der Hafen war landumschlossen und die Entladearbeiten wurden nie unterbrochen. Vergleichen Sie das mit dem gegenwärtigen Stand der Dinge. Ein Bootssteg, der ins fünf Fuß tiefe Wasser hinausführt und wegen der Brandung nur den halben Tag und, wie ich höre, monatelang überhaupt nicht zugänglich ist. Es kann mathematisch bewiesen werden, dass die Menge an Proviant und Futter, die von diesen Booten, die so viele Stunden am Tag ständig an Bord sind, angelandet werden kann, nicht das Fünftel des Bedarfs von 25.000 Menschen und ebenso vielen Tieren decken würde. Alles hängt davon ab, wie der Zustand im Landesinneren ist. Wenn wir genügend Futter für die Tiere und Nahrung für die Menschen finden — was selbst der optimistischste Mensch nicht erwartet —, ist das schön und gut.

Wenn nicht, müssen wir zusammenbrechen. Es kommt einfach nicht in Frage, die Geschäfte mit den gegenwärtigen Vereinbarungen in Annesley Bay oder mit etwas Ähnlichem anzusiedeln. Die Unterbringungsmöglichkeiten am Pier müssen erheblich erweitert werden und bei jedem Wetter praktisch sein, das heißt bei normalem Wetter den ganzen Tag über. Zu diesem Zweck sollte der Pier um weitere fünfzig Meter verlängert werden und an seinem Ende sollte dann ein Querpfeiler errichtet werden. Die einheimischen Boote könnten im Windschatten davon liegen und bei jedem Wetter entladen werden, und es gäbe genügend Wassertiefe, damit die kleineren Transporter bei ruhigem Wetter draußen daneben liegen und direkt am Pier entladen könnten. Ich weiß, dass das eine teure Angelegenheit wäre, dass der Stein aus der Ferne herbeigeschafft werden muss usw. Aber es ist eine Notwendigkeit und daher spielen die Kosten keine Rolle. Ich bin der Meinung, dass die Eisenbahn, die zwischen dem Landeplatz und diesem Punkt verlegt werden soll, für die Expedition von großem Nutzen sein wird; aber ich glaube, dass es sich um ein Werk von ganz geringerer Bedeutung handelt im Vergleich zu dieser Frage der größeren Anlegemöglichkeiten an den Piers. Es besteht kein Zweifel, dass trotz der Truppen und Tiere, die aus Bombay eintrafen, bevor die Dinge hier für sie bereit waren, die Dinge weitaus besser gelaufen wären, als sie es getan haben, wenn es hier eine Möglichkeit gegeben hätte, direkte Operationen durchzuführen. Aber die Beamten der verschiedenen Abteilungen haben Tag und Nacht gearbeitet, ohne dass es irgendeinen Leiter gab, der für Einigkeit und Einspruch gegen ihre Bemühungen sorgen konnte. Ich verstehe, dass General Staveley erstaunt war, als er feststellte, dass es vor der Ankunft von General Collings, zwei Tage vor ihm, keinen Leiter der Expedition gegeben hatte.

Sir Robert Napier war sich der außerordentlichen Bedeutung dieser Frage des Kais voll bewusst, denn in seinem Memorandum vom 12. September empfahl er, Planken, Gerüste , Pfähle und Materialien für den Bau von Kais an die 1. Brigade weiterzuleiten. „Es kann nicht zu viele Landeplätze geben, um das Ausschiffen zu erleichtern", fuhr er fort , und von dieser Bequemlichkeit wird es abhängen, dass die Boote schnell geräumt werden und die Vorräte trocken aus ihnen entnommen werden. Es wäre ratsam, eine beträchtliche Anzahl leerer Fässer weiterzuleiten, um sie als Flöße oder zur Bildung schwimmender Anlegestellen für den Einsatz bei Niedrigwasser zu verwenden, insbesondere wenn die Ufer sanft abfallen. Auch Holme zur Bildung von schwimmenden Scheren sollten nachgeschickt werden." So hatte Sir Robert Napier, selbst Ingenieur, schon lange vorhergesehen, wie wichtig es ist, größtmögliche Landekapazitäten bereitzustellen; Und doch war drei Monate nach der Niederschrift dieses Memorandums und zwei Monate nach der Ankunft der Pioniertruppe in Zulla nur ein unvollendeter Pier fertiggestellt worden, und Colonel Wilkins, der Offizier, dem diese wichtigste Arbeit speziell anvertraut worden war , blieb in aller Stille mit den Obersten Merewether, Phayre und Field in Senafe . Ein zweiter Pier wurde erst Ende Februar fertiggestellt, und so blieben viele Schiffe monatelang im Hafen , bevor ihre Ladung gelöscht werden konnte, was kaum zu überschätzende Kosten und Verluste für den öffentlichen Dienst mit sich brachte.

Heute Nachmittag hatten wir hier eine kleine Aufregung. Ich schrieb leise und dachte darüber nach, was für ein heißer Tag es war, als ich einige Soldaten rennen und schreien hörte. Ich eilte zur Tür meines Zeltes und sah einen Trupp sehr großer Affen entlangtrotten, verfolgt von den Männern, die sie mit Steinen bewarfen. Visionen von Affenfellen schossen mir durch den Kopf, und einen Augenblick später schnappten wir uns zu dritt oder viert Revolver und Sonnenhelme und machten uns auf die Jagd. Wir wussten von Anfang an, dass es völlig aussichtslos war, denn die Tiere waren in den kilometerlangen Hügeln in Sicherheit. Die Männer zerstreuten sich jedoch schreiend und lachend über die Hügel, und so gingen auch wir weiter und stiegen ein paar Stunden lang stetig weiter, wobei wir uns schrecklich an den Dornenbüschen kratzten, die überall wachsen – und zu denen eine englische Heckenhecke gehört ist wie nichts – und wir verlieren viele Pfunde an Gewicht durch die Wirkung unserer Anstrengungen. So heiß es auch war, ich denke, dass der Aufstieg uns allen gut getan hat. Tatsächlich ist der Gesundheitszustand aller hier draußen hervorragend, und die schrecklichen Fieber und all die namenlosen Schrecken, mit denen die Armee auf ihrem Marsch über das Tiefland bedroht war, erweisen sich als Ergebnis der bloßen Einbildung gutmeinende, aber schelmische Wichtigtuer, die in den letzten sechs Monaten die Presse mit ihren düstersten Vorhersagen gefüllt haben. Seit ich hier bin, habe ich so manches herzliche Lachen gehört, über all die Übel , die uns auf den dreizehn Meilen zwischen Annesley Bay und diesem Ort drohen würden. Wir sollten an Fieber, Malaria, Sonnenstich, Tetsefliege , Guineawurm, Bandwurm und vielen anderen Krankheiten sterben. Es ist nun fast drei Monate her, seit der erste Mann gelandet ist, und auf dieser Ebene befinden sich derzeit Tausende von Männern, darunter das Beloochee- Regiment und andere Eingeborene, Hunderte, darunter nur Europäer, von Offizieren, Mitarbeitern und Abteilungsleitern mit den

Dirigenten, Inspektoren und Männer des Transportwesens, des Kommissariats und anderer Abteilungen. Vom Tag der ersten Landung bis zum heutigen Tag gab es unter all diesen Männern auf dieser Todesebene keinen einzigen Todesfall oder auch nur eine Krankheit von irgendeiner Tragweite. Was die beiden Kompanien der 33d betrifft, so sagte mir ihr Chirurg, dass ihr allgemeiner Gesundheitszustand besser sei als in Indien, da es in den fünf Tagen seit ihrer Landung keinen einzigen Fall von Fieber oder Unwohlsein irgendwelcher Art gegeben habe. wohingegen in Indien immer ein Teil der Männer mit leichten Fieberanfällen im Krankenhaus lag . Das alles ist äußerst erfreulich, und ich glaube, dass sich alle anderen Gefahren und Schwierigkeiten, wenn man ihnen gegenübersteht, als ebenso übertrieben erweisen werden. Die Schwierigkeiten des Übergangs zum ersten Plateau, 7000 Fuß über dem Meer, haben sich bereits als unbedeutend erwiesen. Es gibt nur vier Meilen überhaupt schwieriges Gelände, und dies wurde durch die Bemühungen der Bombay Sappers bereits weitgehend vermieden. Der Dezemberregen hat noch nicht begonnen, aber gestern und heute hängen schwere Wolken über den Gipfeln der Berge. Der Regen wäre ein großer Segen und würde das ganze Erscheinungsbild des Landes völlig verändern. Tatsächlich ist das ganze Land, wenn es nicht mit Füßen getreten wird, mit trockenem, verbranntem Gras bedeckt, das genau die Farbe des Sandes aufweist, aber nur ein paar Stunden Regen bedarf, um es in eine grüne Grasebene zu verwandeln, die ausreicht das Futter aller Gepäcktiere im Lager.

Während ich dies schreibe, sind die Beloochees und eine Kompanie Bombayer Pioniere und Bergleute mit ihrem Gepäck und ihren Kamelen ins Lager marschiert. Die Beloochees sind ein großartiges Regiment – große, aktive, brauchbar aussehende Männer, wie ich sie noch nie gesehen habe. Ihr Kleid ist eine dunkelgrüne Tunika mit scharlachroten Aufschlägen und Fröschen, Hosen in hellerem Grün, eine scharlachrote Mütze und ein großer schwarzer Turban darum; Insgesamt ein sehr malerisches Kleid. Die Pioniere und Bergleute tragen britische Uniform. Beide Korps brechen morgen früh nach Upper Sooro auf . Ich habe mich noch nicht entschieden, ob ich sie begleiten oder heute Abend alleine weitergehen soll.

Senafe alles gut läuft . Der König von Tigré hat seinen Beistand geschickt, und zahlreiche kleine Häuptlinge kamen auf Maultieren geritten, gefolgt von einem halben Dutzend zerlumpter Anhänger zu Fuß, um ihr „Salaam" zu verrichten. Ich weiß nicht, ob diese kleinen Häuptlinge, die Untertanen des Königs von Tigré sind , auf die eine oder andere Weise von großer Bedeutung sind, aber ihre Freundschaft wäre nützlich, wenn sie ein paar hundert Ochsen und ein paar Schafherden mitbringen würden . Soweit ich weiß, ist es dort oben sehr kalt, und die Truppen werden ihre gesamte warme Kleidung benötigen.

Oberes Sooro , 13. Dezember.

Ich muss meinen Brief beginnen, indem ich eine Meinung zurückziehe, die ich in meinem letzten geäußert habe, nämlich dass das Defile wahrscheinlich ein völliges Schreckgespenst werden würde, wie es die Fieberfliegen, der Meerwurm und die Tetsefliegen getan haben. Meine Bekanntschaft mit den meisten Pässen der Alpen und Tirols ist von umfangreicher Art, aber ich gestehe, dass sie mich in keiner Weise auf die Passage eines abessinischen Engpasses vorbereitet hat. Mittlerweile kann ich Reisende durchaus verstehen, die uns warnten, dass viele dieser Orte für einen einzelnen Reiter unzugänglich seien, geschweige denn für eine Armee mit ihren Begleittieren. Hätte Colonel Merewether in seinem Bericht nicht erklärt, dass er bei seiner ersten Erkundung des Passes auf beladene Ochsen traf, die ihn herunterkamen, hätte ich es nicht für möglich gehalten, dass ein Lasttier über die schrecklichen Hindernisse hätte klettern können. Selbst jetzt, wo die Bombay-Pioniere schon seit drei Wochen daran arbeiten, ist es das holprigste Stück Straße, das ich je gesehen habe, und nur für ein einzelnes Tier auf einmal befahrbar. Insgesamt sind es zwölf Meilen; Zumindest sagen es die Ingenieure, und wir haben in harter Arbeit sieben Stunden dafür gebraucht; und ich fand, dass dies eine sehr gute Durchschnittszeit war. Ein einzelner Reiter schafft es natürlich in sehr viel kürzerer Zeit, denn es gibt Meilen, auf denen ein Pferd ohne Gefahr galoppieren könnte. Ich blieb bis zum Nachmittag in Koomaylo , da es zu heiß war, um anzufangen, bis die Sonne tief stand. Tagsüber passierte nichts, außer der Ankunft der Beloochees und Bombay Engineers. Die Soldaten führten zwei oder drei weitere Verfolgungsjagden gegen die Affen durch, von denen es außerordentlich viele gibt. Ich brauche kaum zu erwähnen, dass sie keinen von ihnen gefangen haben: Ein Hund, der einem der Soldaten gehörte, ergriff jedoch einen Moment lang einen, wurde aber von seinen Begleitern mit solcher Wut angegriffen, dass er seinen Laderaum verlassen und einen Niederschlag schlagen musste Rückzug. Ich habe gerade einen Schwarm oder eine Herde – ich weiß nicht, wie man das richtig nennt – dieser Tiere beobachtet, zwei- oder dreihundert an der Zahl, die in vielleicht dreißig Metern Entfernung an den Felsen hinter meinem Zelt entlanggewandert sind. Sie haben nicht die geringste Angst vor Menschen, und selbst der ganze Lärm und die Hektik eines Lagers scheinen sie eher zu amüsieren als zu beunruhigen. Es gibt sie in allen Größen, vom ausgewachsenen Tier, das so groß ist wie ein großer

Hund, bis hin zu winzigen Tieren, die sich in der Nähe ihrer Mütter aufhalten und sich bei der geringsten Angst um den Hals klammern. Die Alten machen keinen Lärm, sondern gehen zielstrebig von Stein zu Stein, setzen sich häufig hin, um das Lager zu inspizieren, und gönnen sich das Vergnügen, ein wenig gekratzt zu werden. Diese ausgewachsenen Kerle haben extrem langes Haar am Kopf und am Oberkörper, sind aber zum Schwanzende hin unangenehm kahl. Die Kleinen huschen plappernd und schreiend umher; Sie haben keine Mähne oder lange Haare auf dem Kopf. Wenn die alten Affen ein Geräusch von sich geben, bellen sie wie ein großer Hund. Am Nachmittag kam eine enorme Anzahl von Heuschrecken den Pass herunter und bot den Vogelschwärmen, die, wie ich bemerkte, eher Genießer waren, Vergnügen und Nahrung, denn als ich viele der toten Körper der Heuschrecken aufhob, fand ich sie dass in jedem Fall nur der Kopf und der obere Teil des Brustkorbs gefressen worden waren. Ich werde dies als Hinweis akzeptieren; Und falls die Hungertage, die dieser Expedition – zusätzlich zu unzähligen anderen Übeln – drohen, tatsächlich eintreten, werde ich, wenn wir gezwungen werden, uns von Heuschrecken zu ernähren, nur die Teile essen, auf die mich die Vögel hingewiesen haben die Leckerbissen. Ich freue mich, sagen zu können, dass derzeit keine Wahrscheinlichkeit besteht, dass wir zu dieser Ressource getrieben werden; denn auf unserem Weg hierher bin ich gestern an beträchtlichen Mengen einheimischen Viehs vorbeigekommen, und jede Menge ist hier zu bekommen, und Ziegen gibt es unzählig. Wir haben heute Morgen einen für unsere Diener für eine Rupie gekauft. Das Kommissariat hat beschlossen, dass alle Diener und Anhänger Hindus sein müssen und daher auf Fleisch verzichten müssen, und geben daher keinerlei Fleisch in ihren Rationen aus – tatsächlich nichts außer Reis, Getreide, ein wenig Mehl und ein wenig Ghee. Tatsache ist, dass die Anhänger im Allgemeinen keine Hindus sind . Viele der Leibdiener sind portugiesische Goa-Männer; und die Pferdehalter sind häufig Muslime oder kommen aus den Nordwestprovinzen, wo sie nicht wählerisch sind. Sogar die Maultiertreiber sind Araber, Ägypter und Pataner , die alle Fleisch essen. So kommt es, dass alle unsere fünf Diener Fleischesser sind, und es ist ein Glück, dass wir Fleisch von den Eingeborenen für sie kaufen können, zumal sie wirklich schwere Arbeit zu leisten haben; und in dem kalten Klima, in dem wir in ein oder zwei Tagen eintreten werden, ist Fleisch doppelt notwendig.

Wir hatten vorgehabt, um drei Uhr aufzubrechen, aber es war vier Uhr, bevor unser Gepäck ordnungsgemäß auf den Rücken der vier Gepäcktiere – zwei kräftige Maultiere und zwei Ponys – verteilt war und wir in den Sätteln unserer Reitpferde saßen. Unsere Route verlief nach dem Verlassen der Brunnen, natürlich mit einigen Abzweigungen und Serpentinen, in südwestlicher Richtung. Der Weg verlief entlang der Talsohle, wobei eine Straße markiert wurde, indem die losen Steine bis zu einem gewissen Grad entfernt und auf beiden Seiten des Weges angelegt wurden. Das Tal war auf den ersten sieben oder acht Meilen sehr regelmäßig und hatte eine Breite von 200 bis 300 Yards. Obwohl sein Grund allmählich anstieg, erschien er dem Auge wie eine perfekte Sandfläche, übersät mit Felsbrocken und Steinen und bedeckt mit dem dornigen Dschungel, von dem ich in einem früheren Brief gesprochen habe. Dieses Gestrüpp war entlang der Straße entfernt worden, sonst wäre am Ende unserer Reise nur noch sehr wenig Fleisch auf unseren Knochen zurückgeblieben, ganz zu schweigen von der Kleidung. Vor und zurück, über die sandige Ebene, während die Ausläufer der Hügel ihren Lauf änderten und sich durch das Bett des Wildbachs schlängelten – ich schätze, dass wir ihn fünfzig Mal überquert haben. Es ist wahrscheinlich, dass bei großen Überschwemmungen das gesamte Tal unter Wasser steht. Zu unserer Linken fielen die Hügel, obwohl felsig und steil, etwas allmählich ab und waren überall mit Büschen übersät. Auf der rechten Seite war der Berg viel höher und erhob sich an vielen Stellen sehr steil. Manchmal weitete sich das Tal etwas aus, ein anderes Mal schlossen sich die Berge zusammen, und wir schienen am Ende unserer Reise angekommen zu sein, bis sich das Tal, als wir einen vorspringenden Ausläufer umrundeten, in seiner gewohnten Breite auszudehnen schien. Insgesamt erinnerte mich die Landschaft sehr an Tirol, nur dass die Hügel auf unserer Seite nicht so hoch waren wie die, die dort normalerweise die Täler begrenzen.

Um halb sechs war es so dunkel geworden, dass wir dem Weg nicht mehr folgen konnten, und die Tiere stolperten ständig über die losen Steine, und wir mussten eine halbe Stunde anhalten, bis der Mond aufgegangen war über der Ebene; und obwohl es noch einige Zeit dauerte, bis sie hoch genug war, um über die Hügelkuppen in unser Tal hinunterzuschauen, war es dennoch hell genug, um unseren Weg fortzusetzen. Nach einer weiteren Dreiviertelstunde stießen wir auf einen Anblick , der mir seit meiner Abreise aus England nicht mehr begegnet war, außer natürlich auf meiner Reise durch Frankreich – es war fließendes Wasser. Wir knieten alle nieder und tranken etwas, aber seltsamerweise weigerten sich alle unsere Tiere zu trinken, obwohl sie fast vier Stunden lang in einer Wolke aus leichtem Staub eingehüllt unterwegs gewesen waren. Tatsächlich frage ich mich, ob sie jemals zuvor fließendes Wasser gesehen hatten und dachten, dass es etwas Unheimliches sei. Wir wussten, dass es sich bei diesem Ort um Lower Sooro handelte, nicht dass es dort ein Dorf gab – tatsächlich beginne ich, die Existenz von Dörfern in diesem Teil der Welt in Frage zu stellen, denn ich habe noch keine einzige dauerhafte Hütte der Einheimischen gesehen, sondern nur aus Zweigen gebaute Lauben von Bäumen und Sträuchern. Aber in Abessinien sind es nicht die Dörfer, die Namen tragen; es sind Brunnen. Zulla und Koomaylo , das obere und untere Sooro , sind keine Dörfer, sondern Brunnen. Eingeborene kommen und gehen und bauen ihre Lauben, aber sie leben nicht dort. Ich glaube, wenn es einen einheimischen

Namen gibt und keinen Brunnen, dann ist es ein Friedhof, der den Namen gibt. Zwischen Koomaylo und Sooro kamen wir an zwei oder drei davon vorbei, die alle denen ähnelten, die ich bereits beschrieben habe. Von Lower nach Upper Sooro sind es vier Meilen. In diesem Teil der Straße liegen die eigentlichen Schwierigkeiten des Passes, und ich bin noch nie durch eine Reihe so enger und steiler Schluchten gefahren, wie sie dort vorkommen. Die Seiten dieser Schluchten sind an vielen Stellen vollkommen senkrecht, und die Landschaft ist zwar nicht sehr hoch, aber doch äußerst wild und großartig, und wie wir sie sahen, mit dem hellen Licht und den tiefen Schatten, die der Vollmond wirft Es war eines der beeindruckendsten Landschaftsstücke, die ich je gesehen habe. Die Schwierigkeit des Passes besteht nicht in seiner Steilheit, denn der Anstieg beträgt etwas mehr als dreihundert Fuß pro Meile, sondern in der Masse riesiger Felsbrocken, die seinen Boden verstreuen. Tatsächlich schlängelt sich der Weg auf seiner gesamten Länge hin und her und über ein Chaos riesiger Steine, die aussehen, als wären sie gerade erst von den fast überhängenden Seiten der Schlucht gefallen. Einige dieser Massen sind so groß wie ein großes Haus, und dazwischen ist kaum Platz für ein Maultier mit seiner Last. Tatsächlich war an vielen Stellen überhaupt kein Platz, bis die Bombay-Pioniere, die etwa auf halber Höhe des Passes ihr Lager aufgeschlagen haben, sich an die Arbeit machten, um es praktikabel zu machen, indem sie hervorstehende Kanten wegsprengten und den Weg dazwischen auf eine leichte Weise ebneten die kleineren Steine. An manchen Stellen wurden quer durch die Schlucht große Dämme gebildet, weil zwei oder drei riesige Felsbrocken den Lauf des Baches blockierten und sich angesammelte Steine ansammelten, die die Sturzbäche im Winter auf sie herabgespült hatten. Auf diesen großen Hindernissen konnte nichts weniger als eine Armee von Pionieren Eindruck machen, und hier haben sich die Ingenieure damit begnügt, eine Straße bis zur Spitze des Damms und auf der anderen Seite wieder hinunter zu bauen. Wir brauchten drei Stunden für diese vier Meilen lange Strecke, und die Mühe , das Geschrei und die Schwierigkeiten des Weges muss man sich vorstellen. Natürlich waren wir abgestiegen und hatten unsere Pferde ihren Pferdepflegern zum Führen übergeben. Ständig veränderte sich das Gepäck und erforderte eine Pause und eine Neuausrichtung. Jetzt würden unsere Blecheimer auf der einen Seite mit einem Krachen gegen einen Felsen schlagen; Jetzt würde unser Fall von Brandy – der zu rein medizinischen Zwecken eingenommen wurde – auf eine Projektion des anderen stoßen. Jetzt würde eines der Ponys stolpern und das andere wäre fast auf ihn gestoßen; Als nun eines der Maultiere seinen Schritt beschleunigte, um einen steilen Anstieg zu bewältigen, hätte es beinahe dasjenige, das ihm folgte und an ihm hing, von den Füßen gerissen; dann würde es einen neuen Alarm geben, dass das Gepäck der Ponys abrutschte. Das alles wiederholte sich immer und immer wieder. Es gab Rufe auf Englisch, Hindi , Arabisch und in anderen und unbekannten Sprachen. Alles in allem waren es die anstrengendsten vier Meilen, die ich je zurückgelegt habe, und wir waren alle regelmäßig fertig, wenn wir oben ankamen. Ich würde sagen, dass das Wasser die ganze Zeit über zwischen den Felsen hin- und hergeschüttelt war, sich manchmal hundert Meter lang unter ihnen versteckte, dann immer wieder unseren Weg kreuzte oder direkt unter unseren Füßen lief, bis wir nur noch ein paar hundert Meter von Upper entfernt waren Sooro : Wenn die Schlucht breiter wird und der Boden sandig ist, fließt der Bach nicht mehr über die Oberfläche. Im Großen und Ganzen war es ein unvergesslicher Ritt durch dieses einsame Tal im Mondlicht in einem völlig unbekannten und einigermaßen feindseligen Land, da die Eingeborenen in letzter Zeit mehrere Raubversuche gegen kleine Gruppen unternommen haben; und obwohl sie in keinem Fall einen Europäer angegriffen haben , reitet doch jeder mit seinem geladenen Revolver im Holster. Über allem schien eine tiefe Stille zu liegen, die nur von unseren eigenen Stimmen unterbrochen wurde, außer vom gelegentlichen Zittern einer Zikade zwischen den Büschen, dem Ruf eines Nachtvogels oder dem Jammern eines Schakals oder dem heiseren Bellen eines … Affe auf den Hügeln oben.

Es war erst elf Uhr, als wir in Upper Sooro ankamen . Ein Offizier kam sofort an die Tür seines Zeltes und bat uns mit der Gastfreundschaft, die allgegenwärtig ist, hereinzukommen und uns hinzusetzen, während unser Zelt aufgebaut wurde. Wir sagten zu, und er öffnete für uns eine Flasche Bier, kühl und in ausgezeichnetem Zustand. Stellen Sie sich unsere Gefühle vor. Brandy und Wasser wären wahre Gastfreundschaft gewesen, aber Bier, wo Bier so knapp und so kostbar ist wie hier, war eine Tat, die es verdient, mit goldenen Buchstaben festgehalten zu werden. Ich verzichte darauf, unseren Wohltäter zu nennen. Der Name des Samariters ist nicht auf uns herabgekommen; Die Witwe, die die Milbe gespendet hat, ist namenlos. Dies sei im vorliegenden Fall der Fall. Aber ich werde nie aufhören, mit Dankbarkeit an diese Flasche Bier zu denken.

Mein Zelt war jetzt aufgebaut; mein Diener besorgte heißes Wasser und kochte Tee; und nachdem ich das und etwas Keks genommen und gesehen hatte, dass die Pferde gefüttert waren, zog ich mich ein wenig aus, legte mich auf mein wasserdichtes Laken und zündete mir eine letzte Zigarre an, als ich zu meinem Entsetzen viele kriechende Dinge beobachtete, die über das Laken auf mich zukamen Mich. Bei der Untersuchung stellte sich heraus, dass es sich um zwei Arten handelte – die eine war eine große rote Ameise, die andere eine Art Zecke, bei der es sich, wie ich morgens bei einer Nachfrage herausfand, um Kamelzecken handelt. Sie sind bleifarben und etwa so groß wie Schafzecken, laufen aber nicht so schnell. Das war tatsächlich eine Katastrophe, aber es gab nichts, was man tun konnte. Ich war viel zu müde, um aufzustehen und mein Zelt an einem anderen Ort aufzuschlagen; Außerdem wäre es an einem anderen Ort vielleicht genauso schlimm gewesen. Deshalb wickelte ich mich so fest wie möglich in meinen Teppich, in der Hoffnung, dass sie nicht hineinkämen, und schlief ein. Am Morgen war ich sehr froh, als ich feststellte, dass ich nicht gebissen worden war; Denn sie beißen Pferde und Menschen, verursachen bei ersteren eine Beule so groß wie eine Männerfaust und verursachen bei letzteren große Schmerzen und Schwellungen.

Ich beschreibe die Ereignisse eines jeden Tages so detailliert, weil das Leben der meisten Offiziere und Männer dem meinen sehr ähnelt, und indem ich meine eigenen Erfahrungen erzähle, gebe ich eine weitaus genauere Vorstellung von der Art von Leben, die wir in Abessinien führen, als ich es könnte durch irgendwelche allgemeinen Aussagen.

Upper Sooro ist ein großes Kommissariatsdepot , das von Dirigent Crow außerordentlich gut verwaltet wird. Es handelt sich um ein neues Becken mit einer Länge von fünfhundert Yards und einer Breite von zweihundert Yards, eine Erweiterung des Passes. Aus diesem Grund wurde es ausgewählt, da es der einzige Ort entlang der Linie in der Nähe von Wasser ist, an dem ein Regiment sein Lager aufschlagen könnte. Aufgrund der Höhenlage über dem Meer ist die Temperatur bis auf zwei bis drei Stunden mittags sehr angenehm. Eine weitere angenehme Veränderung besteht darin, dass die dornigen Büsche verschwunden sind und ein Baum ohne Stacheln, der eine beträchtliche Größe erreicht, an ihre Stelle getreten ist.

Heute Morgen um sieben Uhr begannen die Beloochees einzutreffen, nachdem sie um Mitternacht aufgebrochen waren. Die Vorhut lief also genau zur gleichen Zeit wie wir. Ihr Gepäck fiel jedoch den ganzen Tag über ein, denn es war auf Kamele geladen, und die meisten dieser Tiere blieben in den engen Passagen des Passes fest und mussten abgeladen werden, um durchzukommen; und das passierte immer wieder. Tatsächlich ist der Pass für Kamele noch nicht begehbar; Maultiere können es schaffen, aber es passt sehr gut zu ihnen, und es wird noch einige Zeit dauern, bis Kamele ihre Lasten tragen können. Ich gehe davon aus, dass nach den heutigen Erfahrungen auf dieser Seite von Koomaylo keine Kamele mehr eingesetzt werden , bis der Pass verbreitert ist. Einige der armen Tiere saßen einige Stunden lang fest, bevor sie befreit werden konnten. Mittlerweile liegen hundert von ihnen im Umkreis von fünfzig Metern um mein Zelt herum. Ich halte das Kamel für das am lächerlichsten gepriesene Tier unter der Sonne. Ich leugne nicht, dass er seine Tugenden hat. Er ist mäßig stark – nicht sehr stark für seine Größe, denn er kann nicht einmal ein paar gute Maultiere tragen; Dennoch ist er ziemlich stark und kann lange Zeit ohne Wasser auskommen – eine sehr nützliche Eigenschaft in der Wüste oder an der Küste Abessiniens. Aber geduldig! Der Himmel rette die Marke! Er ist ohne Ausnahme das streitsüchtigste Tier unter der Sonne. Wenn man ihn aufstehen will, legt er sich hin; wenn er sich hinlegen soll, wird er es aus keinem Grund tun; und wenn er einmal unten ist, springt er wieder auf, sobald sein Fahrer ihm den Rücken zuwendet. Er murrt und knurrt und brüllt bei jedem Befehl, den er erhält, ob er aufstehen oder sich hinlegen soll; ob er beladen oder abgenommen werden soll. Wenn er einmal beladen und in Bewegung ist, geht er ganz ruhig weiter; aber das gilt auch für ein Pferd, einen Esel oder jedes andere Tier. Nachdem er sich so unangenehm wie möglich gemacht hat, gibt es ein kleines Lob für ihn, dass er weitermacht, wenn er nicht anders kann. Ich halte das Maultier, das die Leute zu Unrecht als eigensinnig bezeichnet haben, für ein in jeder Hinsicht überlegenes Tier gegenüber dem vielgepriesenen Kamel – außer dass es seinen Drink will.

Gestern ist hier ein Bote aus Abessinien durchgekommen. Er brachte Briefe von Mr. Rassam an Colonel Merewether. Er berichtet, dass Theodore seine Grausamkeiten fortsetzt und seine Soldaten in großer Zahl tötet. Unter diesen Umständen kann man sich kaum über die Nachricht wundern, dass er trotz seiner Bemühungen nicht in der Lage ist, seine Armee auf mehr als sieben- oder achttausend Mann aufzustocken. Er ist immer noch bei Debra Tabor.

Lager, Senafe , 16. Dezember.

Ich bin erst vor einer halben Stunde hier angekommen und stelle fest, dass die Post bald beginnt. Ich habe daher nur Zeit, ein paar Zeilen als Ergänzung zu meinem letzten Brief zu schreiben, der aus Sooro geschickt wurde . Die gesamte Beschreibung des Passes zwischen dieser Ruhestätte und Senafe muss ich auf meinen nächsten Brief verschieben und nur mitteilen, dass es hier keine besonderen Neuigkeiten gibt. Der Bote von Herrn Rassam ist gestern im Lager angekommen. Er erklärt, dass die Männer des Königs von Shoa zwischen Theodore und Magdala stehen und dass alle Hoffnung besteht, dass sie den letzteren Platz einnehmen und die Gefangenen befreien. Die Berichte über den König von Tigré basieren gewissermaßen auf Fakten. Er hat die größte Freundschaft bekundet, aber es gibt finstere Berichte, dass er wirklich Unfug treibt, und seit zwei oder drei Tagen wurden die Streikposten verdoppelt. Es wird nicht angenommen, dass die Meldung über seine Absicht, uns anzugreifen, irgendeine Grundlage hat. Die Lage dieses Lagers ist sehr angenehm – auf einer hohen Hochebene, 7000 Fuß über dem

Meer, und darüber weht ein herrlich kräftiger Wind, der an Brighton Downs im Monat Mai erinnert. Nachts wird mir gesagt, dass das Thermometer unter den Gefrierpunkt sinkt. Das Lager liegt in einer leichten Senke oder einem Tal in der Ebene. Durch seine Mitte fließt ein Bach, der bei der Gründung des Lagers knietief war, seitdem jedoch stark abgefallen ist, so dass Stauseen gebildet und Brunnen abgeteuft werden, für den Fall, dass die Versorgung ausbleibt. So kurz die Zeit bis zur Absendung der Post auch ist, ich hätte Ihnen möglicherweise weitere Informationen zukommen lassen, wenn nicht die Obersten Merewether und Phayre beide auf einer Expedition im umliegenden Land abwesend gewesen wären, und ich daher nicht in der Lage bin, irgendwelche Neuigkeiten aus offizieller Quelle zu erhalten. Die Gesundheit aller hier oben ist ausgezeichnet und die Pferde leiden weniger unter der Krankheit, die sie in den tiefer gelegenen Gebieten fast dezimiert hat. Es werden viele Rinder zum Verkauf angeboten, aber die Behörden haben leider kein Geld, um sie zu kaufen.

Senafe , 19. Dezember.

Ich habe ein paar Zeilen geschrieben, als ich vor zwei Tagen hier ankam; aber da der Posten kurz vor Beginn stand, konnte ich nicht mehr tun, als zu erklären, dass die Gerüchte , die uns unten über den König von Tigré erreicht hatten , unwahr waren und dass dieser Monarch derzeit einen Kurs meisterhafter Untätigkeit verfolgte. Ich werde meinen Brief daher nun an der Stelle fortsetzen, an der meine letzte regelmäßige Kommunikation endete, nämlich am Bahnhof von Sooro , auf dem Pass, der zu diesem Ort führt. Ich entschuldige mich nicht dafür, dass ich meine Beschreibung dieses Passes sehr ausführlich gemacht habe, denn derzeit konzentriert sich das gesamte Interesse der Expedition auf den Durchgang der Truppen und des Gepäcks von Zulla bis zu diesem Punkt, und ich bin mir sicher, dass alle Einzelheiten, die der Öffentlichkeit zugänglich gemacht werden könnten sich das Land vorzustellen, durch das unsere Soldaten marschieren, wird mit großem Interesse gelesen. Von Sooro bis Rayray Guddy , die nächste reguläre Station, ist dem offiziellen Bericht zufolge 28 Meilen entfernt; aber ich bin überzeugt, und in dieser Meinung werde ich von jedem Offizier, mit dem ich gesprochen habe, bestätigt, dass dreiunddreißig der Tatsache viel näher kommen würden. Tatsächlich liegen bei jedem Marsch hier oben die offiziellen Entfernungen um ein Vielfaches unter der Wahrheit. Aber tatsächlich scheinen die Offiziere der Erkundungstruppe alles durch eine rosarote Brille gesehen zu haben. In Zulla meldeten sie reichlich Wasser, und ein kurzes Stück weiter fanden sie eine Fülle von Futtermitteln, die vorher oder nachher niemand sonst entdecken konnte. Aufgrund dieser Meldungen über Futter und Wasser wurden die Gepäcktiere eilig vorwärts gebracht. Ich gebe nicht den Beamten die Schuld, die die Berichte erstellt haben. Sie haben einfach so gehandelt, wie es die Natur von Entdeckern ist. Jeder Vater hält sein eigenes Kind für ein Wunderkind. Jeder Entdecker glaubt, dass das Land, der Fluss oder der See, über den er als Erster berichtet hat, ein Land, ein Fluss oder ein See ist, wie ihn noch kein Mensch zuvor gesehen hat. Dies ist immer wieder vorgekommen, und die anhaltende Verwendung dieser rosafarbenen Brille durch Forscher hat katastrophale Folgen gehabt. Es ist nicht mehr als vier oder fünf Jahre her – um nur ein Beispiel von tausend zu nennen –, seit Dr. Livingstone berichtete, dass er in Ostafrika einen herrlichen schiffbaren Fluss entdeckt hatte, an dessen Ufern es reichlich Reis, Baumwolle und Mais gibt Klima über jeden Zweifel erhaben. Als Reaktion auf diesen Bericht wurde die „Universitätsmission" gegründet und eine Gruppe von Missionaren unter der Leitung ihres Bischofs Mackenzie gegründet. Nach Monaten des Kampfes erreichten sie den Ausschiffungsort, nachdem sie bereits festgestellt hatten, dass ihr edler Bach zu einer guten durchschnittlichen Jahreszeit etwa einen Meter tief war. Dort richteten sie ihre Mission ein; dort starben diese edlen Kerle einer nach dem anderen an Not und Fieber, Opfer der rosafarbenen Brille eines Forschers . Danach dürfen wir den wenigen Hundert Maultieren, die dem Mangel an Quellen und Futter zum Opfer gefallen sind, die nur durch die Brille der Chefs der Erkundungsgruppe zu sehen waren, nicht nachtragen.

Von Sooro bis Rayray Guddy ist ein zu weiter Marsch, als dass man ihn an einem Tag auf einer solchen Straße zurücklegen könnte, wie es sie derzeit gibt, und dementsprechend wird er im Allgemeinen an einer Stelle namens Perlhuhnebene unterbrochen, wo es einen Brunnen gibt, der einen kleinen Wasservorrat liefert Farbe der Erbsensuppe. Wir hatten vorher genug von Nachtmärschen gehabt, und nachdem wir einen Tag in Sooro verbracht hatten , machten wir uns am nächsten Morgen um zehn Uhr auf den Weg. Wir hatten vorgehabt, eine Stunde früher aufzubrechen; Aber hier anzufangen ist etwas ganz anderes, als zu einer vereinbarten Zeit ein Taxi zu rufen, um einen Zug zu erreichen. An erster Stelle stehen die Koffer, die in der Nacht zuvor zum Verschließen geöffnet wurden; Da ist das Zelt zum Aufschlagen und Einpacken. Dann entdeckst du im letzten Moment, dass deine Diener das Frühstücksgeschirr nicht abgewaschen haben und dass dein Maultierwallah seine Tiere noch nicht zur Tränke gebracht hat. Endlich, wenn alles fertig ist, kommt der wichtige Vorgang des Verladens der vier Gepäcktiere. Jede Ladung muss mit höchster Präzision eingestellt werden, oder schon beim ersten Stück unebenem Boden, auf dem Sie ankommen, dreht sich der Sattel um und Ihre Sachen landen krachend auf dem Boden. Zu unseren beiden Pantoletten haben wir den „Otago-Sattel", der hervorragend ist. Tatsächlich ist es nach Meinung fast aller hier bei weitem der beste der Konkurrenzsättel. Auf diese Sättel packen wir unser eigenes Gepäck, und sobald wir es richtig eingestellt haben, ist es ziemlich sicher für den Tag. Nicht so bei den anderen Tieren, für die wir gemeinsame Maultiersättel haben. Darauf stapelt sich eine vielfältige Sammlung von Bündeln. Die fünf Ausrüstungsgegenstände unserer Bediensteten, die Decken und Seile unserer Tiere, unsere Zelte, zwei Säcke mit Kochutensilien und zahlreichen Utensilien sowie ein Wasserschlauch für unterwegs. Das tatsächliche Gewicht, das diese Tiere tragen müssen, ist nicht so groß wie das der anderen; aber der Aufwand beim Einstellen und Befestigen ist mindestens zehnmal so groß. Die Lasten müssen häufig drei- oder viermal abgenommen werden, und wenn wir dann denken, dass alles in Ordnung ist, und uns einigermaßen in Bewegung setzen, haben wir keine zwanzig Meter zurückgelegt, als wir eine allmähliche Abwärtsbewegung auf einer Seite eines Tieres beobachten können ein entsprechender Anstieg der entgegengesetzten Last, und wir sind gezwungen, alles anzuhalten und neu zu ordnen, sonst wäre das Ganze in ein oder zwei weiteren Minuten umgefallen. Diese Dinge erschüttern die Stimmung etwas, und unser Gleichmut wird durch die extreme Dummheit, die unsere einheimischen Diener bei diesen Gelegenheiten immer an den Tag legen, nicht verbessert. Sie scheinen kein Auge zu haben. Sie stapeln Bündel auf der Seite, die vorher spürbar am schwersten war; Sie verdrehen Schnüre, wo Schnüre überhaupt keinen Nutzen haben: Alles in allem sind sie furchtbar lästig. Mittlerweile habe ich mich jedoch an diese Dinge gewöhnt, nehme die Dinge selbst in die Hand und bestehe darauf, dass die Dinge genau so erledigt werden, wie ich sie anweise. Um zehn Uhr waren wir also ziemlich weit weg, und ich weiß nicht, ob ich jemals durch ein eintönigeres Tal geritten bin als das zwischen Sooro und Perlhuhnebene. Es war das Gegenstück zu dem, was ich in meinem letzten Brief als Ausdehnung zwischen Koomaylo und Lower Sooro beschrieben habe . Eine tote Ebene mit einem Durchmesser von zwei- oder dreihundert Metern, über die sich das Bett des Wildbachs schlängelt und die ein Bergausläufer nach dem anderen jede Viertelmeile umdreht. Einige der Bergansichten, die wir oben in den Schluchten sahen, waren sicherlich sehr schön, aber nach sechs Stunden Marsch mit einer Geschwindigkeit von etwas mehr als zwei Meilen pro Stunde wurde es äußerst eintönig. Die Vegetation hatte sich jedoch seit dem Vortag verändert. Der Dornenbusch bedeckte nicht mehr alles, aber eine Vielzahl von Sträuchern säumten nun den Weg und die Vielfalt ihres Laubwerks war eine Wohltat für das Auge. Überall waren riesige Mengen Heuschrecken anzutreffen, die den Boden dort, wo sie lagen, gelb machten und mit einem raschelnden Geräusch aufstiegen, das die

Pferde bei unserer Annäherung sehr verunsicherte. Sie fraßen nicht alle Sträucher, aber die Arten, von denen sie sich ernährten, waren vollständig mit ihnen bedeckt, und die meisten ihrer Lieblingspflanzen waren völlig kahl. Affen, oder vielmehr Paviane, gab es immer noch in Hülle und Fülle: Wir sahen zahlreiche große Scharen von ihnen, die über hundert Mann stark gewesen sein mussten. Es war ungefähr fünf Uhr, als wir die Perlhuhnebene erreichten, in der es möglicherweise Perlhühner gibt, obwohl wir keine sahen. Aber es handelt sich mit Sicherheit nicht um eine Ebene, denn an der Stelle, wo sich der Brunnen befindet, ist das Tal schmaler als kilometerweit zuvor. Hier fanden wir einige wirklich große Bäume, unter denen wir unser Zelt aufschlugen. Es dauerte nicht lange, bis unsere Diener im Vorwärtszustand Feuer entzündeten und zu Abend aßen. Es waren zwei oder drei andere Gruppen vor uns angekommen, und als es dämmerte, zündeten alle Feuer an; und da jede Gruppe mit ihren Koch- und Bräutigamsfeuern mindestens drei Lagerfeuer brannte, war es eine recht malerische Szene. Die Nacht war rau und kalt und wir hatten ein paar Regentropfen. Zum Glück hatten wir Wasser zum Kochen mitgebracht, denn das Wasser im Brunnen war absolut ungenießbar.

Am nächsten Morgen machten wir uns wieder früh auf den Weg zu unserer längsten Reise, nämlich nach Rayray Guddy , wo Nahrung für Pferd und Mensch zu beschaffen wäre, während weder das eine noch das andere in der Perlhuhnebene erhältlich wäre, wo es keine Kommissariatsstation gibt. Wir hatten unser eigenes Essen und eine kleine Portion Getreide für die Pferde dabei; aber es wäre ihnen sehr schlecht ergangen, wenn wir nicht am Pass ein paar Eingeborene mit einem Bündel Heu getroffen und mit ihnen einen kleinen Tauschhandel gegen Reis abgeschlossen hätten. Das Tal ähnelte auf den ersten zwölf oder vierzehn Meilen von der Perlhuhnebene in seinen allgemeinen Merkmalen stark dem, das wir am Tag zuvor passiert hatten, aber die Vegetation wurde mit jeder Meile abwechslungsreicher und interessanter. Wir hatten jetzt große Efeubäume, wir hatten die immergrüne Eiche und gelegentlich riesige Tulpenbäume. Wir hatten eine große Anzahl eines Baumes oder vielmehr eines großen Strauches, dessen Namen ich nicht kenne; Seine Blätter ähnelten eher den Zweigen des Spargels, wenn er weit gewachsen ist, um zu säen, als bei jedem anderen Blattwerk, das ich kenne, aber der Wuchs des Strauchs ähnelte eher einer Eibe. Auf seinen Zweigen befanden sich große Mengen eines mistelähnlichen Parasiten, dessen dunkelgrüne Blätter einen schönen Kontrast zum eher bläulichen Farbton des Baumes bildeten. Überall kletterten Schlingpflanzen verschiedener Art über die Bäume und versteckten sie manchmal fast. Auf dem Boden wuchsen große Mengen der Aloe. Es gab auch zahlreiche Kakteen verschiedener Art, einige dick und massig, andere nicht dicker als der kleine Finger einer Dame und wuchsen wie eine Schlingpflanze über den Bäumen. Aber das Seltsamste von allem war, dass auf den Hügeln eine riesige Pflanze oder vielmehr ein

Baum des Kaktusstammes wuchs, den ich noch nie zuvor gesehen hatte. Es begann mit einem geraden Stamm, fünfzehn bis zwanzig Fuß hoch und dicker als der Körper eines Mannes. Dieser verzweigte sich in eine große Anzahl von Armen, die alle in die Höhe wuchsen und genau die gleiche Höhe erreichten, was ihm ein seltsames und formales Aussehen verlieh, das genau einem riesigen Blumenkohl ähnelte. Ich glaube, dass ihr Name *Euphorbia candalabriensis ist*, aber dafür kann ich keineswegs bürgen. Einige Berghänge waren ziemlich mit diesem seltsamen Baum bedeckt, aber im Allgemeinen wuchs er einzeln oder in Paaren. Die Tulpenbäume waren großartig; Sie wuchsen im Allgemeinen an felsigen Orten und mit ihren riesigen, verdrehten Stämmen, den glänzenden grünen Blättern und den mehr als dreißig Meter langen Zweigen waren sie Studienobjekte für einen Maler.

Ungefähr drei Meilen von Rayray entfernt Guddy verengte sich das Tal zu einer Schlucht, und wir stießen auf fließendes Wasser. Der Pass von hier zum Bahnhof ist steil und schwierig, aber nichts dergleichen in Sooro . Nachdem wir unsere Rationen bezogen hatten und die unwillkommene Nachricht erhielten, dass es kein Heu und nur die geringste Menge Getreide für unsere Tiere gab, schlugen wir unser Lager auf und gingen hinauf, um uns die etwa eine Viertelmeile höher gelegene Landtransportabteilung anzusehen das Tal hinauf. Vier- oder fünfhundert Maultiere und Ponys waren hier, in gutem Zustand, aber kaum in gutem Zustand; Tatsächlich war die Arbeit hart und das Futter knapp. Wie hart die Arbeit war, hatte unsere Reise der beiden vorangegangenen Tage gezeigt. Entlang der gesamten Marschlinie waren wir auf die Kadaver toter Tiere gestoßen, aus denen große Geier träge aufstiegen, als wir uns näherten. Als wir uns Rayray näherten Die sterblichen Überreste der Opfer kamen viel häufiger vor und die Luft war überall mit dem stinkenden Geruch gesättigt Geruch . Dies war nur zu erwarten, da die armen Tiere sich bemühen mussten, den dreißig Meilen langen Marsch von Sooro ohne Nahrung und in den meisten Fällen ohne Wasser zurückzulegen. Es sollte keine Zeit verloren gehen, um in der Perlhuhnebene ein kleines Kommissariatsdepot einzurichten , in dem den Tieren auf ihrem Durchzug eine Ration Heu und Getreide serviert werden könnte. Die Arbeit, die diese Lasttiere durchmachen müssen, ist äußerst schwer, und ihr halb verhungertes Aussehen bezeugt, dass ihnen nicht genügend Futter serviert wird, und von ihnen zu erwarten, dass sie für die dürftigen Rationen eines Tages zwei Tage Arbeit leisten müssen, ist ein Fehler selbst von Pantoletten etwas zu viel. Wir fanden unsere Freunde, die vor uns aus der Perlhuhnebene aufgebrochen waren, dort oben zusammen mit Kapitän Mortimer vom Transportzug ihr Lager auf. Es wurde vorgeschlagen, dass wir unser Chaos mit ihnen anrichten sollten. Wir kehrten dementsprechend in unser eigenes Lager zurück, nahmen unser Fleisch und unseren Rum, unsere Teller sowie Messer und Gabeln und marschierten wieder zurück. In einer Stunde war das Abendessen fertig, und in der Zwischenzeit freute ich mich über die

Gelegenheit, mich zu erkundigen, wie es dieser vorgeschobenen Abteilung des Transportzuges ergangen sei. Ich stellte fest, dass sie, wie unten in Zulla , die größten Probleme mit ihren Fahrern hatten. Der Offizier beklagte sich bitterlich über die Klasse der Männer, die ausgesandt worden waren – Griechen, Italiener, Franzosen, Spanier, die bloße Säuberung von Alexandria, Kairo, Beyrout und Smyrna. Die Hindu-Fahrer, sagte er, arbeiteten im Großen und Ganzen zuverlässig und seien zuverlässiger als die anderen, ihnen fehle es aber stark an körperlicher Stärke. Die Perser hingegen waren sehr starke und mächtige Männer und konnten drei Maultiere laden, während ein Hindu eins laden konnte; Doch zunächst hatten sie große Schwierigkeiten gemacht, meuterten und gedroht, in Scharen zu desertieren, doch nachdem zwei oder drei der Rädelsführer mit der Peitsche belegt worden waren, lief alles reibungsloser. Die arabischen Fahrer waren fast alle desertiert. Sogar hier oben leiden die Maultiere noch immer unter der Krankheit, die in der Ebene herrschte und hundert Pferde der 3. Eingeborenenkavallerie dahinraffte. Die Wirkung tritt sehr plötzlich ein und ist in fast allen Fällen tödlich. Die Tiere scheinen von inneren Schmerzen erfasst zu werden, wölben den Rücken und werden steif. In kurzer Zeit wird die Zunge schwarz, es kommt zu einem Ausfluss aus den Nasenlöchern, und in wenigen, manchmal nicht mehr als einer Stunde nach dem Angriff ist das Tier tot. Gegenwärtig sind, wie bei unserer Rinderkrankheit, alle Heilmittel wirkungslos. Tiere in gutem Zustand sind anfälliger für Angriffe als ärmere Tiere. Nach dem Abendessen kehrten wir zu unserem Zelt zurück, wo wir jedoch keine besonders angenehme Nacht verbrachten. Erstens war es bitterkalt – die Temperatur von Rayray In Guddy ist es tatsächlich kälter als hier; und im zweiten Fall hatte sich ein Maultier von seinen Hauptstricken befreit und kam zu unserem Lager hinunter. Fünf- oder sechsmal brachte es beinahe unser Zelt um, als es über die Zeltseile stürzte, und außerdem machte es unsere Pferde so wild, als es dazwischen ging, dass wir fürchteten, sie könnten losbrechen. Vier- oder fünfmal mussten wir also aufstehen und in die Kälte hinausgehen, um das Biest mit Steinen zu vertreiben. Die Pferdeknechte schliefen neben ihren Pferden, waren aber so in ihre Decken gehüllt, dass sie nichts davon hörten. Am nächsten Morgen war es so kalt, dass wir froh waren, endlich aufzustehen und uns kurz vor acht auf den Weg machten. Die ersten sechs Meilen der Straße sind eng und kurvenreich und die schönste Straße, die ich je passiert habe. Mit Ausnahme des schmalen Pfades bestand die Schlucht aus einem einzigen Laubwerk. Zusätzlich zu allen Pflanzen, die ich unten als vorkommend erwähnt habe, hatten wir jetzt die wilde Feige, den Goldregen, verschiedene Akazienarten und viele andere. Eine besondere Pflanze, ich glaube, eine Akazienart, befand sich in Samen; Die Samenkapseln waren rötlichbraun, aber sehr dünn und durchsichtig, und wenn die Sonne darauf schien, hatten sie die Farbe des klarsten Karminrots. Da diese Sträucher in großer Menge vorhanden und vollständig mit

Samenkapseln bedeckt waren, war ihr Aussehen sehr glänzend. Zwischen all diesen Pflanzen flatterten zahlreiche Kolibris der schönsten Art Farben . Andere Vögel von größerer Größe und prächtigem Gefieder saßen zwischen den Bäumen in kurzer Entfernung vom Weg. Leuchtende Schmetterlinge huschten hier und da zwischen den Blumen umher.

Endlich hatten wir das Ende dieser bezaubernden Fahrt erreicht und bereiteten uns auf eine Arbeit ganz anderer Art vor. Wir verließen die Schlucht, der wir nun sechzig Meilen lang gefolgt waren, und bereiteten uns mutig darauf vor, den Hügel hinaufzusteigen. Sobald wir die Schlucht verließen, war die gesamte halbtropische Vegetation am Ende; Wir stiegen einen steilen Hügel hinauf, der mit Felsbrocken bedeckt war, zwischen denen verkrüppelte Kiefern ihre knorrigen Äste und ihr dunkles Laub durchzogen. Wir waren mit einem Sprung von einer tropischen Schlucht zu einem Berghang im Hochland gelangt. Ich würde sagen, dass der Aufstieg mindestens 1.000 Fuß betrug, und einen schlimmeren 1.000-Fuß-Aufstieg hatte ich noch nie zuvor und würde ihn auch nie wieder haben wollen. Es handelt sich lediglich um einen Pfad, der im Zickzack zwischen Felsen und Bäumen hinaufführt und von der 10. Eingeborenen-Infanterie und den Pionieren angelegt wurde, während die Pioniertruppe unten ruhte und frühstückte. Die Männer vollbrachten Wunder, wenn man bedachte, dass es nur eine Arbeit von zwei Stunden war; aber es ist bestenfalls eine bloße Spur. Manchmal erklimmen die Maultiere eine Stelle, die so steil ist wie eine Treppe; Dann müssen sie über einen drei Fuß hohen Felsen steigen. Tatsächlich ist es ein langer Kampf bis zum Gipfel und an keiner Stelle breit genug für zwei Maultiere. Der Sturz eines Maultiers bringt einen ganzen Zug zum Stehen, und das wurde in unserem Fall deutlich, denn wir folgten einer langen Reihe von Maultieren, als sie plötzlich zum Stehen kamen. Eine halbe Stunde warteten wir geduldig, und dann kletterten wir die Felsen hinauf und durch die Bäume an der Seite der stationären Maultiere und kamen schließlich zum Grund des Festhaltens – eines der Maultiere war gefallen. Die Fahrer hatten keine Anstalten gemacht, seinen Rucksack oder seinen Sattel abzunehmen, sondern saßen ruhig an seiner Seite und rauchten ihre Pfeifen. Nach ein paar kräftigen Worten nahmen wir ihm den Sattel ab, brachten alles in Ordnung und der Zug fuhr weiter. Das ist der große Mangel des Transportkorps – einer starken Gruppe von Inspektoren, wie sie genannt werden, Freiwilligen aus europäischen Regimentern. Auf jeden zehnten oder fünfzehnten Fahrer dürfte einer kommen, der, wie im vorliegenden Fall, die Arbeit auf jede erdenkliche Weise scheut, wenn er nicht von einem Europäer betreut wird. Aber das ist ein Thema, zu dem ich in Zukunft noch viel mehr zu sagen haben werde. Diese Straße oder dieser Pfad ist wirklich nicht für den Durchgang von Maultieren geeignet, denn obwohl sie einzeln gut hinaufgehen können, ist es wahrscheinlich, dass, wenn eine Gruppe, die hinaufgeht, auf eine andere trifft, die hinuntergeht, es wahrscheinlich ist, dass, wenn kein Europäer heraufkommt, um einen zu bauen Wenn eine Gruppe oder jemand anders ihren Weg zurückverfolgte, blieben sie dort, bis das letzte Tier verhungerte. Drei Kompanien des Beloochee- Regiments sind gestern am Fuße des Hügels angekommen und haben sich daran gemacht, ihn zu verbreitern und zu verbessern. und da eine Gruppe von Pionieren und Bergleuten begonnen hat, von oben nach unten zu arbeiten, wird die Straße bald befahrbar gemacht. Denn dieser Hügel ist nicht wie der Sooro -Pass , der einen unglaublichen Arbeitsaufwand erfordern würde, um daraus eine anständige Straße zu machen. Hier gibt es keine natürlichen Hindernisse außer Bäumen, die gefällt und Steine weggewälzt werden müssen; Ich habe also keinen Zweifel daran, dass sie bis zum Eintreffen des Hauptteils der Armee einen guten Weg zum Plateau finden werden.

Senafe , 20. Dezember.

Ich habe meinen Brief gestern Nachmittag in großer Eile geschlossen, denn die Behörden kamen plötzlich zu dem Schluss, dass es der letzte Tag für die englische Post sei. Ich musste meine Beschreibung der Straße abrupt abbrechen, da ich mich an der Stelle befand, an der wir gerade auf dem Plateau angekommen waren. Als wir zurückschauten, konnten wir hinter uns einen Gipfel nach dem anderen sehen, der, als wir zwischen seinen Stützpunkten umhergewandert waren, so hoch über uns gewirkt hatte, jetzt aber kaum über dem Niveau der Stelle lag, an der wir standen. Einige der Gipfel um uns herum mochten tausend- bis fünfzehnhundert Fuß höher gewesen sein als das Plateau, und wir standen fast auf dem Gipfel der hohen Hügelkette, die wir vom Meer aus gesehen hatten. Wir befinden uns jetzt siebentausendvierhundert Fuß über Zulla , und aus meiner Beschreibung des Passes wird ersichtlich, dass es kein Kinderspiel ist, diese Höhe zu erreichen. Es ist nicht so, dass der Aufstieg so steil ist; im Gegenteil, wenn man die Entfernung auf siebzig Meilen nimmt, beträgt der Anstieg nur eins zu hundert, ein leichtes Gefälle für eine Eisenbahn; aber mehr als die Hälfte des Anstiegs erfolgt in drei kurzen steilen Anstiegen, nämlich dem Sooro- Pass, einem Anstieg von 1.500 Fuß in vier Meilen; der Rayray Guddy Pass, ein Anstieg von tausend Fuß in drei Meilen; und der letzte Anstieg auf das Plateau, ein Anstieg von 1.500 Fuß in zwei Meilen. Somit finden viertausend Fuß oder mehr als die Hälfte des Anstiegs in neun Meilen statt, und auf der verbleibenden Strecke beträgt der Anstieg nur einen Fuß pro zweihundert. Die Schwierigkeiten der Reise sind die allgemeine Unebenheit der Straße, die langen Strecken, die die Tiere ohne Wasser zurücklegen müssen, und der Aufstieg zum Sooro- Pass, denn es besteht kein Zweifel, dass der letzte Anstieg zum Plateau bald geschafft sein wird Straße durch die Anstrengungen der Beloochees und Pioniere. Wir drehten die Köpfe unserer Pferde um und gingen weiter. Der Wechsel zu einer offenen Ebene und einem frischen Wind anstelle des langen Tals und der drückenden Stille war bezaubernd. Man hätte gedacht, man befinde sich auf der Spitze eines walisischen Hügels. Der Boden war schwarzer Torfboden mit kurzem, vertrocknetem Gras. Hier und da gab es kleine Flecken kultivierten Bodens, und überall tauchten Felsbrocken auf. Wenn wir nach vorne blickten, konnten wir erkennen, dass der allgemeine Charakter des Geländes dem einer Ebene ähnelte; aber riesige Felsmassen von sieben- bis achthundert Fuß Höhe ragten senkrecht in phantastischen Formen steil aus der Ebene empor. Hier und da gab es Gebirgsketten, die zum Teil beträchtliche Höhenlagen hatten. Weit in der Ferne konnten wir Hügel zwischen Hügeln erkennen, die jedoch nie eine große Höhe erreichten. Überall in der Ebene grasten kleine Gruppen von Rindern und Schafen. Wir befanden uns offensichtlich in einem dicht besiedelten Land.

Nach etwa zwei Meilen Fahrt bogen wir um die Ecke einer leichten Anhöhe und dort vor uns lag das Lager. Es liegt hübsch am Rande eines kleinen Tals und ist nach Norden ausgerichtet. Die 10. Eingeborenen-Infanterie lagert auf dem rechten Flügel; die Bergbahn nimmt das Zentrum ein ; und das 3. Kavallerielager liegt auf der linken Seite. Hinter der Anhöhe erstreckt sich eine Ebene , auf der die ankommenden Truppen ihr Lager aufschlagen werden. Der Boden am Talhang und in der Ebene dahinter ist bloßer Sand, bedeckt mit Gras und Büschen, aber in der Senke des Tals, wo der Bach fließt oder vielmehr floss, ist er tiefschwarzer Torf. In diesen Torf werden nun Brunnen gebohrt, die sich schnell mit Wasser füllen. Dort, wo früher der Bach verlief, gibt es noch immer tiefe Tümpel und es wurden Dämme gebildet, die einen beträchtlichen Wasservorrat zurückhalten werden. Es ist daher unwahrscheinlich, dass die Truppen für einige Zeit zu kurz kommen, und wenn doch, gibt es an einem Bach zwei oder drei Meilen weiter genug davon. Der Gesundheitszustand der Truppen ist ziemlich gut, aber sowohl Offiziere als auch Soldaten leiden unter leichten Fieberanfällen, viel häufiger als beim Lagern in der Ebene am Meer. Das ist einzigartig, denn außer dass die Nächte ziemlich kalt sind, fühlt man hier die absolute Perfektion des Klimas. Den Pferden und Maultieren geht es hier oben viel besser, und obwohl einige zunächst starben, ist es wahrscheinlich, dass sie die Samen der Krankheit vom darunter liegenden Pass mitgebracht hatten. So wie es aussieht, hat die Kavallerie furchtbar gelitten. Die 5. Kavallerie hat von fünfhundert Pferden einhundertsiebzig verloren, und die Offizierspferde der Infanterie und des Gebirgszuges sind nahezu ausgerottet.

Hier geht es sehr ruhig zu. Der König von Tigré hat sich, nachdem er zunächst freundlich war und dann ein wenig tobte, gerade jetzt, wahrscheinlich beeinflusst durch die Berichte über die zunehmende Stärke der Expedition, zu einer umsichtigen Politik der Freundschaft entschlossen, jedenfalls so lange, bis er eine bessere Lösung sieht Gelegenheit zur Plünderung als derzeit. Gestern Nachmittag traf ein Botschafter von ihm ein und sagte großmütig: „Warum sollten wir nicht Freunde sein? Meine Feinde sind deine Feinde; meine Interessen, deine Interessen. Nimm daher mein Futter und meinen Segen." Oberst Merewether freut sich sehr über diese Nachricht und sieht durch seine rosafarbene Brille ein baldiges Ende der Expedition. Alle anderen sind vollkommen gleichgültig. Die 7000 Mann starke Armee des Königs von Tigré konnte von einem Bataillon Europäern wie Spreu zerstreut werden; und wenn er jemals eine Chance sieht, uns in den Rücken zu fallen, ist es mehr als wahrscheinlich, dass seine freundlichen Beteuerungen umsonst sein werden. Ich glaube nicht, dass man sich auch nur im Geringsten auf die Freundschaft dieser halbwilden Häuptlinge verlassen kann.

Wir haben seinem Botschafter heute Morgen eine Lektion erteilt, die zweifellos Wirkung zeigen wird. Es war ein Einsatztag der Brigade, und Colonel Merewether nahm den Botschafter mit, um ihm beizuwohnen. Es ist sehr schade, dass die Artillerie und die Infanterie nicht über ein paar Schüsse Platzpatronen verfügten, was seinem Botschafter eine viel lebendigere Vorstellung davon gegeben hätte, wie die Realität aussehen würde, und ihm eine solche Geschichte erzählt hätte gegenüber seinem König und Herrn hätte seiner Majestät die Augen dafür geöffnet, welche Folgen ein Krieg mit uns wahrscheinlich haben würde. Aber auch so hatte es zweifellos eine sehr heilsame Wirkung. Der Feind sollte einen steilen Anstieg an der Mündung eines langen Tals halten. Die Infanterie warf Scharmützler vor, und die Gebirgsgeschütze bezogen Stellung auf einem benachbarten Hügel und sollten ein schweres Feuer eröffnen. Bald rückte die Infanterie in Linie vor und stürmte den steilen Anstieg hinauf. Als sie oben ankamen, senkten sie ihre Bajonette zum Angriff und stürzten sich mit lautem Jubel auf die Verteidiger. Einen Augenblick später erklang das Wort „Charge!" wurde der Kavallerie übergeben, und sie zogen talabwärts, fegten die Stützen des Feindes und die Flüchtlinge eine halbe Meile weit vom Hügel vor sich weg und zerstreuten sich dann, um sie zu verfolgen. Es war sehr gut gemacht und hatte, wie ich bereits sagte, zweifellos Wirkung, insbesondere als dem Botschafter klar gemacht wurde, dass die Streitmacht, die er vor sich sah, nur ein Zehntel unserer vorrückenden Armee ausmachte. Die Bewegungen der Truppen wurden ordnungsgemäß durchgeführt und machten ihren jeweiligen Kommandanten große Ehre. Ihre restlichen Pferde sind in ausgezeichnetem Zustand und sehr starke, dienstleistungsfähige Tiere. Ihre Uniform ist sehr wirkungsvoll, hellblau und silbern, mit weißen Bezügen an den Futterkappen. Auch die Infanterie, deren Uniform der unseren genau ähnelt, trägt weiße Mützenüberzüge. Auf dem Weg zum Exerzierplatz, der etwa zwei Meilen von hier entfernt ist, kamen wir an mehreren Eingeborenendörfern vorbei, von denen eine große Anzahl über die ganze Ebene verstreut zu sehen ist. Das Land ist tatsächlich sehr dicht besiedelt; sehr viel mehr als ein ländlicher Bezirk in England von gleichem Ausmaß. Die Menschen besitzen reichlich Ziegen, Schafe und Rinder sowie Ponys, Esel und Maultiere. Sie sind bereit, all diese Tiere an uns zu verkaufen, verlangen aber sehr hohe Preise, was bis zu einem gewissen Grad durch die Preise gefördert wird, die Colonel Merewether auf dem Basar für sie zu zahlen angeordnet hat. So hat er den Preis für eine Ziege auf anderthalb Dollar, also sechs und neun Pence, festgesetzt, während ich im Pass nur zwei Schilling für eine Ziege bezahlt habe und zu diesem Preis jede beliebige Anzahl hätte kaufen können. Es ist auch wahrscheinlich, dass der aktuelle Preis für Ziegen oder überhaupt für andere Tiere hier erheblich niedriger ist als im Tal, denn dort ist das Futter äußerst knapp und muss in großen Entfernungen gesucht werden; wohingegen es hier reichlich vorhanden ist, da die Ebenen damit bedeckt sind. Da dieser Preis einmal festgesetzt ist, werden die Eingeborenen natürlich nicht weniger, das heißt in Stückzahl, nehmen. Sie würden Reis im Wert von einem Schilling für eine Ziege nehmen; aber natürlich haben wir keinen Reis, den wir ihnen geben könnten. Für Oberst Merewether mag es kaum einen Unterschied machen, ob er sieben Schilling oder zwei Schilling für eine Ziege bezahlt; aber die Subalternen meckern natürlich darüber, dass sie für ihr Essen das Dreifache des tatsächlichen Wertes zahlen müssen. Allerdings müssen die Offiziere hier nicht viel kaufen, denn ihre Waffen ergänzen ihre Rationen in erheblichem Maße. Perlhühner, Rebhühner, Enten und Gänse gibt es in Hülle und Fülle, und eine große Anzahl wird täglich von den Jägern des Lagers geschossen. Die Ration von einem Pfund Fleisch, einschließlich Knochen, einem Pfund Keks, zwei Unzen eingelegtem Gemüse und einem Viertel Pfund Reis ist in einer erfrischenden Atmosphäre wie dieser völlig unzureichend für die eigenen Bedürfnisse. Das ausgegebene Fleisch enthält einen enormen Anteil an Knochen, so dass eine Ration kaum oder gar nicht mehr als ein halbes Pfund klares Fleisch enthält. Ich bin mir sicher, dass ich mindestens das Dreifache meines Tagesbedarfs an Fleisch zu mir nehme.

Die Eingeborenen wimmeln in unserem Lager. Die Männer tun nicht viel, sondern schlendern mit ihren Schwertern, Speeren und Schilden aus Elefantenhaut umher. Diese Speere sind wirklich beeindruckende Waffen. Sie sind sechs bis zehn Fuß lang und an beiden Enden beschwert, und die Eingeborenen sind in der Lage, sie mit großer Kraft und beträchtlicher

Genauigkeit über eine Distanz von über dreißig Metern zu werfen. Bei einem Nahkampf im Busch wären das hässliche Waffen, aber so wie es ist, sind sie gegen eine disziplinierte Streitmacht, die mit Schusswaffen bewaffnet ist, einfach absurd, und ich habe keine Angriffswaffen – wie Pfeil oder Bogen – gesehen, die das tun würden konnte während der Durchquerung eines Defiles, das sich seit meiner Ankunft im Land in ihrem Besitz befand, mit Wirkung gegen uns verwendet werden. Die Frauen scheinen die ganze Arbeit zu erledigen. Sie kommen zu Hunderten mit Feuerholz beladen ins Lager und rufen ständig „ Lockaree , Lockaree !" – das ist das Hindoostanee für Holz, da sie dieses Wort gelernt haben – und „ Parnè !" Wasser. Sogar die Kinder bringen ihre Holzbündel mit. Die Frauen sind bei weitem nicht so hübsch wie einige von ihnen, die ich unten am Pass gesehen habe, und auch nicht so ordentlich gekleidet. Sie sind in Baumwolle und Leder gekleidet; aber diese sind auch nicht so geschmackvoll arrangiert oder so fantasievoll mit Muscheln verziert wie die, die ich in einem früheren Brief beschrieben habe. Sie sind sehr dünn, viele der Kinder sind sehr dünn, was angesichts der Fülle ihrer Herden überraschend ist. Auch die Dörfer sind gut gebaut. Die Häuser sind niedrig und haben ein Flachdach. Sie sind in vielen Fällen aus Stein gebaut, und einige von ihnen haben Innenhöfe mit einer Art Veranda aus Zweigen, unter der man sitzen kann. Sie haben, wie die arabischen Dörfer, die ich in Alexandria gesehen habe und denen sie stark ähneln, keine Fenster; aber da das Leben des Eingeborenen gänzlich unter freiem Himmel stattfindet, denke ich, dass das nur von geringer Bedeutung ist. Die Eingeborenen scheinen die Kälte sehr zu spüren und zittern am frühen Morgen und am Abend auf erbärmliche Weise. Sie verkaufen Honig in Töpfen, die etwa zehn Pfund wiegen und für die sie zwei Dollar verlangen. Ihr eigenes Getränk besteht aus diesem Honig, der mit dem Saft einer Pflanze vergoren ist, die in der Ebene reichlich wächst. Der Honig, den sie ins Lager bringen, ist sehr unrein und muss vor der Verwendung raffiniert werden. Der Kommissariatsoffizier ist gestern in eines der Dörfer geritten und hat eine Menge Chilis gekauft , die eine große Bereicherung für unsere Kost sein werden, wenn sie anfangen, sie auszugeben, denn seit unserer Landung wurde uns kein Pfeffer mehr serviert; und eine Portion Hammelfleisch, die nicht durch Gewürze jeglicher Art gemildert wird, neigt dazu, den Magen zu belasten.

Dem Kommissariat gebührt großes Lob für die Art und Weise, wie es von Zula bis hierher seinen Dienst geleistet hat . Nicht einen Tag waren die Truppen ohne ihre Rationen; und die Tiere hatten, obwohl sie nicht immer die volle Versorgung erhielten, am Ende des Arbeitstages immer etwas zu fressen. Kein Kommissariatsoffizier begleitete die Pioniertruppe bei ihrem Vormarsch; aber die gesamten Arrangements wurden von Dirigent Darcey getroffen, dem der größte Verdienst gebührt. Während des gesamten Marsches verlor er kein einziges Tier und keinen einzigen Sack Getreide. Ein

Beamter des Kommissariats ist innerhalb der letzten zwei Tage eingetroffen; Aber Ehre sollte dort gegeben werden, wo sie gebührt, und sicherlich gebührt den Unteroffizieren der größte Verdienst für die Art und Weise, wie sie allein und ohne Hilfe die ihnen anvertrauten schwierigen Aufgaben erfüllt haben. Gestern wurden zwei Gefangene eingeliefert. Sie sind Teil der Bande, die den Pass heimgesucht hat und jeden Konvoi ohne Bewachung von Europäern ausgeraubt hat. Sie wurden von einem freundlichen Häuptling gefangen genommen, der mit seinen Männern die ganze Bande überfiel. Der Rest floh und warf ihre Waffen weg, von denen ein ganzes Bündel ins Lager gebracht wurde. Die Gefangenen waren alte Männer und konnten nicht entkommen und wurden von ihren Häschern im Triumph nach Rayray gebracht Guddy , von wo aus sie an Colonel Merewether weitergeleitet wurden. Ihre Vorvernehmung durch den Dolmetscher fand im Freien statt. Die Gefangenen und ihre Ankläger saßen im Kreis, und eine Anzahl Eingeborener versammelte sich um sie herum. Letztere waren offensichtlich sehr amüsiert und überrascht über die Formalität des Verfahrens, da die Schuld der Angeklagten zweifellos war, da in ihrem Besitz Gegenstände europäischer Herstellung, wie Teile von Pferdegeschirren, gefunden wurden, und diese Idee offensichtlich vorherrschte wir sollten sie sofort aufhängen. Sie wurden in das Wachzelt gebracht und werden, wie ich annehme, in ein oder zwei Tagen regelmäßig vor Gericht gestellt und gründlich ausgepeitscht.

Diese Erwartung wurde nicht bestätigt; die Gefangenen wurden mit der Ermahnung entlassen, sich in Zukunft besser zu benehmen; und das passierte immer wieder. Der absurde Kurs unseres politischen Offiziers gegenüber einheimischen Straftätern hatte im Nachhinein erwartungsgemäß sehr verheerende Folgen . Die Eingeborenen erfuhren, dass unser Gepäck ungestraft geplündert werden konnte und dass, selbst wenn es auf frischer Tat ertappt wurde, die Chancen hoch waren, dass keinerlei Strafe verhängt werden würde. Sie führten dieses Verhalten unsererseits natürlich auf Angst zurück – denn in Abessinien ist die Strafe für Diebstahl sehr streng, dem Täter wird häufig die Hand abgehackt – und wurden entsprechend zu Plünderungen ermutigt. Ein mäßiger Anteil an Energie, ein Körnchen gesunder Menschenverstand unter den Behörden in Senafe zu diesem Zeitpunkt, so dass die ersten zwei oder drei Straftäter, die beim Plündern unserer Konvois am Tag der offenen Tür ertappt wurden, bis auf den letzten Zentimeter ihres Lebens ausgepeitscht worden sein müssten, und die Plünderung würde es tun wurden sofort und für immer gestoppt; und sehr viele Leben, sowohl unserer eigenen Maultiertreiber als auch der Eingeborenen selbst, wären schließlich gerettet worden.

Es ist eine große Genugtuung zu wissen, dass wir in kurzer Zeit eine beliebige Anzahl Ochsen und Schafe für den Gebrauch der Armee kaufen können. Bisher war uns das nicht möglich, aus dem absurden Grund, dass wir kein Geld hatten. Kann man glauben, dass eine Truppeneinheit, die in ein Land einmarschiert, von dem man annimmt, dass sie in der Lage wäre, jede Menge Tiere für sich und die Armee, die ihnen folgen soll, kaufen könnte, mit einer völlig unbesetzten Militärkiste aufwarten müsste? Geld? Es ist fast zu absurd, aber es ist vollkommen wahr. Eine Truhe mit zweitausend Pfund kam gestern unter Bewachung an. Aber was sind zweitausend Pfund, wenn wir allein drei- oder viertausend Ochsen wollen und wenn Oberst Merewether den Preis für jeden auf sechseinhalb Dollar festgesetzt hat – also so nah wie möglich an dreißig Schilling?

Ich kann Ihnen von hier aus nur wenige Neuigkeiten übermitteln. Oberst Merewether reist morgen früh vierzig Meilen ins Landesinnere. Er nimmt einen Trupp Kavallerie, einen großen Vorrat an Maultieren usw. mit, lehnt es jedoch entschieden ab, einem *Mitbruder* und mir zu gestatten, ihn zu begleiten. Er ist höflich, aber bestimmt. „Die Hinzufügung von zwei Personen würde wahrscheinlich die ganze Gruppe auseinanderbrechen lassen. Es könnte zu Hungersnöten kommen, und er konnte nicht garantieren, dass wir ernährt würden." Dies sind tatsächlich Wort für Wort die Gründe, warum er es ablehnt, den beiden einzigen Sonderkorrespondenten hier die Begleitung seiner Truppe zu gestatten. Er kann sich selbst, Colonel Phayre , drei oder vier andere Stabsoffiziere und eine Kavallerietruppe mit Lebensmitteln versorgen ; aber zwei Korrespondenten waren zu viel für die Ressourcen des Kommissariats. Wir besuchten ihn zweimal; Wir drängten ihn, dass es für die Öffentlichkeit von großem Interesse sei, dass wir weitermachen sollten. Wir sagten, dass wir ihm keine Schwierigkeiten bereiten würden, sondern unsere eigenen Maultiere mitbringen würden, wenn nötig mit Proviant für zehn Tage. Er lehnte es entschieden ab, uns gehen zu lassen. Er würde uns bei seiner Rückkehr Einzelheiten mitteilen, und das war alles, was er tun würde. Tatsächlich könnte die Öffentlichkeit seinen offiziellen Bericht lesen und dankbar sein; denn keinen anderen, sagt er, sollen sie empfangen. Wären wir als zwei nicht akkreditierte Fremde hier angekommen, wäre sein Verhalten vollkommen erklärbar; Da wir aber mit freundlicher Genehmigung des indischen Büros mit Briefen an Sir Robert Napier versorgt und von ihm in der Folge mit einem Rundschreiben versehen wurden, in dem wir alle Offiziere der Armee auffordern, unsere Wünsche in jeder Hinsicht mitzuteilen , hatten wir das mit Sicherheit nicht getan Es ist zu erwarten, dass uns die Chance verwehrt bleibt, die allererste Gelegenheit zu nutzen, die sich uns bot, um Ihnen etwas wirklich Neues aus Abessinien zu schicken.

Lager, Senafe , 23. Dezember.

Als ich meinen letzten Brief schloss, hatte ich keine Ahnung, dass meine nächste Mitteilung das Datum Senafe tragen würde . Colonel Merewethers unerklärliche Weigerung, meinem Korrespondenten und mir zu gestatten, ihn auf seiner Expedition zu begleiten, hatte unseren weiteren Aufenthalt hier nutzlos gemacht.

Dementsprechend packte ich ein oder zwei Stunden, nachdem die Expedition vom Lager aus begonnen hatte, eine leichte Ausrüstung zusammen und machte mich auf den Weg zum Meeresufer. Bis zur Spitze des ersten Abstiegs ist die Straße jetzt so frei von Steinen, dass sie als Rennstrecke genutzt werden könnte, aber wir stellten fest, dass mit der Zickzacklinie entlang der Hügelwand noch nichts gemacht worden war. Da wir jedoch auf unserem Weg keine Maultiere trafen, war der Abstieg recht einfach; Tatsächlich stellt der gesamte Pass von Ende zu Ende, obwohl er seine Schwierigkeiten hat, für einen einzelnen Reisenden kein wirkliches Hindernis dar . Nur wenn man es im Lichte einer Autobahn für eine Armee betrachtet, als der einzigen Verbindungslinie, über die die Vorräte von 20.000 Mann hereinkommen müssen, hält man es für ein wirklich schreckliches Geschäft. Für die Gepäcktiere ist zwischen dem Meer und Senafe , siebzig Meilen, kein Futter zu beschaffen. Ein großer Teil der Maultiere ist daher damit beschäftigt, Nahrung für sich und ihre Begleiter zu transportieren. Auch die Etappen für schwerbeladene Tiere über eine überaus holprige Straße sind erschreckend lang. Zwölf Meilen am Tag, mit einer einstündigen Pause zum Füttern und Tränken mitten am Tag, konnten von schwer beladenen Maultieren ohne Qualitätsverlust zurückgelegt werden. Aber hier überschreiten alle Etappen außer der letzten diese Distanz erheblich; und von Sooro nach Rayray Guddy , über dreißig Meilen entfernt, ist praktisch ohne Nahrung und Wasser. Das ist es, was den Koomaylo- Pass so schwierig macht , als wäre er die Hauptstraße einer Armee – der Mangel an Futter auf der gesamten Strecke und die langen Abstände zwischen den Wasserstellen; Hinzu kommt die Krankheit, die den Pass befällt und die Tiere beim Auf- und Abstieg dezimiert. Das Maultier ist zwar eines der ausdauerndsten

Lebewesen und in der Lage, große Entbehrungen zu ertragen, aber dennoch ein empfindliches Tier. Füttere ihn gut, versorge ihn mit Wasser und Heu, und er wird Wunder tun; aber ohne regelmäßige und reichliche Nahrung fällt er schnell ab. Während des letzten Feldzugs in Italien waren Tausende von Maultieren damit beschäftigt, Proviant den Tirol hinauf nach Garibaldi zu transportieren. Sie waren sehr müde und mussten lange Märsche zurücklegen, waren aber gut ernährt und hatten reichlich Wasser; und folglich habe ich während des gesamten Feldzugs nie ein totes Maultier gesehen und kaum eines, das nicht in gutem Zustand war. Hier ist es genau umgekehrt; Die Maultiere sind stark abgefallen, und obwohl sie jetzt viel besser gefüttert sind, wird es sehr lange dauern, bis sie ihre verlorene Kraft wiedererlangen. In Sachen Ernährung hat sich in den letzten Tagen eine große Verbesserung ergeben . Captain Sewell ist seit etwa einer Woche hier. Er leitet das Kommissariat und hat beträchtliche Mengen Heu gekauft, das jetzt an die Maultiere hier und an ihre noch schlechter gestellten Brüder unten in Rayray verteilt wird Guddy ; Denn hier konnten die Maultiere zumindest in den Pausen ihrer Arbeit grasen, während im Tal kein einziger Grashalm zu finden war. Tatsächlich hielt Kapitän Mortimer, der dort die Transportabteilung leitet, seine Tiere nur dadurch am Leben, dass er ihre Fahrer zwang, entweder vor Beginn oder nach Ende ihrer Tagesarbeit auf den Gipfel der Hügel zu fahren und zu mähen und eine bestimmte Menge Heu herabbringen. Es ist ein großes Glück, dass es in diesem Land so viele Geier gibt. Ohne sie wäre der Pass wegen der Verunreinigung toter Tiere unerträglich. Zwischen der Passhöhe und Rayray Guddy , eine Entfernung von acht Meilen, kamen wir an mehr als dieser Anzahl toter Maultiere und Ponys vorbei, von denen die meisten erst seit höchstens drei Tagen tot waren; und jedes davon war teilweise von den Geiern gefressen worden, die ständig in der Luft über ihnen kreisen und kreisen, und kaum ist einem Tier das Leben ausgegangen, stürzen sich diese Aasfresser auf es. Ich habe bis zu sieben oder acht dieser großen Vögel gesehen, die den Kadaver eines einzelnen Pferdes fraßen und um ihn kämpften. Die Fahrt vom Fuß des steilen Anstiegs nach Rayray Guddy habe ich bereits beschrieben, und es ist sicherlich die schönste Fahrt über sieben Meilen, die ich je zurückgelegt habe. Der Glanz und die Vielfalt des Laubwerks, die Anzahl und Schönheit der Kolibris und Schmetterlinge ergänzen die gewöhnliche Landschaft ein Gebirgspass. Ich finde, dass die großen Bäume, die ich als Tulpenbäume beschrieben habe, keine wirklichen Tulpenbäume sind, obwohl ihr Laub diesem Baum seltsam ähnelt. Die Behörden sind unterschiedlicher Meinung darüber, was sie wirklich sind. Einige behaupten, dass es sich um Banyan-Bäume handelt, während andere sagen, dass kein Banyan-Baum jemals ohne die langen hängenden Wurzeln seiner Zweige gesehen wurde, von denen es hier keine Spur gibt.

Bei Erreichen von Rayray Guddy stellten wir fest, dass Sir Charles Staveley zwei Stunden zuvor aus Sooro dort angekommen war . Er hatte nichts von der Abreise der Obersten Merewether, Phayre und Wilkins gehört, und da das Hauptziel seiner Reise darin bestanden hatte, sie zu sehen, war er natürlich sehr enttäuscht. Er kam jedoch zu dem Schluss, dass er nun so weit gekommen war und nach Senafe weitergehen sollte , und wir beschlossen, mit ihm zurückzukehren, da wir nun keinen Grund mehr hatten, hinunterzugehen, und es tatsächlich möglich war, dass er entweder selbst dorthin reiten würde den Punkt, wohin Colonel Merewether gegangen war, oder vielleicht einen Adjutanten schicken würde, um ihn zur Rückkehr aufzufordern; in jedem dieser Fälle wussten wir, dass er uns die Erlaubnis geben würde, dorthin zu gehen. General Staveley war über die Abwesenheit von Colonel Merewether umso enttäuschter, als er vorsichtshalber zwei Tage zuvor geschrieben hatte, um sein Kommen anzukündigen. Der Brief war natürlich nicht angekommen, denn der General hatte die Strecke von Zulla nach Senafe in drei Tagen zurückgelegt , und die Post würde mindestens zwei Tage länger dauern. Nichts kann in der Tat schlimmer sein als die Postmodalitäten oder vielmehr der Mangel an Arrangements. Männerstaffeln zu Fuß transportieren die Briefe, und selbst diese reisen nicht nachts. Aber die große Frage, die sich jeder stellt, ist: „Was wird aus den Buchstaben?" Ich habe keinen einzigen Brief oder keine einzige Zeitung erhalten, die später als den 4. November stammte. Einige wenige Menschen hatten mehr Glück und erhielten gelegentlich einen Brief oder eine Zeitung; aber es sind Ausnahmen. Man fühlt sich so völlig von England abgeschnitten, als ob sich zwischen uns eine große Kluft aufgetan hätte. Heute Morgen hörte ich von jemandem, der das Glück hatte, eine seltsame Zeitung zu erhalten, dass der Betrag für den Abessinienkrieg beschlossen worden sei, und wir lachten herzlich über die Nachricht, dass die Kosten auf vier Millionen geschätzt wurden . Ich hoffe nur, dass die Post unten etwas besser geregelt ist als die Post oben, denn wenn nicht, werden meine Briefe wahrscheinlich nicht regelmäßig einmal in der Woche, sondern wahrscheinlich Ende nächsten Juni in großen Mengen eintreffen. Der General kam am 22. hierher. Ich glaube, dass er morgen seine Rückreise antreten wird, egal ob Colonel Merewether und seine Gruppe ins Lager kommen oder nicht, da seine Anwesenheit am Meeresufer absolut notwendig ist. Es wäre bedauerlich, wenn er sie nach seiner langen Reise hierher vermissen würde, zumal er darauf geachtet hatte, sie zu sehen; denn das Untersuchungskomitee, das aus den Obersten Merewether, Phayre und Wilkins bestand, wurde durch einen Befehl von General Napier aufgelöst, der zehn Tage später veröffentlicht wurde und von dem diese Herren natürlich eine Kopie erhielten. General Napier dankte ihnen herzlich für ihre Bemühungen, ihre Pflicht zu erfüllen, und für den Erfolg, der sie begleitet hatte, erklärte jedoch, dass General Sir Charles Staveley nach Zulla gegangen sei , um das Kommando zu übernehmen, bis er selbst eintraf, und dass dies daher nicht mehr der Fall sei jeder Anlass für die Existenz des Ausschusses. Angesichts dieses Befehls hätte General Staveley kaum erwarten können, dass diese Herren zu einer Expedition vierzig Meilen ins Landesinnere aufgebrochen wären, ohne sich selbst zu konsultieren oder zu erwähnen.

Am Nachmittag des 22. kam ein wichtiger Bote ins Lager. Er gab an, dass er der Diener von Herrn Flad sei , und wurde tatsächlich von mehreren Leuten im Lager als solcher identifiziert. Er gab an, dass er mit einem Brief von Mr. Flad und einem von König Theodore angefangen hatte, dass er aber unterwegs ihrer beraubt worden sei. Er brachte jedoch eine wichtige und sehr unangenehme Nachricht, nämlich, dass Theodore von Debra Tabor nach Magdala marschiert war; hatte die Belagerung dieses Ortes durch den König von Shoa aufgehoben und die gesamten Gefangenen mit nach Debra Tabor zurückgenommen. Das ist der unglücklichste Vorfall, der passieren konnte. Solange seine Feinde die Gefangenen von ihm trennten , waren sie in Sicherheit; und wenn, was aller Wahrscheinlichkeit nach der Fall sein wird, sich die Armee von Theodore bei unserer Annäherung auflöste und er selbst sicher in den Festungen der Berge herrschte, wo eine Suche nach ihm ausgeschlossen wäre, hätten wir dorthin marschieren sollen Magdala und bewirkte die Freilassung der Gefangenen. Jetzt haben wir keine solche Hoffnung mehr. Wir mögen uns über Berge und Schluchten quälen, aber wir wissen, dass unsere Hände gefesselt sind und dass der Tyrann, gegen den wir Krieg führen, jederzeit Frieden zu seinen eigenen Bedingungen erkaufen kann. Theodore kann über unsere Bemühungen lachen, sie zu verachten; er weiß, dass er sich nicht zu beunruhigen braucht. Er kann die Expedition auf sich zukommen lassen. Er kann über die enorme Verschwendung von Schätzen und Mühe lachen, wenn auch nicht von Menschenleben; und er weiß, dass er uns im letzten Moment mit dem Ultimatum verhaften kann : „ Kehre sofort zurück, und ich werde meine Gefangenen freilassen; Gehen Sie einen Schritt vorwärts, und ich werde jeden einzelnen opfern . Das ist sehr entmutigend und nimmt der Expedition jenen Schwung und Schwung, den der Gedanke an ein mögliches Gefecht am Ende der beschwerlichen Reise ihr verleihen würde. Nichts könnte unglücklicher sein als der Verlust von Theodores Brief durch Mr. Flads Diener. Es kann sein, dass Theodore darin angeboten hat, die Gefangenen sofort zurückzugeben, unter der Bedingung, dass wir nicht weiter vorrücken würden. Es kann sein, dass er drohte, dass die Gefangenen hingerichtet würden, wenn wir seinen Bedingungen nicht sofort zustimmen würden. Alles in allem ist es höchst bedauerlich. Es ist zu hoffen, dass Theodore die offensichtliche Wahrscheinlichkeit erkennt, dass sein Bote unterwegs aufgehalten wird, und seinen Brief in zweifacher Ausfertigung von jemand anderem verschicken wird. Unter den Eingeborenen kursiert heute Morgen das Gerücht , Theodore habe die Gefangenen freigelassen und sie seien auf dem Weg nach unten. Es ist natürlich nicht möglich, den Ursprung dieses Berichts herauszufinden, aber es ist höchst unwahrscheinlich, dass er sie vorlegen würde, bis er jedenfalls die Zusage erhalten hätte, dass wir im Gegenzug jeden Gedanken daran aufgeben würden, gegen ihn vorzugehen.

Die Krankheit bei den Pferden dauert immer noch an. Diejenigen, die am längsten hier oben waren, scheinen vergleichsweise sicher zu sein, aber es scheint einige Zeit zu dauern, um die Krankheit aus dem Blut zu entfernen. Jeden Morgen werden drei oder vier Maultiere aus dem Lager zum etwa eine Meile entfernten Fuß der Hügel geschleppt, um dort von den Geiern gefressen zu werden. Gestern Nachmittag kam mein Bräutigam mit der unangenehmen Nachricht zu mir: „Sahib, dein Gepäckpony ist krank." Ich ging hinaus und fand ihn liegend. Als der Tierarzt eintraf, schüttelte er den Kopf, zeigte auf die geschwollene Zunge und sagte, dass es sich um die Krankheit handele und dass sie in ein paar Stunden tot sein würde. Wir probierten es mit Brandy und Wasser in der vergeblichen Hoffnung, ihn wiederzubeleben, aber es war völlig nutzlos, und nach etwas mehr als zwei Stunden starb das Pony, nachdem es offenbar eineinhalb Stunden zuvor bewusstlos gewesen war. Gestern ist auch das Pferd von Dr. Lamb, Cheftierarzt des Transportkorps, gestorben. Dr. Lamb kam vor einer Woche zu uns. Nachdem er drei Tage hier verbracht hatte, um die Tiere zu inspizieren, kehrte er zurück, aber da er nicht wollte, dass sein Pferd das Risiko einging, erneut in den Pass hinabzusteigen, ließ er es hier in vollkommener Gesundheit zurück und ritt auf einem Gepäckpony wieder hinunter. Gestern ist das arme Tier nach der üblichen dreistündigen Krankheit gestorben. Dr. Lamb empfahl dringend, alle Tiere, die verschont werden können, sofort hierher zu schicken. Leider keines der Gepäcktiere, außer denen, die von Rayray aus die letzte Etappe befahren Guddy hier, kann verschont bleiben. Sie müssen unten bleiben, um Proviant und Gepäck zu befördern, unabhängig von der Todesrate. General Staveley hat angeordnet, dass künftig 10 Prozent Ersatztiere jeden Zug beladener Maultiere begleiten sollen, um denen, die unterwegs nachgeben, das Gepäck abzunehmen. Er hat auch angeordnet, dass die Artillerie-Pferde sofort mit ihren einheimischen Begleitern hierher geschickt werden sollen. Die Soldaten können sie nicht begleiten, da ihre warme Kleidung noch nicht eingetroffen ist. Er hat auch angeordnet, dass die Kavallerieregimenter sofort nach ihrer Landung entsandt werden sollen. Der General hat sich seit seiner Ankunft in Zulla besonders für den Transportzug interessiert , und dank seines Befehls und der Unterstützung, die er ihnen von den Regimentern 33d und Beloochee gewährte, konnte der Zug nach Zulla ermöglicht werden um den enormen Schwierigkeiten entgegenzuwirken, die sie aufgrund der Massenflucht unter den Fahrern und der Nutzlosigkeit eines großen Teils der Zurückgebliebenen erlitten haben. Er hat die im Land befindlichen Gepäcktiere in regelmäßige Staffeln eingeteilt und an jeder Station eine der Länge und Strapaze der Reise entsprechende Anzahl stationiert. General

Staveley ist tatsächlich der richtige Mann für eine Expedition dieser Art. Was auch immer er für notwendig hält, er übernimmt die Verantwortung, es anzuordnen. Ich halte seine Ankunft in Zula für äußerst glücklich. Alles lief schief, die Unordnung herrschte. Das alles hat nun ein Ende. General Staveley hat das Kommando übernommen und es herrscht erneut Einheitlichkeit im Vorgehen. Ob Oberst Phayre nun, da sein Erkundungsausschuss aufgelöst ist, beschließt, nach Zulla zu gehen oder hier zu bleiben, ist jetzt von geringer Bedeutung, da Major Baigrie , der stellvertretende Generalquartiermeister, durchaus in der Lage ist, seine Aufgaben weiterzuführen , unterstützt durch die Autorität von General Staveley.

Heute Morgen war die 10. Eingeborenen-Infanterie damit beschäftigt, eine große Fläche des Geländes von Steinen zu befreien, um es für einen Exerzierplatz geeignet zu machen. Es war wunderbar zu sehen, wie schnell sie die Arbeit erledigten und wie viel mehr sie erreichten, als eine gleiche Anzahl Europäer in derselben Zeit geschafft hätte. Und das, weil das Hocken die normale Haltung eines Orientalen ist. In dieser Haltung können sie stundenlang verharren; Daher war die Arbeit, die Steine zu Haufen zu sammeln, die wiederum von einer anderen Partei in leeren Reissäcken weggetragen wurden, die einfachste Angelegenheit überhaupt. Es ist sehr amüsant, diesen einheimischen Müdigkeitspartys zuzuschauen, die Vielfalt der Kostüme ist so groß. Die 10. Eingeborenen-Infanterie wird wie die Beloochees aus allen Teilen Indiens rekrutiert und besteht aus Muslimen, Punjaubees , Sikhs, Patanern , Bergmännern und tatsächlich aus Exemplaren der meisten einheimischen Rassen, wobei die eigentlichen Hindostaneer stark vertreten sind die Minderheit. Bis zu einem gewissen Grad halten diese Männer an ihrer eigenen Tracht fest, daher ist die Vielfalt in einer Gruppe von Hunderten von ihnen im Dienstdienst erstaunlich. Männer mit roten Turbanen und weißen Turbanen, mit roten, weißen oder violetten Nachtmützen – diese Artikel wurden diesen Männern als Teil ihrer warmen Kleidung ausgereicht – einige in farbigen Jacken, weißer Unterwäsche und langen Unterhosen, andere nichts an das Cumberband oder Lendenschurz, einige ganz in Weiß, mit bedeckten Beinen bis zum Knie. Es gibt auch viele Farbtöne , von fast tiefschwarz bis hin zum satten Bronzeton der Sikhs. Fast alle sind gute, gut gebaute Männer, und alle scheinen gut gelaunt und willensstark zu arbeiten. Die Parade soll morgen Abend auf dem neuen Gelände stattfinden. Es steht noch nicht fest, an welchem Tag General Staveley abreisen wird, aber seine derzeitige Absicht besteht darin, für den Fall, dass Colonel Merewether am Morgen des 25. zurückkommt, noch am selben Nachmittag anzufangen.

Als ich am 23. schrieb, hatte ich noch nicht entschieden, ob ich Weihnachten hier oder weiter unten verbringen sollte. Aber die Umstände zwangen mich schließlich, hier bis heute zu warten; und ich bin aus mehreren Gründen froh, dass ich das getan habe. Das erste und wichtigste bezog sich auf die Geschichte, die Mr. Flads Diener vorbrachte, nämlich, dass Theodore nach Magdala marschiert sei, die Belagerung dieser Festung durch die Rebellen aufgehoben und alle Gefangenen mit nach Debra Tabor zurückgenommen habe . Als diese Nachricht von einem Mann überbracht wurde, der von einigen im Lager als das erkannt wurde, was er behauptete – Mr. Flads Diener – seine Aussage wurde ohne Verdacht aufgenommen und der Vorfall wurde zu Recht als äußerst unglücklich angesehen. Als der Erkundungstrupp jedoch zurückkehrte, untersuchte Dr. Krapf , der Chefdolmetscher, den Mann, befragte ihn zu Zeit und Daten und stellte fest, dass diese mit der Wahrheit, wie sie der Mann beschrieb, völlig unvereinbar waren fand in der zweiten Oktoberhälfte statt , während unsere letzte Nachricht von Herrn Flad selbst vom 7. November stammte, als zu diesem Zeitpunkt noch keine dieser Bewegungen stattgefunden hatte. Als der Mann sich so ertappt sah, gestand er, dass seine gesamte Aussage eine Lüge war. Ich brauche nicht zu sagen, dass dieser Widerspruch der falschen Nachrichten allen die größte Befriedigung bereitete, aber die allgemeine Meinung war, dass sechs Dutzend, gut aufbereitet, von enormem Nutzen für den Mann sein würden, der die falschen Nachrichten auf diese Weise scheinbar nur zum Vergnügen erfand des unnötigen Lügens. Natürlich wird er nicht bestraft, denn die gegenüber den Eingeborenen verfolgte Politik ist äußerst mild. Versöhnen Sie sich auf jeden Fall mit den Einheimischen, zahlen Sie auf jeden Fall für alles, was Sie nehmen, und tun Sie niemandem Unrecht. aber verschaffen Sie ihnen gleichzeitig Respekt vor Ihnen durch die Festigkeit, mit der Sie Dieben und Plünderern Gerechtigkeit widerfahren lassen, und ermutigen Sie die Menschen nicht, Sie zu betrügen, indem sie für jedes Tier oder jeden Artikel einen Preis verlangen, der mindestens sechs- oder achtmal über ihren früheren Preisen liegt Sie kaufen. Die Männer, die auf frischer Tat auf frischer Tat ertappt wurden und deren vorläufige Vernehmung ich vor einer Woche beschrieben habe, wurden weder ausgepeitscht noch, soweit ich weiß, in irgendeiner Weise bestraft, ebenso wenig wie drei andere Raufbolde, die das getan haben wurden am folgenden Tag gefangen genommen. Die Eingeborenen führten diese Nachsicht auf unsere Schüchternheit zurück. Sie können nicht begreifen, dass irgendein anderes Gefühl uns daran hindern könnte, diese Männer zu bestrafen, die unsere Konvois ausgeraubt haben, jetzt, wo wir sie in unserer Macht haben. Es mag eine Vorgehensweise christlicher Nachsicht sein, aber Offiziere, deren Ausrüstung geplündert wurde, sind sehr verärgert darüber, dass solche Kerle nicht sofort bestraft werden.

Die Erkundungsgruppe ging weiter nach Attegrat , einem Ort von einiger Größe, etwa fünfunddreißig Meilen von hier entfernt. Sie gingen auf einem Weg und kehrten auf einem anderen zurück. Eine Linie war etwas gebirgiger als die andere, aber beide sind, wie ich höre, durchaus befahrbar, und Wasser, Futter und Holz gab es in Hülle und Fülle. In Attegrat fand ein großer Jahrmarkt statt, auf dem sehr große Mengen an Rindern, Schafen, Ziegen, Ponys und Maultieren sowie Getreide, Chilis , Honig usw. zum Verkauf angeboten wurden. Das Erscheinen der Kavallerie-Eskorte erregte die größte Neugier, und die Gruppe wurde fast von Menschenmassen gedrängt, als sie über den Jahrmarkt marschierte. Auf Teilen der Strecke passierten sie riesige Heuschreckenschwärme, die die Menschen durch das Zusammenschlagen von Trommeln und Metallstücken sowie durch das Anzünden großer Feuer von ihren Feldern zu vertreiben versuchten . Überall gibt es hier Heuschrecken; Kein Busch, auf dem nicht ein halbes Dutzend dieser Insekten lebt, kaum ein Felsen, auf dem nicht ein oder zwei davon kriechen. Die Eingeborenen sagen, dass sie seit Jahren nicht mehr so viele hatten und dass die Ernte dadurch sehr stark geschädigt wurde. Die einzigen Dinge, die von ihnen profitieren, sind die Affen und Vögel, die sich beide von ihnen ernähren. In gewissem Umfang essen sie auch die Einheimischen selbst. Die Vorbereitungsmethode ist wie folgt: Ein großes Loch wird in den Boden gebohrt. Dieser ist glatt mit Lehm ausgekleidet. Darin wird ein großes Feuer angezündet, und wenn es niedergebrannt ist, wird die Asche herausgeschabt, das Loch mit Heuschrecken gefüllt und mit Lehm bedeckt. Wenn die Insekten ausreichend gebacken sind , werden sie herausgenommen und zu einem feinen Pulver zerstampft, das mit Reis oder Mehl vermischt gegessen wird. Bei Attegrat fand die Expedition Salzblöcke, die als Tauschmittel dienten; in diesem Teil des Landes haben wir keine gesehen. Auf der Messe sahen sie auch einige wirklich warme Tücher einheimischer Herstellung. Dies ist wichtig, denn wenn sich herausstellt, dass der Vorrat reichlich ist, können die Kosten für das Mitbringen warmer Kleidung für die einheimischen Truppen aus England eingespart werden. Tatsächlich scheint mir warme Kleidung ein äußerst unnötiger Teil unseres riesigen Gepäcks zu sein. Das Wetter am Tag ist selbst in dieser kältesten Zeit des Jahres und auf einem der höchstgelegenen Abschnitte unserer Reise nie kalt genug für warme Kleidung. Nachts benötigen Männer eine zusätzliche Wärmedecke, die sie in ungewöhnlich kalten Nächten möglicherweise über ihren Mantel wickeln. Am Weihnachtsabend inspizierte der General die Truppen, die mehrere Manöver durchführten . Er reiste am Weihnachtstag um drei Uhr ab, vier

Stunden nach der Rückkehr des Expeditionskorps, und nachdem er ein längeres Gespräch mit den Obersten Merewether und Phayre geführt hatte . Ein gutes Ergebnis unter den vielen Ergebnissen, die der Besuch des Generals hier mit sich gebracht hat, wird sein, dass wir nun ein wenig Aufmerksamkeit auf die Gesundheit richten werden. Ein Sanitätsoffizier war zum Sanitätsoffizier ernannt worden, aber seine Ernennung hätte, was auch immer es nützte, genauso gut nie erfolgen können. Es war nicht so, dass dieser Offizier seine Pflicht versäumt hätte oder dass seine Dienste nicht nötig gewesen wären; im Gegenteil, der Zustand der Bewässerungsanlagen war eine Schande, die Waschung der einheimischen Truppen usw. in den Becken über denen, aus denen das Trinkwasser entnommen wurde. Das Wasser muss zwar durch den Torf filtern, bevor es in die anderen Becken gelangt, aber das ist wenig befriedigend. Das geschah zwar gegen den Befehl, aber die Zahl der aufgestellten Wachposten reichte völlig aus, sonst ignorierten sie das Vorgehen ihrer Kameraden. Ich selbst bin ein halbes Dutzend Mal vorbeigeritten, und nie ohne gesehen zu haben, wie sich einheimische Soldaten am Rand des Beckens wuschen. Auch die Latrinen-Vorkehrungen im Zusammenhang mit dem 10. Krankenhaus der Eingeborenen-Infanterie waren einfach skandalös. Aber am schlimmsten war der Zustand des Passes, übersät mit toten Gepäcktieren in jedem Stadium der Verwesung und der Gestank, der fast überwältigend war. Der Sanitätsbeamte hatte auf diese Übel hingewiesen und beantragte die Macht, ein paar Eingeborene zu verpflichten, die Kadaver im Pass zu verbrennen. Dieser Vorschlag wurde jedoch als absurd übergangen, und er hätte genauso gut in Bombay sein können. Es wurde überhaupt nichts unternommen. General Staveley setzte diesen Offizier jedoch wieder an seinen Platz und erteilte ihm die Befugnis, gegen die Eingeborenen vorzugehen und die toten Tiere zu verbrennen, was, wenn nichts unternommen worden wäre, anstößig genug war, um die schlimmste Epidemie unter den vorrückenden Truppen auszulösen. Andere Sanitätsoffiziere wurden damit beauftragt, Kulisbanden aufzunehmen und die verschiedenen Etappen dieses Passes zu räumen. Die Pferdeseuche ist immer noch sehr schlimm. Von den sechs Pferden, die der General und seine Mitarbeiter aufgezogen hatten, erkrankten vier am Tag nach seiner Ankunft hier. Sie scheinen es jedoch nicht in einer bösartigen Form eingenommen zu haben und werden, so hoffe ich, darüber hinwegkommen. Der gestrige Weihnachtstag wurde natürlich mit allen Ehren gefeiert ; das heißt, mit allen möglichen Ehren . Es war kaum zu glauben, dass es Weihnachtstag war, besonders unter den einheimischen Truppen; Für sie war es natürlich kein Fest. Der Tag war schön und heiß — das Thermometer betrug 75° im Schatten, aber dort, wo es keinen Schutz gab, war es sehr heiß. Ich befestigte einen großen Tannenstrauß und eine etwas myrtenähnliche Pflanze an meiner Zeltstange, und zwei oder drei der anderen Zelte waren ähnlich dekoriert. Einer der Ingenieuroffiziere ließ vor seinem Zelt einen wahren Triumphbogen aus Grün errichten. Große runde Lauben wurden von der 10. Eingeborenen-Infanterie und der 3. Kavallerie errichtet, um als Schutz vor dem Wind zu dienen, während sie nach dem Abendessen am Feuer saßen. Ich wurde von der 3. Eingeborenenkavallerie eingeladen, mein Weihnachtsessen mitzunehmen, und unter diesen Umständen war es ein großartiges Abendessen. Zwei riesige Tannensträuße waren an den Zeltstangen befestigt, der Tisch bestand aus den Deckeln von Packkisten, und wir saßen auf Kisten und Stühlen jeder Größe und Bauart. Hier saß ein Mann auf einem Sitz, der so niedrig war, dass sein Kinn kaum über den Tisch hinausragte; Neben ihm saß einer so hoch, dass seine Knie auf der Höhe seines Tellers waren. Auch die Ausstattung des Tisches war nicht weniger vielfältig. Im Lager galt die Regel, dass jeder seine eigenen Teller, Messer, Gabeln und Gläser mitbringen sollte. Einige von uns ernährten sich daher von Zinn, einige von Geschirr, einige von emailliertem Eisen. Manche tranken aus Gläsern, manche aus Zinnkannen. Die einzige Einheitlichkeit bestand darin, dass jedem Gast eine Flasche Champagner vorgesetzt wurde. Ich denke, die meisten von uns hätten Bier vorgezogen; aber es gab keine Flasche mehr im Lager, und der Champagner vor uns war für diesen heiligen Anlass gehortet worden. Das Abendessen war vielfältig. Hammelfleisch und Perlhuhn; Sporngeflügel und Wildbret; Aber was auch immer wir aßen, alle Anwesenden nahmen sich gewissenhaft ein Stück vom Roastbeef. Es war die einzige Erinnerung an diesen Anlass. Ich brauche nicht zu sagen, wie herzlich alle dem Toast „Alle Freunde zu Hause" zustimmten.

Ich mache mich heute Nachmittag wieder auf den Weg den Pass hinunter nach Zulla und werde diesen Brief mitnehmen, um ihn dort zur Post zu bringen, da die lächerlichen Vereinbarungen, auf die ich zuvor hingewiesen habe, noch immer vorherrschen. Ein Eingeborener kriecht immer noch mit einem Sack auf dem Rücken den Pass auf und ab und braucht vier oder fünf Tage, um die siebzig Meilen zurückzulegen, während zwei Staffeln von Männern auf Maultieren oder Ponys den Sack problemlos in fünfzehn Stunden herunterbringen würden. So wie es aussieht, weiß niemand, ob er noch rechtzeitig einen Posten ergattern wird oder nicht. Tatsächlich handelt es sich um ein reines Zufallsverfahren.

Zula , Annesley Bay, 2. Januar 1868.

Ich bin jetzt seit drei Tagen wieder in Zulla , wo es buchstäblich von Truppen überfüllt ist. Was den Pass betrifft, könnte nichts überraschender sein als die Veränderung, die in den vierzehn Tagen, die seit meinem ersten Passieren vergangen sind, auf der Straße stattgefunden hat. Dies ist auf die Art und Weise zurückzuführen, wie die Pioniere und Bergleute unter Offizieren der Royal Engineers und die fortgeschrittenen Kompanien der Beloochees unter Major Hogg gearbeitet haben. Letztere sind im Tal unterhalb des Rayray am Werk Guddy -Pass, und hier legen sie täglich fast eine Meile Straße zurück, auf der Artillerie problemlos beschossen werden konnte. Es ist wunderbar zu sehen, welche Veränderungen sie herbeigeführt haben und wie herzlich sie arbeiten. Nicht weniger überraschend ist die Veränderung, die die Pioniere und Bergleute in der Sooro- Schlucht bewirkt haben . Als ich das letzte Mal dort hochgefahren bin, war es, wie ich es beschrieben habe, für beladene Tiere so gut wie unpassierbar. Hier musste man über einen riesigen Felsbrocken klettern, dort zwischen zwei anderen durchkrabbeln. Es war ein wirklich schwieriges Unterfangen, und beladene Kamele konnten nicht durch die engen Stellen kommen. Jetzt ist das alles geändert. Hier und da schlängelt sich ein Pfad zwischen den Felsen entlang, den ich ohne die geringste Schwierigkeit mit meinem Pferd hinunterreiten konnte. Der schlimmste Teil der Reise war die Strecke von 33 Meilen zwischen Rayray Guddy und Sooro , ohne Wasser, außer einem Eimer mit erbsensuppenfarbenem Zeug in der Perlhuhnebene für die Tiere. Es wird vorgeschlagen, an dieser Stelle weitere Brunnen zu bohren, einige Pumpen aufzustellen und ein kleines Kommissariatsdepot einzurichten , damit die Truppen ihren Marsch dorthin unterbrechen können. Als wir dreißig Meilen dieses trockene, ausgedörrte Tal hinunterritten und gelegentlich auf Abteilungen müder Männer trafen, die uns mitleiderregend fragten, wie weit es bis zum Wasser sei, mussten wir an einen von Oberst Phayres Berichten denken, in dem er sagte: „Von Sooro Bis Senafe , etwa dreißig Meilen weiter, gibt es nie genug Wasser.“ Tatsache ist, dass in den dreißig Meilen oberhalb von Sooro kein einziger Tropfen zu finden ist , außer an einem schlammigen Brunnen.

Bei Koomaylo fand ich eine erstaunliche Veränderung. Die Dornenbäume, die den Talgrund gesäumt hatten, waren alle abgeholzt worden; ein großer Raum war als Lagerplatz für durchmarschierende Truppen geräumt worden; Es wurden neue Brunnen gebohrt, und einige der amerikanischen Pumpen sind in Betrieb, die einen Strom klaren Wassers abgeben, der durch eine Reihe von Wannen fließt und es ermöglicht, die Tiere in einem Viertel der zuvor benötigten Zeit zu tränken. Diese Pumpen, die „Douglas-Krug-Auslauf-Pumpe“ genannt werden, sind sicherlich bewundernswerte Maschinen. Als ich zum ersten Mal von ihrer Ankunft und dem Prinzip ihrer Konstruktion hörte, hatte ich es nicht für möglich gehalten, dass sie in einem solchen Gelände eingesetzt werden könnten. Sie bestehen aus einer Anzahl dünner Eisenrohre, die wie Gasrohre aussehen und ineinander geschraubt sind. Das unterste Rohr endet in einer scharfen, leicht bauchigen Spitze, so dass es, da es dicker als der Stab selbst ist, nur den Boden berührt, durch den es geht wird an diesem Punkt angetrieben, wodurch die Reibung und der Widerstand stark verringert werden. Auf das Rohr, etwa einen Meter von seinem oberen Ende entfernt, ist ein Eisenblock geschraubt, der verschoben werden kann, wenn die Stange allmählich nach unten sinkt. Ein schweres Eisengewicht mit einem Loch darin wird auf die Stange über diesem Block gelegt, und an diesem Gewicht sind Seile befestigt, die über Rollen funktionieren, die vier Fuß höher oben auf der Stange angebracht sind. Zwei Männer ziehen an diesen Seilen, und das Gewicht steigt und fällt dann und wirkt wie ein Stampfer auf den Amboss aus Eisen darunter. Auf diese Weise wird die gesamte Stange nach unten getrieben, wobei nach Bedarf neue Längen hinzugefügt werden, und dann wird eine Pumpe errichtet, ohne dass die Arbeit des Bohrens eines Brunnens erforderlich ist. Das Ganze ist äußerst einfach und hervorragend für Lehm- oder Kiesböden geeignet. Im Bett eines Wildbachs, wo der Kies mit Steinblöcken jeder Größe vermischt ist, konnte jedoch kaum mit einem Erfolg gerechnet werden, da es offensichtlich ist, dass ein Hohlrohr nicht durch festes Gestein getrieben werden konnte. In neun von zehn Fällen schiebt das Rohr jedoch jedes Hindernis beiseite und erreicht die erforderliche Tiefe. Es ist beabsichtigt, eine Reihe von Trögen einzurichten, damit die Tiere bei ihrer Ankunft trinken können, ohne die ermüdende Stunde des Wartens, die sie jetzt durchmachen müssen. Es ist in der Tat ein Wunder, dass es aufgrund des Eifers, mit dem die wahnsinnigen Tiere kämpfen und kämpfen, nicht zu schweren Unfällen kommt, um ans Wasser zu gelangen. Bei Koomaylo fanden wir zwei Kompanien des 33. Regiments. Mittlerweile gesellte sich ein weiterer zu ihnen, und die drei marschierten letzte Nacht auf dem Weg nach Sooro . Drei weitere Kompanien desselben Regiments marschierten heute Morgen von hier aus ab und werden sofort ihrem vorgeschobenen Flügel folgen, während das Hauptquartier und die übrigen Kompanien morgen weiterziehen. Es gibt auch eine Batterie der Royal Artillery in Koomaylo , das heißt die Geschütze, und ein Teil der Männer ist dort, die Pferde und Fahrer wurden nach Senafe geschickt , um sich von der Krankheit zu befreien. Ich traf sie in Sooro , und die Tiere waren damals alle in einem hervorragenden Zustand, und kein einziges Pferd oder Gepäcktier war bisher betroffen. Obwohl ich die Veränderungen an anderen Punkten entlang der Strecke großartig fand, waren sie doch nichts im Vergleich zu denen, die in Zulla stattgefunden hatten . Im Hafen befanden sich mehr als doppelt so viele Schiffe wie zuvor. Es ist wahrscheinlich, dass kaum ein großer Handelshafen der Welt über eine so schöne Flotte von Dampfern und Segeltransportern verfügt, wie sie jetzt vor diesem Ort liegen, von dem vor sechs Monaten noch niemand gehört hatte. Auch das Lager war so verändert, dass ich größte Schwierigkeiten hatte, das gesuchte Zelt zu finden, obwohl es genau dort stand, wo ich es vor drei Wochen zurückgelassen hatte. Aber der Ort, der damals weniger als zwanzig Zelte enthielt, kann jetzt zehnmal so viele zählen. Die 33. lagerten rechts vom Landeplatz, eine Viertelmeile entfernt. General Staveley und sein Stab haben ihre Zelte von der Stelle, an der sie zuvor standen, mitten im Staub und Lärm des Ortes, etwas hinter die 33. Linie verlegt, wo auch General Napiers Zelte aufgeschlagen sind. Der Hafen ist voller Truppen, die nach einer Kutsche schreien , um einsteigen zu können. Das Scinde- Pferd landet, ebenso wie die 3D-Indianer-Infanterie. Die 25. Eingeborenen-Infanterie und die 4. Infanterietruppe Ihrer Majestät sind dort, ebenso wie Artillerie-Batterien und Gebirgszüge, unzählige Maultiere und Pferde und eine verwirrende Menge an Vorräten. Sehr große Mengen dieser letzteren werden jetzt an die Front geschickt, und 3000 der kleinen Rinder und Esel der Eingeborenen wurden für den Dienst eingesetzt. Der gezahlte Preis beträgt zweieinhalb Dollar pro Sack, und jeder Ochse trägt zwei Säcke, einige der kleineren Esel nehmen jeweils einen. Für den Verlust von Vorräten sind die Eingeborenen verantwortlich, aber bis zu dem Zeitpunkt, als ich Senafe verließ , war noch kein einziger Beutel verloren gegangen. Diese Tiere sind eher lästig, wenn man den Pass hinuntergeht. Unsere eigenen Maultiere fahren an Schnüren, einer hinter dem anderen festgebunden, und die Fahrer, wenn ihnen jemand begegnet, bemühen sich , so weit wie möglich Platz für einen Offizier zu schaffen, der vorbeikommt. Die Eingeborenen hingegen treiben ihre Tiere in Herden vor sich her, nehmen die gesamte Breite des Weges ein und machen keinerlei Anstrengung, ihr Vieh aus dem Weg zu räumen. Es ist vergeblich, zu schreien und wütend zu sein. Die Shohos betrachten einen mit gelassener Gleichgültigkeit, und Sie müssen Ihr Pferd in ein Dornendickicht oder einen Felsen schieben, um ihnen aus dem Weg zu gehen. Wenn Sie zufällig eine dieser einheimischen Herden an einer ziemlich engen Stelle überholen, ist das noch provozierender, denn es bleibt nichts anderes übrig, als ihrem Zug geduldig etwa eine halbe Meile lang zu folgen, halb erstickt im Staub Sie erheben sich, bis sich das Tal öffnet und Sie den Weg verlassen und zwischen Steinen und Gestrüpp an ihnen vorbeigehen können. Diese Ochsen sind sehr klein, aber äußerst robust. Bis ganz nach oben gibt es für sie nichts an Futter. Alles, was sie zu essen haben, sind ein paar Blätter von den Büschen und eine Handvoll Gras, die ihre Herren vielleicht für sie bekommen, indem sie die Hänge der Hügel erklimmen, und doch kommen sie in gutem Zustand und ohne Anzeichen von Not mit ihren Kindern in Senafe an Die Haut ist glatt und die Augen strahlend. Diese Filialerweiterung bei Senafe ist eine große Hilfe. Es ist eine Ergänzung zu unserem dortigen Bestand, und es ist eine große Erleichterung für das Transportkorps, seine reguläre Arbeit der Spedition von Regimentern und Vorräten für den gegenwärtigen Verbrauch von Mensch und Tier fortsetzen zu können. Der Transportzug erledigt seine Arbeit jetzt sehr viel

besser; aber ich werde in meinem nächsten Abschnitt noch weitere
Bemerkungen dazu machen. Brigadegeneral Collings hat gestern begonnen,
das Kommando in Senafe zu übernehmen , und ich gehe davon aus, dass
dort infolgedessen sehr wesentliche Veränderungen stattgefunden haben.
Brigadegeneral Schneider ist hier eingetroffen und wird an diesem
Landeplatz das Kommando übernehmen.

Das große Ereignis des heutigen Tages ist die Ankunft von Sir Robert
Napier, dessen Schiff, das Dampfschiff Ihrer Majestät Octavia, Kapitän
Colin Campbell, heute früh in den Hafen einlaufen soll . Der Anker wurde
gegen halb elf geworfen, und General Staveley und die Abteilungsleiter
machten sich sofort auf den Weg, um ihn zu sehen. Er soll heute Abend von
Bord gehen. Da es Kriegszeit ist, gab es bei der Ankunft des Schiffes weder
eine Begrüßung noch eine Demonstration.

Zula , 6. Januar.

Erst nach ein oder zwei Runden im Camp erkennt man, wie groß die
Veränderungen sind, die in den letzten drei Wochen stattgefunden haben.
Ich weiß nicht, dass es irgendwo auf der Welt mehr Objekte von
unterschiedlichem Interesse, mehr Leben, Bewegung und Betriebsamkeit
geben könnte als in ein paar Stunden Ritt durch dieses Lager. Wir beginnen
am Kopf des *Bunkers* – in England Pier genannt; aber hier hat alles seinen
indianischen Namen. Seit ich das letzte Mal geschrieben habe, wurde der
Damm um einige Meter verlängert und am Ende auf eine Breite von fünfzehn oder
zwanzig Metern verbreitert . Auch auf einer Seite wurden Holzpfähle
eingerammt, damit die großen Landungskähne sicher daneben liegen und
entladen können. Es wird eine tolle Sache sein, wenn es rund um den
Pfeilerkopf auf die gleiche Weise fertiggestellt wird. Die ersten Schritte auf
abessinischem Boden sind nicht sehr angenehm, denn der Pier besteht aus
großen, rauen Fels- und Bimssteinstücken, das Gehen ist schmerzhaft und
für Stiefel äußerst schädlich. Trotzdem ist der Pierkopf überfüllt. Die Stunde,
zu der wir unsere Fahrt beginnen, ist Tagesanbruch, und von Tagesanbruch
bis acht Uhr ist das Baden vom Pier aus gestattet, ebenso von fünf bis sieben
Uhr abends. Hier sehen wir eine Reihe von Figuren, von denen einige sich
anziehen, andere ausziehen, einige sich mühsam über die Steine zu ihren
Kleidern durcharbeiten, andere gerade dabei sind, sich in das Wasser zu

stürzen, das bei Flut sieben Fuß tief ist. Rundherum ist das Meer mit Köpfen übersät, von denen wir viele wiedererkennen und ansprechen. Hier ist ein Generalquartiermeister, dort ein Oberst der Infanterie, daneben ein Trommlerjunge und darüber hinaus ein Dutzend Gefreite. Hier gibt es keinen Rangunterschied. Jeder wählt den weichsten Stein, den er finden kann, um darauf zu sitzen, und es ist ihm egal, ob sein nächster Nachbar ein Generaloffizier oder ein reiner Gefreiter ist. Wir bahnen uns einen Weg, so gut wir können, über dieses Stück unebenen Bodens und durch die Gruppen von Badegästen hindurch, und dann, zehn Meter vom Kopf des Piers entfernt, stoßen wir auf glatteren Boden. Hier ist eine Reihe von Schienen, und die Oberfläche wurde geglättet, indem Sand darüber gestreut wurde, eine Verbesserung, die erst vor zwei oder drei Tagen abgeschlossen wurde. Früher bedeutete ein Spaziergang durch die Böschung für jeden, außer für das eisenbeschlagenste Paar Stiefel, eine sichere Zerstörung. An der Seite des Damms, wo die Schiene beginnt, liegt ein großer Lastkahn. Sie ist gerade an Land gekommen, und fünfzig oder sechzig Maultiere und Ponys, ihre Ladung, blicken mit aufgeregten Augen und unruhig forschenden Ohren über die Reling auf das geschäftige Treiben am Kai und auf dieses Land, das, obwohl sie es nicht wissen, existiert für viele von ihnen das Grab sein. Am Pier wartet einer der unermüdlichen Offiziere des Transportzuges auf ihre Ankunft. Er hat ein paar Männer bei sich. Vom Lastkahn, der viel höher ist als der Pier, wird eine lange Gangway auf die Steine gelegt; Darauf werden einige Sackleinen geworfen, und dann werden die Tiere hinuntergeführt, von denen einige bereitwillig herbeikommen, andere energisch Widerstand leisten, schnaubend und kämpfend. Als sie das Land erreichen, werden ihre Kopfseile zu viert zusammengebunden, und sie werden mit ihren Fahrern losgeschickt, um am Ende des Bunkers zu warten, bis alle gelandet sind. Es ist keine lange Operation. Ungefähr zehn Minuten, und dann bringt sie ein Inspektor zuerst zu den Tränken und dann zu den Leitungen. Gegenüber dem Landungskahn, auf einer freien Stelle am Pier, ist eine Destillationsanlage in Betrieb. Ich glaube, diese Maschine versorgt zum Teil die Segelschiffe und auch die Bedürfnisse der am Pier arbeitenden Arbeitsgruppen. Neben dem Lastkahn liegen zwei Eingeborenenboote, die Vorräte entladen, die eine Arbeitsgruppe unter der Leitung der Beamten der Quartiermeister- oder Kommissariatsabteilungen auf die Lastwagen lädt. Sobald die Lastwagen beladen sind, werden sie von einer Gruppe Soumalis ergriffen und über die Gleise zum Hof geschoben, wobei sie dabei ihren allgemeinen Chor rufen. Neben dem Entladeplatz für einheimische Boote liegen eine Reihe von Booten der im Hafen befindlichen Schiffe , die entweder an eine der Abteilungen geliefert werden oder warten, während ihre Kapitäne an Land sind. Auf der gegenüberliegenden Seite des Piers ist das Wasser flacher , und Boote kommen hier nie an, aber es ist derzeit keineswegs leer , denn die ganze Zeit über baden ein paar hundert Männer –

weniger abenteuerlustige Geister, denen das egal ist zum Eintauchen in tiefes Wasser oder zum Gehen über Bimssteine mit nackten Füßen.

Als wir das Ende der Böschung erreichen, besteigen wir unsere Pferde, die unsere Gorrawallahs gehalten haben, und folgen der Schienenlinie. Sobald wir einigermaßen an Land sind, finden wir große Stapel von Vorräten, die an den Schienen liegen. Diese gehören zu den Landtransportlagern. Hunderte von tollen Kisten mit jeweils vier Otago-Maultiersätteln. Stapel von Bombay-Pads und Kamelsätteln. Ihre anderen Vorräte werden an ihre eigenen Linien geschickt, eine Viertelmeile weiter; aber die schweren Sättel wurden nicht dorthin geschickt, da die Linie erst in den letzten zwei Tagen bis zu diesem Punkt geöffnet wurde, und es ist viel einfacher, die Maultiere herunterzubringen und hierher zu satteln, als die schweren Koffer aufzunehmen weiter. Zurzeit findet eine Sattelparty statt. Es besteht aus einer Ermüdungsgruppe Artillerie, die von einem Offizier des Transportkorps geleitet wird. Ein chinesischer Tischler öffnet die Kisten. Zwei der Männer heben den Inhalt heraus und schneiden die Zurrgurte durch, die jeden einzelnen Teil der Beschläge zusammenhalten. Andere stehen herum und bauen die Sättel zusammen – keine leichte Aufgabe, denn sie sind äußerst kompliziert. Dies hat jedoch keine so große Bedeutung, wie es sonst der Fall wäre, denn wenn sie einmal zusammengebaut sind, ist kein großes anschließendes Abschnüren erforderlich. Andere befestigen dann die Sättel und Zäume an den Maultieren, von denen einige heftig gegen die Operation sind, sich heftig zurückziehen, sich immer wieder umdrehen, so schnell sich der Mann mit dem Sattel nähert, und mit stetiger Kraft um sich schlagen, die er ausübt auf andere Weise wäre es höchst zufriedenstellend. Vergeblich versuchen die Soldaten, sie festzuhalten. Umsonst tätscheln, überreden, schlagen und fluchen. Vergebens schnallen sie eines der Vorderbeine fest. Einige der Tiere sind ziemlich unkontrollierbar und man kann sie nur bezwingen, indem man ein Bein anschnallt und sie dann immer wieder auf den anderen drei herumlaufen lässt, bis sie völlig erschöpft sind. Die Kisten der Sattlerwaren werden zerbrochen und auf dem Boden ausgebreitet, um Säcke mit Reis oder Getreide darauf zu stapeln – keine unnötige Vorsichtsmaßnahme, denn neulich Nacht hat eine Flut eine riesige Menge Heu durchnässt, und die Vorräte wurden seitdem weiter verschoben Inland. Die Ingenieure hatten eine Art Sandwall errichtet, um die Wiederholung eines solchen Ereignisses zu verhindern; aber sie rechneten ohne ihren Gastgeber. Sie befestigten sich vorn gegen den Feind, machten aber keine Rücksicht auf ihn im Rücken. Die Folge war, dass das Wasser bei dem starken Regen in der Nacht zum Samstag von hinten herabstürzte und, da es durch diesen Damm daran gehindert wurde, ins Meer zu fließen, erneut eine kleine Überschwemmung, diesmal jedoch mit Süßwasser, im Hof des Kommissariats verursachte. Als ich das letzte Mal hier war, stand der Kommissariatshof dort, wo jetzt der Transporthof steht, aber er ist jetzt mehr nach links verschoben. Der Grund dafür war, dass die Vorräte des Kommissariats, die Bündel komprimierten Heus und die Säcke mit Reis und Getreide, nicht zu schwer waren, um von den Eingeborenen an Land getragen zu werden, während die schweren Kisten des Transportkorps zwangsläufig in den Waggons verstaut wurden. Die Vorräte des Kommissariats werden daher hauptsächlich in Booten der Eingeborenen angelandet, die in drei Fuß tiefes Wasser kommen und von denen sie in Reihen watender Soumalis an Land getragen werden. Die schwereren Vorräte, wie zum Beispiel Fässer mit Rum und Ghee, werden natürlich auf dem Bunker verladen und auf den Lastwagen hochgefahren. Überall am Ende des Piers herrscht geschäftiges Treiben. Hier ist eine Gruppe Madras-Kulis, die Geschäfte umziehen. Es gibt hundert Maultiere, die gerade mit Proviant für die Front beginnen. Hier kommt eine Abteilung eines der Regimenter, um sich um einen Teil ihres Gepäcks zu kümmern, das gerade gelandet wird. Überall ein energischer Beamter der verschiedenen Abteilungen, der den Betrieb leitet. Wir fahren nun weiter. Wir verlassen die Schienenlinie und biegen nach rechts ab, wobei wir uns allmählich vom Meer entfernen. Die erste Gruppe von Zelten, auf die wir stoßen, sind die der Offiziere des Landtransports. Sie werden jedoch nicht lange dort bleiben, denn sie haben den Befehl, auf die andere Seite zu wechseln, wo die Reihen ihrer Tiere fünf Minuten zu Fuß entfernt sind und ganz rechts vom Lager liegen. Wenn die Aufgaben dieser Offiziere hauptsächlich in ihren Reihen lägen, gäbe es dafür einen Grund; aber so wie es ist, sitzen sie entweder auf den Landungspferden oder satteln am Ufer. Die Aufgaben der Tierpflege in ihren Linien müssen natürlich im Allgemeinen von einem Offizier jeder Division überwacht werden, unterliegen jedoch der Verantwortung englischer Inspektoren, die Sergeants in Kavallerie- oder Linienregimenten sind. Die Linien liegen auf der Leeseite des Lagers und sind ständig von einer blendenden Staubwolke umgeben, die so dick ist, dass man keine fünfzig Meter weit sehen kann. In einer solchen Atmosphäre zu leben ist nahezu unmöglich, besonders wenn man den Duft der drei- oder viertausend Maultiere, Ponys und Ochsen wahrnimmt, ganz zu schweigen von den einheimischen Begleitern in der Nähe. Der ehemalige Ort, an dem sie lagerten, war nur fünf Minuten zu Fuß entfernt, und darauf zu bestehen, dass diese Offiziere in der Nähe ihrer Linien leben und arbeiten, ist ungefähr so vernünftig, als würde man den Offizieren der Rettungsschwimmer befehlen, in ihren Ställen zu schlafen. Ich bin überzeugt, dass General Schneider seinen Befehl widerrufen muss, denn es wird einfach unmöglich sein, Bücher oder Rechnungen in einem Staub zu führen, der in fünf Minuten auf allem fünf Zentimeter dick wäre; und obwohl das Wohlbefinden oder die Gesundheit eines Beamten eine sehr unbedeutende Angelegenheit sein kann, wird mit Sicherheit alles in Betracht gezogen, was ein Hindernis dafür sein könnte, dass er die erforderliche Anzahl von Berichten und Erklärungen zurückgibt.

⊥Als wir durch die Reihen der Transportoffiziere fahren, stoßen wir auf eine Reihe von Zelten, in denen sich das medizinische Personal befindet. Dann entsteht eine Lücke, und dann betreten wir die Linien der europäischen Regimenter, die derzeit von Teilen der 33. und 4. Infanterie und Artillerie besetzt sind. Sein Aussehen hat wenig Ähnlichkeit mit dem, das ein Regiment zu Hause unter Leinwand präsentiert. Die Zelte haben eine ganz andere Form; Es handelt sich um Zelte mit einer Stange und einer Fläche von etwa fünfzehn Fuß im Quadrat. Sie haben fast zwei Meter hohe Leinwandwände, so dass man überall aufrecht stehen kann. Über dem Zelt selbst befindet sich eine Abdeckung, die sich darüber erstreckt und drei Fuß über die Wände hinausragt, so dass das Zelt das Dach überragt und eine Markise um es herum bildet. Zwischen den beiden Dächern verbleiben etwa 20 cm für die Luftzirkulation. Diese Zelte sind in ihrer Art perfekt, aber sie sind extrem schwer und werden hier zurückgelassen, und die Truppen werden Zelte mitnehmen, die als einheimische „ Routies " bekannt sind – ich übernehme keine Garantie für die Schreibweise dieses oder eines anderen einheimischen Wortes – was ich im Folgenden beschreiben werde. Nicht weniger als die Zelte weichen die Männer vom europäischen Standard ab. Die grauen Karkee -Anzüge – eine Art kräftige Jeans – und die hässlichen Helme aus dem gleichen Material sehen eher nach etwas anderem als nach der Kleidung des britischen Soldaten aus. Auch die Anordnung des Lagers wirkt ungewohnt, denn die Zelte stehen weit auseinander. Dies ist durch die große Länge der Zeltseile erforderlich. Auch hier – ein seltsamer Anblick in einem englischen Lager – liegen zwischen den Zelten seltsame Sträucherlauben, bedeckt mit Sackleinen, alten Säcken und anderem Krimskrams. Um diese Lauben herum hocken dunkle, spärlich bekleidete Gestalten. Das sind die Lagerbegleiter, die Diener des britischen Soldaten; das sind ihre Wohnstätten. Diese Männer schöpfen sein Wasser, schlagen seine Zelte auf, fegen sein Lager – sie verrichten tatsächlich alle Arbeiten, die ein Soldat in England für sich selbst erledigt. In Indien ist der Soldat ein wertvolles Tier. Er hat einen Wert von 100 Pfund und ist zu teuer, um ihn durch harte Arbeit in der Sonne aufs Spiel zu setzen. Er wird nur zum Kämpfen gehalten, und es ist sehr richtig, dass das so ist. Es wurde die Frage gestellt, ob es nicht besser gewesen wäre, Soldaten direkt aus England mitzubringen, die es gewohnt sind, selbst hart zu kämpfen. Zu diesem Thema gibt es viel zu sagen, auf das ich eines Tages zurückkommen werde, aber im Moment bin ich geneigt zu glauben, dass die Behörden in dieser Hinsicht richtig geurteilt haben, gemessen an den 102°, die das Thermometer hier im Schatten anzeigte Am Neujahrstag werden wir mitten im Sommer eine mehr als indische Hitze haben – das heißt, diejenigen unten auf dieser Ebene werden es haben –, und obwohl die Hitze im Landesinneren wahrscheinlich nicht mit der Hitze hier und dort mithalten wird Es besteht kein Zweifel daran, dass es umso besser ist, je weniger Männer ihm ausgesetzt sind. Aber wir müssen unsere Fahrt fortsetzen.

Direkt hinter den europäischen Linien, das heißt zwischen ihnen und dem Meer, steht eine Reihe von Zelten, von denen einige groß sind, und neben einem davon weht die britische Flagge. Dies sind die Zelte des Hauptquartierpersonals. Wir wenden uns davon ab und galoppieren über die europäischen Grenzen, also ins Landesinnere. Es gibt einen unbesetzten Raum von vielleicht vierhundert Metern, und dann stoßen wir auf ein Lager, das ganz anders aussieht als das letzte. Hier sind die Zelte in zwei Reihen angeordnet und ziemlich dicht beieinander aufgestellt, das heißt mit einem Abstand von nicht mehr als drei bis vier Yards. Das gepflegte und geordnete Erscheinungsbild dieser Zeltreihen kommt im Vergleich zum zerstreuten Aussehen der europäischen Zeltreihen umso mehr zur Geltung. Diese Zelte sind Routinezelte . Es sind große Zelte mit zwei Stangen, einzeln, aber mit blauen Wimpeln ausgekleidet. Die Zelte reichen wie die englischen Glockenzelte fast bis zum Boden und haben nur eine Wand von etwa 18 Zoll Höhe. Die Öffnung befindet sich an einem Ende und erstreckt sich von der Stange nach unten. Dies ist für ein Klima wie das heutige ein großer Nachteil, da die Öffnung sehr groß ist und nicht geschlossen werden kann. In einem heißen Klima wäre das kaum von Bedeutung; Aber für ein Land mit starkem Tau und kalten Nächten im Winter und heftigen Regenfällen in der Regenzeit ist das ein sehr schwerwiegender Nachteil. Gegenüber der langen Reihe der Räuber befinden sich die Kantine und die Offizierszelte. In diesen Linien lagern zwei Regimenter, genauer: Teile von zwei Regimentern. Die diensthabenden Männer ähneln eher England als die europäischen Truppen, denn sie tragen alle ihre scharlachroten Tuniken und schwarzen Hosen. Lediglich die Kopfbedeckung ist anders. Die 3D-Eingeborenen-Infanterie hat blaue Puggies um ihre Futterkappen. Die 25. Eingeborenen-Infanterie hat Grün. Die 10. Eingeborenen-Infanterie trägt weiße Puggets , die Pioniere und Bergleute schwarze, und dies dient als leicht zu unterscheidendes Zeichen zwischen den verschiedenen Eingeborenen-Regimentern. Sie alle tragen die reguläre Tunika und Hose, variieren aber je nach Geschmack ihres Kommandanten die Mütze oder den Mützenüberzug. Wenn ich sage, dass sie alle die britische Uniform tragen, meine ich, dass dies die alten Sepoy-Regimenter tun. Einige derjenigen, die erst in den letzten Jahren in die reguläre indische Armee aufgenommen wurden, wie die Beloochees , tragen ganz andere Uniformen. Ich habe es versäumt zu erwähnen, dass wir auf unserem Ritt zwischen dem 33. und dem Lager der Eingeborenen-Infanterie an Artilleriegeschützen vorbeikamen; aber diese sowie die Pioniere und Bergleute und die Zelte der Waffenkommissare – die zusammen mit dem Telegraphen, der Eisenbahn und anderen Abteilungen in der Nähe der Eisenbahnlinie aufgestellt sind – muss ich für einen anderen Brief reservieren. Aus diesem Anlass machen wir nur einen Rundgang außerhalb des Lagers. Wir reiten weiter durch die einheimischen Infanterielinien und überqueren ein paar hundert Meter offenes Gelände, bis wir zum Basar kommen, der an der Hauptstraße nach Koomaylo liegt . Der Basar ist sicherlich nicht besonders sehenswert. Es besteht aus zwei oder drei Dutzend Zelten, die aus groben, mit Matten bedeckten Stangen bestehen. Da es in keinem dieser Lokale Fenster gibt, erübrigt sich die Aussage, dass dort keine Waren ausgestellt werden. Es gibt eine offene Tür, durch die jeder Kaufinteressent eintritt und um alles bittet, was er möchte. Wenn es dort aufbewahrt wird, wird eine Kiste geöffnet und der Artikel produziert, andernfalls geht er in den nächsten Laden. Am Eingang zum Basar steht eine Wache europäischer Soldaten, die für Ordnung sorgt, und ihre Dienste werden nicht selten requiriert. Während des letzten Teils unserer Fahrt sind wir ziemlich in den Staub geraten, der wie eine grelle Wolke über Zulla hängt und jegliche Sicht, sogar die nächsten Hügel vom Hafen aus, völlig versperrt . Dieser Staub ist schrecklich. Es füllt die Augen, den Mund und die Nasenlöcher und kommt dem Staub auf dem Champ de Mars in Paris gleich, den ich bisher als einzigartig auf der Welt angesehen hatte. Manchmal weht der Wind gleichmäßig, und dann gibt es einen großen, gleichmäßigen Staubstoß; zu anderen Zeiten scheint es sich für eine Weile zu beruhigen, und dann steigt von drei oder vier Stellen eine gerade Säule auf, wie sie an einem ruhigen Tag brennende Stapel grünen Holzes hervorrufen könnten. Diese Säulen werden drei oder vier Minuten lang stationär bleiben und sich dann schnell vorwärtsbewegen, und wehe den unglücklichen Zelten, über die sie hinweggehen könnten, denn sie werden jedes leichte Objekt sauber fegen und eine drei Zoll hohe Sandschicht darauf zurücklassen alles. In der Lagersprache werden diese kleinen Wirbelstürme Teufel genannt. Wenn wir den Basar verlassen und uns immer noch wie zuvor im Kreis bewegen, stoßen wir auf die Eisenbahn. Die Eisenbahn hat im letzten Monat weit weniger Fortschritte gemacht als alles andere hier; Bei diesem Tempo wird es nächstes Weihnachten nicht in der Nähe von Koomaylo sein. Ich zögere nicht zu sagen, dass zehn englische Flotten in der gleichen Zeit sehr viel mehr geleistet hätten; und was das Army Works Corps betrifft, das wir auf der Krim hatten, hätten sie es bis Koomaylo halb fertig gemacht . Aber diese Verzögerung ist nicht auf einen Mangel an Eifer seitens derjenigen zurückzuführen, die die Leitung dafür haben, sondern lediglich auf einen Mangel an Methode und an Materialien, die sich zweifellos irgendwo an Bord des Schiffes befinden, an die man aber nicht herankommen kann. Genau an dieser Stelle passieren wir einige Masten, zwischen denen ein feiner Kupferdraht verläuft. Dies ist der Telegraph, der in sehr kurzer Zeit nach Koomaylo geöffnet sein wird und von dort in etwa einer Woche weitergeführt werden wird, denn der Draht ist an allen Stationen entlang der Marschlinie verlegt; und es wäre zu diesem Zeitpunkt bis Senafe fertiggestellt gewesen, wenn nicht aus irgendeinem Grund die Stangen zur Hand gewesen wären.

Wir nähern uns nun den Linien der Transporttiere. Das ist der interessanteste Anblick im ganzen Lager. Hier sind lange Schlangen von Ponys, die gerade aus Suez angekommen sind. Daneben stehen Hunderte von Maultieren aller Nationen und Rassen. Hier sind die Karren-Maultiere, und in ihrer Nähe sind 200 leichte Karren aufgestellt, die von einem oder zwei Tieren gezogen werden. Dahinter stehen die Gepäck-Maultiere, 600 an der Zahl. Alle sind in den letzten zwei oder drei Tagen angekommen; Viele von ihnen sind noch nicht gesattelt, denn das Auspacken und Zusammensetzen der Sättel ist eine langwierige und mühsame Angelegenheit. Viele der Pantoletten tragen nicht einmal ein Markenzeichen. Dahinter kommen wiederum die Zugochsen mit ihren Karren. Es sind die gleichen wunderschönen weißen Brahmanenrinder, die ich in Bombay gesehen habe – riesige Tiere, so stark wie Kamele und ruhig und fügsam wie Schafe. In ihrer Nähe stehen ihre Karren, die ganz anders gebaut sind als die der Maultiere. Auf dem Boden unter den Füßen all dieser Tiere liegt eine dicke Schicht gehäckseltes Stroh und Heu verstreut, und ihr Zustand und Zustand bilden einen größtmöglichen Kontrast zu dem der ausgehungerten, sterbenden Tiere, die ich im ersten Brief beschrieben habe schrieb bei der Landung vor einem Monat. Diese außerordentliche Verbesserung muss den immensen Anstrengungen zugeschrieben werden, die alle Offiziere des Transportkorps unternommen haben, und insbesondere denen von Kapitän Twentyman vom 18. Husarenregiment, der in dieser Zeit das Kommando innehatte. Aber selbst der Einsatz all dieser Offiziere wäre umsonst gewesen, wenn General Staveley Kapitän Twentyman nicht tatkräftig und herzlich unterstützt hätte . Jeder Vorschlag des letzteren wurde von dem General unterstützt und zur Ausführung befohlen, der sich völlig darüber im Klaren ist, dass das Transportkorps der überaus wichtige Zweig der Expedition ist. Die Tiere werden alle mit ihren Kopfseilen zu langen Lattenseilen zusammengehalten, es werden jedoch keine Fersenseile verwendet. Sicherlich trägt die Verwendung von Fersenseilen erheblich zur Einheitlichkeit des Erscheinungsbilds von Streikpostentieren bei, da sie alle den gleichen Abstand zueinander und zu den Seilen einhalten, und es gibt auch den Vorteil, dass sie sich gegenseitig oder andere Passanten nicht treten können. von. Andererseits kann man sagen, dass Maultiere sich selten oder nie anstrengen und austreten, wenn sie vor Streikposten stehen. Ich habe kein Beispiel dafür gesehen; Und ich habe dem Transportbeamten mitgeteilt, dass es keine Fälle gegeben hat, in denen Maultiere durch Tritte verletzt wurden, die sie bei Streikposten erhielten. Der Vorteil, dass sie keine Fußseile haben, besteht darin, dass sie eine viel größere Positionsfreiheit haben. Sie können sich hinlegen, aufstehen und sich über das Seil bewegen und tatsächlich ihre müden Gliedmaßen viel besser strecken, als wenn sie durch Fußseile gefesselt sind; und schließlich sind die

Maultiere nicht an die Seile gewöhnt und bekommen durch deren Gebrauch häufig wunde Fesseln. Die Abwägung der Vorteile spricht dann dafür , dass sie nur mit ihren Kopfseilen festgehalten werden dürfen, zumal die Befestigung mit dem Fersenseil das Einschlagen von Pflöcken und einen Zeitverlust beim Anseilen mit sich bringt – Dinge, die bei der Ankunft eines Zuges von großer Bedeutung sind spät in der Nacht mit Fahrern und Tieren, die gleichermaßen abgestumpft und müde sind. Alle Tiere sind jetzt in einem guten Arbeitszustand, mit Ausnahme von nur etwa 200 Kamelen, die in Hadoda unterwegs sind , wohin sie zur Rekrutierung geschickt wurden, da sie in einem zu schlechten Zustand angekommen sind, um zur Arbeit eingesetzt zu werden. Es wurden noch mehr ausgesandt, aber einige sind zur Arbeit zurückgekehrt, andere sind gestorben – viele von ihnen verhungerten, obwohl bei Weir, im Umkreis von zwei oder drei Meilen, Getreidevorräte lagen, die buchstäblich verrotteten. Aber es ist Brauch, den Kamelen kein Getreide zu geben, sondern ihnen den Lebensunterhalt zu ermöglichen, indem sie ein paar Blätter von den Sträuchern pflücken. Es ist also nicht verwunderlich, dass die armen Tiere keine Kraft erlangten. Dem wird nun Abhilfe geschaffen, denn Dr. Lamb, einer der Veterinäre des Transportkorps, hat berichtet, dass sie vor lauter Hungersnot sterben; und ich verstehe, dass General Staveley sofort angeordnet hat, dass ihnen Getreide ausgegeben werden sollte.

In meinem nächsten Brief werde ich die Organisation des Transportkorps beschreiben; aber jetzt müssen wir unsere Fahrt fortsetzen, die jetzt fast zu Ende ist, denn wir haben unseren Kreis fast vollendet und nähern uns wieder dem Meeresufer. Auf unserem Weg kommen wir an seltsamen Laubenbauten vorbei, deren Fortschritt ich in den letzten Tagen mit einiger Neugier beobachtet habe. Zuerst sah ich drei oder vier lange Sandstreifen, die sorgfältig eingeebnet waren und vier bis fünf Meter breit und vielleicht fünfzig Meter lang waren. An jeder Seite dieser Reihen von Sandkulis waren Stäbe angebracht, die ungefähr gleich lang, aber dünner als Hopfenstangen waren. Ich konnte den Zweck dieser Zeilen nicht einmal erraten. Am nächsten Tag stellte ich fest, dass an den Enden Stangen eingesteckt waren und dass im Abstand von vier Metern Trennwände angebracht worden waren. Als ich näher herankam, sah ich, dass in der Seitenreihe eine Lücke als Durchgang zu jeder dieser Trennwände vorhanden war. Am nächsten Tag stellte ich fest, dass dünnere Stäbe oben an den anderen befestigt wurden – entlang derer horizontale Stücke festgebunden waren – und dass diese in der Mitte gebogen und verflochten wurden , um eine Laube zu bilden. Das Geheimnis war nun geklärt. Diese langen Stangenreihen bildeten den Rahmen für die Hüttenreihen; Zwischen ihnen sollen Büsche geflochten werden, und das Ganze wird, wenn es fertig ist, fünfhundert der Kulis des Kommissariats, für die es bestimmt ist, beherbergen oder vielmehr halten. Wir traben nun weiter zur Wasserstelle. Als ich das letzte Mal hier war, war es einer der schmerzhaftesten Anblicke, die ich je erlebt habe, als die Tiere getränkt wurden. Sie wurden in Reihen in der Nähe der elenden kleinen Tröge aufgestellt und mit größter Mühe zurückgehalten, bis diese voll waren. Obwohl sie halb wahnsinnig vor Durst waren, war es eine wirklich gefährliche Aufgabe, sie zurückzuhalten, und wenn man ihnen erlaubte, vorwärts zu stürmen, stellte man oft fest, dass jeder kaum einen Schluck Wasser hatte. Es war kein Wunder, dass sie schrien und kämpften und kämpften. Es war ein Kampf ums Leben, in dem die Sieger unzufrieden, aber mit genügend Wasser zogen, um zu überleben, bis die nächste spärliche Versorgung ausgegeben wurde, während die Besiegten sich zum Sterben davonschleppten. Gott sei Dank ist das jetzt vorbei. Es gibt genügend Wasser für alle. Ich glaube nicht, dass ein Tier in diesem Lager unter Wassermangel leidet. Der Trog ist lang und breit, und die Tiere rücken auf beiden Seiten vor und trinken so viel, wie sie möchten. Die Bewässerungszeiten liegen zwischen sechs und acht Uhr morgens und zwischen vier und sechs Uhr abends. Eine starke Ermüdungsgruppe ist anwesend, um das Wasser aus dem Tank in den Trog zu pumpen und für Ordnung zu sorgen. Ihnen wird befohlen, den Trog voll zu lassen, wenn sie mit dem Pumpen aufhören, damit einem Tier, das zu spät kommt, nicht die Tränke entzogen wird.

Jetzt müssen wir nur noch 300 Meter am Ufer entlang fahren, um zu den Kommissariatsläden auf der linken Seite des Bunkers zu gelangen, von dem aus wir gestartet sind. Hier ist alles hervorragend organisiert und verwaltet. Die großen Lagerhaufen sind mit Planen und alten Segeln abgedeckt, um den Regen abzuhalten; Und da es unmöglich war, Steine zu beschaffen, um ein Fundament für die Säcke zu bilden und sie vor Feuchtigkeit zu schützen, wurden zuerst zerbrochene Packkisten auf den Sand gelegt, dann leere Säcke und dann Heuballen aus Bombay , das viel sperriger und weniger wertvoll ist als das gepresste Heu aus England. Daher kann es auch bei schwersten Überschwemmungen nicht zu größeren Schäden kommen. Es gibt zwei sehr große Holzlager, in denen Gegenstände untergebracht sind, die durch Regen leicht beschädigt werden können; und es werden zwei sehr große Fachwerkgebäude errichtet, für die nur die Wellblechplatten erforderlich sind.

Fast gegenüber dem Kommissariat wird derzeit ein langer Holzsteg errichtet. Es ist bereits für eine beträchtliche Strecke fertiggestellt; Aber das Wasser ist so flach, dass es sehr viel weiter hinaus getragen werden muss, bevor Boote zum Beladen längsseits kommen können.

Wir haben nun unsere Rundfahrt um das Lager beendet; und ich muss die im Inneren des Kreises liegenden Lager und Depots bis zu einer anderen Gelegenheit verlassen, da ich die unmittelbaren Nachrichten des Tages noch nicht berührt habe.

General Napier landete gestern Morgen um halb sieben. Am Ende des Piers wurde eine Ehrengarde des 4. Regiments aufgestellt, und die verschiedenen Generäle hier mit ihren Stäben und die Leiter der verschiedenen Abteilungen empfingen ihn . Ich hatte gehört, dass er früher landen wollte, und ging gerade bei Tagesanbruch ans Wasser.

Dann war alles ruhig und kein Windhauch bewegte das Wasser. Plötzlich gab es ein Lebenszeichen bei den Kriegsschiffen Octavia, Serapis und Argus. Männer begannen, auf die Takelage zu klettern und Menschenleinen über den Rahen zu befestigen. Dann kamen sie wieder herunter, und an Bord der Kriegsschiffe war es ruhig; aber die Handelsschiffe machten sich jetzt auf den Weg, und die Boote der Eingeborenen machten Kurs auf die Schiffe, die sie entladen sollten. Inzwischen nahmen die Ehrengarde und die Offiziere ihre Plätze an der Spitze des Bündels ein . Jetzt wird ein Signal zum Masttop der Octavia gegeben, und wie durch Zauberei springt eine Schar weißer Gestalten die Wanten der Kriegsschiffe hinauf und rennt auf die Rahen hinaus. Noch eine Minute Stille, dann verlässt ein Boot mit Markise das Heck der Octavia, und ein paar Sekunden später verrät uns der Donner ihrer Kanonen, dass der Chef der Invasionsarmee das Schiff verlassen hat. Drei Minuten später verkünden die kleinen Kanonen der Bergbahn, dass er gelandet ist; Die Musikkapelle singt „God save the Queen“, die Truppen salutieren und Sir Robert Napier hat hier das Kommando über die Streitkräfte übernommen.

Hafen ist der General jeden Tag an Land und hat sich alles angeschaut, was vor sich ging . Bei seiner Ankunft herrscht ein großes Gefühl der Zufriedenheit, denn erstens ist er ein äußerst beliebter Häuptling, und zweitens konnte bis dahin noch nichts Bestimmtes über die Truppenbewegungen oder den Plan des Feldzugs entschieden werden er ist angekommen. Es *heißt nun, dass derzeit keine Truppen mehr nach vorne geschickt werden, sondern dass die gesamten Anstrengungen des Transportkorps und des Kommissariats darauf gerichtet sein werden, in* Senafe einen sechsmonatigen Vorrat an Proviant anzusammeln . Die 33d sind bereits weitergegangen; aber es ist jetzt wahrscheinlich, dass in den nächsten vierzehn Tagen kein anderes Regiment weiterziehen wird.

Endlich haben wir authentische Neuigkeiten aus dem Innenraum. Von den Gefangenen ist ein Brief vom 15. Dezember eingetroffen (ich kann kaum verstehen, wie er bei der Shoho- Reisegeschwindigkeit so schnell kommen konnte), in dem sie berichten, dass der König von Shoa , der Magdala belagerte, und Mit dessen Hilfe Oberst Merewether viel aufgebaut hatte, hat er sich von dem Ort zurückgezogen, und dass er jetzt für Theodore zugänglich ist. Das sind sicherlich schlechte Nachrichten. Nicht, dass ich jemals auch nur das geringste Vertrauen in die Hilfe eines dieser Könige gesetzt hätte . Im Gegenteil halte ich die bisherige Politik gegenüber den

Eingeborenen für einen Fehler. Wir hätten niemals um ein Bündnis oder eine Freundschaft bitten sollen. Wir sind vollkommen stark genug, um alleine weiterzumachen, und wenn wir es nicht wären, könnten wir uns mit Sicherheit nicht auf irgendwelche Freundschaftsbekenntnisse verlassen. Warum also den Eingeborenen vorgaukeln, wir seien schwach, indem wir um Verbündete bitten? Sagen Sie jedem König mit Nachdruck: „Wir ziehen durch Ihr Land, um die Gefangenen aus dem Ausland zu holen." Wir sind vollkommen stark genug, dies zu tun und alles, was darüber hinaus noch nötig sein könnte. Wir gehen durch und kehren zurück, ohne einen Zwischenstopp einzulegen. In Ihrem Land gibt es viele Könige und viele Rivalen. Wir brauchen keine Hilfe, und wir wissen, dass wir, wenn wir ein Bündnis mit einem Häuptling eingehen, die Feindschaft eines anderen erlangen. Wir möchten daher kein Bündnis eingehen. Wir sind Freunde, die durch Ihr Land reisen. Wir benötigen Vorräte, Vieh usw. und wollen sie auch haben; aber wir zahlen für alles, was wir brauchen, und das zu Preisen, die sich der Hirten- und Herdenbesitzer von Abessinien noch nicht einmal in seinen kühnsten Träumen hätte vorstellen können."

kursieren zahlreiche Gerüchte , dass die Häuptlinge ein Bündnis gegen uns schließen und beabsichtigen, ihre Streitkräfte in Bewegung zu setzen, um uns anzugreifen. Aber von all dem kann ich nicht ein einziges Wort sagen, dass ich glaube. Ich halte es auch nicht für wichtig, denn wenn sie kommen , werden sie viel schneller wieder verschwinden, als sie vorrücken, und werden danach sehr viel höflicher sein. Nach der Landung des Häuptlings gestern ging ich an Bord der Gomta , die unter der Leitung von Kapitän Annesley vom Landtransportzug neunzehn Elefanten aus Bombay gebracht hat. Sie kamen alle in ausgezeichnetem Zustand an und waren während der gesamten Reise vollkommen wohlauf, mit Ausnahme von zwei Tagen, als es starken Wind gab, der sie sehr unglücklich machte. Die Ausschiffung sollte unmittelbar nach der Landung des Oberbefehlshabers beginnen. Dementsprechend kam eine Gruppe von Matrosen und Marinesoldaten von der Octavia an Bord. Das Gerät war bereits befestigt und der Lastkahn lag längsseits. Zunächst war vorgeschlagen worden, die Tiere über die Schiffswand ins Wasser zu lassen und an Land schwimmen zu lassen; aber die Schwierigkeit, sie von den Schleudern zu befreien, wäre so groß gewesen, dass man sich auf jeden Fall dazu entschloss, das Experiment mit dem Lastkahn zu machen. Die Tiere befanden sich unten im Laderaum, der selbst für die größten Tiere hoch genug war. Sie waren auf beiden Seiten angeordnet, mit starken Balken dazwischen. Sie konnten sich nach Belieben hinlegen oder aufstehen. Die Landung wurde von Kapitän Annesley und einem der Offiziere der Octavia überwacht. An den Haupthof wurden große Blöcke angebaut, die durch zusätzliche Stützen verstärkt wurden. Für den ersten Versuch wurde eines der Tiere ausgewählt, das sich im Stall direkt unter der Luke befand. Die erste Schwierigkeit bestand darin, die Schlinge, die aus dem stärksten Segeltuch bestand und an beiden Seiten mit starken Seilen versehen war, unter sich zu bringen. Es wurde auf den Boden gelegt, und der Mahout versuchte, das Tier darüber zu stützen. Wieder und wieder brachte er ihn in die richtige Position, aber in dem Moment, in dem die Matrosen an den Leinen zogen, um die Schlinge hochzuheben, stürmte der Elefant vorwärts. Endlich gelang es Sergeant Evans, einem der erstklassigen Inspektoren im Transportzug, die Schlinge in seinem Stall unter sich zu bringen, und dann stieg er auf den Rücken und rückte ihn unter die Blöcke, während die Matrosen die Schlinge festhielten platzieren, bis sie die Haken schnell bekommen konnten. Selbst dann war noch nicht alles zu Ende, denn der alarmierte Elefant trompetete weiter und versuchte , zu seinem Stall zurückzukehren. Sergeant Evans schaffte es, die Brust- und Hinterleinen festzuziehen, und dann mussten die Männer an Deck nur noch die Winde betätigen. Die Pfeife erklang, und der Elefant, der heftig, aber nutzlos protestierte, wurde nach und nach von den Füßen gehoben. Sobald er in der Luft war, war die Kraft des großen Tieres nutzlos, und er schwang eine träge Masse, außer dass er, als er durch die Luke ging, mit seinen Hinterfüßen dagegen stieß und mit so viel Kraft drückte, dass man für einen Moment das befürchtete er würde sich kopfüber aus den Schlingen stoßen. Eine Minute später erhob er sich jedoch über die Luke und war nun außer Gefahr, sich selbst oder jemand anderem Schaden zuzufügen. Er stieg hinauf, höher und höher, und dann wurde er von den Schanzwänden befreit und in den Lastkahn hinabgelassen. Hier empfingen ihn sein Mahout und sein Begleiter, streichelten seinen Rumpf und trösteten ihn, und er ließ seine Schlingen ruhig abnehmen und stand ganz ruhig da, bis zwei weitere seiner Gefährten aus dem Laderaum gehoben und an seine Seite gesenkt wurden. Bisher könnte nichts zufriedenstellender sein. Einige der anderen, die später am Tag landeten, machten mehr Ärger, und wenn Sergeant Evans nicht gewesen wäre, hätte es für sie sehr große Schwierigkeiten gegeben; aber er ist ausnahmslos der entschlossenste und furchtloseste Kerl, den ich je bei der Arbeit gesehen habe. Wäre er nicht gewesen, wäre es fraglich, ob die Elefanten an dem für ihre Einschiffung vorgesehenen Tag in Bombay an Bord gegangen wären, und er wurde von der Position eines Inspektors dritter Klasse auf die eines Inspektors erster Klasse befördert Platz für seine Tapferkeit.

Als diese Tiere auf dem Lastkahn waren, wurde beschlossen, sie von Bord zu bringen, bevor andere heruntergelassen wurden, um zu sehen, ob sie zum Pier weitergehen würden. Eine Dampfbarkasse nahm daraufhin den Lastkahn ins Schlepptau und dampfte zum Landeplatz. Diese kleinen Dampfboote sind hier die praktischsten und nützlichsten Dinge; Egal wie groß der Lastkahn oder wie lang die Reihe beladener Boote ist, eines dieser kleinen Fahrzeuge ergreift es und rast ohne die geringste Schwierigkeit mit ihm davon. Als ich am Kai ankam , sah ich sofort, dass wir Schwierigkeiten haben würden. Die für die Landung verantwortlichen Marinebehörden hatten die Natur und die Instinkte der Tiere völlig außer Acht gelassen; und jedes Kind, das jemals etwas über einen Elefanten gelesen hat, hat gehört, dass diese ungeschickt aussehenden Tiere die schwierigsten Stellen hinauf- und hinuntersteigen können, dass sie jedoch unüberwindliche Einwände dagegen haben, sich auf irgendeine Plattform oder Brücke zu verlassen, und dass sie es auch nur können nach vielen Experimenten hinsichtlich seiner Stärke dazu veranlasst werden. Der Lastkahn befand sich fast vier Fuß über dem Niveau des Piers, und da die Seiten des letzteren etwas geneigt waren, war die Seite des Lastkahns etwa einen Fuß vom Pier entfernt. Aber ein Elefant wäre hier genauso leicht durchgekommen wie ein Mensch. Anstatt ihm dies zu gestatten, wurden einige Schienen, die für die Linie angelandet worden waren, vom Ufer zum Lastkahn verlegt, die von den Maultieren benutzte Gangway darauf platziert und die Elefanten mussten hinuntergehen. Sie protestierten natürlich dagegen, zumal es ihnen nicht erlaubt war, stehen zu bleiben und es zu untersuchen, sondern sie wurden aufgefordert, geradeaus weiterzugehen. Dies weigerten sie sich rundweg, trotz der Bemühungen des Mahouts und trotz des Drängens und Schlagens der Diener hinter ihnen. Sie wollten nicht vorrücken, sondern sich hinlegen, um ihre Entschlossenheit zum Ausdruck zu bringen. Als einer von ihnen schließlich in die Nähe der Gangway gezwungen wurde, kniete er nieder und versetzte der gesamten Struktur mit dem Kopf einen Stoß, der sie um mehrere Zentimeter bewegte. Dann stand er auf und ging weg, nachdem er zu seiner eigenen Zufriedenheit bewiesen hatte, dass wir dumm sein müssen, von einem Tier seiner Größe zu erwarten, dass es an einem so klapprigen Bauwerk entlangläuft. Dennoch wollten die Leiter der Ausschiffungsstation ihre Lieblingsidee einer Plattform nicht aufgeben . Die Gangway wurde entfernt, und die Marinesoldaten und Matrosen brachten Schienen, legten sie Reihe für Reihe nach Gitterrostart auf und stellten die Gangway darauf auf; Und nachdem sie so eine Art zwei Fuß hohe Stufe oder Plattform gebildet hatten, forderten sie die Elefanten auf, darauf zu treten. Wieder lehnten die Elefanten entschieden ab und es wurde wieder alles versucht, außer Geduld, das Einzige, was nötig war. Glücklicherweise erschien Kapitän Moore, Dolmetscher des Oberbefehlshabers, gerade in dem Moment, als die Marinebehörden immer wieder über die Notwendigkeit diskutierten, die Tiere erneut abzuwerfen und ins Meer herabzulassen, um an Land zu gehen, am Tatort. Auf seinen Rat hin wurde den Tieren erlaubt, sich ruhig zu nähern, niederzuknien und die Struktur, auf die sie sich verlassen sollten, zu inspizieren und auszuprobieren; und eine weitere Viertelstunde später waren alle drei sicher gelandet.

Gestern erschien ein Tagesbefehl, in dem der Pioniertruppe und Colonel Field in Senafe für ihre Bemühungen gedankt wurde. Hier unten gibt es viele Bemerkungen darüber, dass den Offizieren und Männern, die nach Senafe marschierten und dort oben eine vergleichsweise ruhige und angenehme Zeit verbrachten, zwar gedankt wurde, es aber kein lobendes Wort für die Männer geben sollte, die dort waren Ich arbeite hier unten fast Tag und Nacht. Wenn es überhaupt ein Lob zu geben gilt, dann haben es sich sicherlich die Männer verdient, die die Hitze und Last der schlechten Zeiten in Zulla getragen haben . Heute Morgen waren die in Woolwich hergestellten Gebirgskanonen zum Üben unterwegs. Diese Waffen wurden in den Kolumnen der englischen Presse ausführlich beschrieben, ich brauche daher nicht auf Einzelheiten einzugehen. Die Übung mit Granaten war sehr fair, die kleinen Kanonen warfen die fast halb so lange Granate mit großer Präzision auf 2000 Yards. Sie schienen mir jedoch eher nach rechts zu werfen. Auch die Truppen befanden sich im Übungseinsatz, und es wurde der Befehl erlassen, dass alle Regimenter jeden Morgen auf einen Ausmarsch gehen sollten. Das ist so, wie es sein sollte: Es wird die Gesundheit der Männer erhalten und sie bis zu einem gewissen Grad auf die harte Arbeit vorbereiten, die sie wahrscheinlich durchmachen müssen, wenn sie einmal anfangen.

Zulla , 19. Januar.

Dies war eine Woche, die völlig ereignislos war. Frühestens in den nächsten vierzehn Tagen wurden keinerlei Schritte unternommen und es ist auch nicht wahrscheinlich, dass irgendwelche Schritte unternommen werden. Der Transportzug dient ausschließlich dem Transport von Proviant an die Front, was ein sehr langwieriger Vorgang ist. Die Maultiere und Ponys tragen nominell eine Last von jeweils zweihundert Pfund, die Kamele vierhundert Pfund; Aber von den ersteren gibt es in der Tat nur sehr wenige, die in der Lage sind, ihre angemessene Last zu tragen, und ich denke, ich kann sagen, keiner von den letzteren. Würde man versuchen, sie mit ihrem vollen Gewicht zu beladen, würde dies zur Folge haben, dass mindestens ein Drittel der Tiere auf den ersten zwei Meilen zusammenbrechen würden. Viele Tiere liegen im Krankenhaus; aber ein weitaus größerer Anteil ist immer noch in der Lage, eine bestimmte Menge an Arbeit zu leisten, jedoch nicht im vollen Umfang. Diese leiden unter Husten und Lungenbeschwerden, die sie früher oder später ins Krankenhaus und von dort ins Grab bringen werden, da sie Opfer von Überarbeitung, geschwächter Verfassung und unregelmäßiger und spärlicher Nahrungs- und Wasserversorgung sind. Der Transportzug ist derzeit so wesentlich das Korps, von dem die Bewegungen der Armee abhängen, dass es nicht unangebracht wäre, wenn ich die Zusammensetzung und die Pflichten des Korps und seiner Offiziere etwas ausführlicher erläutere. Der Transportzug wird von Major Warden kommandiert und ist in vierzehn Divisionen unterteilt, von denen jede, wenn sie vollständig ist, zweitausend Tiere und zwölfhundert Männer enthält, darunter Fahrer, Huf- und Schmiede, Sattler usw. Jede Division wird von einem Hauptmann kommandiert, der über zwei Subalternen verfügt. Er hat vier Inspektoren oder Sergeant-Majors, zwei Inspektoren zweiter Klasse, Sergeants; fünf Inspektoren dritter Klasse, Unteroffiziere – allesamt europäische Soldaten. Er hat außerdem zwei zweite Inspektoren und fünf dritte Inspektoren – Einheimische; und einhundert einheimische Soldaten, die als Assistenten fungieren sollen.

Es ist ersichtlich, dass jede Division so stark ist wie drei Kavallerieregimenter; es besteht ausschließlich aus Fahrern, die eilig aus allen Teilen der Welt zusammengetrommelt wurden: Ägypter, Araber, Italiener, Griechen, Hindus usw. – alles Männer ohne die geringste Ahnung von militärischer Disziplin; und um diese riesige Menge an Menschen und Tieren zu verwalten, gibt es einen Kapitän und zwei Offiziere sowie elf weiße Unteroffiziere. Wäre jede Abteilung stationär oder würde sie sich gemeinsam in einem Körper bewegen, wäre die Aufgabe vergleichsweise einfach; aber es ist über den Pass verstreut, in Konvois von 200 bis hin zu kleinen Gruppen von zwei oder vier Personen, mit Offiziersgepäck. Die Regeln, die für die Regelung des Korps aufgestellt wurden, sind auf dem Papier bewundernswert, im Dienst jedoch völlig undurchführbar. Jeder einheimische Soldat soll die Kontrolle über zwölf Fahrer und fünfundzwanzig Maultiere haben und ist selbst einem Haupt- Muccadum oder vierten Inspektor unterworfen, er einem dritten, der dritte dem zweiten usw. „Jeder Mann, der einen Trupp leitet, muss dafür sorgen, dass jedes vom Dienst geholte Tier gepflegt wird, die Füße gepflückt und gereinigt werden, ihm das Futter vorgelegt wird und der Rücken gut mit heißem Wasser abgewischt wird.“ „Wenn die Sättel von den Tieren abgenommen werden, werden sie zum Trocknen immer auf den Kopf gestellt, mit den Polstern in Richtung der Sonne, und anschließend werden sie ordentlich gestapelt, wobei die Ausrüstung an jedem befestigt ist, und zwar hinter jedem Trupp, wobei man von der rechten Seite der Linie her anzieht. ” Alle diese und viele ähnliche Regeln sind theoretisch bewundernswert; in der Praxis völlig undurchführbar. Spät in der Nacht kommt ein Konvoi an. Seine erste Aufgabe besteht darin, die Tiere abzuladen, dann Futter vor sie zu legen und sie zu tränken, wenn Wasser verfügbar ist. Dann legen sich Fahrer und Tiere gleichermaßen erschöpft hin, und das Putzen, das Pflücken der Füße, das Ordnen der Ausrüstung und das Ankleiden von rechts ist gleichermaßen unbeachtet. Die Offiziere dieses Korps haben eine fast unmögliche Menge an Arbeit zu bewältigen. Sie sollen dafür sorgen, dass ihre Tiere getränkt werden, die, die losfahren müssen, zur Schau stellen, sie füttern, sie gestriegelt sehen, ihre Rücken begutachten, dafür sorgen, dass die zahlreichen Konvois zur richtigen Zeit starten, sich um die polyglotte Sorte kümmern von Fahrern, von denen die meisten Arabisch und andere unbekannte Sprachen sprechen. Dann müssen sie sich um die einheimischen Soldaten kümmern, unzählige Berichte einsenden und Bürobücher führen; sie müssen Quartiermeister- und Zahlmeisteraufgaben wahrnehmen; Sie verfügen über die Lohn- und Gehaltsabrechnungen, die Familienzahlungslisten, die Rückgaben von Geschäften, die Ausrüstung , die Schuldnerlisten usw. mit eigenen Händen ausmachen, es sei denn, sie nehmen einen der wenigen europäischen Inspektoren von seiner Arbeit ab, um als Angestellter zu fungieren. „Sie sind außerdem für die gute Ordnung und den Zustand des Viehs sowie für die ordnungsgemäße Erhaltung und Vollständigkeit ihrer Ausrüstung verantwortlich und müssen dafür sorgen, dass jeder einzelne Soldat, Unteroffizier und Inspektor seine Arbeit erledigt." Darüber hinaus müssen sie derzeit am Pier sein, die Anlandung der Tiere beobachten und den Zusammenbau und die Montage der Sättel und Ausrüstung sowie die Ausgabe warmer Kleidung an die Fahrer kontrollieren.

Dies ist eine kurze Skizze der Aufgaben, die diese drei Offiziere für 2000 Tiere und 1200 Mann zu erfüllen haben, wobei ihnen ein halbes Dutzend europäische Unteroffiziere zur Seite stehen. Auch die Inspektoren wurden in vielen Fällen von den kommandierenden Offizieren der Regimente ausgewählt, ohne den geringsten Bezug zu ihren Kenntnissen. Sehr viele von ihnen können kaum ein Wort Hindi sprechen und sind natürlich völlig nutzlos. All dies erhöht die Arbeit und die Schwierigkeit des Offiziers erheblich. Zu sagen, dass diese von morgens bis abends im Einsatz sind, ist nichts. Es ist eine ununterbrochene Arbeit, von fünf Uhr morgens bis sieben Uhr abends, und dann kommen Berichte und Abrechnungen. Wenn die Offiziere ihre Arbeit nur auf ihre eigene Weise erledigen könnten, jeder für seine eigene Abteilung, würden sie es tun – ungefähr vielleicht, aber effektiv; Aber es ist diese ständige Nachfrage nach Berichten und die ständigen Änderungen in den Vereinbarungen, die die Arbeit viel zu umfangreich machen, um sie bewältigen zu können. Der große Fehler, der begangen wurde, bestand darin, irgendwelche hinduistischen Inspektoren und Soldaten zu entsenden, es sei denn, alle oder zumindest der größte Teil der Fahrer waren ebenfalls Hindus. Hinduistische Fahrer hätten hinduistischen Inspektoren und Soldaten gehorcht; die Araber und Ägypter, die den Großteil der Fahrer ausmachen, lachen ihnen ins Gesicht. Auch ein Hindu ist kein erfinderischer Mann – geben Sie ihm seine Befehle, seien Sie ganz sicher, dass er sie versteht, und er wird sie ausführen, solange alles gut geht; aber er ist ein sehr hilfloser Mann, wenn etwas schief geht. Diese

Maultiertreiber sind die völlig rücksichtslosesten aller Männer. Wenn ein Maultier eine Panne hat, lassen sie ihn und seine Ladung auf der Straße zurück. Wenn jemand an einer engen Stelle zusammenbricht, wird es eine gute Stunde dauern, bis sie den Entschluss fassen, ihn aus dem Weg zu ziehen und ihre Reise fortzusetzen. Wenn ein Wagenrad den Geist aufgibt, kann es dort liegen. Wenn ein Tier Rückenschmerzen hat oder an einer Krankheit oder einer anderen Krankheit leidet, wird es nie auf die Idee kommen, ein Wort darüber zu verlieren, bis es hilflos ist. Insgesamt sind die Lokführer der Bahn ein sehr rücksichtsloser Haufen, der sich im Grunde um ihn kümmern muss. Die Bezahlung der Inspektoren der verschiedenen Klassen ist sehr gut, und es hätte keine Schwierigkeiten gegeben, Freiwillige aus englischen Regimentern in ganz Indien zu gewinnen, wobei es natürlich eine unabdingbare Voraussetzung war, *dass sie über einige umgangssprachliche Kenntnisse des* Hindoostanee verfügten . Jede Division hätte aus mindestens fünfzig Maultieren bestehen müssen, und dann wäre kein Konvoi mit mehr als zwanzig Maultieren ohne einen Europäer losgefahren, der sich um sie gekümmert hätte. Wenn eines der Tiere krank oder lahm war, meldete der Inspektor es; Wenn ein Maultier herunterfiel, sorgte er dafür, dass die Last unter den anderen aufgeteilt wurde; Wenn ein Rad kaputt war, reparierte er es auf die eine oder andere Weise. Er hätte Seitenwaffen tragen sollen und hätte dafür gesorgt, dass die Tiere zusammenblieben, ohne zu streunen, und hätte jede Plünderung seitens der Eingeborenen verhindert. Tatsächlich hätte er sein Gehalt um das Zwanzigfache gespart. Es ist diese völlige Rücksichtslosigkeit der Fahrer, die maßgeblich zur hohen Sterblichkeit der Tiere beigetragen hat. Sie werden die armen Tiere mit den schlimmsten Rückenschmerzen bearbeiten, bis sie in ihrer Qual nicht mehr weiterkommen können; Dann lassen sie sie frei und stehlen ein anderes aus den Leinen, so dass die Tierärzte erst dann herausfinden, dass die Tiere krank sind, wenn sie völlig arbeitsunfähig sind. Würden Rückenschmerzen, Lahmheit und Krankheiten nur rechtzeitig gemeldet, wären ein paar Tage Ruhe und ein wenig Pflege bei den meisten Tieren in Ordnung; Nun kommt es häufig vor, dass die erste Andeutung von jemandem kommt, der beim Mitreiten das arme Tier sterbend am Straßenrand liegen sah.

Unter diesen hart arbeitenden Offizieren des Transportzuges, von denen einige seit August letzten Jahres in Ägypten oder Indien im Einsatz sind, herrscht große Unzufriedenheit; andere haben die Hauptlast der schlimmsten Zeit hier getragen – bei der Einführung einer Reihe anderer Offiziere über ihre Köpfe hinweg. Das Korps wurde vor einigen Monaten als Korps konstituiert und die Offiziere wurden entsprechend ihrem Regimentsrang eingeteilt. Nach allen Regeln und Präzedenzfällen hatte jeder Offizier, der danach zum Korps ernannt wurde, den Rang – das heißt den örtlichen Dienstgrad – inne, entsprechend dem Datum seiner Amtseinführung in das Korps. Stattdessen wurden sie entsprechend ihrem Dienstzeitpunkt als Kapitän eingesetzt, und folglich finden alle Kapitäne, die seit der Landung der Expedition hier am Werk waren – die von Anfang an die Mühen und Ängste ertragen mussten – zwei oder mehr drei über ihren Köpfen platzierte Offiziere, und tatsächlich werden sie, wenn dieses Verfahren fortgesetzt wird, am Ende des Wahlkampfs sechs oder sieben weiter unten auf der Liste stehen als zuvor. Dies ist umso unentschuldbarer, als vierzehn Divisionen gebildet werden sollten und vierzehn Kapitäne im Amt waren , wodurch das Korps vervollständigt wurde; und jeder Mann hoffte und hatte das Recht, eine Spaltung zu erwarten. Tatsächlich haben dies zunächst sogar die Behörden erkannt ; und diese Kapitäne, die nach Abessinien kommen wollten, aber keine andere Ernennung bekommen konnten, wurden als Subalternen im Transportzug eingesetzt ; und da dies nach der Bildung des Korps durch das Amtsblatt erfolgte, gingen die anderen Offiziere natürlich davon aus, dass sie als Unteroffiziere dieses Ranges eintraten. Als jedoch die erste Stelle bei den Kapitänen frei wurde, wurde nicht, wie erwartet, der Oberleutnant befördert, sondern einer dieser Hauptmann-Subalterne auf die freie Stelle befördert; und da er ein alter Kapitän war, sprang er tatsächlich nicht nur über die Köpfe aller Subalternen, sondern über die aller Kapitäne, die bei seiner Landung hier waren, und wurde so Stellvertreter des Kommandanten des Transportzuges. Seitdem wurden weitere Ernennungen vorgenommen, und die ursprünglichen Kapitäne fallen derzeit in ihrem Korps allmählich ab, statt aufzusteigen. Dies ist nach der Arbeit, die sie geleistet haben, nicht gerade schwierig und meiner Meinung nach im Dienst völlig beispiellos.

Die Anordnungen für die Position der Divisionen wurden in den letzten zwei Wochen so häufig geändert, dass ich überhaupt nicht sagen kann, wo sie jetzt stationiert sind. Ursprünglich hatte Kapitän Twentyman – zu der Zeit, als er das Kommando hatte – angeordnet , dass jede Division eine Station haben und die Vorräte von Station zu Station weitergeben sollte. Dies wurde später völlig geändert, und es wurde befohlen, dass jede Division von Koomaylo bis Senafe arbeiten sollte , und ein Kapitän wurde heraufgeschickt, um die Tiere zu diesem Zweck herunterzuschicken. Achtundvierzig Stunden später wurde ein anderer Kapitän abgesandt , um diese Befehle vollständig zu widerrufen und völlig neue Vorkehrungen zu treffen, und diese wurden in den letzten ein oder zwei Tagen erneut geändert. Ich brauche nicht zu sagen, dass diese ständigen und unnötigen Veränderungen die Schwierigkeiten, mit denen die Zugbeamten zu kämpfen haben, erheblich vergrößern. Gegenwärtig werden die Vorräte von hier nach Koomaylo von Kamelen getragen und von dort von Maultieren, Ochsen und Ponys von Station zu Station transportiert.

Seltsamerweise wurde das so genannte Durchgangssystem – das heißt, die Tiere tagelang mit der gleichen Ladung weiterzuschicken – bis zum Ende der Kampagne beibehalten, obwohl mathematisch bewiesen werden konnte, dass das Staffelsystem in Betrieb war In jeder Hinsicht deutlich überlegen. Kapitän Ellis vom Transportzug schickte den Behörden eine Tabelle, die schlüssig bewies, dass die gleiche Anzahl Maultiere in einer bestimmten Zeit ein Sechstel mehr Güter mit dem „ Relais" -System transportieren würde als mit dem „Durchgang". Aber die anderen Vorteile waren noch größer; Ein an einem bestimmten Ort stationierter Offizier hatte die Männer und Tiere seiner Division immer im Auge. Er würde sowohl Mensch als auch Tier kennenlernen; er würde bald herausfinden, welche Männer ihre Arbeit erledigten und welche darin versagten. Die Kutscher und Maultiere hätten jeweils ihren zugewiesenen Platz, und eine unendliche Verwirrung würde vermieden werden; die Vorkehrungen für die Futterbeschaffung für die Tiere und die Nahrung für die Männer, für das Kochen usw. wäre alles einfach und praktikabel gewesen. Tatsächlich besitzt das Relaissystem in jeder Hinsicht immense Vorteile. Es hätte natürlich nicht über Antalo hinaus übernommen werden können , aber die Einsparung von Arbeit und Leben, die Steigerung von Effizienz, Regelmäßigkeit und Disziplin seit seiner Einführung zwischen Zulla und Antalo wäre enorm gewesen.

Ich kann nicht sagen, wie viele Tiere derzeit im Einsatz sind – wahrscheinlich neun- oder zehntausend, und diese Zahl, die ausschließlich für die Beförderung der Vorräte des Kommissariats in ihrer jetzigen Form bestimmt ist, würde wirklich große Beträge nach vorne bringen, wenn es sie nicht gäbe trugen ihr eigenes Futter und waren sie stark genug? aber leider leiden sehr viele von ihnen an einer Lungenerkrankung, die durch unzureichende und unregelmäßige Wasser- und Nahrungsaufnahme verursacht wird. Die Zahl im Krankenhaus ist schrecklich. Derzeit befinden sich etwa 700 Maultiere und 700 Kamele im Krankenhaus, und die Zahl der Todesfälle liegt bei über 200 pro Woche. Das ist eine schreckliche Sterblichkeit; aber wenn alle anderen in gutem Zustand wären, würde das vergleichsweise wenig ausmachen; Das Schlimmste ist, dass es vielen sehr schlecht geht und sie die Stellen im Krankenhaus viel schneller füllen, als sie durch Tod oder Entlassung leer werden. Die Truppe besteht nominell aus zehn Tierärzten unter der Leitung von Veterinärchirurg Lamb, einem Offizier mit großer

Erfahrung; nur fünf der zehn sind angekommen, und diese sind furchtbar überlastet, da sie kein Personal haben und Medikamente selbst kontrollieren, verschreiben und verabreichen müssen. Es sollte keine Zeit verloren gehen, die Reihen der Tierärzte aufzufüllen und ihnen Hilfe zu leisten, denn wenn die Zahlen vollständig sind, werden sie jeweils mindestens 100 solcher Tiere zu versorgen haben, und das sind keine Bagatellfälle, sondern schreckliche Rückenschmerzen , die letzten Stadien der Lungenkrankheit und die lokale Pest. Die Behörden scheinen zu glauben, dass das Leben der einheimischen Fahrer, Offiziere und Unteroffiziere keinerlei Bedeutung hat, denn obwohl das Korps 280 Europäer und 18.000 einheimische Fahrer umfasst, wird kein einziger Chirurg ernannt für Sie! Und das, obwohl der Großteil der Truppe auf kleinen Stationen entlang der Straße stationiert sein wird, an denen es überhaupt keine Truppen und natürlich auch keinen Sanitätsoffizier geben wird. Die Männer sind sehr anfällig für gebrochene Gliedmaßen und Verletzungen durch die Tritte der Tiere und für Krankheiten aufgrund der Strapazen und der Belastung; Und dennoch ist zu dieser zahlreichen Gruppe von Männern, deren Zahl nahezu der gesamten restlichen Expedition entspricht , kein einziger Sanitäter ernannt worden!

Die Tiere, die die harte Arbeit und die unregelmäßige Nahrungsaufnahme scheinbar mit der geringsten Verschlechterung ertragen, sind die Ochsen. Von ihnen war tatsächlich nur eine sehr kleine Anzahl krank, und die Zahl der Todesfälle beläuft sich auf nur ein oder zwei pro Woche . Sie sehen in wirklich gutem Zustand aus und leisten ihre Arbeit bewundernswert. Tatsächlich sieht der größte Teil der Maultiere und Ponys in gutem Zustand aus, und an Futter mangelt es ihnen mit Sicherheit nicht, außer auf den Bergstationen. Ein großes Verdienst gebührt der Abteilung des Kommissariats, die sehr gute Arbeit geleistet hat und gegen die man nie eine Beschwerde hört. Seit der ersten Landung hatten sie eine Fülle von Vorräten für die Männer; und soweit ich gehört habe, ist es noch nie vorgekommen, dass Männer nicht in der Lage gewesen wären, ihre angemessenen Rationen zu erhalten. Der Oberbefehlshaber unternimmt alle Anstrengungen, um den Transportzug zu stärken, und hat eine Reihe unabhängiger Subalternen dafür nominiert . Ich glaube, er hat sich auch bei den einheimischen Regimentern hier um Freiwillige für dieses Korps beworben; Unter den Subalternen gab es, wie ich höre, nur wenige, wenn überhaupt, bejahende Antworten. Soweit ich weiß, wurden auch bei den europäischen Regimentern Freiwillige unter den Unteroffizieren und Mannschaften gesucht, die als Inspektoren im Zug fungieren sollen. Von diesen, wie auch von den Beamten, habe ich gehört, dass auf die Berufung nicht reagiert wurde. Die Arbeit der Bahn ist enorm hart; und die Männer glauben, und vielleicht mit gutem Grund, dass sie weniger Chancen haben, im Zug an die Front zu gelangen, als sie es in ihren eigenen Regimentern hätten. Es hätte ursprünglich keine Schwierigkeiten gegeben, eine beliebige Anzahl von Männern aus den Regimentern zu gewinnen, die nicht nach Abessinien kamen, da sich die Männer aus genau dem Grund freiwillig gemeldet hätten, der die Männer hier dazu bringt, dies zu verweigern – nämlich, weil sie den Krieg sehen wollten; Außerdem ist, wie gesagt, die Bezahlung in der Bahn wirklich sehr gut.

Aber was der Transportzug am meisten verlangt, ist ein kommandierender Offizier mit weitaus höherem Rang als einem Major. Der Transportzug besteht, wie ich gezeigt habe, aus einer Ansammlung von vierzehn Divisionen, von denen jede so zahlreich ist wie drei Kavallerieregimenter, wobei das Ganze an Mannzahl allein dem Rest der Expedition entspricht . Um dieses riesige Korps zu befehligen, hätte ein energischer und angesehener Brigadegeneral ausgewählt werden sollen – ein Mann, der die Arbeit erledigt sehen und gleichzeitig darauf bestehen würde, dass er seine Pläne auf seine eigene Weise und ohne Einmischung anderer ausführen darf . So wie es ist, kann jeder dem Transportzug Ratschläge geben, und obwohl die Männer die Schuld an allem, was schiefläuft, auf ihre Schultern schieben, tun sie wenig, um ihnen zu helfen; Denken Sie nicht daran, Tiere zum Transport zu schicken und sie dann stundenlang warten zu lassen. Beginnen Sie zu Zeiten, in denen die Tiere nicht getränkt werden können. Senden Sie ihre Anforderungen zu den verschiedensten Zeiten ein. und tatsächlich nehmen sie keinerlei Rücksicht auf irgendetwas anderes als ihre persönliche Bequemlichkeit. Major Warden gibt sein Bestes und arbeitet unermüdlich; aber es erfordert einen Offizier von viel höherem Rang und großer Festigkeit und Entschlossenheit. Für einen Offizier wäre das Geschenk eine große Chance, sich einen Namen zu machen. Es wäre eine Auszeichnung für den angesehensten Offizier, ein so gewaltiges Korps wie den Transportzug unter so extremen Schwierigkeiten, die es bereits erlebt haben und in Zukunft erleben werden, erfolgreich geführt zu haben.

Es ist eine strittige Frage, ob es hier nicht viel besser gewesen wäre, es wie in Indien zu tun, nämlich den Transportzug dem Kommissariat zu unterstellen; und die überwältigende Mehrheit der Meinung ist, dass dies ein sehr vorzuziehender Weg gewesen wäre. Erstens trägt das Kommissariat keinerlei Verantwortung. Sie müssen einfach bei Zulla so viele tausend Säcke Reis, Zucker, Kekse usw. abgeben und ihnen sagen: „Liefert sie in bestimmten Mengen an bestimmten Stationen entlang der Straße ab." Wenn dies geschieht, erlischt ihre Verantwortung. Wenn es irgendwo einen Mangel gibt, müssen sie nur sagen: „Wir haben die Vorräte bei Zulla rechtzeitig übergeben , und wenn sie nicht angekommen sind, liegt das nicht bei uns." Ich kann nicht anders, als zu glauben, dass es für das Kommissariat weitaus besser wäre, einen eigenen Transportzug zu haben. In Indien haben sie immer wieder bewiesen, dass sie in der Lage sind, ihre Transporte mit Bravour umzusetzen. Während der Meuterei gab es kaum einen Fall, in dem es dem Kommissariat nicht gelang, am Ende des Tagesmarsches die Verpflegung für die Männer bereitzuhalten. Für die Beförderung militärischer Vorräte und Gepäcks sollte sich der Transportzug vollkommen von dem des Kommissariats unterscheiden. Jedem Regiment sollten so viele Maultiere und Treiber zugewiesen werden, und dieses Regiment sollte für sie verantwortlich sein. Einer der Offiziere und ein oder zwei Sergeants wurden angewiesen, sich um sie zu kümmern und dafür zu sorgen, dass sie richtig gefüttert, getränkt und versorgt würden. Der Transportzugoffizier der Division war für die Reserve-Maultiere zuständig und tauschte sie bei Bedarf gegen Regiments-Maultiere ein, die unterwegs vielleicht krank geworden waren; Darüber hinaus konnte jedem Regiment ein gewisser Anteil an Ersatz-Maultieren für die Verluste ausgehändigt werden. Bei einem Aufenthalt von nur wenigen Tagen würden die Maultiere weiterhin die Führung der Truppen übernehmen; aber wenn der Aufenthalt länger andauern sollte, würden die Maultiere dem Transportoffizier übergeben und von diesem zur Unterstützung des Kommissariats oder für andere Aufgaben verwendet werden, für die sie benötigt werden könnten. [2]

Die Elefanten wurden dem Kommissariatszug übergeben. Sie gehen zwischen diesem Ort und Koomaylo hin und her und transportieren große Mengen an Vorräten. Die Eingeborenen werden nicht müde, den riesigen Tieren bei ihrer Arbeit zuzusehen und sich über ihren Gehorsam uns gegenüber zu wundern. Das erstaunt sie tatsächlich mehr als alles, was sie von uns gesehen haben, mit Ausnahme unseres kondensierenden Wassers aus dem Meer. Einer von ihnen sprach neulich mit einem Beamten, der Arabisch bestens beherrscht. „Ihr sagt, ihr seid Christen", sagte der Shoho ; „Das kann nicht sein, denn ihr tragt keine blauen Kordeln um den Hals. Ihr seid Söhne Sheitans. Du bist mächtiger als die Afrits von früher. Sie könnten Berge versetzen und durch die Luft fliegen, aber sie könnten niemals aus dem Meer trinken, sie könnten niemals Salzwasser in Süßwasser verwandeln. Ihr müsst Söhne Sheitans sein."

Koomaylo ausgezogen sind, um dort Wachen und Ermüdungsgruppen zu stellen. Mit Ausnahme einer beträchtlichen Anzahl der Scinde- Pferde sind keine Truppen gelandet. Ich war gespannt darauf, dieses Regiment zu sehen, das in Büchern hoch gelobt wurde, von dem aber die indischen Offiziere, mit denen ich über das Thema gesprochen habe, im Allgemeinen das Gegenteil von „lobenswert" sprachen. Ich gestehe, dass ihr Aussehen nicht imposant ist. Die Männer tragen lange grüne Gehröcke, grüne Hosen, schwarze Gürtel und Säbeltaschen , eine rote Schärpe um die Taille und einen roten Turban. Eine malerische Uniform für sich; Aber das lange Fell wirkt auf dem Pferd ungeschickt. Ihre Pferde sind ausnahmslos die hässlichsten Tiere, die ich je gesehen habe. Ein größerer Kontrast zwischen diesen Männern und Pferden und der intelligenten 3D-Kavallerie in Senafe wäre kaum vorstellbar; und doch sind die Männer einzeln gute Kerle, ja sogar fast zu schwer für Kavallerie. Der große Vorteil, der immer zugunsten des Scinde- Pferdes hervorgehoben wurde , ist, dass sie ihr eigenes Gepäck tragen und unabhängig von einem Kommissariat oder einem Transportzug sind. Das ist natürlich eine äußerst wertvolle Eigenschaft; und in Indien, wo Futter und Proviant leicht zu kaufen sind, ist es wahrscheinlich, dass das Regiment in der Lage sein wird, sich weitgehend aus eigenen Mitteln fortzubewegen. Hier ist es ganz anders, und das Regiment hat für den Transportzug genau so viele Gepäcktiere reserviert, wie andere Kavalleriekorps benötigen würden. Der einzige Zweck der von ihnen mitgebrachten Ponyherden besteht darin, sehr große Ausrüstung für den Gebrauch der Männer zu transportieren – was keinerlei Vorteil für den öffentlichen Dienst darstellt und im Gegenteil mit großen Kosten verbunden ist, wie diese Ponys wurden auf öffentliche Kosten aus Indien gebracht und müssen nun gefüttert und getränkt werden. Ich werde wahrscheinlich während des Wahlkampfs auf dieses Thema zurückkommen müssen, da dieses System von indischen Offizieren stark befürwortet und ebenso heftig angegriffen wurde. Die Eisenbahn kriecht weiter vorwärts, und die erste Lokomotive hat heute eine Probefahrt damit gemacht. Obwohl es kaum mehr zu tun gibt, als die Schwellen in den Sand zu verlegen und die Schienen zu befestigen, ist derzeit erst eine Meile fertig. Ein trockener Wasserlauf wurde überquert und hier wurden Eisenträger verlegt; Diese Nullahs sollten jedoch keinerlei Hindernis für den Fortgang der Arbeiten darstellen, da Gruppen nach vorne geschickt werden sollten, um die kleinen Brücken oder eventuell vorhandene kleine Abschnitte fertigzustellen, damit bei der Verlegung keine Pause entsteht die Linie. Das Land ist mit Ausnahme dieser kleinen trockenen Wasserläufe, die drei bis fünf Fuß tief sind, vollkommen flach; und die Eisenbahn könnte auf jeden Fall mit großer Leichtigkeit und Schnelligkeit vorübergehend verlegt werden, insbesondere wenn so viele Männer darauf beschäftigt sind. Da die Arbeiten derzeit ohne Methode, Plan oder Urteilsvermögen durchgeführt werden, ist es für Koomaylo unmöglich vorherzusagen, wann sie abgeschlossen sein werden .

Es ist sehr schade, dass die Angelegenheit nicht in die Hände eines regulären Eisenbahnunternehmers gelegt wurde, der seine Anlagen, Gänge und Plattenleger innerhalb von drei Wochen nach Vertragsunterzeichnung aus England *über Ägypten gebracht hätte. und wer hätte,* wenn nicht bis Sooro , mit einheimischen Arbeitskräften bis dahin die Linie nach Koomaylo frei gehabt ? Ich gebe den Ingenieuroffizieren, die für die Eisenbahn verantwortlich sind, keinen Vorwurf. Sie strengen sich bis zum Äußersten an und haben keine Hilfe in Form praktischer Gangster und Plattenleger und verfügen weder über Werkzeuge noch über irgendwelche Annehmlichkeiten. Tatsächlich kann die tatsächliche Festlegung einer Linie kaum als

Ingenieursarbeit betrachtet werden. Ein Ingenieur erstellt Vermessungen und Pläne und stellt sicher, dass die Brücken usw. aus geeigneten Materialien gebaut sind; aber er ist kein bekennender Eisenbahnbauer und nicht in der Lage, einer Reihe von Eingeborenen Anweisungen zu geben, die weder seine Sprache verstehen noch eine Vorstellung davon haben, was er anstrebt. Es brauchte eine Truppe gut ausgebildeter Marinesoldaten , ein paar Hundert Mann stark, wie wir sie auf der Krim hatten, um den Eingeborenen zu zeigen, was sie zu tun hatten, und um das Plattenlegen und den geschickten Teil der Arbeit selbst zu erledigen. Wenn ich sage, dass die Eisenbahn für die vorrückende Expedition von keinem Nutzen war und sein wird, schließe ich natürlich die Schienenlinie unten am Pier und hinauf zu den Vorräten aus, da diese von größtem Nutzen war. [3]

Die Fotografengruppe ist den Pass hinauf und hat einige hervorragende Ausblicke auf die Schlucht geschossen. Den Ingenieuren ist es gelungen, Pumpen in der Perlhuhnebene oder, wie sie heute heißt, Undel Wells zu versenken, und sie verfügen über eine reichliche Versorgung mit gutem Wasser. Das sind äußerst wichtige und erfreuliche Neuigkeiten. Die Reise von Sooro nach Rayray Guddy , dreißig Meilen ohne Wasser, war der anstrengende Teil der Reise nach vorne, und wenn die Tiere sprechen könnten, würden nicht wenige von ihnen ihre Krankheiten auf diese lange und beschwerliche Reise zurückführen. Zwar gab es im alten Brunnen im Allgemeinen etwas Wasser, aber dieser war so tief und so schwer zu erreichen, dass eine Gruppe von drei oder vier Tieren dort zwar getränkt werden konnte, dies jedoch völlig unmöglich war Ein großer Konvoi könnte bewässert werden. Nun wird dort ein großes Lager für Proviant und Futter eingerichtet, und die Reise wird künftig in fünf Tagesmärsche von nahezu gleicher Länge unterteilt. Jeden Tag kommen hier frische Tiere an, und die Menge an Vorräten aller Art, die an Land geschüttet werden, ist wirklich überraschend. Nichts könnte besser und gleichmäßiger funktionieren als alle Abteilungen hier. Es gibt keinerlei Verwirrung, und die Ausgabe von Rationen und Vorräten sowie die allgemeinen Regelungen funktionieren genauso reibungslos wie in Aldershot . Die Militärkapellen spielen morgens und abends, und alles ist so ruhig und gemäß den Regeln, als wären wir sechs Monate gewesen und hätten vorgehabt, noch weitere sechs Monate auf dieser Ebene zu bleiben, einen vierundzwanzigstündigen Aufenthalt, den unsere Propheten des Bösen angekündigt hatten für einen Europäer fatal sein. Der einzige Unterschied zu einem stationären Lager besteht darin, dass es keine Paraden gibt. Jeder ist im Ermüdungsdienst bei der Arbeit. Jeder verfügbare Mann wird zu der einen oder anderen Arbeit abkommandiert, und da wir mit Pionieren, Kulis, angeheuerten Eingeborenen und Soldaten vier- oder fünftausend Mann hier haben, sollten wir mit unserer Eisenbahn, die jetzt die einzige ist, wirklich beträchtliche Fortschritte machen Arbeit von Bedeutung, mit Ausnahme des hölzernen Kommissariatsstegs und der nie endenden Aufgabe, Vorräte zu empfangen und zu landen. Bis vor drei Tagen gab es eine laufende Arbeit, die im Camp ein großer Witz war. Ich habe in einem früheren Brief erwähnt, dass die Lager des Kommissariats überschwemmt waren und die Ingenieure einen Damm bauten, der das Meer abhalten sollte, der aber beim ersten starken Regen das Wasser zurückhielt und eine Süßwasserflut anstelle einer Salzwasserflut verursachte eins. Oberst Wilkins entschloss sich dann zu einer groß angelegten Arbeit; Und zwar in einem so großen Ausmaß, dass es im Lager Berichte gab, dass „er beschlossen hatte, die gesamte afrikanische Küste um drei Fuß anzuheben", während andere, gemäßigtere, die Richtigkeit dieser Aussage bestritten und sagten, dass er lediglich „von einem … ergriffen" worden sei Wunsch, den Menschen in Bombay zu zeigen, wie die Rückgewinnung aus dem Meer durchgeführt werden sollte." Der letzte Bericht kam der Wahrheit näher als der erste, denn seine Absicht bestand darin, das Ufer von einem Steg zum anderen um eine Strecke von etwa 400 Yards anzuheben, wobei das anzuhebende Ufer dreißig bis vierzig Yards breit war und drei Fuß benötigte mindestens eine zusätzliche Höhe. Als Material kam Sand zum Einsatz. Dementsprechend arbeiteten etwa tausend Männer eine Woche lang mit Körben bei dem, was ihre Offiziere „Schlammlerchen" nannten, und wenn das Meer nicht glücklicherweise dazwischengekommen wäre, hätten sie vielleicht noch ein halbes Jahr länger arbeiten können, mit dem sicheren Ergebnis, dass beim allerersten Mal eine Flut, begleitet vom Wind, würde das Werk völlig verschwinden; Sand hat – wie die meisten Kinder, die Burgen auf dem Ramsgate- Sand gebaut haben, vollkommen wissen – die unangenehme Eigenschaft, zu schmelzen, wenn er vom Meer getroffen wird. Glücklicherweise war noch nicht mehr getan, als eine Art Ufer neben dem Meer zu errichten, und als selbst den Hartnäckigsten klar wurde, wie mühsam es war, das gesamte Ufer dahinter auf das gleiche Niveau zu füllen, stieg das Meer und überquerte den Damm , bedeckte das niedrige Gelände drei Fuß tief, drang in die Vorräte des Kommissariats ein und richtete, da es nicht entkommen konnte, erheblich mehr Schaden an, als es angerichtet hätte, wenn das Ufer so geblieben wäre, wie es vor der Arbeit von tausend Männern eine Woche lang war dafür aufgewendet.

Die Regenzeit ist, wie die meisten anderen Dinge, die mit Abessinien zu tun haben, ein Mythos. Es hätte im November kommen sollen, dann wurde es auf Dezember verschoben, dann wurde der 1. Januar als späteste Zeit genannt, und doch hatten wir, bis auf einen kräftigen Schauer, überhaupt keinen Regen. Der Staub weht wieder in perfekten Wolken. Wir schmecken es in allem, was wir essen und in allem, was wir trinken. Sand ist ständig zwischen unseren Zähnen. Was unser Haar betrifft, so ähnelt es durch das Baden im Meer und durch den Staub schnell dem Aussehen eines Igelrückens. Ohne das Abendbad wüsste ich nicht, wie wir weiterkommen sollten. In dieser Hinsicht ist in den letzten zehn Tagen eine große

Verbesserung erzielt worden. Das Ende des Piers ist jetzt nur noch den Offizieren vorbehalten, der Rest ist den Männern vorbehalten. Das ist ein großer Segen und macht das Ende des Piers zu einem recht angenehmen Treffpunkt an einem Abend. Jeder ist da und jeder kennt jeden, so dass es das große Rendezvous des Tages bildet. Unser Besprechungsraum ist das Meer, unsere Toilette strikt ausziehen. Ich wünschte nur, dass das Wasser, das wir innerlich verwenden, genauso angenehm wäre wie das Salzwasser zum Baden, aber Tatsache ist, dass es fast ungenießbar ist. Warum das so ist, scheint niemand zu wissen; aber daran besteht kein Zweifel. Es ist extrem salzig und hat darüber hinaus einen stark erdigen Geschmack und gelegentlich einen unangenehmen Geruch. Warum es Salz sein sollte, weiß ich nicht, kann aber nur vermuten, dass die Kondensatoren zu stark beansprucht werden und Salzwasser mit dem Dampf übergeht. Den erdigen Geschmack und den unangenehmen Geruch, den es manchmal hat, führe ich darauf zurück, dass das Wasser, das von den Schiffen an Land kommt, schlecht sein muss. Ich habe genau den gleichen Geruch im Wasser an Bord eines Schiffes gerochen. Der schlechte Geschmack ist so stark, dass er nicht durch die stärkste Beimischung von Spirituosen überdeckt oder übertönt werden kann. Das bei weitem beste Wasser wird hier durch den Kondensator an der Spitze des Piers erzeugt und an die europäischen Regimenter abgegeben, die etwas näher daran lagerten als die einheimischen Regimenter. Filter entfernen bis zu einem gewissen Grad den erdigen Geschmack, verändern aber nicht den Salzgehalt. Noch schwerwiegender als die schlechte Qualität des Wassers ist die Tatsache, dass die Wasserversorgung in den letzten zehn Tagen mehrmals unzureichend war und Hunderte von Tieren morgens zur Arbeit oder nachts ins Bett mussten. ohne einen Tropfen Wasser. Dies ist es, was den Grundstein für die Lungenkrankheiten legt, unsere Krankenhäuser mit kranken Tieren füllt, ganz zu schweigen von dem Leid, das ihnen zugefügt wird. Wenn das Scinde- Pferd mit seinen zahlreichen Gepäcktieren vorgerückt ist, bleibt zu hoffen, dass die Marinebehörden in der Lage sein werden, den Rest des Lagers mit ausreichend Trinkwasser zu versorgen. Die Gruppe der Ingenieure hat gerade mit einer Arbeit begonnen, die, wenn sie abgeschlossen ist, die Anlandung einer viel größeren Anzahl von Vorräten pro Tag ermöglichen wird, als dies derzeit möglich ist. Sie rammen Pfähle, um den Pier um etwa zwanzig bis dreißig Yards zu verlängern und einen Pierkopf zu bilden, an dem auf allen Seiten Leichter und Boote zum Entladen liegen können, statt wie bisher nur auf einer Seite. Der Kommissariatskai macht ebenfalls erhebliche Fortschritte, und wenn dieser und der neue Molenkopf fertiggestellt sind, wird die Menge an Vorräten, die täglich angelandet werden können, sehr groß sein. So wie es ist, ist es wunderbar, welche riesigen Mengen an Vorräten vom Kommissariat, dem Quartiermeister, dem Transportzug und den Ingenieurabteilungen in den Lastwagen angelandet und den Pier hinaufgeschickt werden . Viele Hände machen die Arbeit leicht, und es gibt hier viel Arbeit , und ein Boot kommt längsseits, und sein Inhalt wird in wenigen Minuten ausgeleert und auf einen Eisenbahnwaggon geladen. Wäre eine doppelte Leine an der speziell dafür gebauten Anlegestelle angelegt worden und hätten zwei oder drei Verbindungen bzw. Kreuzungen angelegt, so dass volle Lastkraftwagen ausfahren und leere einfahren könnten, ohne aufeinander zu warten, würde die Kapazität der Anlegestelle ausgeschöpft wäre weitaus größer als es ist. Warum dies nicht geschieht, scheint niemand zu wissen. Mit der Fülle an verfügbaren Arbeitskräften könnte es in einem Tag hergestellt werden, ohne den Betrieb der gegenwärtigen Linie zu beeinträchtigen. Eine große Verbesserung hat in der Postübertragung zwischen diesem und Senafe stattgefunden . An den verschiedenen Stationen stehen Ponys bereit und die Post wird in zwei Tagen abgeholt. Die Dinge kommen tatsächlich in allen Zweigen des Dienstes in Ordnung, und mit Ausnahme der Wasserversorgung und der lächerlich langsamen Fortbewegung der Eisenbahn gibt es wenig zu wünschen übrig. Die Punjaub- Pioniere, deren Ankunft ich in meinem letzten Brief erwähnt habe, sind eine ungewöhnlich gute Gruppe von Männern. Ihr lockeres Baumwollkleid und die dunkelrotbraunen Turbane und ihre Pickel und Schaufeln, die sie sich über die Schultern gehängt haben, sowie ihre Waffen und Ausrüstung verleihen ihnen das Aussehen eines Korps, das zu jeder Arbeit bereit ist; und das haben sie durchaus bestätigt. Sie haben eine Reihe von Ponys mitgebracht und sind für jeden Dienst geeignet. Die Korps, die bisher aus Bengalen und Madras eingetroffen sind, haben diesen Präsidentschaften sicherlich große Verdienste erworben und bedauern, dass Bombay sich bemüht hat, das Monopol einer riesigen Expedition wie der jetzigen so weit wie möglich zu behalten eigene Hände. Die Lahore- Abteilung des Maultierzuges traf hier in perfekter Ordnung ein. Die Sättel, die Ausrüstung usw. kamen mit den Maultieren an, zusammen mit der richtigen Gruppe von Fahrern, komplett mit warmer Kleidung usw. Diese Division war daher bereit, ihre Last aufzunehmen und bereits am Tag nach ihrer Landung ohne die geringste Verwirrung oder Verzögerung aufzumarschieren. Natürlich konnten die Tiere aus Ägypten und dem Mittelmeer nicht in diesem Zustand der Ordnung ankommen, aber es gab überhaupt keinen Grund, warum die Bombay-Division nicht in einem Zustand völliger Effizienz hätte ankommen sollen , anstatt dass die Tiere mit einem einzigen Schiff, den Fahrern, ankamen in einem anderen die Offiziere und Inspektoren in einem dritten und die über eine ganze Flotte verstreuten Ausrüstungsgegenstände und Kleidungsstücke. Auch Madras hat sich gut geschlagen, obwohl ihr Kontingent sehr klein ist. Die Madras-Pioniere und Bergleute haben sich außerordentlich hervorgetan, und das Madras-Dhoolie- Korps, das von Kapitän Smith vom Kommissariat aufgestellt und organisiert wurde , hat sich als äußerst nützlich erwiesen. Sie haben bewundernswert gearbeitet und waren durchaus bereit, jede Arbeit zu erledigen, die ihnen aufgetragen wurde, egal wie fremdartig sie auch für den Zweck sein mochte, mit dem sie beauftragt wurden. Zahlreiche Exemplare wurden auf den Transportzug umgeladen; und tatsächlich hat sich das Korps als so nützlich erwiesen, dass Befehle nach Madras geschickt wurden, um ein anderes von gleicher Stärke zu beschaffen.

Neulich Abend hatten wir hier einen ganz schönen Anblick. Der Pacha an Bord der türkischen Fregatte, die mit zwei kleinen Gefährten im Hafen liegt , lud Sir Robert Napier und die anderen Generäle mit ihren jeweiligen Stäben sowie die Kommandeure der Regimenter und Abteilungen zum Abendessen ein. Die Fregatte wurde mit Hunderten von Laternen beleuchtet, die entlang ihrer Wanten und Rahen hingen. Das Abendessen wurde auf dem Achterdeck serviert, dessen Dach und Seiten Markisen hatten, so dass es ein perfektes Zelt bildete. Das Abendessen war sehr gut und die Einrichtung und Verzierung des Tisches bewundernswert. Der Anblick eines Stapels von Porzellantellern, die offensichtlich zu Mintons oder Copelands besten Werken gehörten, war für Männer, die den letzten Monat lang aus Zinn gegessen und aus Blechbechern getrunken hatten, geradezu verlockend, und das Abendessen wurde genossen im Verhältnis dazu, dass es sich um einen so außergewöhnlichen Umstand handelt. Es wurden keine Reden gehalten und auch keine Heilsgetränke getrunken , aber die Kriegsschiffe und andere Boote jubelten dem Pascha herzlich für seine Gastfreundschaft zu, als sie mit ihren Gästen die Fregatte verließen. Im Hafen besteht immer noch ein großer Mangel an Booten , und es ist äußerst schwierig, zu einem Schiff zu gelangen, um einen Freund zu treffen oder Geschäfte einzukaufen. Viele der Schiffe werden nicht entladen und die Männer haben nichts zu tun. Es wäre ein ausgezeichneter Plan, einigen dieser Schiffe zu gestatten , zu einem regulären Tarif Boote zum Mieten an Land zu schicken. Den Männern würde es gefallen, denn sie würden gut bezahlt, und es wäre für uns an Land ein großer Segen.

Von der Front gibt es keine Nachrichten, mit Ausnahme der Nachricht, die gerade beim Abgang der letzten Post einging, nämlich dass Theodore in Richtung Magdala zog und dass der Waagshum mit seiner Armee ihn beobachtete. Da Waagshum weder die Kraft noch den Mut hatte, die Pässe zwischen Debra Tabor und Magdala zu halten – die allen Berichten zufolge hundert Männer leicht gegen tausend ähnlich bewaffnete Männer halten könnten –, glaube ich nicht, dass die Nachricht, dass er Theodore beobachtete, für ihn von Bedeutung war war von größerer Bedeutung, als wenn es gewesen wäre: „Eine Truppe Paviane beobachtet Theodore.“ Ich habe nicht das geringste Vertrauen in unsere barbarischen Verbündeten. Sie werden nichts tun und dafür tolle Geschenke verlangen. Abgesehen davon, dass es unseren „politischen Agenten“ amüsiert, sehe ich nicht , dass diese einheimischen Häuptlinge auch nur den geringsten Nutzen bringen können. Der einzige König von wirklicher Bedeutung ist der König von Tigre, auf dessen Territorium wir bereits in Senafe lagerten . Ich höre, dass der Sinn der Botschaft, die der vor Weihnachten eingetroffene Botschafter oder Gesandte überbrachte, darin bestand, die Entsendung eines Gesandten zu ihm zu beantragen, um Verhandlungen aufzunehmen und ein Treffen zwischen ihm und dem Oberbefehlshaber zu arrangieren . Infolgedessen reist Major Grant, ein berühmter Nils-Berühmtheitsmann, morgen mit Herrn Munzinger , unserem Konsul in Massowah , nach vorne, der als politischer Berater und Dolmetscher fungiert. Soviel ich weiß, werden sie von Senafe aus mit einer kleinen Wache von acht oder zehn Kavalleristen weiterziehen . Sie werden den König von Tigre als offizielle Gesandte anrufen und ihn unserer Freundschaft versichern und ihm mitteilen, dass Sir Robert Napier ihn gerne sehen möchte und ihn in kurzer Zeit in Attegrat treffen wird. Ich habe jetzt die Nachrichten der Woche beendet, mit Ausnahme eines Abenteuers, das Kapitän Pottinger von der Abteilung des Quartiermeisters widerfuhr. Ihm wurde befohlen, die Pässe zu erkunden , die von Senafe bis zur Spitze der Annesley Bay führen. Er begann mit acht Männern und war etwa vierzig Meilen weit vorgedrungen, als er auf eine Gruppe bewaffneter Shohos traf , 100 Mann stark. Sie befahlen ihm , unter Androhung eines sofortigen Angriffs nach Senafe zurückzukehren . Natürlich hätte Kapitän Pottinger mit seinen acht Männern keine Schwierigkeiten gehabt, die 100 Shohos zu besiegen , aber wenn Blut vergossen worden wäre, hätte es zu ernsthaften Komplikationen kommen können, und er entschied sehr klug, dass es besser wäre, sich zurückzuziehen, da dies bei seiner Mission nicht der Fall war eine von extremer Bedeutung. Diese kleine Angelegenheit hat an sich keine Konsequenzen, ist aber erwähnenswert, da es sich um das erste Mal seit unserer Ankunft hier handelt, dass die Eingeborenen in irgendeiner Weise in eine Streitmacht eingegriffen haben, wie klein sie auch sein mag. Ich hoffe, in meinem nächsten Brief zumindest von einer Wahrscheinlichkeit einer weiteren Entwicklung sprechen zu können.

Zulla , 22. Januar.

Es sind erst drei Tage vergangen, seit ich Ihnen das letzte Mal geschrieben habe, aber diese drei Tage haben die Aussichten hier völlig verändert. Dann schien ein Vorwärtskommen ein Ereignis zu sein, das, wie wir hofften, irgendwann in ferner Zukunft eintreten könnte, das aber angesichts der Berichte, dass sich in Senafe kaum Vorräte anhäuften , sondern ebenso schnell verbraucht wurden, wie sie verbraucht wurden, als ein Ereignis erschien in der Tat eine sehr ferne Angelegenheit. Jetzt hat sich das alles geändert und „vorwärts" ist der Ruf. Die 25. Eingeborenen-Infanterie ist bereits unterwegs, die 4. „King's Own" soll in ein oder zwei Tagen abmarschieren und die 3. Eingeborenen-Infanterie soll so schnell wie möglich folgen. Sir Robert Napier reist morgen oder übernächsten Tag nach oben. Ob er dort oben bleibt und sofort weitergeht, oder ob er für kurze Zeit noch einmal hierher zurückkehrt, ist eine strittige Frage. Ich schließe mich der ersteren Meinung an. Nach allem, was ich höre und was ich in den englischen Zeitungen sehe, wird auf Sir Robert Napier starker Druck ausgeübt, voranzukommen. Mit größtem Respekt vor den einheimischen Behörden und den führenden Autoren der Londoner Presse behaupte ich, dass sie sich Meinungen zu Angelegenheiten bilden, über die niemand, der diesen Ort nicht besucht hat, urteilen kann. Niemand, ich wiederhole, kann sich eine Meinung über die Schwierigkeiten bilden, mit denen der Oberbefehlshaber hier zu kämpfen hat. Der erste Mangel ist der Mangel an Wasser, der zweite der Mangel an Futter, der dritte der Mangel an Transportmöglichkeiten. Bis Ende Dezember sollten hier 28.000 Tiere sein; nicht mehr als die Hälfte dieser Zahl ist angekommen, und von den 12.000, die angelandet wurden, sind 2.000 tot und weitere 2.000 arbeitsunfähig. Die übrigen leisten genau das, was man von ihnen erwarten kann, und arbeiten gut und reibungslos; aber 8000 Mann reichen nicht aus, um die Vorräte und Vorräte einer Armee siebzig Meilen weit zu transportieren und auch ihr eigenes Futter. Das heißt, sie transportieren möglicherweise ausreichend für ihren täglichen Bedarf, können aber nicht genügend Vorräte für die Weiterreise ansammeln. Die Schwierigkeiten sind einfach überwältigend, und ich kenne derzeit keine Position mit größerer Verantwortung als die von Sir Robert Napier. Wenn er die Truppen hier unten in der Ebene hält, kann die zunehmende Hitze jeden Moment eine Epidemie auslösen; und darüber hinaus wird die englische Öffentlichkeit vor Empörung gären. Wenn er hingegen mit ein paar Tausend Mann weitermacht, geht er ein enormes Risiko ein. Er darf beliebig viele beladene Tiere mitnehmen; Aber wenn wir, was aller Wahrscheinlichkeit nach auch der Fall sein wird, in ein Land gelangen, in dem es tagelang kein Futter gibt, was soll dann aus den Tieren werden? Es ist nicht der Feind, den wir fürchten – der Feind ist verachtenswert; es ist die Entfernung und die Fragen der Versorgung und des Transports. Wenn eine Säule weitergeht, löst sie sich von ihrer Basis. Mit Ausnahme der beladenen Tiere, die mit ihm beginnen, kann er keinerlei Nachschub von hinten erhalten; es muss selbsttragend sein. Als Sherman Atalanta verließ , reiste er durch eines der fruchtbarsten Länder der Welt. Im

Gegenteil, wir durchqueren eine Reihe von Schluchten und Pässen, und obwohl es dazwischen viele Orte gibt, an denen wir mit dem Kauf von Vieh rechnen können, ist es keineswegs sicher, dass wir ausreichend Futter beschaffen können, um die Tiere über die nächste Unfruchtbarkeit zu bringen passieren. Alles in allem handelt es sich um eine äußerst schwierige Angelegenheit, bei der selbst die Klügsten zögern würden, eine Meinung darüber abzugeben, welcher Weg am besten einzuschlagen sei. Ich bin sicher, dass General Napier weitermachen wird, wenn er eine Chance auf eine günstige Lösung sieht; und wenn er es nicht tut, wird er dort bleiben, wo er ist, trotz der ungeduldigen Kritik seitens derjenigen, die nicht den Zehnten seiner Schwierigkeiten erraten können. Seit ich das Obige geschrieben habe, habe ich zuverlässige Informationen erhalten, dass der Flügel der 33d in ein paar Tagen nach Antalo (hundert Meilen im Voraus) vorrücken wird . Das ist ein greifbarer Beweis dafür, dass wir uns auf jeden Fall vorwärts tasten werden. Persönlich brauche ich nicht zu sagen, wie zufrieden ich bin, denn das Leben mit dem Thermometer von 104° bis 112°, in einem Zelt, umgeben und bedeckt von feinem Staub, kann hier kaum als Vergnügen bezeichnet werden.

Sir Robert Napier unternimmt große Anstrengungen, um die zu tragende Last zu verringern, und darin gebührt ihm ohne Zweifel großes Lob. Der große Fluch dieser Armee ist ihre enorme Anzahl an Anhängern. Europäische Regimenter verfügen über eine ganze Reihe von Kehrmaschinen, Laskaren, Wasserträgern usw. &C. Sogar die einheimischen Regimenter haben zahlreiche Anhänger. Wären englische Truppen direkt aus England eingesetzt worden, wäre das zu tragende Gewicht sehr viel geringer gewesen als heute, und die Männer, die es gewohnt sind, sich selbst zu bewegen und zu arbeiten, wären geschickter gewesen . Es heißt, dass die mittlerweile sehr schwere Ausrüstung der Soldaten reduziert werden soll; aber derzeit richten sich die Bemühungen fast ausschließlich gegen Offiziere. Einem Offizier, unabhängig von seinem Rang, darf nur ein Maultier erlaubt sein, und es gibt Gerüchte , dass sogar diese Zulage gekürzt werden soll. Ich zögere nicht zu sagen, dass dieser Betrag nicht ausreicht. Wenn ein Offizier sein Maultier nur zum Tragen seines Gepäcks hätte, wäre das ausreichend, aber das ist bei weitem nicht der Fall. Darauf muss er das Gepäck und die warme Kleidung seines Bräutigams und seines Leibdieners tragen. Er muss seine Kochutensilien usw. und die Decken usw. für sein Pferd tragen; Folglich wird er glücklich sein, wenn für seine eigene Ausrüstung noch vierzig oder fünfzig Pfund übrig bleiben. Dies ist keine Kampagne für eine Woche oder einen Monat; Es kann aller Wahrscheinlichkeit nach ein Jahr dauern, vielleicht auch länger, und er muss Kleidung, Bettzeug usw. für ein heißes und ein kaltes Klima tragen. Bei einem Gewicht von 50 Pfund ist dies einfach unmöglich. Regimentsoffiziere werden angewiesen, ihre Diener nach Bombay zurückzuschicken, wobei nur einer für jeweils drei Offiziere übrig bleiben darf. Natürlich können solche Offiziere die meiste Arbeit, die sie benötigen, von ihren eigenen Männern erledigen lassen; aber gleichzeitig ist es sowohl für Offiziere als auch für Bedienstete eine Belastung. In allen Fällen hat ein Offizier seinen Bediensteten einen Vorschuss von zwei bis drei Monatsgehältern geleistet; in allen Fällen hat er sie mit warmer Kleidung versorgt; und es ist sehr schwer, dass er all dies verlieren und gezwungen sein sollte, seine Diener, die er möglicherweise schon seit Jahren hatte, von einem Moment auf den anderen zu verlassen.

Senafe , 31. Januar.

Nach der Hitze und dem Staub von Zula ist dieser Ort herrlich. Die Hitze des Tages wird durch einen kühlen Wind gemildert und die richtig kalten Nächte machen uns richtig fit. Vor allem haben wir keinen Staub. Wir sind sauber. Man muss sich einen Monat lang gründlich auf der Ebene von Zula aufhalten, um das Vergnügen zu genießen, sich sauber zu fühlen. Auch hier gibt es Wasser – nicht nur zum Trinken, sondern auch zum Waschen. Nachdem man staubbedeckt war und sich nicht waschen konnte, ist das Gefühl, staubfrei zu sein und sich nach Belieben waschen zu können, herrlich. Nachdem es mir mit großer Mühe gelungen war, Gepäcktiere zu kaufen, brach ich früh von Zulla auf und kam rechtzeitig in Koomaylo an, um die wunderbaren Veränderungen zu begutachten, die dort in den letzten drei Wochen stattgefunden haben. Damals waren dort einige Hundert Tiere; jetzt sind es tausende. Die Linien der Maultiere und Ponys erstrecken sich in alle Richtungen; außerdem gibt es Ochsen, Kamele und Elefanten. Koomaylo ist tatsächlich das Hauptquartier der Transportzugtiere. Die Kamelabteilungen sind da. Eines Tages gehen sie zum Landeplatz hinunter, werden dort gefüttert und kommen am nächsten Tag beladen zurück, wobei sie ihr Wasser nur hier bekommen. Die Elefanten funktionieren auf die gleiche Weise, müssen aber am Ende ihrer Reise getränkt werden. Die Ochsenabteilung ist da und arbeitet nach oben zu Rayray Guddy , dreitägiger Marsch, Vorräte einsammeln und Senafe- Gras abbauen, wenn noch welche übrig sind. Hier gibt es vier Maultier- und Ponyabteilungen; diese arbeiten, wie die Ochsen, für Rayray Guddy und zurück. Die kranken Tiere dieser sechs Divisionen sind ebenfalls hier und zählen fast zwölfhundert, darunter Kamele. Das Tränken all dieser Tiere morgens und abends ist ein äußerst interessanter Anblick. Es gibt lange Tröge, in die von kleinen amerikanischen Pumpen kontinuierlich Wasser gepumpt wird. Den verschiedenen Tieren stehen jeweils eigene Tröge zur Verfügung. Sobald sie ankommen , bilden sie Reihen, und sobald eine Reihe ausgetrunken hat, rückt die nächste vor. Es gibt keine Hektik oder Verwirrung, denn es gibt reichlich Wasser für alle. Das Wasser ist sehr klar und gut, aber ziemlich warm, und die meisten Tiere haben beim ersten Versuch etwas dagegen. Obwohl die Maultiere in einem besseren Zustand sind als vor einiger Zeit , sind viele von ihnen immer noch sehr schwach, insbesondere diejenigen, die in Rayray stationiert sind Guddy , wo sie außer dem groben Senafe- Heu nichts zu fressen bekommen und selbst darauf sehr oft verzichten mussten. Die größte Schwierigkeit des Transportzuges liegt derzeit zweifellos bei seinen Fahrern. Der größte Teil wurde , wie ich bereits sagte, willkürlich aus dem Abschaum von Smyrna, Beyrout , Alexandria, Kairo und Suez zusammengetragen. Sie haben überhaupt keine Ahnung von Disziplin, sind völlig rücksichtslos gegenüber den Regierungsgeschäften und gehen brutal grausam gegenüber ihren Tieren vor. Mit grausam meine ich nicht aktiv grausam, sondern passiv grausam. Sie schlagen nicht viel mit ihren Maultieren herum, das Tempo, mit dem sie reisen, ist ihnen zu gleichgültig, als dass sie sich die Mühe machen würden, sie zu beschleunigen. Aber auf passive Weise sind sie schrecklich grausam. Sie werden ihre Tiere weiterhin mit den schlimmsten Rückenschmerzen beschäftigen. Sie werden sich niemals die Mühe machen, die Kette zu lösen, die Teil der Bombay-Kopfbedeckung ist und die, wenn sie nicht genau beobachtet wird, in das Fleisch unter dem Kinn schneidet , was in Hunderten von Fällen geschehen ist. Sie werden am Zügel ihrer Zugmaultiere rütteln, bis das ungeschickte Gebiss schreckliche Schwellungen im Maul verursacht; Sie sagen kein Wort über die Leiden ihrer Tiere, bis sie überhaupt keinen Schritt mehr weitergehen können, und dann lassen sie sie, anstatt sie in die Lazarettlinien zu bringen, treiben und berichten bei ihrer nächtlichen Ankunft, dass die Maultiere gestorben seien auf dem Weg. Allerdings geschieht dies heute weit weniger als früher, da jeder Zug von einem berittenen Inspektor begleitet wird und viele der großen Konvois von Offizieren geleitet werden. Aber nicht nur wegen ihrer Grausamkeit und Nachlässigkeit sind diese Fahrer aus Ägypten, der Levante und der Türkei verwerflich; Sie sind ständig meuternd. Neulich sah ich in Zulla eine Gruppe von fünfzig Leuten, die ein paar Tage zuvor angekommen waren und sich absichtlich weigerten, zu arbeiten. Ihnen gefiel der Ort nicht und sie würden zurückgehen. Mit ihnen wurde alles versucht; Sie mussten tagelang mit weniger als der Hälfte ihrer Rationen und Wasser auskommen, weigerten sich jedoch standhaft, irgendetwas zu tun. Natürlich hätte die ganze Partei ausgepeitscht werden können, aber das hätte ihnen nicht geholfen; und am ersten Tag, als sie mit Maultieren auszogen, hätten sie ihre Lasten abgeworfen und wären mit ihren Tieren davongelaufen. Ich war dabei, als Oberst

Holland, Generaldirektor für Transportwesen, versuchte , sie zur Arbeit zu überreden. Sie weigerten sich konsequent, und selbst als er versprach, sie mit dem ersten Schiff nach Suez zurückzuschicken, weigerten sie sich, bis zur Einschiffung irgendeine Arbeit zu verrichten. Als sie im Kreis um ihn herumstanden, einige gestikulierten, die meisten jedoch mit mürrischer Sturheit, dachte ich, ich hätte noch nie in meinem Leben eine solche Ansammlung gründlicher Raufbolde gesehen – die ausgesuchten Schurken der gesetzlosesten Bevölkerung der Welt. Eines Tages hielt ich in Koomaylo an und kam dann schnell den Pass hinauf. Mit Ausnahme der vier Meilen zwischen Koomaylo und Lower Sooro ist die Straße jetzt auf der gesamten Strecke eine sehr gute Straße . Dieses Stück Straße ist aus irgendeinem seltsamen Versehen noch nicht berührt worden; aber ich höre, dass die 25. Eingeborenen-Infanterie, von der ein Flügel in Koomaylo stationiert ist , sofort mit der Arbeit beginnen soll. Es verläuft entlang der Ebene des Tals und muss nur geglättet und von Felsbrocken befreit werden, so dass dieses letzte Stück der Straße in ein paar Tagen fertiggestellt sein wird. Für den Rest der Strecke ist die Straße überall so gut wie eine Nebenstraße in einem abgelegenen Viertel zu Hause. Vielerorts ist es sehr viel besser. Die Pässe bei Sooro und Rayray hinauf Mein Gott, es ist wirklich eine ausgezeichnete Straße. Die riesigen Felsblöcke, die ich anlässlich meines ersten Durchgangs beschrieben habe, sind entweder durch Sprengungen in Stücke gerissen oder werden von der Straße überragt, die durch eine allmähliche Steigung ansteigt. Man kann den Pionieren und Bergleuten von Bombay, die diese Arbeiten durchgeführt haben, nicht genug Lob aussprechen. Dieselbe Gruppe hat nach der Fertigstellung dieser Pässe nun gerade eine breite Zickzackstraße vom Fuß des Passes bis zur Senafe- Ebene fertiggestellt. Dies war vor dem schwierigsten Teil der gesamten Reise, jetzt ist es eine Straße, die man mit einer Kutsche und einem Paar hinauffahren kann und die an die letzten Zickzacklinien auf den Gipfeln der Pässe Mount Cenis und St. Gotthard erinnert . Die Gesamtheit der von mir beschriebenen Werke sind zugleich Beispiele geschickter Ingenieurskunst und unermüdlicher Anstrengung. Niemand, der vor sechs Wochen hier war, hätte geglaubt, dass in so kurzer Zeit so viel erreicht werden könnte. Neben den Bombay Sappers ist nur das Beloochee- Regiment zu erwähnen , dessen einer Flügel unter Major Beville in Sooro und der andere unter Captain Hogg in Rayray stand Guddy hat die Straße an den Stellen gebaut, an denen keine Sprengung erforderlich war.

Die Beloochees sind ein bemerkenswert gutes Regiment und arbeiten mit einer Bereitschaft und einem guten Willen, die nicht zu loben sind . Von allen Seiten wird großes Bedauern darüber zum Ausdruck gebracht, dass sie nicht ausgewählt wurden, das 33. Regiment auf seinem Vormarsch zu begleiten, zumal sie mit Enfield-Gewehren bewaffnet sind.

Die Beloochees sind zu Recht eines der beliebtesten Regimenter im indischen Dienst, und es herrscht ein *Korpsgeist* – ein Gefühl der persönlichen Verbundenheit zwischen Männern und Offizieren und der Stolz der Letzteren, einem so guten Regiment anzugehören – was der gegenwärtige außergewöhnliche und unbefriedigende Zustand des indischen Dienstes in den regulären einheimischen Regimentern völlig außer Frage stellt. Dort gehört ein Offizier nicht zum Regiment. Er gehört diesem zunächst an, aber wenn er auf Urlaub nach Hause geht, wird er nach seiner Rückkehr aller Wahrscheinlichkeit nach einem anderen Regiment zugeteilt. Auf diese Weise wird jeglicher *Korpsgeist* , jede Spur gegenseitigen Wohlgefühls zwischen Mannschaften und Offizieren völlig ausgelöscht. Wie ein solches System jemals entwickelt werden konnte und wie es, wenn es einmal entwickelt wurde, jemals weiterbestehen konnte, ist eine dieser außergewöhnlichen Dinge, die kein Zivilist und kein Soldat im Rang eines Oberst verstehen kann.

Am Bahnhof von Sooro und Rayray Seit ich sie das letzte Mal beschrieben habe, hat sich kaum etwas verändert , und ungefähr die gleiche Anzahl Männer sind dort stationiert; aber bei Undel Wells oder Perlhuhnebene, wie es früher genannt wurde, wurde der Ort bis zur Unkenntlichkeit verändert. Als ich das letzte Mal dort war, war es ein ruhiges Tal, in dem ein paar Shohos ihr Vieh an einem dürftigen und schmutzigen Brunnen tränkten. Meine eigene Gruppe war der einzige Beweis für die britische Expedition. Nun wurde das alles geändert. Keine Stadt ist in den Tagen des Goldgräberrauschs in Australien jemals plötzlicher entstanden. Hier sind lange Schlangen von Transporttieren, hier sind Kommissariatszelte und Lager, hier ein Lager der Pioniere. Sämtliche Bäume und Reisig wurden abgeholzt. Hier ist die Tränke mit ihren Trögen für Tiere und ihren Wannen für Menschen – diejenige, die von einer von Bastiers Kettenpumpen gespeist wurde, von denen ein riesiges Exemplar einst einen Katarakt Wasser zur Freude der Besucher ausschüttete Pariser Ausstellung – die andere von einer der kleinen amerikanischen Pumpen. Alles funktioniert so leise und einfach, als würde man das Alter der Station nach Monaten statt nach Tagen zählen.

Ich habe festgestellt, dass der Telegraph rasche Fortschritte macht. Der Draht reicht jetzt bis Sooro und wird auch abwärts von Senafe nach Rayray verlegt Guddy . Es ist ein sehr feiner Kupferdraht, und inmitten der hohen senkrechten Felsen des Sooro- Passes sieht er, wenn er in langen Strecken von Winkel zu Winkel verläuft und die Sonne hell darauf scheint, wie der glitzernde Faden eines Großen aus Spinne.

Es wäre längst an Senafe übergeben worden, aber die größten Schwierigkeiten ergaben sich bei der Beschaffung von Stangen, da alle aus Bombay geschickten Stangen über Bord geworfen wurden, um das Schiff, in dem sie verschifft wurden, zu erleichtern, als es auf Grund lief. Es erwies sich als unmöglich, die Stangen für die verbleibende Strecke zu beschaffen;

und ich höre, dass ein mit Kautschuk ummantelter Draht einige Zentimeter unter der Erde verlegt werden soll.

Senafe selbst hat sich kaum verändert. Die 10. Eingeborenen-Infanterie befindet sich immer noch in ihrem alten Lager. Die 3. Eingeborenenkavallerie ist etwa acht Meilen von hier zu einem Ort namens Goose Plain ausgezogen, und die Pioniere und Bergleute haben in den alten Linien der 3. Armee ihr Lager aufgeschlagen. Die 33d-Linien liegen in einer Ebene in der Nähe, aber etwas dahinter, des alten Lagers und sind nicht sichtbar, bis man es passiert hat.

Als ich im Lager ankam , stellte ich fest, dass eine tiefe Düsterkeit über allen lag, und ich hörte die traurige Nachricht, dass Colonel Dunn, der kommandierende Offizier der 33. Division, sich am Tag zuvor beim Schießen versehentlich selbst erschossen hatte. Der einheimische Diener, der allein bei ihm war, berichtet, dass er sich gerade bückte, um etwas Wasser auszugießen, dass er den Knall einer Pistole hörte und als er sich umdrehte, sah, wie sein Herr zurücktaumelte und dann mit dem Wasser in eine sitzende Position sank Blut strömte aus seiner Brust. Der Mann rannte sofort zurück zum Lager, eine Entfernung von fünf Meilen, um Hilfe zu holen, und die Chirurgen galoppierten sofort mit Verbänden usw. davon, gefolgt von Dhoolie Wallahs , mit einem Dhoolie , der ihn zurück ins Lager trägt. Als die Chirurgen eintrafen, fanden sie Colonel Dunn tot auf dem Rücken liegend. Seine Flasche stand offen an seiner Seite, die Kappe war über sein Gesicht gezogen. Er war wenige Minuten nach dem Unfall verblutet. Man geht davon aus, dass die Waffe voll gespannt war und dass der leichte Stoß beim Aufsetzen des Kolbens auf den Boden den Hammer zum Absturz gebracht haben muss. Es gibt nur sehr wenige Männer, die weniger hätten verschont bleiben können als Colonel Dunn; niemand hat es tiefer bereut. Als Offizier war er einer der aufstrebendsten Männer des Dienstes, und wenn er überlebt hätte, hätte er wahrscheinlich die höchsten Ehren und Positionen erlangt. Er war bei den 11. Husaren im Balaclava-Angriff, und als die Männer gebeten wurden, den Mann auszuwählen, der im gesamten Regiment das Victoria-Kreuz am würdigsten war, ernannten sie einstimmig Leutnant Dunn. Niemals wurde das Victoria-Kreuz einem tapfereren Soldaten auf die Brust gesetzt. Als das 100. Regiment in Kanada aufgestellt wurde, rekrutierte er eine sehr große Anzahl von Männern und wurde zum Major ernannt . Nachdem er den Rang eines Oberstleutnants erreicht hatte, wechselte er in den 33. Dienstgrad, von dem er zum Zeitpunkt dieses traurigen Unfalls vollwertiger Oberst war und als nächster auf der Liste für sein Brigadegeneralamt stand. Er war erst fünfunddreißig Jahre alt, der jüngste Oberst im britischen Dienst, und wäre aller Wahrscheinlichkeit nach vor seinem sechsunddreißigsten Lebensjahr Brigadegeneral geworden. Bekannt als schneidiger Offizier, der sich durch seine persönliche Tapferkeit auszeichnete, ein Oberst in einem Alter, in dem andere Männer Kapitäne sind, gab es keinen Rang oder eine Position in der Armee, deren Erreichung er nicht mit Zuversicht hätte erwarten können, und sein Verlust ist ein Verlust für ihn die gesamte britische Armee. Aber nicht weniger als als Soldat bereuen alle, die den armen Dunn kannten, ihn als Mann. Er war der beliebteste Offizier. Bescheiden, offenherzig, überaus gutherzig , ein entzückender Begleiter und ein herzlicher Freund – niemand begegnete ihm, der sich nicht unwiderstehlich zu ihm hingezogen fühlte. Er war im Wesentlichen ein Mann, den es zu lieben galt. In seinem Regiment ist sein Verlust unwiederbringlich, und als sie neben seinem einsamen Grab am Fuße des Felsens von Senafe standen , ist es keine Schande für ihre Männlichkeit zu sagen, dass es weder bei den Offizieren noch bei den Soldaten trockene Augen gab. Er wurde gemäß einem Wunsch, den er einst geäußert hatte, in seiner Uniform beigesetzt, und Wolfes Zeilen über die Beerdigung von Sir John Moore werden fast wörtlich auf „das Grab, in dem wir *unseren* Helden begraben haben" zutreffen.

Sir Robert Napier kam vorgestern mit seinem persönlichen Stab hier an, nachdem er fünf Tage unterwegs gewesen war und *einen Tag damit* verbracht hatte, jede Station sorgfältig zu untersuchen, sich, wie es seine Gewohnheit ist, jedes Detail zu erkundigen und zu sehen, wie jede Abteilung arbeitete. Niemals war ein Kommandant bei dieser Untersuchung bis ins kleinste Detail sorgfältiger als Sir Robert Napier. Ihm entgeht nichts. Er sieht alles, hört , was jeder zu sagen hat, und entscheidet dann entschieden, was zu tun ist. Die Armee hat zu Recht grenzenloses Vertrauen in ihn. Er ist im Grunde der Mann für eine Expedition dieser Art. Sein Ruf für Tapferkeit und Tapferkeit ist bekannt, aber gleichzeitig verfügt er über eine Besonnenheit und Scharfsinnigkeit, die ihm für die äußerst schwierige Position, in der er sich befindet, gewachsen sein werden. Wenn es möglich ist, nach Zentral-Abessinien vorzudringen, wird er es zweifellos tun; Wenn es andererseits nicht ohne außerordentliche Risiken und Schwierigkeiten möglich ist – wenn es nahezu unmöglich ist – wird ihn kein noch so großer Aufschrei zu Hause dazu veranlassen, es zu versuchen.

Man geht hier davon aus, dass auf Initiative der einheimischen Behörden ein schneller Vorstoß im Gange ist und man darauf wetten kann, dass die Expedition am 1. April beendet sein wird. Ich selbst gestehe, dass ich selbst angesichts des bevorstehenden Vormarsches der ersten Division überhaupt nicht damit gerechnet habe, dass dies der Fall sein wird. Ich glaube, Sir Robert hat vor, es zu versuchen. Von zu Hause aus zum sofortigen Einsatz gedrängt, wird er zwei oder drei Regimenter mit Kavallerie und Artillerie und möglichst geringem Gepäck entsenden . Aber wenn das Land überhaupt dem ähnelt, was wir bereits durchquert haben, wenn es auch nur einen Zehntel so schwierig und mangelhaft an Nahrung und Futter ist, wie uns abessinische

Reisende erzählt haben, muss die Kolonne meiner Überzeugung nach anhalten und abwarten Nachschublieferungen und müssen auf reguläre militärische Weise vorgehen. Ich hoffe, dass ich mich irre; Ich hoffe aufrichtig, dass die vorrückende Kolonne auf keine unüberwindlichen Hindernisse stößt ; aber da ich bedenke, dass es keineswegs sicher ist, dass wir Theodore und die Gefangenen dort finden werden, wenn wir in Magdala ankommen, bin ich viel eher geneigt, neun Monate als drei als wahrscheinliche Zeit zu nennen, die vergehen wird, bis wir die Ziele erreicht haben unsere Expedition, das heißt immer unter der Annahme, dass Theodore die Gefangenen nicht ausliefert, während wir voranschreiten. Es ist ziemlich sicher, dass die vorrückende Kolonne völlig auf sich selbst angewiesen sein muss. Von hinten werden sie keinen Nachschub erhalten können, denn an die Stelle derjenigen, die von Senafe weiterziehen, werden andere Regimenter treten , und der Transportzug kann derzeit nicht viel mehr tun, als Senafe mit Proviant zu versorgen, auch wenn ihre Bemühungen noch so ergänzt werden von denen Tausender kleiner einheimischer Rinder. Ohne die Menge an Vorräten, die die Eingeborenen mit ihrem eigenen Vieh anlegten, hätte es in Senafe tatsächlich nicht genügend Vorräte gegeben , um die jetzt weiterziehenden Truppen zu versorgen. Da rund 1500 Tiere aus der Stärke des Transportzuges abgezogen werden, um mit der Vorhut zu marschieren, ist es offensichtlich, dass die für einige Zeit herbeigeschickten Vorräte nicht mehr als ausreichen werden, um Senafe zu versorgen , und dass keine Tiere verfügbar sein werden um frischen Nachschub an die Front zu schicken. Die Brigade, die vorrückt, muss sich also völlig auf sich selbst verlassen. Es darf auf keinerlei Hilfe hoffen. Um es gelinde auszudrücken: Es handelt sich um eine Expedition, die nur wenige Menschen je unternommen haben. Vor uns liegen 330 Meilen durch ein Land, das als außergewöhnlich bergig und schwierig bekannt ist. Wir haben bereits erfahren, dass uns das Land mit Ausnahme von Vieh keinerlei Nahrungsmittel liefern wird. Die Könige oder Häuptlinge, durch deren Territorium wir marschieren, werden nur neutral sein, und selbst wenn sie aktiv freundlich sind, was sie sicherlich nicht sind, könnten sie uns keine praktische Hilfe leisten. Zu allem Überfluss kann es sein, dass wir uns gegen Ende des Marsches durch schwierige Pässe kämpfen müssen, die von Männern verteidigt werden, die zwar schlecht bewaffnet, aber zumindest kriegerisch und mutig sind. In der Geschichte gibt es kaum einen Fall einer derartigen Häufung von Schwierigkeiten. Pizarros Eroberung Mexikos zählt vielleicht zu den bedeutendsten Unternehmungen dieser Art, aber Pizarro kämpfte sich durch das reichste Land der Welt und hätte niemals Schwierigkeiten mit der Versorgung haben können. Es gibt keinen Zweifel an unserem Erobern – die große Frage betrifft unser Essen. Wenn wir immer sicher wären, Futter zu finden, wären unsere Schwierigkeiten vergleichsweise gering. Leider müssen unsere Maultiere genauso gut fressen wie wir, und wir wissen, dass wir lange Pässe haben werden, auf denen überhaupt kein Futter zu finden ist. Wenn die Maultiere sich ihrer Nahrung sicher wären , wäre es eine bloße arithmetische Frage: Wie viele Maultiere sind nötig, um vierzig Tage lang Nahrung für 2500 Männer zu befördern? So wie es jetzt aussieht, haben wir keine Daten, auf die wir zurückgreifen könnten, und ob unser derzeitiger Fortschritt Erfolg hat oder nicht, hängt fast ausschließlich davon ab, ob wir Futter für unsere Tiere beschaffen können. Wenn uns das gelingt, gelangen wir nach Magdala; aber wenn wir feststellen, dass wir weite Strecken ohne Futter zurücklegen müssen, wird es unmöglich, und wir müssen auf die reguläre militärische Methode zurückgreifen, Depots zu bilden und Etappe für Etappe voranzuschreiten. Im letzteren Fall lässt sich die voraussichtliche Grenze der Expedition nicht vorhersagen.

General Napier ergreift die strengsten, aber notwendigen Schritte, um das Gepäck auf ein Minimum zu reduzieren. Keinem Offizier, unabhängig von seinem Dienstgrad, ist mehr als ein Maultier gestattet. In jedem Glockenzelt sollen drei Offiziere schlafen, für zwei Glockenzelte ist ein Maultier erlaubt. Je drei Offizieren steht ein Maultier für Kochutensilien und Speisekammern zur Verfügung. Für jeweils drei Offiziere darf nur ein einheimischer Diener zugelassen werden. Es dürfen keine Offiziere beritten werden, mit Ausnahme derjenigen, die Anspruch auf Pferde in England haben. Sie können jedoch, wenn sie wollen, anstelle des ihnen zustehenden Maultiers ihr eigenes Pferd als Lasttier nehmen; in diesem Fall wird ihnen ein Packsattel ausgehändigt. Ähnliche Kürzungen werden beim Regimentsgepäck und bei den Gefolgsleuten vorgenommen. Letztere, deren Name Legion war und die mindestens so zahlreich waren wie die Kämpfer, sollen stark eingeschränkt werden. Die Laskaren, Kehrmaschinen, Wasserträger usw. sollen entweder zurückgeschickt oder als Grasmäher für die Kavallerie und das Gepäckvieh verarbeitet werden. Die europäischen Soldaten sollen auf 35 Pfund begrenzt werden. Gewicht des Gepäcks, einen Teil davon müssen sie selbst tragen. Das alles ist so, wie es sein sollte. In Indien ist es sowohl Politik als auch Menschlichkeit, sich bestmöglich um den britischen Soldaten zu kümmern. Er ist eine sehr teure Maschine, und obwohl er, wie sich während der Meuterei herausstellte, im Notfall in der Sonne arbeiten kann, ohne dass seine Gesundheit darunter leidet , ist es in normalen Zeiten doch weitaus besser, ihn so weit wie möglich von allen Pflichten zu entbinden Was auch immer außer Drill und Guard. Arbeitskräfte und Lebensmittel sind in Indien so billig, dass die Ausgaben für diese Schar von Anhängern des Lagers vergleichsweise gering sind. Hier ist es ganz anders. Es war schon lange vor unserem Start bekannt, dass der Boden außergewöhnlich schwierig sein würde, dass die Transportschwierigkeiten enorm sein würden und dass jeder zusätzlich zu fütternde Mund von Bedeutung sein würde; und dennoch kamen die europäischen Regimenter mit knapp 500 Gefolgsleuten hier an; und die einheimischen Regimenter haben auch Heerscharen von Mitläufern.

Wie ich bereits gesagt habe, ist es jetzt völlig richtig, mit all dem Schluss zu machen. Die Armee wird so weit wie möglich mit europäischer Ausrüstung und Gefolgschaft marschieren, und der Transportzug wird von der Belastung durch Tausende nutzloser Münder befreit, die versorgt werden müssen. Wenn ich über den Transportzug spreche, sollte ich erwähnen, dass Sir Robert Napier in keiner Weise für seine absurde Organisation und den daraus resultierenden Zusammenbruch verantwortlich ist. Verantwortlich sind allein die Behörden von Bombay. Als im August letzten Jahres erstmals ernsthaft über die Expedition gesprochen wurde, entwarf Sir Robert Napier einen Plan für einen Transportzug, und diejenigen, die ihn gesehen haben, sind mir versichert, dass er ausgezeichnet war. Dies schickte er am 23. August ein. Erst Mitte September wurde davon Notiz genommen, als Sir Robert mitgeteilt wurde, dass der Generalkommissar einen Plan ausarbeiten würde. Ein weiterer kostbarer Monat verging, und dann wurde Mitte Oktober der gegenwärtige absurde Plan ausgeheckt. Es wurde Sir Robert mit der Bitte um Stellungnahme zugesandt, und er schickte es mit dem Hinweis zurück, dass es völlig undurchführbar sei. Die Behörden bestanden jedoch trotz seiner Meinung darauf, ihren Plan ausführen zu lassen; und erst auf Sir Roberts wiederholte und ernste Bedenken stimmten sie zu, die Zahl der europäischen Inspektoren und einheimischen Aufseher auf die gegenwärtig lächerlich unzureichende Zahl zu erhöhen. Das Ergebnis hat die Weisheit des Generals und die Einfältigkeit der Männer deutlich bewiesen, die sich in jedes Detail einmischten und die Meinung des Mannes außer Kraft setzten, dem vom Tag seiner Abreise aus Bombay alles anvertraut werden sollte . Die Ereignisse haben den Fehler deutlich bewiesen, die Leitung der Expedition Zivilisten und Beamten anzuvertrauen .

Und nun zur Vorhut. Weder seine Zusammensetzung noch sein Entstehungsdatum sind mit Sicherheit bekannt. Der Chef ist kein Mann, der etwas über seine Pläne sagt, bis der Moment kommt, in dem die notwendigen Befehle gegeben werden müssen. Es wird wahrscheinlich das gesamte oder einen Teil des 33. Regiments umfassen, das 4. Regiment – von dem erwartet wird, dass ein Teil heute hier eintrifft –, die 10. Eingeborenen-Infanterie, die Beloochees , die Punjaub Pioneers, die Bombay Sappers and Miners, das 3 Eingeborene Kavallerie und das Scinde- Pferd. Davon sind zwei Kompanien des 33. Regiments und zwei der 10. Eingeborenen-Infanterie bereits 35 Meilen vor Attegrat . Drei weitere Kompanien jedes Regiments starteten heute. Brigadegeneral Collings geht mit ihnen weiter und wird vorerst den Vormarsch befehligen. Ein Teil der Pioniere ist hier, ebenso wie die Bombay Sappers. Diese gehen in ein oder zwei Tagen weiter, um die Straße in der Nähe und hinter Attegrat zu bauen , wobei der Zwischenteil bereits vom 33. Regiment gemacht wurde. Die Scinde- Pferde sind etwa acht oder neun Meilen entfernt, und in ihrer Nähe befindet sich die 3D-Eingeborenenkavallerie. Ich habe in meiner Truppenliste für die Vorhut darauf verzichtet, die Gebirgszüge und drei Geschütze der Artillerie zu nennen, die von Elefanten getragen werden. Diese Tiere werden in ein oder zwei Tagen hier erwartet. Es würde mir leid tun, sie zu Pferd in einem engen Teil des Passes zu treffen, und ich gehe davon aus, dass sie unter den Transporttieren schreckliche Verwirrung stiften werden, denn sie haben alle eine vollkommene Abscheu vor dem Elefanten – das heißt, das erste Mal, dass das der Fall ist sie sehen einen. Als sie erfahren, dass er, genau wie sie selbst, ein unterworfenes Tier ist, empfinden sie keine Angst mehr vor ihm.

Es gibt eine erfreuliche Veränderung, die stattgefunden hat, seit ich Senafe das letzte Mal verlassen habe und über die ich noch nicht gesprochen habe. Ich erwähnte, dass Sir Charles Staveley, als er hier oben war, den Bau von Hütten für die Maultiertreiber durch die 10. Eingeborenen-Infanterie angeordnet hatte. Diese sind nun abgeschlossen. Es sind lange Laublauben, die in regelmäßigen Linien zwischen den Tierreihen verlaufen. Sie sind sehr gut und ordentlich gebaut – tatsächlich so regelmäßig, dass man aus kurzer Entfernung kaum glauben kann, dass sie wirklich aus Zweigen gebaut sind. Sie sind vielleicht nicht so warm wie Häuser, aber sie halten den Wind ab und bieten den Maultiertreibern nachts einen guten Schutz. Die Division hier, die von Captain Griffiths, ist die erste, die gelandet ist. Es ist jetzt in sehr gutem Zustand und wird die Vorhut- Brigade begleiten. Ich freue mich sagen zu können, dass die Krankheit hier oben auf dem Rückzug ist. Die kranken Tiere sind mit der Artillerie in Goose Plain unterwegs.

Gestern, am Nachmittag, gab es eine Parade der 33. und 10. Eingeborenen-Infanterie; Kleine Gruppen der Royal Engineers, der 3D Native Cavalry und der Scinde Horse waren ebenfalls anwesend. Sir Robert Napier ritt entlang der Linie, und die Regimenter marschierten dann vorbei. Die kleine Gruppe der 3. Kavallerie kam zuerst, gefolgt vom Scinde- Pferd, und bot einen so starken Kontrast zueinander, wie man es sich nur vorstellen kann. Das eine basierte auf dem europäischen, das andere auf dem asiatischen Vorbild. Die Scinde- Reiter waren viel schwerere und mächtigere Männer; und obwohl sie nicht den militärischen Sitz oder die schneidige Ausstrahlung der 3D hatten, hatten sie in ihren dunklen Kleidern und ihrem ruhigen, entschlossenen Blick das Aussehen von Männern, die die furchterregendsten Gegner sein würden. Ihre Pferde sind zwar hässlich, aber stark; Und in einem Angriff waren viele der Zuschauer der Meinung, dass sie ihren auffälligeren Rivalen weitaus mehr als gewachsen sein würden. Über das Scinde- Pferd wird mehr diskutiert als über jedes andere Regiment hier draußen. und in der Tat handelt es sich um ein so berühmtes Regiment, das immer so häufig an den Grenzen stationiert ist, dass man seiner Ankunft mit großer Neugier entgegensah. Sein Aussehen ist sicherlich dagegen; das heißt, seine Pferde sind sehr hässliche Tiere; aber das ist nicht die Schuld des Regiments, denn seine Station liegt so weit in Nordindien, dass es außer den einheimischen Pferden nur gegen sehr große

Kosten andere Pferde beschaffen kann. Ich glaube, dass dies fast der einzige Einwand ist, der gegen das Regiment vorgebracht werden kann; den Männern geht es bemerkenswert gut; Tatsächlich sind sie, wie ich bereits sagte, zu schwer für die Kavallerie. Sie stammen insgesamt aus einer viel höheren und wohlhabenderen Klasse von Eingeborenen als die Männer jedes anderen Regiments; Sie treten dem Scinde- Pferd bei, gerade als ein junger Adliger einen Dienst bei der Garde antritt. Es herrscht ein sehr großer Korpsgeist *und* ein gegenseitiges Wohlgefühl zwischen Offizieren und Mannschaften; und alle sind stolz auf ihr Regiment. Die Uniform besteht, wie ich bereits in einem früheren Brief sagte, aus einem langen, dunkelgrünen Mantel mit rotem Turban. Es ist die eigene Wahl der Männer und es handelt sich um eine eher orientalische Uniform. ihre langen gebogenen Säbel sind auch recht asiatisch. Die Männer stellen ihre eigene Kutsche; und von diesem Zeitpunkt an wird der Transportzug nicht mehr zur Unterstützung in irgendeiner anderen Weise als zum Transport ihrer Vorräte herangezogen. Ich habe bereits auf die elenden Ponys hingewiesen, die sie mitgebracht hatten; Aber der Fall ist mir erklärt worden, und dem Korps kann in dieser Hinsicht kein Vorwurf gemacht werden. Den Männern wurden Kamele zum Tragen ihres Gepäcks zur Verfügung gestellt, und es wurde ihnen gesagt, dass diese für Abessinien genügen würden. Während sie auf dem Marsch zur Küste hinabmarschierten, traf ein Telegramm ein, in dem es hieß, dass Kamele nicht genügen würden; und die Männer waren verpflichtet, ihre Kamele als Opfer zu verkaufen und alle Ponys zu kaufen, die sie kriegen konnten. Ich spreche von den Männern, die dies tun, weil die Pferde usw. nicht Eigentum der Regierung sind, sondern der Männer oder vielmehr einiger unter den Männern.

Die Scinde- Pferde sind und waren schon immer eine irreguläre Kavallerie nach dem sogenannten „ Sillidar " -System. Die Regierung schließt mit den Männern Verträge ab, um ihre eigenen Pferde, Ausrüstung, Waffen, Nahrung und Kutsche zu besorgen. Dies ist das irreguläre Kavalleriesystem, dem jetzt alle einheimischen Kavallerieregimenter zugeordnet sind. Der gezahlte Betrag beträgt dreißig Rupien pro Monat. Hier sind jedoch nur zwanzig Rupien zu zahlen, da die Regierung für Nahrung und Futter sorgt. Die Vorteile dieses Systems für die Grenzarbeit sind enorm. Die Männer sind zu Dutzenden und Zwölfern über ein weites Land verteilt , und es wäre offensichtlich unmöglich, eine Reihe von Kommissariatsstationen zu haben, um sie zu versorgen. Ob das System für Regimenter geeignet ist, die über Monate oder Jahre in einer großen Garnisonsstadt stationiert sind, ist eine sehr strittige Frage, über die es große Meinungsverschiedenheiten gibt. Diese Regimenter hätten keinen Anlass zur Beförderung. Wenn sie in eine andere Stadt umziehen müssten, wäre es für sie billiger, ihr Gepäck in Karren zu transportieren, als einen ausreichenden Gepäckzug zu unterhalten. Wenn also der Befehl zum Aufmarsch kommt, gibt es keine Transportmittel. Die

3D-Eingeborenenkavallerie ist genau ein typisches Beispiel. Vor vier Jahren wurden sie von einem regulären in ein irreguläres Kavallerieregiment umgewandelt; Aber wie alle Regimenter hatte auch das 3. Regiment seine Traditionen und hielt an ihnen fest. Sie behalten ihre alte Uniform und Ausrüstung bei und sind auf kurze Distanz nicht von einem europäischen Husarenregiment zu unterscheiden. Sie legen großen Wert auf ihre Ausbildung und sind im Grunde eine normale Kavallerie. Sie reiten auf hervorragenden Pferden und sind mit drei Pfund im Monat, alles inklusive, sicherlich wunderbar billige Soldaten. Aber sie waren schon lange in Poonah stationiert und hatten daher keine Gelegenheit, Gepäcktiere zu kaufen, und kamen ohne sie hierher. Als sich herausstellte, dass das Regiment ohne Gepäcktiere hier angekommen war, herrschte natürlich eine erhebliche Verärgerung in der offiziellen Stimmung; Und wenn die Tiere nicht in der Ebene gestorben wären und kein anderes Kavallerieregiment zur Hand gewesen wäre, um mit der Vorhut-Brigade aufzurücken, wären sie wahrscheinlich im Rücken der Armee gehalten worden. Da sie jedoch dringend gesucht wurden, wurden sie befördert. Ich habe bereits in den höchsten Tönen von ihrer Haltung und Effizienz gesprochen. Es gibt jedoch einen Punkt im Sillidar- System, der mir besonders anstößig erscheint. Dieser Vertrag wird nicht immer mit den Männern selbst geschlossen; es ist bei den einheimischen Offizieren. Einige der Männer stellen ihre eigenen Pferde usw. zur Verfügung; aber die einheimischen Offiziere verpflichteten sich jeweils, so viele Männer und Pferde vollständig bereitzustellen, indem sie die Pferde und die Ausrüstung kauften und den Männern zehn Rupien im Monat zahlten. Ich kann mir des Gedankens nicht erwehren, dass dies ein reines Übel ist. Der Mann hat zwei Herren – den Mann, der ihn bezahlt, und die Regierung, der er dient. Dieses Übel wurde in den Tagen vor der Meuterei in großem Umfang verbreitet; und ich habe einen Fall von einem Regiment zu dieser Zeit gehört, bei dem fast alle Pferde und Männer einem einzigen einheimischen Offizier gehörten. Wäre dieser Mann feindlich gegenüber der Regierung gewesen, hätte er vielleicht das ganze Regiment abgezogen. Seitdem wurden Anstrengungen unternommen, um diesem übertriebenen Vertragswesen Einhalt zu gebieten, und kein Beamter darf jetzt mehr als sechs Pferde besitzen. Es scheint mir, dass es ganz abgeschafft werden sollte und dass jeder sein eigenes Pferd finden sollte.

Aber ich habe mich sehr weit vom Exerzierplatz in Senafe entfernt . Nachdem er an den in dichter Reihenfolge aufgestellten Regimentern vorbeimarschiert war, richtete der General dann an jedes ein paar Worte. Zu Major Pritchard von den Ingenieuren sagte er, wie froh er sei, wieder sein eigenes Korps bei sich zu haben, und dass er hoffe, sie eines Tages dazu einsetzen zu können, die Tore von Magdala zu sprengen. Zum 33. sagte er ein paar Worte, in denen er sie für ihre Tüchtigkeit lobte und bedauerte, dass sie nicht von dem tapferen Offizier geführt würden, dessen Verlust er und sie bedauerten. Anschließend wandte sich der General an die 10. Eingeborenen-Infanterie und lobte sie für ihr Verhalten und ihre Effizienz. Sir Robert sprach auf Hindoostanee , einer Sprache, deren Kenntnisse sich leider auf etwa acht Wörter beschränken; Nichts davon kam in der Rede vor, und ich kann daher den Text nicht wiedergeben. Die weiterziehenden Regimenter freuen sich über die Aussicht auf einen Umzug, und die 10. Eingeborenen-Infanterie jubelte laut, als sie mit ihrer Truppe an der Spitze davonmarschierten. Frische Truppen treffen so schnell ein, wie andere weiterziehen. Während ich dies schreibe, ist ein Teil der 4. King's Own einmarschiert, ebenso wie die Maultierbatterie mit den leichten gezogenen Geschützen aus Woolwich. Die bedeutendste Neuankunft des heutigen Tages war jedoch die von hundert Ochsenkarren. Auch eine Reihe Kamele ist hereingekommen, wie ich an dem düsteren Gebrüll und Brüllen erkennen kann, das derzeit die Luft erfüllt. Der Pass erweist sich daher als gangbar, und die Kamele und Ochsenkarren werden uns eine große Hilfe sein. Die Eingeborenen müssen erstaunt sein, wenn sie diese Karrenreihe einen Ort hinauffahren sehen, der ihrer Überlieferung nach selbst für ihr eigenes Vieh, das wie Ziegen fast überall hingehen kann, als nahezu unpassierbar dargestellt werden muss. Ihre Vorstellungen von uns müssen insgesamt ziemlich seltsam sein; Und da wir aus Erfahrung wissen, wie sich eine Geschichte im Laufe der Zeit ausdehnt und verändert, müssen die Berichte, die bis in die äußersten Grenzen Abessiniens reichen müssen, etwas Erstaunliches sein. Auch hier geben sie sich nicht mit den Fakten zufrieden. Es gibt einen Bericht unter ihnen, dass das Vieh, das wir aufkaufen, als Nahrung für einen Elefantenzug dienen soll, der uns im Kampf gegen Theodore helfen soll, und dass wir auch einen Löwenzug haben, der in Kürze hier sein wird. Unsere Neuigkeiten aus Magdala sind wie zuvor. Theodore kommt langsam, sehr langsam voran. Er hat schwere Kanonen und besteht darauf, sie mitzunehmen. Waagshum , der König, der Magdala belagert hat, ist fast geflohen, und die Stämme um Magdala haben alle Theodore ihre Treue gesandt. Theodore hat an Rassam geschrieben , als wäre er sein bester Freund, und Rassam hat ihm geantwortet, als wäre er Theodores unterwürfiger Sklave. Theodores Brief lautet wie folgt: „Wie geht es dir? Geht es dir gut? Mir geht es ganz gut. Keine Angst. Ich komme Ihnen zu Hilfe. Behalte deinen Kopf. Ich werde bald bei dir sein. Ich habe zwei große Kanonen . Sie sind schrecklich, aber sehr schwer zu bewegen." Rassam antwortet etwa in diesem Stil: „Ich, der berühmteste und gütigste aller Machthaber, ich, dein unterster Sklave, freue mich über den Gedanken, dass dein Kommen ein Licht auf unsere Dunkelheit werfen wird." Unsere Herzen schwellen vor großer Freude;" und weitere ausschweifende Sachen desselben Charakters. Dr. Blancs Briefe an uns sind temperamentvoll und männlich zugleich. „Wir freuen uns sehr", sagt er, „bei dem Gedanken an Ihr Kommen." Wie es enden wird, kann niemand sagen. Wir sind alle auf das

Schlimmste vorbereitet; aber wir haben zumindest die Genugtuung zu wissen, dass unser Tod gerächt wird." Bis zum letzten Moment haben wir keinen Termin für Sir Robert Napiers Vormarsch auf Attegrat festgelegt . Der 5. wird als frühestes Datum genannt, an dem ein Bote von Grants Gruppe zurückkehren und sagen kann, wann Kassa , der König von Tigre, in Attegrat sein wird, um den General zu treffen. Es ist wahrscheinlich, dass der König fast sofort mit Grants Ankunft beginnen wird, und in diesem Fall muss Sir Robert sofort vorwärts gehen, um als Erster am Treffpunkt anzukommen. Ich reise morgen weiter, es sei denn, es treten Umstände ein, die meinen Plan ändern.

Die wissenschaftlichen und allgemeinen Mitglieder der Expedition treffen sehr schnell ein. Dr. Markham, der Geograph der Expedition, ist schon lange hier. Herr Holmes vom British Museum kam gestern als Archäologe an ; Er geht morgen zu einer ein paar Meilen entfernten Kirche, um einige Manuskripte zu untersuchen, die angeblich dort existieren. Die niederländischen Offiziere treffen heute ein, und ich höre, dass morgen zwei französische Offiziere eintreffen. In Bezug auf diese ausländischen Offiziere versichert mir heute ein Stabsoffizier, dem ich gegenüber bedauere, dass nicht mehr für sie getan wurde, dass sie keine wirklichen Kommissare seien. Es kann so sein; Da es sich aber auf jeden Fall um Offiziere handelt, die von ausländischen Regierungen bezahlt werden und die die Expedition begleiten dürfen, gestehe ich, dass ich keinen wesentlichen Unterschied erkennen kann. Der Stabsoffizier versicherte mir als Beweis für die wohlwollenden Absichten der Behörden, dass diesen ausländischen Offizieren keine Gebühren für ihre Rationen in Rechnung gestellt würden. John Bull ist tatsächlich liberal. Er ist viel schärfer , wenn es um die „Besonderheiten" geht; Denn neulich wurde tatsächlich eine allgemeine Anordnung erlassen, in der es hieß: „Herren, die nicht mit der Armee in Verbindung stehen, sollten die Rationen für einen Monat im Voraus bezahlen." Mit Ausnahme der wissenschaftlichen Männer, die alle von der Regierung entsandt werden und vermutlich als offizielle Personen gelten müssen, sind hier nur vier Herren „ohne Verbindung zur Armee" , nämlich drei weitere Sonderkorrespondenten und ich. Als ich aufgefordert wurde, meinen Monat im Voraus zu bezahlen, bemerkte ich gegenüber einem Kommissar-Beamten mit einem Lächeln: „Ich dachte, ich hätte die Zahlung am Ende jedes Monats genauso gut leisten können wie die Beamten." „Ah", sagte der kluge Offizier, „aber wenn Ihnen etwas zustoßen würde, an wen sollten wir uns dann wenden, um die Bezahlung zu erhalten?" Die Antwort war offensichtlich: „Aber wenn andererseits ein unangenehmer Notfall eintreten sollte, von wem sollen meine Vertreter den Betrag für die bezahlten, aber nicht gegessenen Tage einfordern?" Auf wessen Vorschlag diese allgemeine Anordnung erlassen wurde, weiß ich nicht; Aber ich weiß, dass nie etwas Erbärmlicheres und Unwürdigeres als der allgemeine Befehl einer großen

Armee erlassen wurde. Wer diesen Befehl erteilt hat, weiß ich nicht, denn ich kann nicht umhin zu wiederholen, dass niemand uns allen gegenüber freundlicher und rücksichtsvoller sein könnte als Sir Robert Napier und jedes Mitglied seines Stabes.

Ich muss meinen Brief jetzt schließen, denn es ist spät geworden und meine Hand ist so kalt, dass ich kaum noch einen Stift halten kann. Ich möchte nur erwähnen, dass Erkältungen hier weit verbreitet sind und dass es nachts unter den Eingeborenen in den Zelten der Umgebung zu einem stärkeren Husten kommt, als man es an einem rauen Novembermorgen während eines rauhen Novembermorgens in einer englischen Kirche hören könnte langweilige Predigt.

Senafe , 3. Februar.

Als ich meinen Brief am Abend des 31. Ultimo abschloss, hatte ich vorgehabt, am nächsten Morgen früh anzufangen. Mein Plan war, nach Attegrat weiterzugehen , dort ein oder zwei Tage zu bleiben und rechtzeitig zurückzukehren, um mit Sir Robert Napier wieder hinaufzugehen. Nachdem ich meinen Brief jedoch geschlossen hatte, hörte ich, dass er wahrscheinlich am 5. abreisen würde; Ich hätte daher keine Zeit gehabt, meinen Plan auszuführen, und beschloss daher, hier noch ein oder zwei Tage zu warten und dann ruhig vor dem General weiterzuziehen, um mir einen kurzen Moment widmen zu können Zeit für die Untersuchung des Landes in der Nähe jeder der Stationen. Mir stand noch ein weiterer Studiengang offen. Die äußerst fortgeschrittene Gruppe drängt über Attegrat hinaus auf dem Weg nach Antalo weiter . Soll ich mit ihnen gehen oder in der Nähe des Hauptquartiers bleiben und über den regelmäßigen Verlauf der Ereignisse berichten? Es war natürlich amüsanter, vorwärts zu drängen; aber es schien mir, dass das Interesse der Öffentlichkeit nicht an der Straße lag, sondern am Vormarsch der Truppen auf dieser Straße. Ich habe mich daher entschlossen, ruhig mit der Hauptmasse der Armee zu joggen, umso mehr, als das Treffen zwischen Sir Robert Napier und dem König von Tigre eines der interessantesten Ereignisse der gesamten Expedition sein wird.

Mr. Speedy ist im Lager angekommen. Er soll als politischer Berater von General Napier fungieren, und seine Ankunft ist eine allgemeine Angelegenheit der Zufriedenheit. Herr Speedy war einst Offizier der 81. Infanteriedivision; Anschließend wechselte er zum 10. Punjaubees-Regiment , dessen Regiment er einige Zeit lang Adjutant war. Anschließend verließ er den Dienst und wanderte nach Abessinien , wo er in den Dienst von Theodore trat und ihm bei der Organisation und Ausbildung seiner Armee half. Da Mr. Speedy feststellte, dass er wahrscheinlich das Schicksal anderer Briten im Dienst dieses Potentaten teilen und ins Gefängnis geworfen werden würde, gab er seine Ernennung auf und lebt seitdem in Australien. Als General Napier von ihm hörte, schrieb er ihm und bat ihn, zu kommen; und Mr. Speedy erhielt den Brief gerade noch rechtzeitig, um mit der Post verschickt zu werden, mit einem Paket, das einem populären Bericht zufolge nur aus zwei Decken bestand. Ich freue mich, sagen zu können, dass er kein abessinischer Anbeter ist. Dr. Krapf , der Berater von Colonel Merewether, ist so. Er scheint zu glauben, dass der Schwarze ein viel besseres Exemplar der Menschheit sei als der Weiße; und dass Taten, die im letzteren Fall bestraft würden, höchst entschuldbar, wenn nicht sogar lobenswert sind, wenn sie vom ersteren begangen werden. Dr. Krapf ist in seinen Ideen kein Einzelfall. Hätten seine Linien in England gelegen, hätte er zweifellos einer der größten Verfolger von Gouverneur Eyre gewesen. Ich freue mich sehr, dass im Umgang mit den Einheimischen voraussichtlich ein gesünderer Ton eingeführt wird. Herr Speedy ritt gestern auf Wunsch des Generals in einige der umliegenden Dörfer, besuchte die Priester und überreichte ein Geldgeschenk für die Hilfe der Armen und Notleidenden. Die Antwort war jeweils dieselbe. Die Priester sagten, dass ohne unser Kommen wahrscheinlich eine Zeit großer Not und Leid eingetreten wäre. Die Ernte war durch die Heuschrecken vernichtet worden und die derzeitige Dürre würde die nächste Ernte ernsthaft beeinträchtigen. Dank des Geldes, das die Engländer als Bezahlung für das vom Kommissariat gekaufte Vieh, für Heu, Holz, Milch usw. und für die Miete von Transportmitteln im ganzen Land verteilt hatten, ging es den Menschen jedoch besser als gewöhnlich; und daher würden sie, mit Ausnahme von drei oder vier Dollar für die Alten und Gebrechlichen, dankend auf die Gabe von General Napier verzichten.

Das Ingenieurkorps hier war in den letzten Tagen sehr fleißig beim Üben Signalisierung . Die verwendete Methode ist das System von Captain Bolton, das in der Royal Navy verwendet wird. Die Methode, mit der diese Signale an Land verwaltet werden, ist jedoch weniger bekannt und besonders interessant, da es sich um das erste Mal handelt, dass sie in der tatsächlichen Kriegsführung eingesetzt werden. Die Gegenwart ist tatsächlich eine Art Experiment; und wenn es sich als erfolgreich und nützlich erweist , ist es wahrscheinlich, dass das System allgemein in der Armee eingeführt wird. Die Ingenieure erteilen den Soldaten des 33. Regiments Unterricht in der Kunst der Signalisierung und werden die Männer jedes Regiments hier draußen unterrichten, damit das System angemessen getestet werden kann. Die Signale bei Tag werden durch Flaggen übermittelt; Je nach Alphabet oder Methode gibt es Weiß, Weiß-Schwarz und Schwarz. Eine einzelne Welle nach rechts bedeutet eins; zwei Wellen, zwei; und so weiter bis zu fünf; Die restlichen vier Zahlen entstehen entweder durch Winken nach links oder durch eine Kombination von Winken nach beiden Seiten. Diese Nummern beziehen sich, wie die Flaggen an Bord von Schiffen, auf eine Nummer in einem Buch, mit dem jeder Signalwärter ausgestattet ist. Nehmen wir zum Beispiel an, dass ein General, der sich auf einer Anhöhe befindet, einer bestimmten Division seiner Armee ein Zeichen geben möchte. Er macht das Signal, sagen wir „fünf". Das Signal wird von der Reihe der Bahnwärter an die fünfte Division weitergegeben , die alle durch Schwenken ihrer Fahnen ihre Bereitschaft bezeugen. Das Signal wird dann weitergegeben: „1015". Das bedeutet „Wechsel in den Stützpunkt der vierten Liga", was sofort und ohne Zeitverlust erfolgt. Oder die Fahnen können an alle Korps der Armee gerichtet sein; und der über dreißig Meilen Land verbreitete Befehl könnte lauten: „Konzentrieren Sie sich auf die mittlere Division." Es ist in der Tat erstaunlich, wie viel Zeit man gewinnen könnte, wenn man diese Methode anwendet, anstatt eine Schar von Adjutanten durch das ganze Land zu schicken. Nachts werden die Signale mittels Blinklichtern übermittelt. Diese sind äußerst raffiniert in ihrer Konstruktion. Der Signalgeber , der immer von einem Begleiter mit einem Signalbuch begleitet wird, hat ein etwa acht Fuß langes Messingrohr, an dessen Ende sich eine Laterne befindet; in dieser Laterne brennt eine Spirituslampe; Unter dieser Spirituslampe befindet sich ein Gefäß, in das ein Pulver aus Magnesium, Harz und Lycopodium gegeben wird, ganz ähnlich der Mischung, mit der Bühnenschreiner Blitze erzeugen, indem sie sie durch eine Kerze blasen. Diese Lampe funktioniert nach genau dem gleichen Prinzip. Am Messingrohr ist ein Blasebalg befestigt. Dieser Balg des Signalgebers funktioniert entweder in kurzen oder langen Drücken; und wenn die Luft nach oben strömt, strömt sie durch das Pulver und drückt eine kleine Menge davon durch ein Paar Düsen, die in der Nähe der Spiritusflamme angebracht sind. Das Ergebnis ist ein brillanter Blitz, der je nach Druck auf den Blasebalg lang oder kurz ist. Dieses Licht kann aus sehr großer Entfernung gesehen werden, und zwei oder drei Gruppen von Signalgebern , die auf Hügelkuppen platziert sind, könnten in wenigen Minuten einen Befehl über eine Entfernung von fünfzig Meilen übermitteln. Die Schwierigkeit liegt natürlich in der Fehleranfälligkeit. Ein einziger Zug mehr oder weniger könnte die Reihenfolge völlig ändern. 1021 könnte bedeuten : „Konzentrieren Sie sich auf Ihre linke Flanke." 1022 „Konzentriere dich auf dein Recht." Man kann durchaus sagen, dass jedes Signal wiederholt wird und dass ein Fehler daher sofort korrigiert wird; Aber wir alle wissen, welche Fehler in telegrafischen Nachrichten passieren, auch wenn wir dafür bezahlen, dass sie wiederholt werden. Das System erscheint so gut und so wenig fehleranfällig, wie irgendetwas Derartiges nur sein kann; Aber wenn man bedenkt, dass eine falsche Zählung der Lichtblitze oder des Schwenkens einer Flagge den gegebenen Befehl völlig verändern könnte, ist es offensichtlich, dass das Risiko so groß ist, dass ein General, wenn möglich, lieber einen berittenen Offizier mit schriftlichem Schreiben losschicken würde Anweisungen. Gleichzeitig ist das Fernkommunikationssystem zweifellos dazu geeignet, die Bewegungen einer Armee über ein großes Landgebiet zu beschleunigen. General Napier hat großes Interesse an den Experimenten gezeigt, und ich habe keinen Zweifel daran, dass das System während der vorliegenden Expedition gründlich getestet wird. Der Apparat für jede Signalpartei ist einzigartig vollständig und handlich; Es wird in zwei Körben oder Packtaschen transportiert und enthält alles, was benötigt werden kann, darunter ein leichtes Zelt, eine Feldflasche, Fahnen, Laternen, einen Vorrat an Alkohol und Pulver, ein kleines Etui zum Schreiben im Regen, Signal- Bücher usw. In jeder dieser Doppeltaschen ist tatsächlich alles enthalten, was der Bahnwärter braucht; und mit zwölf solcher Apparate, verteilt auf Gruppen auf Berggipfeln, könnten nachts Signale von London nach Edinburgh gesendet werden.

Die Elefanten für die Kanonen sind noch nicht eingetroffen, werden aber morgen erwartet und werden in diesem Fall mit Sir Robert Napier weitermachen; der, glaube ich, mit Sicherheit am Nachmittag abreisen wird. Da mehrere andere Truppenteile am selben Tag in Bewegung sind, wird sein Einmarsch in Attegrat zu einer ziemlich imposanten Angelegenheit. Tatsächlich sollte es mich nicht wundern, wenn der Anblick der Elefanten einen regelrechten Ansturm unter den Einheimischen auslöste. Apropos Elefanten: Vor ein paar Tagen ereignete sich in Sooro ein trauriger Unfall . Diese Tiere sind in den Bergen zwischen diesem Ort und dem Meer anzutreffen, und drei wurden von Offizieren der Beloochees getötet . Dementsprechend machten sich Major Beville und Leutnant Edwards auf den Weg, ihr Glück zu versuchen, und es gelang ihnen, eine Herde von ihnen zu finden, die in einem Tal weidete. Die Tiere witterten sie, bevor sie in Sichtweite kommen konnten, und begannen schnell davonzulaufen; Daraufhin stürzte Edwards hinaus, überquerte einen kleinen dazwischenliegenden Nullah und folgte ihnen auf den Fersen. Elefanten sind jedoch keine Tiere, die es nicht mögen, verfolgt zu werden, und deshalb drehte sich einer von ihnen um und stürmte auf seinen Verfolger los. Edwards schoss auf ihn, konnte ihn aber nicht aufhalten und rannte davon. Das Tier überholte ihn beim Abstieg vom Nullah, packte ihn in seinem Rüssel, schleuderte ihn zu Boden und versuchte, auf ihm herumzutrampeln, aber glücklicherweise machte die Neigung des Bodens dies zu einer Schwierigkeit. In diesem kritischen Moment traf Major Beville ein und schoss auf das Tier, das, glücklicherweise, als er feststellte, dass es verwundet war, sein Opfer verließ und floh. Außergewöhnlich war, dass der arme Edwards nicht getötet wurde; aber er hat einige schwere innere Verletzungen erlitten und liegt jetzt in einem sehr prekären Zustand in Sooro .

Die Ochsenkarren, die vorgestern ankamen, erregten, wie ich erwartet hatte, die Bewunderung und das Staunen der Eingeborenen aufs Höchste. Ich glaube, dass sie noch nie zuvor ein Radfahrzeug gesehen haben; und die Erscheinung der langen Reihe von Karren, die von prächtigen Brahmanenvieh gezogen werden und mit Vorräten beladen aus einer Schlucht kommen, die ihnen alle ihre Überlieferungen seit jeher als undurchführbar dargestellt haben, selbst für ihr eigenes trittsicheres kleines Vieh, vervollständigten ihre Versicherung, dass die Engländer wirklich Söhne Sheitans seien. Unsere Energie und unsere Ressourcen müssen diesem primitiven Volk tatsächlich etwas völlig Übernatürliches erscheinen.

Einer meiner Hauptgründe für meinen Einwand gegen die Abessinier ist, dass sie eine so äußerst faule Rasse sind. Wenn die Menschen nun gerne faul sind und das spärliche Brot des Müßiggangs anstelle des großen Brotes essen, das sie durch harte Arbeit gewonnen haben, dann ist das ihre eigene Sache und eine bloße Geschmackssache, für die es viel zu sagen gibt . Aber der Abessinier gibt sich, obwohl er äußerst faul ist, keineswegs damit zufrieden, das Brot des Müßiggangs zu essen. Der edle Wilde ist sich des Wertes der Arbeit bewusst und besteht darauf, dass alle Mitglieder seiner Familie, mit Ausnahme von ihm selbst und seinen Söhnen, die groß genug sind, um ihren eigenen Weg zu gehen, wie die größten Sklaven arbeiten. Sie werden einen großen Lümmel von einem Mann sehen, der träge, bewaffnet mit Speer und Schild, auf das Lager zugeht, während vor ihm seine alte Mutter, seine Frau, seine Schwester und seine vier oder fünf Kinder mit riesigen Heubündeln taumeln. Ich übertreibe nicht, wenn ich sage, dass man häufig kleine Mädchen sehen wird, die nicht älter als sieben Jahre sind und Heubündel mit einem Gewicht von fünfzehn Pfund ins Lager tragen; und arme kleine Milben im Alter von drei oder vier Jahren tragen eine verhältnismäßige Last. Das Gewicht wird niemals auf dem Kopf getragen, sondern immer auf dem Rücken, befestigt mit einem Lederriemen, der über die Arme knapp unterhalb der Schulter und über die Brust verläuft. Das Kind bzw. die Frau geht fast nach vorne gebeugt. Die Männer tragen nie Lasten; es ist unter der Würde eines edlen Wilden. Die gesamte Arbeit wird von den Weibchen und den kleinen Jungen der Familie erledigt. Mein Blut ist oft zum Kochen gekommen, und ich habe mich von ganzem Herzen danach gesehnt, meine Reitpeitsche auf die Schultern dieser faulen Schurken zu legen, die zu faul sind, um zu arbeiten, aber nicht zu stolz, ihre kleinen Kinder zur Arbeit zu fahren und davon zu leben das Ergebnis. Die Jungs machen, wie gesagt, eine gewisse Menge. Wenn sie ganz klein sind , tun sie fast so viel wie ihre Schwestern, aber je älter sie werden, desto weniger tun sie, und es kommt selten vor, dass ein Junge über zwölf Jahre eine Last trägt. Die Frauen hier tragen ihre Babys auf dem Rücken und nicht über der Hüfte, wie es die Hindu- Frauen immer tun. Die Kinder werden in einer Art kleinem Lederschal gehalten, der eng um die Mutter gewickelt ist und von dem meist nur der Oberkopf des Kleinen zu sehen ist. Auf diese Weise hat die Mutter ihre Arme frei und kann ihr Bündel Holz oder Gras zum Verkauf mit sich herumtragen; aber in diesem Fall trägt sie die Last natürlich auf ihren Armen vor sich her. Ich habe mich oft gefragt, ob die Kinder das doppelte Risiko überleben: Erstickung durch den Druck auf den Rücken ihrer Mutter und Sonnenstich durch die Sonne, die direkt auf die ungeschützten Spitzen ihrer kleinen kahlen Köpfe scheint. Es scheint ihnen nichts auszumachen, und ich glaube nicht, dass ich mehr als ein oder zwei Säuglinge beim Tragen in dieser Position ein Jammern gehört habe. Ich kann nur vermuten, dass ihnen die natürliche Wärme der nackten Rücken ihrer Mütter angenehm ist; Aber bei unserem gegenwärtigen Kleidungsstil ist es kein Experiment, das ich einer englischen Krankenschwester mit einem widerspenstigen Kind empfehlen würde, es sei denn, sie möchte, dass eine Untersuchung durch einen Gerichtsmediziner durchgeführt wird und möglicherweise weitere unangenehmere Verfahren folgen.

Die Vorräte im Kommissariatshof nehmen dank der Menge der einheimischen Rinder immer weiter zu. Soweit ich weiß, beträgt der Verbrauch für die Truppen hier und im Voraus etwa einen Monat. Die Einrichtungen des Kommissariatshofs sind sehr gut; wie in der Tat die meisten Vorkehrungen dieser Abteilung während der gesamten Expedition getroffen wurden. Manchmal bietet dieser Hof ein äußerst interessantes Schauspiel. Hier liegen große Stapel von Reis- und Mehlsäcken, daneben die Parsen, die den zahlreichen Bewerbern die Rationen austeilen. Etwas weiter entfernt befindet sich die Metzgerei, in der die Fleischrationen zerlegt und verteilt werden. Hier ist ein großes, mit Büschen umzäuntes Gehege, in dem sich Vieh befindet, das die Eingeborenen für die Truppen gekauft haben. Hier sind einige Hundert Maultiere, die Vorräte ausladen, die sie von unten herbeigebracht haben. Weiter hinten werden weitere mit Gras beladen, um für die Versorgung der Tiere im Pass zu sorgen. Hier wiederum sind Hunderte von Frauen und Kindern mit Gras beladen, das ein Beamter des Kommissariats wiegt und bezahlt; das Geld jedoch den Männern geben; Sobald die Frauen das Gras eingebracht haben, schicken sie sie weg und bemühen sich so weit, das Geld zu erhalten. In der Nähe davon befindet sich der Holzplatz, wo sich eine ähnliche Szene abspielt. Zurück am Lagerplatz wartet eine Schar einheimischer Rinder darauf, Vorräte zu erhalten, um sie nach Attegrat zu transportieren . Der Vertragspreis hierfür beträgt eineinhalb Dollar pro Kopf; und ich freue mich, sagen zu können, dass wir für diesen Zweck so viel Vieh bekommen können, wie wir wollen. Hier haben wir Männer; Die einzige Beschäftigung, die die abessinischen Männer in der Tat übernehmen werden, besteht darin, Vieh zu treiben, oder besser gesagt, ihnen zu folgen, denn sie versuchen niemals, ihre Bewegungen in irgendeiner Weise zu leiten oder zu beeinflussen, sondern trödeln ihnen mit ihren ewigen Speeren und Schilden nach, wohlwissend, dass die kluge kleine Rinder werden immer den ausgetretenen Pfaden folgen. In der Nähe befindet sich ein abgegrenzter Platz für einen Markt. Hier hocken überall Gruppen von Männern zwischen ihren Rindern, Schafen und Ziegen; es gibt auch eine Menge Esel und ein paar Maultiere. Für letztere haben sie den Preis im letzten Monat sehr stark erhöht: Damals konnte man ein gutes Maultier für fünfzehn Dollar kaufen, jetzt verlangt man fünfunddreißig und vierzig Dollar. Sie sind auch sehr unabhängig und weigern sich, auch nur einen einzigen Dollar von dem von ihnen verlangten Preis zu kürzen: Wenn sie nicht genau die Summe erhalten, die sie verlangen, werden sie nach einer gewissen Zeit aufsitzen und in ihre Dörfer reiten, um als nächstes wieder zurückzukehren Tag, wobei der Preis wahrscheinlich um zwei oder drei Dollar höher war als der, der beim ersten Mal verlangt wurde.

Attegrat aufzubrechen . Ich werde versuchen, ein paar Zeilen von Goun-Gonna , der nächsten Station, einzusenden ; Denn da die nächste Post in vier Tagen ankommt und ich mit jedem Marsch weiter wegkomme, konnte ein Brief von Attegrat nicht rechtzeitig zur Post hier eintreffen.

Goun-Gonna , 4. Februar.

Ich bin sehr froh, wieder voranzukommen. Senafe war schon so lange mein fortgeschrittener Posten, dass es schien, als würden wir nie über diesen Punkt hinauskommen. Da ich nun aber wieder *unterwegs bin, hoffe ich, dass ich bis zu meiner Ankunft in* Antalo keinen weiteren Zwischenstopp einlegen werde — über ein paar Tage in Attegrat hinaus, um dem Treffen des Königs von Tigre und des Generals beizuwohnen . Antalo wird von hier aus noch etwa zehn Tagesmärsche entfernt sein, und dort wird die Hälfte der Strecke nach Magdala zurückgelegt sein. Meine Fahrt gestern Nachmittag war eine der angenehmsten, die ich hier hatte. Die Temperatur war herrlich — strahlende Sonne und ein starker, kühler Wind; Auch die Straße, die ein Stück weit über eine hügelige Ebene führte und steil in ein herrliches Tal abstieg, war eine reizvolle Abwechslung nach der Eintönigkeit der langen Täler, auf denen ich in den letzten sechs Wochen auf und ab gefahren bin, und der weiten Weite der Sandebene von Zula . Nachdem wir Senafe verlassen haben, fällt die Ebene ein Stück weit ab, und nach etwa fünf Meilen Fahrt kamen wir zum tiefsten Punkt hinab, wo normalerweise ein kleiner Wasserstrahl die Straße kreuzt, der aber derzeit, außer an anderen Stellen, vollkommen trocken ist es hat sich in großen Becken angesammelt. Neben einem davon, etwa zwei Meilen zu unserer Linken, sahen wir das Lager der Kavallerie und der kranken Tiere. Ich möchte übrigens erwähnen, dass, obwohl die Krankheit unter den Maultieren stark zurückgegangen ist und die Bösartigkeit, die sie ursprünglich kennzeichnete , völlig verloren hat, es nach der letzten wöchentlichen Meldung immer noch zweitausendsechshundert Tiere gibt Kamele, die aus irgendeinem Grund arbeitsunfähig sind.

In diesem bewässerten Tal gibt es riesige Rinderherden. Die Ebene ist mit dichtem, rauem Gras bedeckt, das jetzt überall gemäht wurde, entweder von den Truppen selbst für ihre Pferde oder von den Eingeborenen zum Verkauf an uns. Nachdem wir die Ebene überquert haben, steigen wir steil an der Seite des Hügels hinauf, und nachdem wir die Anhöhe überwunden haben, befinden wir uns an der Spitze eines Tals, das fast genau nach Süden verläuft. Dies steigen wir herab; und aus der Anzahl der Dörfer auf beiden Seiten der Anhöhen geht hervor, dass es in dieser Gegend im Allgemeinen Wasser gibt. Wahrscheinlich war es vor nicht allzu langer Zeit viel dichter besiedelt als heute, denn viele der Dörfer sind verfallen und verlassen. Dieses Tal ist sehr hübsch und nach der baumlosen Ebene von Senafe doppelt angenehm, denn die Hänge der Hügel sind überall mit riesigen Kandelaberkakteen geschmückt. Diese blühen jetzt gerade erst auf. Die Blüten wachsen am Ende jedes der unzähligen Arme des Kandelabers; und da ihre Farbe von Weiß über zarte Rosatöne bis hin zu Dunkelrot variiert, ist der Effekt sehr schön; Tatsächlich sehen sie mit ihrem regelmäßigen Wachstum und der perfekten Blütenfülle so aus, als wären sie gerade vom Gelände der Herren Veitch für eine gigantische Blumenschau in dieses Land verpflanzt worden. In diesem Tal gibt es eine Kirche, die als Schauplatz des Martyriums von etwa acht oder zehn Christen zur Zeit der Verfolgung sehr verehrt wird. Ich gestehe, meine Kenntnisse der abessinischen Geschichte sind zu dürftig, als dass ich Ihnen ein ungefähres Datum dieser Angelegenheit nennen könnte. Ihre Knochen sind jedoch noch zu sehen; und daher sollte ich sagen, dass das Ereignis nicht sehr weit entfernt sein kann, da in einem Klima, das von großer Hitze und heftigen Regenfällen geprägt ist, es wahrscheinlich ist, dass Knochen sehr schnell verfallen würden. Die Kirche liegt in einiger Entfernung von der Straße und wie die meisten Kirchen hier auf einem Hügel. Ich habe mich daher nicht mit der Untersuchung beschäftigt, da ich in Zukunft noch reichlich Gelegenheit haben werde, Kirchen zu untersuchen, und mit Ausnahme der Märtyrerknochen weist es keine Besonderheiten von besonderem Interesse auf. Wenn wir das Tal hinabsteigen, stellen wir fest, dass es nur ein Zufluss zu einem breiten Tal ist, das nach Osten und Westen verläuft. Das Tal war wie die Gänseebene mit grobem Gras bedeckt und beherbergte riesige Rinderherden. Die Seite gegenüber der, von der wir hineingegangen waren, war sehr steil; Die Berge sind fast kahl, und in der Nähe ihrer Gipfel sieht es so aus, als hätte ich es, wenn ich es nicht auch auf dem Felsen von Senafe gesehen hätte, von einem ganz leichten Schneefall verursacht. Ich erfahre jedoch, dass es sich um eine sehr kleine Flechte handelt, die auf den Felsen reichlich vorhanden ist. Ich nehme an, dass diese Flechte derzeit in Blüte oder Samen ist; denn bei meinem ersten Besuch in Senafe habe ich das eigentümliche Erscheinungsbild nicht bemerkt , und es ist so bemerkenswert, dass ich es nicht übersehen konnte, wenn es zu dieser Zeit existiert hätte. Wir wissen jetzt, dass wir unserem Ziel nahe sind, denn wir sehen die Grasschneider mit großen Heubündeln unterwegs sein. Wir überqueren das Tal und gelangen in ein kleineres Tal, das sich in einem leichten Winkel mit dem großen teilt. Als wir es gerade betraten, sahen wir nahe seinem Ende das Lager von Goun-Gonna . Eine schönere Situation hätte man kaum wählen können. Die Hügel auf der rechten Seite verlaufen fast senkrecht, und auf einem Felsvorsprung etwa auf halber Höhe liegt ein Dorf. Der Bach, der ihn hinunterfließt, wurde zur Bewässerung genutzt, und das leuchtende Grün der jungen Pflanzen war eine herrliche Wohltat für unsere Augen. Auf der linken Seite sind die Hügel weniger steil, aber immer noch sehr steil. Das Tal ist weniger als eine Viertelmeile breit und endet abrupt mit einer halbkreisförmigen Kurve ein kurzes Stück über der Stelle, an der das Lager aufgeschlagen ist. Was die Schönheit des Tals erheblich steigert, ist die Tatsache, dass es mehrere dieser riesigen Bäume mit verzerrten Stämmen und hellgrünem Laub enthält, deren richtiger Name umstritten ist, von denen aber gleichermaßen behauptet wird, sie gehörten zum Banyan , Kautschukbaum oder Tulpenbaumarten. Auf jeden Fall sind sie, egal um welche Art es sich handelt, eine der malerischsten Baumarten, die ich je gesehen habe. Sie bedecken eine riesige Fläche, und ihre Stämme liegen manchmal auf dem Boden, manchmal ragen sie in seltsam verdrehten Formen in die Höhe. Ihre Rinde ist extrem rau und weißlich-grau, und wenn man sie ohne Blattwerk betrachtet, würde man sie sicherlich eher für seltsame Steinblöcke und -säulen als für Baumstämme halten. Im Lager fanden wir eine Kompanie des 33. Regiments und das Hauptquartier dieses Regiments, die auf dem Weg zum Flügel bei Attegrat waren und gerade erst einmarschiert waren, ebenso wie die Gebirgsbatterie aus Stahlgeschützen unter Oberst Milward. beide hatten Senafe zwei oder drei Stunden vor uns verlassen . Es waren auch ein Konvoi des Transportzuges auf dem Weg zur Front und auch eine Truppe der Scinde- Pferde. Diese Station muss fünfzehnhundert Fuß unter Senafe liegen , und der Temperaturunterschied ist überraschend. Letzte Nacht habe ich überhaupt nicht gefroren, während es in Senafe nahezu unmöglich war, sich warm zu halten, egal wie zahlreich man sich umhüllte. Heute Morgen war ich in einem sehr hübschen kleinen breiten Tal, etwa eine Viertelmeile lang. Dieses zweigt vom größeren Tal genau gegenüber dem Lager ab, und von dort fließt der kleine Wasserstrahl. Das Tal ist mit Sträuchern und kleinen Bäumen bedeckt , und das Wasser fällt über einen senkrechten, fünfzig Fuß hohen Felsen an seinem oberen Ende hinein. Es erinnerte mich stark an ein Tal in Westmoreland, mit etwas „Kraft" am Ende. Um die Ähnlichkeit zu erhöhen, habe ich auch hier einige alte Freunde gefunden, die ich seit meiner Abreise aus England nicht mehr gesehen habe, nämlich Heckenrosen, Brombeersträucher und Geißblatt. Unten am Ufer, auf den Felsen, die vom Wasserstrahl feucht gehalten wurden, wuchsen Jungfernhaar und andere Farne. Die Luft war süß von Erdbeerblüten, und das Plätschern des Wassers war für das Ohr nach den trockenen Ebenen von Zulla und Senafe am angenehmsten . Auch hier hatten wir die blühende Aloe mit ihren langen rötlich-orangefarbenen Blütenköpfen. Hier hatten wir eine zehn Fuß hohe Art Scabius und eine zwanzig Fuß hohe Binse oder ein Wassergras mit ihrem federbuschigen Schilfrohr. Hier kroch über den Büschen die bekannte Clematis mit ihren großen Büscheln aus weißem Flaumrohr. Hier war eine Art Unkraut mit rosa Blüten, das gerade und kräftig bis zu einer Höhe von vier bis fünf Fuß wuchs. Auf den Bäumen saßen Waldtauben und Tauben, die einander mit ihrem leisen Gurren zuriefen. Alles in allem war es ein hübscher kleiner Ort, und mit größtem Widerwillen verließ ich ihn, um ins Lager zurückzukehren, um diesen Brief zu schreiben, bevor ich nach Fokado , der nächsten Station, aufbrach.

Sie werden sehen, dass die Post zwar nur einmal pro Woche abgeht, ich aber, solange ich vorankomme, gezwungen bin, alle drei Tage zu schreiben, denn für jeden Tag, an dem ich weiterkomme, dauert es einen weiteren Tag, bis die Post ankommt. Darüber hinaus ist es nicht einfach, auf dem Marsch Zeit zum Schreiben zu finden. Bei Tagesanbruch, also kurz vor sieben, steht man auf, und wenn man die größte Sorgfalt anwendet, dauert es fast zwei Stunden, bis das Zelt abgebaut und die Maultiere beladen und auf den Weg gebracht werden können. Normalerweise gebe ich ihnen eine Stunde Startzeit, fahre dann weiter, überhole sie und schaue, ob alles gut läuft. Wenn ja, reite ich weiter und nutze das Zelt eines Freundes, bis mein eigenes eintrifft, was bei einer Entfernung von vierzehn Meilen erst gegen vier Uhr nachmittags der Fall sein wird; denn meine Maultiere schaffen trotz Unterbrechungen zum Umladen des Gepäcks usw. nicht mehr als zwei Meilen pro Stunde. Dann wird das Zelt aufgebaut, die Rationen werden verteilt und die Pferde werden getränkt und gefüttert. und bis das Abendessen fertig und unsere Arbeit erledigt ist, ist es schon nach sechs Uhr. Im Allgemeinen teilt man seine Rationen mit denen von Freunden zusammen; und wenn die Mahlzeit vorbei ist und die anschließende Pfeife und das Glas Arrak mit Wasser besprochen werden, ist man viel besser bereit fürs Bett, als dass man sich hinsetzen kann, um die Ereignisse des Tages aufzuzeichnen. Mein nächster Brief kommt aus Attegrat , wo ich voraussichtlich ein paar Tage bleiben werde.

Attegrat , 7. Februar.

Attegrat gefreut , dass ich bei diesem Aufenthalt das Gefühl habe, eine lange Etappe ins Innere Abessiniens zurückgelegt zu haben. Ich muss allerdings zugeben, dass ich von Attegrat enttäuscht bin . Es ist dumm, das gebe ich zu. Zu diesem Zeitpunkt hätte ich die völlige Hohlheit und Leere aller Aussagen im Zusammenhang mit dem Land erkennen müssen; Und alles, was uns gesagt wurde, alles, was man uns erwarten ließ, hat sich als völlig falsch herausgestellt. Manchmal wurden uns angenehme Dinge erzählt, manchmal wurden uns schreckliche Katastrophen angedroht; aber in beiden Fällen erwiesen sich die Vati zinationen als gleichermaßen falsch. Guineawürmer und Bandwürmer, Fieber und Cholera, Pocken und Ruhr, Tetsefliege und Sonnenstich – all dies zeichnet sich durch ihre Abwesenheit aus; aber als Gegengewicht gibt es auch Colonel Phayres grüne Felder und sprudelnde Quellen in Zulla . sein mehrjähriges Wasser zwischen Sooro und Rayray Guddy und sein Handelszentrum in Senafe , das sich in ein Dorf mit sechs Lehmhütten verwandelte. Dennoch muss ich gestehen, dass ich trotz früherer Enttäuschungen an der Idee festhielt, dass ich in Attegrat eine Stadt von beträchtlicher Größe finden würde . Der Ort war auf den Karten in römischen Großbuchstaben markiert. Man hatte von einer Stadt gesprochen, in der Milch und Honig fließen; es sollte einer unserer wichtigsten Rastplätze sein; und insgesamt erwartete man sicherlich etwas mehr als zwanzig Hütten, eine Scheune namens Kirche und eine weitere verfallene Scheune, die einst ein Palast war. Aber bevor ich Attegrat beschreibe , möchte ich meine Reise von Goun-Gonna hierher detailliert beschreiben . Ich schickte mein Gepäck um sieben Uhr morgens los, zur gleichen Zeit, als das Gepäck des Hauptquartiers der 33. Division und der Gebirgsgeschützbatterie von Colonel Penn startete. Dann erkundete ich das hübsche Tal, das ich in meinem letzten Buch beschrieben habe, und ging anschließend in das Zelt eines Freundes, um meinen Brief an Sie zu Ende zu schreiben. Um zwölf Uhr machte ich mich auf den Weg zu einer, wie mir gesagt wurde, elf Meilen langen Fahrt; Aber es stellte sich heraus, dass es die längste Sechzehner-Fahrt war, die ich je gefahren bin. Jeder Offizier und Mann, mit dem ich gesprochen habe – und unter anderen darf ich Colonel Milward und Colonel Penn von der Artillerie sowie Major Cooper und alle Offiziere der 33. Armee zitieren – stimmte mir zu, dass es über sechzehn Meilen waren. Die grobe Fehleinschätzung der Entfernungen durch Colonel Phayre und die Abteilungen des Quartiermeisters wird zu einem sehr ernsten Ärgernis. Es ist absolut grausam gegenüber den Männern. Wenn man den Soldaten sagt, dass sie einen Marsch von sechzehn Meilen durch ein raues Land und unter heißer Sonne vor sich haben, werden sie die Strecke zurücklegen. Es kann harte Arbeit sein; Aber wenn sie anfangen, wissen sie, was vor ihnen liegt, und sie entscheiden sich dafür. Aber als ihnen gesagt wird, dass es elf Meilen sind, beginnen sie am Ende dieser Entfernung ängstlich nach ihrem Lagerplatz Ausschau zu halten. Sie werden verärgert und ungeduldig und sind unendlich viel müder, als wenn ihnen gesagt worden wäre, wie weit sie wirklich entfernt sind.

Ich setze nun meinen Bericht über meinen Tagesmarsch fort. Während der ersten zwei Meilen stieg die Straße sehr steil an, bis wir mindestens tausend Fuß über Goun-Gonna waren und das große Plateau erreicht hatten, aus dem das Tal herausgeschnitten ist. Es muss ein sehr schwieriger Aufstieg gewesen sein, bevor die Straße von den Pionieren, Bergleuten und Punjaub -Pionieren gebaut wurde. Ich weiß nicht, welche Teile der Straße zwischen Senafe und Attegrat jedem Regiment zugeteilt werden sollen; aber ich glaube, dass die Straße zwischen Senafe und Goun-Gonna hauptsächlich von der 33. Division mit Unterstützung der 10. Eingeborenen-Infanterie gebaut wurde und dass sie darüber hinaus ausschließlich das Werk der Pioniere, Bergleute und Pioniere war. Die Straße von Goun-Gonna nach Attegrat wurde nicht durchgehend ausgebaut, wie dies von Zulla nach Goun-Gonna der Fall ist . Es wird nur an sehr schwierigen Stellen hergestellt, an denen es für ein Maultier nahezu unmöglich gewesen wäre, vorbeizukommen, ohne dass seine Last über seine Ohren oder seinen Schwanz gelangt. An anderen Orten haben wir nur die von den Menschen des Landes getragenen Fußspuren; Wo wir aber durch Schluchten oder Schluchten hinauf- oder hinabsteigen oder wo sich die Straße an der Wand eines Hügels entlang windet und ein falscher Schritt dazu geführt hätte, dass wir tausend Fuß in die Tiefe rollen müssten, ist eine schöne Straße geschnitten worden, was, wenn auch häufig, der Fall ist steil, ist immer sicher und befahrbar. Insgesamt ist die Straße von Goun-Gonna bis hierher ungefähr so gut wie eine Reitstraße zwischen den walisischen oder schottischen Hügeln. Es gibt einige extrem steile Stellen, wo ein herunterfallendes Maultier eine ganze Streitmacht aufhalten würde und wo die Lasten furchtbar verrutschen; aber es gibt keine Orte, die nicht mit Vorsicht überwunden werden könnten, nicht einmal mit einem Tross von Maultieren. Aber das war der einfache Teil der Reise. Von diesem Ort bis Antalo werden die Schwierigkeiten weitaus größer sein; jenseits von Antalo noch größer. Aus diesem Grund freue ich mich auf eine Zeit, in der mein

Rucksack mein gesamtes Gepäck enthält und das Schlafen im Freien für alle zur Regel wird. Als wir von Goun-Gonna aus ziemlich weit oben auf dem Hügel angekommen waren , erstreckte sich vor uns eine Ebene von scheinbar nahezu unbegrenzter Ausdehnung. Zwei oder drei der seltsamen kegelförmigen Hügel, die es in diesem Land in Hülle und Fülle gibt, erhoben sich in beträchtlicher Entfernung, und am Horizont waren die Gipfel der phantastisch zerklüfteten Bergkette zu sehen, die ich je gesehen habe. Nichts in den Alpen lässt einen Eindruck von der Vielfalt dieser Gipfelkette entstehen. Sie sind in jeder erdenklichen Form gezackt und gezackt. Einzelne Gipfel und Doppelgipfel, Gipfel wie ein Kavalleriesattel und große, quadratische Blöcke mit senkrechten Seiten. Die Ebene selbst war mit niedrigen Büschen übersät und überall mit üppigem Gras oder vielmehr Heu bedeckt, das bis zu den Sattelgurten der Pferde reichte. Der Boden war mit losen Steinen übersät, die zusammen mit den zahlreichen kleinen Löchern ein Fortkommen über das Schritttempo hinaus schwierig und sogar gefährlich machten. Die Steine und tatsächlich die gesamte Formation dieses oberen Plateaus bestehen aus sehr weißem Sandstein. Im Pass bis Senafe bestand die Formation vollständig aus Schiefer, auf wunderbare Weise gebrochen und rissig, mit zahlreichen Quarzadern und gelegentlichen Wänden aus sehr hartem Vulkangestein, die sie durchzogen. Auf der Ebene von Senafe und im ganzen Land diesseits haben wir ein darüber liegendes Sandsteinbett, das offenbar schon sehr lange Zeit der Einwirkung von Wasser ausgesetzt war. Die großen Felsen von Senafe sind überall vom Wasser ausgewaschen und waren Inselchen, die sich über den Spiegel eines großen Meeres erhob und der Wirkung des Wassers widerstanden, das den Sandstein um sie herum auf das allgemeine regelmäßige Niveau des Plateaus abgetragen hat. Als wir die Ebene durchquerten, stellten wir fest, dass die scheinbar fast grenzenlose Ebene eher scheinbar als real war, denn die Straße schlängelte sich ständig, um große Täler zu vermeiden, die überall weit in sie hineinragten. Das Gefühl, plötzlich auf ein 1000 oder 1500 Fuß tiefes Tal zu stoßen, wenn man scheinbar auf einer ebenen Ebene unterwegs war, war sehr einzigartig. Es hat alle unsere vorgefassten Vorstellungen von Landschaften völlig durcheinander gebracht. Man stellte fest, dass die Berge zu unserer Linken, die scheinbar etwa tausend Fuß über die Ebene ragten, in Wirklichkeit doppelt so hoch waren wie der Grund des zuvor unsichtbaren Tals, das zwischen uns und ihnen lag, und dass die Ebene, in der wir uns befanden Es war überhaupt keine Ebene, die wir durchquerten, sondern eine Abfolge flacher Berggipfel. Manchmal verliefen diese Täler so weit in das Plateau hinein, dass die Straße zu sehr von der geraden Linie abweichen musste, um sie zu umgehen, und in diesen Fällen stiegen wir einige hundert Fuß ab und stiegen auf der anderen Seite wieder auf. Die Aussicht auf einige dieser Täler war äußerst schön, und die Berge dahinter ragten oft kilometerweit in einer ununterbrochenen, senkrechten Wand von zwei- oder dreitausend Fuß auf. Die schönste Aussicht bot sich jedoch etwa zwei Meilen von unserem Rastplatz entfernt; und obwohl ich auf meinen vielfältigen Wanderungen viele herrliche Landschaften gesehen habe, war dies sicherlich die schönste und eindrucksvollste Szene, die ich je gesehen habe. Unser Weg schlängelte sich an der Wand eines hohen Berges entlang, entlang dessen unsere Pioniere einen etwa zehn bis zwölf Fuß breiten Pfad gegraben hatten. Wir befanden uns etwa dreißig Meter über dem allgemeinen Niveau des Plateaus, umrundeten aber den Talschluss, der etwa fünfzehnhundert Meter unter uns lag. Dieses Tal war nur ein kurzer Zweig eines breiteren Tals, das im rechten Winkel dazu verlief und in dessen Mitte sich eine Reihe isolierter Hügel wie Inseln erhoben; diese hatten alle eine flache Spitze und erreichten genau die Höhe des allgemeinen Plateaus. Einige hatten schräge Seiten, andere waren vollkommen senkrecht; und es bedurfte keiner großen Vorstellungskraft, um sich die Zeit vorzustellen, als ein mächtiger Fluss dieses große Tal hinunterfloss und diese Inselberge sein Wasser teilten und teilten. Zu unserer Rechten war dieses Tal zehn oder zwölf Meilen breit, und die zahlreichen Inseln boten einen außergewöhnlichen Ausblick auf Abgründe und Abhänge. Auf der gegenüberliegenden Seite des Tals erstreckte sich das Plateau über eine Meile oder zwei und erhob sich dann zu hohen, runden Bergen; weiter links erstreckte es sich über viele Meilen hinweg, und die Aussicht wurde durch die außerordentlich fantastische Bergkette begrenzt, von der ich bereits gesprochen habe. Es war ein überaus herrlicher Anblick und wird mir, durchbrochen von den Lichtern und Schatten der untergehenden Sonne, immer als die außergewöhnlichste und großartigste Landschaft in Erinnerung bleiben, die ich je gesehen habe.

Wir kamen um halb fünf in Fokado an und kamen eine halbe Stunde vor unserem Gepäck an, das achteinhalb Stunden unterwegs gewesen war, und waren fest entschlossen, es in Zukunft nicht mehr herauszulassen, ganz gleich, welche Mühe das mit sich bringen würde unserer Sicht. Das Zerlegen eines Gepäcktiers dauert höchstens zehn Minuten, wenn man selbst dabei ist, dafür zu sorgen, dass seine Diener es sofort und ordnungsgemäß nachladen; aber wenn die Diener sich selbst überlassen bleiben, wird es mehr als eine halbe Stunde in Anspruch nehmen. Erstens werden zehn Minuten damit verschwendet, das Unglück zu beklagen, weitere zehn Minuten damit, die Schnüre zu lösen , und mindestens zwanzig weitere damit, wieder einzupacken und loszufahren. Fokado liegt, wie alle unsere Campingplätze, in einer leichten Senke; Dieses Becken ist, wie das übrige Plateauland, mit langem Gras bedeckt. Ein Dutzend Männer mit Sensen konnten an einem Tag genug schneiden, um ein Kavallerieregiment zu versorgen; aber sie müssten sehr vorsichtig sein, solche Teile der Ebene auszuwählen, die nicht mit Steinen bedeckt sind. Im Lieferumfang der Grasschneider sind sehr kleine Sicheln enthalten, mit denen sich sehr gut ein Grashaufen abhacken lässt, die aber wenig nützen, um größere Grasmengen zu ernten.

Glücklicherweise haben die Eingeborenen es in beträchtlichen Mengen geschnitten und eingebracht, und ich kann von ihnen reichlich kaufen; denn das Kommissariat stellt für unsere Gepäcktiere kein Futter aus, und es kommt nicht in Frage, von unseren Syces zu erwarten, dass sie nach einem langen und ermüdenden Tagesmarsch hinausgehen und Gras schneiden. In Fokado gibt es einen Brunnen , aus dem reichlich kühles und mäßig reines Wasser gewonnen wird. Nachdem ich gesehen hatte, wie mein Zelt aufgebaut, meine Rationen ausgegeben und das Feuer angezündet worden waren, ging ich mit zwei oder drei Offizieren der 33. Division weiter, um die Kirche zu besichtigen. Sie stand, wie die meisten Kirchen hier, auf einem leicht ansteigenden Gelände und war von einer hohen Mauer umgeben, wobei das Tor unter einer Art Turm führte. Nachdem ich meinen Dollar bezahlt hatte – den bescheidenen Eintrittspreis, der hier verlangt wurde – betrat ich das Gehege. Es herrschte größte Unordnung; Überall lagen lose Felsbrocken und Steine verstreut, und ich sah keinerlei Anzeichen von Gräbern. Dies war bei den anderen drei Kirchen der Fall, die ich seitdem besucht habe, und es ist umso seltsamer, als die Friedhöfe, die ich den Pass herauf sah und beschrieb und die den mahometanischen Stämmen gehörten, die diesen Teil des Landes bewohnen, so waren sorgfältig konstruiert und so religiös bewahrt. Seit ich den christlichen Teil Abessiniens betrat, habe ich kein einziges Grab mehr gesehen. In der Nähe der Kirchentür befand sich ein Gerüst aus drei Querstangen, an denen mit Strohseilen zwei große Steine von klangvoller Qualität aufgehängt waren. Das waren die Kirchenglocken. Die Kirche selbst war ein niedriges Gebäude aus groben Steinen, wobei große Blöcke den Türrahmen bildeten. Als ich eintrat, befand ich mich in einer niedrigen Kammer, deren Dach von vier groben Steinsäulen getragen wurde. Der Boden war mit Binsen übersät und sah genau aus wie ein Stall. An der Wand hing ein grobes, halbfiguriges Fresko der Jungfrau, die fürchterlich blinzelte; und an der Tür, die zur nächsten Kammer führte, befand sich eine Haut oder ein Pergament mit einer etwas ähnlichen Bemalung. Nachdem ich mich auf Bitte des amtierenden Priesters vor jedem dieser Porträts tief verneigt hatte, wurde ich in den nächsten Raum eingelassen, der dem ersten genau ähnelte, aber da er keine Fenster hatte, erhielt er nur das Licht, das durch die Spalten einfiel die Türen. Es gab einige Bedenken, ob ich die nächste Kammer betreten sollte, die tatsächlich allen Offizieren, die zuvor dort gewesen waren, verweigert worden war; aber ich zeigte auf meinen weißen Sonnenhut ; und dies und die Tatsache, dass ich keine Uniform trug, überzeugten sie, glaube ich, dass ich Priester war; denn ich sollte erwähnen, dass die abessinischen Priester sich dadurch auszeichnen, dass sie weiße Turbane tragen, während der Rest der Bevölkerung barhäuptig ist. Ich wurde daher in das Allerheiligste aufgenommen. Dies war eine höhere Kammer als die anderen und wurde durch ein Fenster hoch oben an der Seitenwand beleuchtet. Auf der anderen

Seite des Raumes, etwa einen Meter von der Tür entfernt, hing ein etwa zwei Meter hoher Paravent. Dieser Schirm bestand aus grob bestickter Leinwand und sollte offenbar verhindern, dass die Augen der Gläubigen im zweiten Raum beim Öffnen der Tür einen Blick auf die *Penetralien erhaschten*. Als ich mich am Ende dieses Vorhangs umsah, sah ich eine Erektion, die einer Malerstaffelei ähnelte. Über den oberen Teil war ein Pergament oder eine Haut gespannt, auf dem sich wahrscheinlich eine Art Gemälde befand. Da es jedoch in ein Tuch eingewickelt war, konnte ich es nicht untersuchen, da ich nicht über die Bildschirmlinie hinausgehen durfte. Als ich zurückkam, bemerkte ich in einer Ecke der ersten Kammer einige lange Stöcke mit einer doppelten Biegung an der Spitze; das heißt, es ähnelt in seiner Form einem Kreuz, wobei das obere Stück abgebrochen ist. Diese werden im Service verwendet. In ihrer Nähe, in einer Nische in der Wand, lagen einige Eisenstücke, die so aneinander befestigt waren, dass sie beim Schütteln ein klirrendes Geräusch machten. Diese ersetzen zweifellos die Stelle der Glocke beim Aufrichten der Hostie. Ich habe es unterlassen zu erwähnen, dass es auf dem Kirchhof zwei grobe Taufbecken gab; Es handelte sich um runde Steinblöcke mit einer Höhe von etwa zweieinhalb Fuß und einem Durchmesser von achtzehn Zoll. Die Wassermulde oben war etwa zwanzig Zentimeter tief. In den anderen Kirchen, die ich betreten habe, habe ich keine Schriftarten gesehen.

Am nächsten Morgen machte ich mich auf den Weg nach Attegrat , einem Marsch von etwa elf Meilen. Über eine gewisse Strecke verlief die Straße entlang der Spitze des Plateaus, das hier hügelig war, und an vielen Stellen war die Straße sehr holprig. Endlich kamen wir an den Rand eines Tals, in dessen Grund wir hinabsteigen mussten. Es ist nahezu unmöglich, sich vorzustellen, wie so etwas wie ein beladenes Tier jemals herunterkam, bevor die Straße gebaut wurde. Wir kamen über einen ausgetretenen Pfad zum oberen Ende des Tals und konnten sehen, wie der Pfad von unten wieder direkt unter uns entlangführte; aber es gab keine Spur von einer Spur oder einem Pfad den enorm steilen Abstieg hinab; und ich nehme an, dass die kleinen Ochsen, die so trittsicher wie Ziegen sind, und die Esel ihren Weg nach unten frei wählen durften, wie es ihnen am besten gefiel. Glücklicherweise waren wir nicht auf diese Alternative angewiesen, die mit Sicherheit dazu geführt hätte, dass sich drei unserer vier Gepäcktiere das Genick gebrochen hätten, selbst wenn das vierte – ein robustes kleines Massowah- Maultier mit den Zebrastreifen auf seinem Rücken und seinen Beinen – hatte es geschafft, sicher nach unten zu gelangen. Die Pioniere und Pioniere haben entlang der Hügelwand eine Straße angelegt; und dieser Weg ist, obwohl er an manchen Stellen außerordentlich steil ist, dennoch durchaus befahrbar. Es ist jedoch nur sechs Fuß breit und an zwei oder drei Stellen sogar noch kürzer, und daher dauert es lange, bis ein Zug Maultiere herunterkommt; Denn wenn sich die Last eines Einzelnen verlagert und ihm

über die Ohren geht, müssen alle anderen warten, bis sie wieder angepasst ist
– keine leichte Sache bei einem steilen Abhang. Wenn jemand aufgrund von
Schwäche oder Krankheit fällt, bleibt ihm nichts anderes übrig, als ihn sofort
über den Pfadrand ins Tal zu rollen. Glücklicherweise ist uns keiner dieser
Vorfälle passiert. Die Lasten landeten alle auf den Hälsen der Tiere, aber
unsere Männer und wir konnten sie dort im Gleichgewicht halten, bis wir
den Fuß des Hügels erreichten, wo alle Lasten abgenommen und komplett
neu verpackt werden mussten. Direkt am Fuße des Abhangs befand sich ein
Dorf. Auf unserer Reise über das Plateau von Goun-Gonna bis zu diesem
Punkt hatten wir nur Fokado und ein weiteres Dorf passiert. Wir sahen viele
unten in den tiefen Tälern, an deren Rändern wir vorbeigegangen waren, aber
auf der flachen Ebene des Plateaus sahen wir keine einzige Siedlung. Es gab
zahlreiche Rinderherden, aber diese kommen wahrscheinlich tagsüber
herauf, um auf dem dichten Gras zu grasen, und steigen nachts in die Täler
hinab, um Wasser zu holen. Wir kamen auch an einigen merkwürdigen
Steinhaufen auf dem Plateau vorbei, die ich in meiner Beschreibung dieses
Teils meiner Reise nicht erwähnt habe. Diese Pfähle hatten einen
Durchmesser von dreißig bis vierzig Fuß und eine Höhe von fünf bis sechs
Fuß; Sie bestanden aus grob zusammengewürfelten Steinen, und wenn ich
sie in England getroffen hätte, hätte ich angenommen, dass sie lediglich von
den Feldern geräumt worden waren; aber hier gab es keine Anzeichen einer
Bewirtschaftung, und die Steine waren überall zu dicht verstreut, um es
wahrscheinlich zu machen, dass irgendein abessinischer Landwirt die Arbeit
auf sich genommen hätte, Steinhaufen dieser Größe von seinem Land zu
räumen – eine Arbeit, die ohne Radfahrzeuge wäre sehr toll. Diese Haufen
befanden sich immer in Gleisnähe und waren meist von Büschen umgeben.
Ich habe mindestens zwanzig davon bestanden. Es ist möglich, dass es sich
bei diesen Steinhaufen um Grabstätten handelt; Aber die verlassene Lage, die
Tatsache, dass sie weit von Dörfern entfernt waren, und die Arbeit , die sie
für ihre Herstellung auf sich genommen haben mussten, scheinen diese
Annahme zu widerlegen. Außerdem war ihre Form kaum so regelmäßig, wie
man sie bei den Grabmälern selbst der wildesten Nationen antrifft. Ich
gestehe, dass sie für mich ein vollkommenes Rätsel sind. Im Dorf am Fuße
des Abstiegs befand sich eine Kirche, die der von Fokado genau ähnelte . Es
gab keine Taufbecken, die ich erkennen konnte, aber es verfügte zusätzlich
zu den klingenden Steinen über einen Gong, um die Gläubigen zum Gebet
aufzurufen. In der Einfriedung lag zwischen den Steinen eine große
Vulkanbombe, die erste ihrer Art, die ich im Land gesehen habe; es war
offenbar als etwas Seltsames und vielleicht Übernatürliches dorthin gebracht
und daher auf heiligen Boden gelegt worden; denn die Einfriedung innerhalb
der Mauern ist in den Augen der Sünder Abys heilig, und von uns wird immer
verlangt, unsere Hüte abzunehmen, wenn wir die Außentore betreten.

Von diesem Dorf bis nach Attegrat verläuft die Straße im Grunde eines breiten Tals, dessen großer Teil umgepflügt und für die Aussaat bereit ist, die, wie ich annehme, vor den Regenfällen im Juni gesät wird. Der Boden ist leicht und gut, an vielen Stellen ein reichhaltiger leichter Lehm, der das Herz eines englischen Gärtners erfreuen würde. Die Pflüge werden von Ochsen gezogen und ähneln genau denen, die ich in Teilen Italiens gesehen habe, nur dass der Anteil breiter ist und sicherlich mehr Arbeit leistet. Tatsächlich ist es für das flache Pflügen auf leichtem Untergrund keineswegs schlecht geeignet. Eine Fahrt von etwa fünf Meilen das Tal hinunter brachte uns zu einer leichten Erhebung im Boden, und als wir diese überwunden hatten, lag Attegrat vor uns. Mein erster Eindruck war der der Enttäuschung, denn abgesehen von zwei oder drei größeren Gebäuden unterschied es sich in nichts von den anderen Dörfern, die wir gesehen haben. Das Tal an der Stelle, an der Attegrat liegt, ist etwa zwei Meilen breit, und die zwanzig oder dreißig Flachdachhütten, die zusammen mit der Kirche und einem zerstörten Palast die Stadt bilden, stehen fast in der Mitte auf einer Anhöhe . Auf der linken Seite dieses Tals, in der Nähe des Abhangs, befindet sich das britische Lager. Dahinter steigt der Boden allmählich an und bietet, wenn nötig, einen Zeltplatz für eine beträchtliche Streitmacht. Mit Ausnahme einiger gepflügter Felder rund um die Stadt eignet sich das gesamte Tal gut für ein Lager. Die gegenwärtige Streitmacht besteht hier aus den fünf Kompanien des 33. Regiments, dessen Lager zusammen mit dem von Penns Gebirgsbatterie aus Stahlgeschützen und den Royal Engineers das erste ist, das wir erreichen. Neben den 33d-Linien befinden sich die Kommissariatsgeschäfte. Ein paar hundert Meter weiter unten im Tal liegt das Lager der sechs Kompanien der 10. Eingeborenen-Infanterie. Ihre Zelte stehen wie die der europäischen Truppen am Hang. Jenseits davon wird dieser Hang viel steiler und dementsprechend lagert die 3. Eingeborenenkavallerie unten. Daneben kommt der Maultierzug. Die Divisionen hier sind der Lahore Mule Train und die A-Division unter Captain Griffiths. Es war diese Division, die zuerst landete und die Pioniertruppe aufstellte. Seitdem steht es vorne und ist jetzt in einem bewundernswerten Zustand. Die Ägypter, Araber, Italiener und tatsächlich alle Fahrer, außer nur den Hindu- Fahrern, wurden in den letzten Tagen an die Küste geschickt, um in ihre eigenen Länder zurückgebracht zu werden, und ihre Plätze wurden mit ihnen besetzt Hindu- Dhoolie- Träger und andere, deren Dienste nicht länger benötigt werden, da die Regimenter jetzt alle ohne Gefolgsleute marschieren müssen. Man braucht wohl kaum zu sagen, dass dies die Effizienz der Teilung erheblich verbessern wird, denn der Hindu ist, auch wenn er weniger stark ist als der Araber, Ägypter oder Perser, dennoch der Disziplin und dem Willen nach besten Kräften zugänglich , die Befehle ausführen, die er erhält; wohingegen die anderen Männer völlig rücksichtslos und ungehorsam waren und man ihnen nicht anvertrauen konnte, außer dass sie für ihre Offiziere unerreichbar waren. Das

Lager des Scinde- Pferdes liegt noch weiter unten im Tal, jenseits der Transportlinien. Sir Robert Napier ist gestern Nachmittag angekommen. Sein Lager war für ihn auf einem leicht ansteigenden Gelände vor der 33. Linie in einer Entfernung von drei- bis vierhundert Metern aufgeschlagen worden. Heute jedoch werden die Zelte angegriffen und in einer Linie mit den 33. Zelten aufgestellt, um eine Verbindung zwischen ihnen und der Artillerie herzustellen. Sein Zelt befindet sich daher genau in der Mitte der europäischen Linie, mit der Artillerie zu seiner Rechten und der 33. Infanterie zur Linken.

Ich fahre nun mit der Beschreibung von Attegrat fort . Das auffälligste Gebäude, von unserem Lager aus gesehen, ist eine freistehende Art Festung, die nichts so sehr wie das Schloss von Blaubart in einer Pantomime aussieht. Es steht auf einem ansteigenden Hügel und besteht aus einem quadratischen Gebäude mit zwei Stockwerken. Oben und an beiden Seiten weit überhängend, befinden sich vier außergewöhnlich aussehende Bauten, die wie große Hundehütten oder Taubenschläge aussehen, aber eine Größe von sechs bis sieben Fuß im Quadrat haben müssen. Fast alle dieser Bauwerke ragen über die Mauern hinaus. Welchen Nutzen diese merkwürdigen Anhängsel des Turms haben, lässt sich nicht sagen. Neben diesem quadratischen Turm steht ein Gebäude, das in seiner Konstruktion so unpassend zu ihm ist, wie man es sich nur vorstellen kann. Es ist rund und hat ein hohes Strohdach, das einem Bienenstock ähnelt. Zusätzlich zu diesen Hauptstrukturen gibt es mehrere niedrige Schuppen. Das Ganze ist von einer hohen Mauer umgeben, in der sich ein Turm befindet, unter dem sich das Tor befindet. Die Gebäude sind zweifellos aus Stein, aber sie sind alle mit Lehm verputzt und sehen aus, als wären sie aus diesem Material gemacht. Wie gesagt, es ist genau das, was man sich von Blaubarts Schloss vorstellt, und man erwartet, dass Schwester Anne ihr Taschentuch aus einem der Taubenschläge auf der Spitze schwenkt. Sicherlich, wenn sich das Tor öffnen würde und eine stämmige Gestalt mit einem riesigen Pappkopf und einem blauen Bart, der über den Boden schleift, und umgeben von einer Schar von Gefolgsleuten, ebenfalls mit großen Köpfen – auf die ihr Anführer natürlich gelegentlich einreden würde mit seinem Stab – herauskommen würde, würde es in so bewundernswerter Übereinstimmung mit dem Ort stehen, dass man kein Erstaunen verspüren würde. Und doch hat diese Festung ihre Geschichte und hat ihrer Belagerung standgehalten. Es scheint, dass der König oder Häuptling dieses Teils des Landes selten in seinem Palast in der Stadt selbst lebte und sein Bruder dort seinen Wohnsitz hatte. Der Bruder nahm zu viel auf sich, und die Eifersucht und der Zorn des Häuptlings wurden geweckt, und er befahl seinem Bruder, den Palast zu verlassen. Er tat dies, baute aber eine halbe Meile von der Stadt entfernt diese stattliche Burg. Es kam zu Meinungsverschiedenheiten und der König griff die Burg an, die er nach zwanzigstündiger Belagerung einnahm. Das Schloss wird derzeit von der Frau eines Häuptlings bewohnt – ich kann nicht sagen, ob es sich um denselben Häuptling handelt, da die Daten in Abessinien etwas verwirrt sind –, der eine Gefangene von Gobayze , dem König von Lasta, ist . Wie ich höre, hat sie geschworen, nie ins Freie zu gehen, solange ihr Mann in Gefangenschaft ist. Vorbei an Blaubarts Schloss ist es noch eine gute halbe Meile bis zur Stadt. Rechts liegt auf einem aufragenden Felsen die Kirche, die von weitem genau einem Schweizer Châlet ähnelt . Es ist natürlich von einer Mauer umgeben und innerhalb der Umzäunung wachsen einige der riesigen Kandelaberkakteen. Die Kirche selbst ist höher als alle anderen, die ich bisher gesehen habe. Es hat eine quadratische Form und ist mit einem hohen Strohdach gedeckt, dessen Dachvorsprünge rundherum eine beträchtliche Strecke vorstehen und auf Pfählen stützen. Nachdem ich die übliche Gebühr bezahlt hatte, wurde ich in die Kirche eingelassen und sah sofort, dass diese Kirche weitaus größere Ansprüche stellte als alle anderen, die ich bisher gesehen hatte. Der Eingang erfolgte durch eine Tür aus quadratischen Balken mit zwei Bögen, jeder aus einem Stück geschnitten und jeweils mit fünf Holzrollen darunter verziert. Als wir diese betraten, befanden wir uns in einer Art Lobby oder Halle. Die Wände waren mit Fresken bedeckt, die die Taten des Gründers der Kirche darstellten, der entweder der Vater oder Großvater des jetzigen Häuptlings war. Hier wird dieser gefürchtete Krieger dargestellt, wie er einen Elefanten aufspießt; Wieder kniet er und zielt auf einen Löwen, dessen Klauen wirklich beeindruckende Ausmaße haben. Hier gibt es zwei oder drei Kampfszenen, in denen er seine Feinde mit gewaltigem Gemetzel besiegt. Nach seinen Porträts zu urteilen, war der Gründer der Kirche ein blonder Mann mit rundem Gesicht, kurzen Haaren und einem leichten Schnurrbart. Von diesem Vestibül aus gelangte ich in die Kirche selbst. Seine Konstruktion unterscheidet sich völlig von den anderen, die ich gesehen habe, denn die heilige Kammer lag nicht über zwei anderen, sondern in der Mitte des Gebäudes und war von einem Durchgang umgeben, dessen Wände mit Fresken bedeckt waren, die Ereignisse darstellten in den Schriften des Alten und Neuen Testaments und im Leben der Heiligen. Hier sehen wir den heiligen Georg, der edel den Drachen aufspießt, während die Tochter des Königs von Ägypten und ihre Jungfrauen mit gefalteten Händen und bewundernden Augen daneben stehen. Hier haben wir den heiligen Petrus, der das Martyrium erleidet, indem er mit dem Kopf nach unten gekreuzigt wird; mit einer Vielzahl anderer Martyrien. Die biblischen Ereignisse folgen alle strikt der biblischen Beschreibung; Der einzige bemerkenswerte Unterschied besteht darin, dass beim Letzten Abendmahl dreizehn Apostel als anwesend dargestellt werden. In allen diesen, wie auch in den ersten Fresken, sind die Gesichter der Schauspieler weiß dargestellt; während der Versucher in der Versuchung seinen traditionellen Zobelton hat. Diese Fresken sind alle im frühbyzantinischen Stil gehalten, und wenn sie wirklich alt wären, wären sie äußerst merkwürdig und wertvoll; aber da die Kirche höchstens sechzig oder siebzig Jahre alt ist, ist es offensichtlich, dass sie das Werk eines ägyptischen oder griechischen Künstlers sind, der zu diesem Zweck gestürzt wurde. Ich durfte nicht sehen, was sich in der zentralen Kammer befand. Ich verließ die Kirche und durchquerte die Stadt sechzig oder siebzig Meter weit, bis an ihrem anderen Ende die Palastruine steht. Es ist von einer Mauer umgeben, die einen beträchtlichen Teil des Geländes umschließt. Der Hauptteil des Palastes ähnelt weit mehr einer Kirche als irgendeine der eigentlichen Kirchen des Landes. Es besteht aus einem fünfzig Fuß langen und fünfundzwanzig Fuß breiten Saal mit einem kleinen runden Raum am Ende gegenüber der Tür. Der Eingang befindet sich unter einer Veranda; und entlang dieser, etwa acht Fuß über dem Boden, ist eine Reihe von Ochsenhörnern eingebaut, deren Spitzen nach außen ragen. Die Halle war bis zum Dachvorsprung zehn Meter hoch und muss angesichts der Gegend und des Ortes wirklich eine schöne Halle gewesen sein. Der größte Teil einer Seitenwand ist jedoch eingestürzt; und das Dach ist völlig weg. Einige der großen Balken, die es durchquerten, liegen auf dem Boden, und es wäre von großem Interesse zu fragen, woher diese massiven Balken in einem baumlosen Land wie diesem stammen. Der interessanteste Teil der Ruine ist der Raum hinter der großen Halle, bei dem es sich wahrscheinlich um den Raum des Königs handelte. Der Zugang erfolgt durch eine doppelt gewölbte Tür, deren Verarbeitung und Gestaltung der ähnelt, die ich in der Kirche beschrieben habe; Die beiden Gebäude stammen aus der gleichen Zeit, und die Holzarbeiten wurden zweifellos von einem zu diesem Zweck hierhergebrachten ausländischen Kunsthandwerker ausgeführt. Die Kammer selbst hat einen Durchmesser von etwa fünfzehn Fuß und verfügt über drei tiefe Nischen, die jeweils durch ein kleines Doppelbogenfenster mit dem gleichen Muster wie die Tür beleuchtet werden. Der Raum war etwa zwölf Fuß hoch und wurde von einem rundgewölbten Dach bedeckt , das noch erhalten ist. Es besteht aus nebeneinander genähten Schilfrohren oder Binsen, wie die Korbgeflechte des Landes, und ist mit einem Muster in Spulen- und Blautönen gefärbt. Das alles war es wert, im Palast beschrieben zu werden; Es waren mehrere weitere Gebäude daran angeschlossen, aber keines verdiente besondere Aufmerksamkeit.

Ungefähr eine Meile hinter Attegrat , auf der anderen Seite des Tals, befindet sich eine weitere Kirche, deren Standort von den Mönchen früherer Zeiten durchaus als Kloster ausgewählt worden sein könnte, so bezaubernd ist der Hain, in dem sie steht. Dieser Hain ist von beträchtlicher Ausdehnung und besteht aus mehreren Arten wirklich hoher Bäume; es gibt ein dichtes Unterholz – allerdings mit vielen Wegen zum Spazierengehen – mit Pflanzen aller Art. Es gibt einige große Bananen mit ihren breiten, anmutigen Blättern, die ersten, die ich gesehen habe, seit ich Bombay verlassen habe. Es gibt Rosen und Geißblätter, wilde Feigen und Akazien; Darüber windet sich in

Büscheln ein dickes Tauwerk aus verschiedenen Schlingpflanzen. Um den Genuss noch zu steigern, ist die ganze Luft schwer vom Duft des wilden Jasmins, der in großen Büschen wächst und mit Büscheln seiner weißen, sternförmigen Blüten bedeckt ist. Während wir uns mit einer Gruppe von drei oder vier Offizieren der 33. Division zusammensetzten und den herrlichen Schatten und den bezaubernden Duft genossen, kam der Priester mit mehreren Eingeborenen auf uns zu und nahm Platz, oder besser gesagt, hockte sich hin – ich glaube nicht, dass ein Abessinier weiß, wie das geht Setzen Sie sich – neben uns begannen sie eine Art Gespräch mit uns und fragten insbesondere, wie alle Eingeborenen, ob wir Christen seien. Dann machten sie Zeichen, dass sie gerne einige Skizzen sehen würden, die ich gemacht hatte; Aber als sie sie in die Hand nahmen, waren sie völlig verwirrt, drehten sie auf den Kopf und seitwärts und schauten sogar auf die Rückseite des Papiers: Sie konnten offensichtlich nichts daraus machen. Dann machte der Priester mit einer Miene großer Selbstzufriedenheit Zeichen, dass er schreiben könne, und fragte mich, ob ich dazu in der Lage sei. Ich hatte keine Schrift zur Hand, aber in meinem Skizzenbuch hatte ich eine Spalte Ihres Aufsatzes, die ich zu Referenzzwecken ausgeschnitten hatte; Dies überreichte ich feierlich, und es wurde mit einem vollkommenen Jubel empfangen, zuerst des Erstaunens, dann der Freude. Sie hatten noch nie in ihrem Leben ein so gleichmäßiges und perfektes Manuskript gesehen. Der Priester dachte offensichtlich, dass ich ein hochrangiger Priester sein müsse, und er bot uns sofort an, uns die Kirche zu zeigen, was er auch tat, ohne von irgendjemandem aus der Gruppe den üblichen Dollar zu verlangen . Es war denen, die ich zuvor beschrieben habe, so ähnlich, dass ich nichts darüber sagen muss, außer dass der Schrein im Allerheiligsten anstelle eines Rahmens, der einer Malerstaffelei ähnelte, aus drei Stangen bestand, die sieben oder acht Fuß lang waren , zueinander geneigt und oben wie ein Dreibein zusammentreffend: Um den oberen Teil dieses Rahmens war ein Stück Stoff gewickelt. Ich kann nicht sagen, ob es etwas verheimlichte, aber es schien mir nicht so zu sein. Darunter wurde zwischen den drei Beinen eine Haut gespannt, so dass eine Art Regal entstand, und darauf wurden eine Reihe verwelkter Blumen platziert. Ich sollte erwähnen, dass diejenigen, die mit mir eingetreten sind, in den Innenräumen der meisten dieser Kirchen der Meinung waren, dass es einen schwachen, aber deutlichen Geruch von Weihrauch gab. Es kann jedoch sein, dass in allen von ihnen einige Blumen, wie zum Beispiel Jasmin, enthalten waren, deren Duft uns möglicherweise getäuscht hat. Es ist ziemlich seltsam, dass die Traube nicht in ein Land eingeführt wurde, das aufgrund seines Klimas dafür gut geeignet zu sein scheint. Wein gibt es hier nicht zu kaufen; und das Sakrament wird gespendet, indem eine Rosine in einen Kelch mit Wasser gepresst wird. Rosinen sind jedoch sehr knapp; und in manchen Kirchen vergingen Jahre ohne die Spendung des Sakraments, was ausschließlich auf das Fehlen einer einzigen Rosine zurückzuführen war.

In meiner Beschreibung von Attegrat habe ich es unterlassen zu sagen, dass, obwohl die Stadt selbst nicht mehr als zwanzig oder dreißig Häuser enthält, die Bevölkerung in der näheren Umgebung doch sehr groß ist; denn am Hang, hinter der Kirche, die ich gerade beschrieben habe, gibt es zahlreiche Dörfer, die in der Landessprache wahrscheinlich als unteres und oberes Attegrat , neues und altes, östliches und westliches Attegrat bekannt sind . Attegrat ist jedenfalls ihr Zentrum ; und gemessen an der Zahl der Eingeborenen, die man im und um das Lager herum sieht, und der Zahl der Häuser in den verschiedenen Dörfern, muss es eine Bevölkerung von sechs- bis achttausend Menschen geben, die in einem Kreis von drei bis vier Meilen von der Stadt entfernt angesiedelt sind.

Ich habe nun die allgemeinen Merkmale des Ortes beschrieben und werde diesen Brief schließen und absenden, obwohl es erst vier Tage her ist, seit ich meinen letzten Brief aufgegeben habe, und der Beginn der nächsten Post erst in acht Tagen angekündigt wird. Ich werde noch einmal für diesen Beitrag schreiben; Aber meine Erfahrung hat mich gelehrt, dass die Post hier eine dieser bezaubernden Unsicherheiten ist, auf die man nicht rechnen kann. Außerdem kann es sein, dass ich jeden Moment gezwungen bin, weiterzumachen; und in diesem Fall wäre es nicht abzusehen, wann mein nächster Brief Sie erreichen würde. Ich hoffe jedoch, Ihnen eine ausführliche Beschreibung des Besuchs des Königs von Tigre geben zu können, der morgen oder übermorgen erwartet wird.

Attegrat , 13. Februar.

Unsere große Weihnachts -Farcio -Pantomime mit dem Titel „Harlekin und der magische Durbar; oder der Botschafter, der Erzbischof und der barbarische Gefolge" wurde vor einem überaus amüsierten und zahlreichen Publikum gespielt . Der Titel war als „Der König, der Erzbischof usw." beworben worden . aber wegen der unvermeidlichen Abwesenheit des Hauptdarstellers wurde der Botschafter im letzten Moment für den König eingesetzt. Die Eröffnungsszene lässt sich wie folgt beschreiben: „Das Lager des fahrenden Ritters Sir Robert Napier, mit Blaubarts Schloss in der Mitte und der Stadt Attegrat und den Bergen im Hintergrund." Aufblühen der Trompeten! Ein Herold trifft ein, die Rolle wird von Major Grant übernommen, der erklärt, dass der König nicht in der Lage sei, persönlich zu kommen, um dem tapferen Ritter zu dienen, sondern dass er seinen lieben Bruder, den Großwesir, zusammen mit seinem Erzbischof geschickt habe, um dies zu gewährleisten der Ritter seiner Freundschaft. Trubel und Aufregung im Lager. Eine Pause. In der Ferne erklingt seltsame und barbarische Musik. Dies nähert sich allmählich, und dann tritt von der Rückseite von Blaubarts Schloss – von dem ich in meinem letzten eine ausführliche Beschreibung gegeben habe – die Spitze der Prozession ein, bestehend aus – drei Männern, die auf Kuhhörnern blasen. Diese wurden in die Enden langer Stöcke gesteckt und ähnelten im Aussehen stark den langen Hörnern, die frühere Herolde verwendeten. Ihr Sound ist äußerst düster. Als nächstes folgt ein Mann von großer Statur, der heftig auf eine Tom-Tom einschlägt. Als nächstes folgen Sie den Musketieren des Leibwächters; Kleid – schmutzige Kleidung, bunt drapiert; nackte Köpfe, frisiert und geölt; Waffen – alle Bühneneigenschaften, die bequem zur Hand sein könnten; alte portugiesische Luntenschlösser und neue Geflügelflinten aus Lüttich; doppelläufige Geschütze und Geschütze mit einem langen und häufig schiefen Lauf, von denen der größte Teil überhaupt nicht abgefeuert werden konnte. Als nächstes folgt der Botschafter des Königs auf einem Maultier mit prächtigen Schabracken aus geprägtem grünem und rotem Leder, der den Tiger wuchernd trägt, die Arme des großen Potentaten, seines Herrn. Der Botschafter ist wie sein Leibwächter in weißbraunes Tuch aus grober Baumwolle mit roten Enden gekleidet. Als Zeichen seiner Würde umhüllt er damit nicht nur seinen Körper, sondern auch seinen Mund und sein Kinn, ebenso wie die Häuptlinge hinter ihm. Um den Hals trägt er einen Pelzkragen mit langen Schwänzen. Der Botschafter des großen Königs ist barhäuptig. Sein Haar ist, wie es bei den Häuptlingen seines Volkes üblich ist, in einer Reihe kleiner Zöpfe angeordnet, die in parallelen Linien von der Stirn über den Kopf bis zum Nacken verlaufen. Dieser Stil scheint den assyrischen Flachreliefs im British Museum nachempfunden zu sein. Neben dem Botschafter des großen Königs reitet der Erzbischof auf einem Maultier mit ähnlicher Schabracke. Der Erzbischof ist in absolut weiße Gewänder gekleidet, mit dazu passendem Turban. Diese Würdenträger haben beide Steigbügel an ihren Sätteln, in denen nur die großen Zehen stecken, um, wie ich sagen würde, eine unmittelbare Gefahr für diese Glieder zu bedeuten, wenn das Maultier stolpern sollte. Hinter diesen großen Persönlichkeiten stehen die minderwertigen Häuptlinge. Diese reiten entweder aus Schamgefühl oder aus Mangel an Tieren zu zweit auf jedem Maultier. Dahinter folgen die Speerkämpfer der Wache zu Fuß. Ihre Zahl beträgt etwa dreißig und sie sind mit Lanze, Sichel und Schild bewaffnet. Als diese

Prozession die Ecke von Blaubarts Schloss fast umrundet hat, hält sie an, um auf die Ankunft eines Herolds des guten Ritters zu warten. Während dieser ganzen Zeit erklingt die barbarische Musik weiter und wird von Schwester Anne und Fatimah im Schloss sowie von den Frauen im ganzen Land mit einem langen Schrei auf einer einzigen Note beantwortet, der eine beträchtliche Zeit lang in zitternder Modulation gehalten wird . Dies ist ein Willkommensgruß seitens der Bevölkerung des Landes an den Botschafter des großen Königs. Während die Prozession stoppt, strömen die Soldaten des Knight Errant herbei, um sie zu inspizieren. Unregelmäßiger Soldatenchor: „Meine Güte, Bill, wenn das die Sorte Kerle sind, gegen die wir kämpfen, werden wir keine großen Probleme mit ihnen haben." Den Rest der Pantomime werde ich der Kürze halber so beschreiben, als wäre es ein reales Ereignis der Expedition gewesen; aber der Leser muss bedenken, dass das ganze Stück, seine Accessoires und Ausstattungen unendlich lustig und amüsant waren. Nach Rücksprache mit dem Oberbefehlshaber gingen Major Grant und Mr. Speedy der Prozession entgegen und führten sie durch das Lager zum Zelt von General Merewether. Während ihres Vormarsches ertönte die wilde Musik weiter und löste beinahe einen Ansturm aller Tiere im Lager aus. In der Zwischenzeit waren drei Kompanien des 33. Regiments, zwei des 10. NI, mit den Truppen beider Regimenter in einer Reihe vor und gegenüber von Sir Robert Napiers Zelt aufgestellt, wobei ein Abstand von etwa fünfzig Yards verblieb. An den Flanken der Linie wurden zwei Schwadronen der 3. Nordkavallerie und der Scinde- Pferdegruppe aufgestellt. Als alles fertig war, rückte der Zug mit bliesenden Hörnern und trommelnden Tom-Toms vor. An ihrer Spitze schritt Mr. Speedy, der fast 1,80 Meter groß ist und in seiner Hand ein Schwert trug, das fast so groß war wie er selbst. Als sich die Prozession näherte, spielten die Militärkapellen und die Truppen salutierten. Der Lärm in diesem Moment war erstaunlich. Die Bands spielten unterschiedliche Melodien, und die Kuhhörner und Tom-Toms spielten überhaupt keine Melodie. Mit einiger Mühe stellte Mr. Speedy seine zerlumpten Freischärler in eine Reihe und führte die beiden Botschafter, nachdem dies gelungen war, zum Zelt des Häuptlings. Das Zelt war eines der langen, schmalen Zelte, die „Eingeborenen- Routies" genannt wurden , und da es mit Scharlach ausgekleidet war, eignete es sich sehr gut für den Empfang. Sir Robert Napier saß mit aufgesetztem Helm an einem Ende. Die Botschafter wurden von Mr. Speedy vorgestellt, der als Dolmetscher fungierte, und nach einer tiefen Verbeugung schüttelten sie dem Chef die Hand. Dann setzten sie sich neben ihn auf den Boden; so viele Offiziere, wie ohne Gedränge Platz finden konnten, stellten sich an den Seiten des Zeltes auf und nahmen auch hinter Sir Robert Napier ihre Plätze ein, wobei die Rückseite des Zeltes ebenso offen war wie die Vorderseite. Das Gespräch begann damit, dass einer der Botschafter erklärte, „dass der König von Tigre, sein Bruder, ihn geschickt hatte, um dem britischen

Oberbefehlshaber seine Freundschaft zu versichern." Der König wäre persönlich gekommen, um Sir Robert zu begrüßen, aber er war gerade erst feierlich zum König ernannt worden, und es galt als strenge Etikette, dass er seine Hauptstadt dreißig Tage lang nicht verlassen sollte."

Sir Robert Napier antwortete, dass er sich sehr über die Zusicherung der Freundschaft des Königs freue; dass wir selbst mit den freundlichsten Absichten zu allen in Abessinien gekommen waren, mit Ausnahme nur derjenigen, die unsere Landsleute gefangen hielten; dass wir in unserem Fortschritt niemanden gewaltsam stören sollten; und dass wir, wenn unser Unternehmen beendet ist, sofort in unser eigenes Land zurückkehren sollten. Der Botschafter sagte : „Der König und alle im Land wünschten unserer Sache alles Gute; denn Theodor war ein Tyrann, der das ganze Land verwüstet und Tausende von Menschen ermordet hatte, darunter auch seine eigenen nahen Verwandten. Deshalb hoffte er, dass wir ihn für seine Bosheit bestrafen würden." Dann sagte er : „Der König war sehr darauf bedacht, Sir Robert zu sehen, und würde sich sehr freuen, wenn er ihm mitteilen würde, wie lange er voraussichtlich in Attegrat bleiben würde ." Der General antwortete, „dass er nicht sagen könne, wann er gehen solle; dass seine Vorbereitungen noch nicht abgeschlossen waren; aber wenn er in der Lage wäre, einen Tag für seine Abreise festzulegen, würde er, wenn der König es wünschte, eine Nachricht senden, um den König darüber zu informieren; aber er befürchtete, er könne dem König nicht rechtzeitig Bescheid geben, damit er rechtzeitig eintreffen könne." Der Botschafter gab daraufhin eine Erklärung ab, aus der hervorgeht, dass seine letzte Frage nicht ehrlich war *und* dass der König tatsächlich überhaupt nicht die Absicht hatte, zu kommen . Er sagte, „dass der König über eine große Armee verfügte – dass sie sich gut benahmen, solange er bei ihnen war , aber dass er sie nicht verlassen konnte, denn wenn er das täte, würden sie sich über das Land ausbreiten und die Bauernschaft unterdrücken." Der Häuptling antwortete: „Unter diesen Umständen konnte er die Abneigung des Königs, seine Armee zu verlassen, durchaus verstehen, hoffte jedoch, dass er bei seiner Rückkehr aus Magdala das Vergnügen haben würde, Seine Majestät zu treffen." Dann gab es eine Pause im Gespräch, und der Botschafter bat darum, zu erfahren, wann er gehen dürfe. Sir Robert antwortete, dass er ihm am frühen Morgen unsere Soldaten zeigen würde und dass er danach gehen könne, wann immer er wolle. Dann wurden dem Botschafter und dem Erzbischof ein paar unbedeutende Gegenstände als Zeichen der Freundschaft überreicht, und nachdem sie sich erneut verbeugt und Sir Robert Napier die Hand geschüttelt hatten, verabschiedeten sie sich und machten sich, umgeben von ihren Wachen, unter dem Lärm der Musik auf den Weg begrüßte ihre Ankunft. Am nächsten Morgen um sieben Uhr versammelte sich die gesamte Truppe zu einer Generalparade. Die Botschafter waren anwesend. Nachdem sie die gesamte Linie entlang geritten waren, nahmen der General und der Stab ihre Position an der Spitze ein, und das 33. Regiment wurde der Bajonettübung unterzogen, die sie außerordentlich gut durchführten, insbesondere wenn man bedenkt, dass die letzte Übung fast vier Monate her ist Es. Anschließend durchliefen sie die Zugübung; aber die Eingeborenen verstanden das überhaupt nicht. Sie hörten das Knacken der Schlösser, als die Sniders in schnellen Salven abgefeuert werden sollten. Als sie erfuhren, was getan wurde, glaubten sie es überhaupt nicht und sagten es deutlich und erklärten, dass so schnell keine Waffen abgefeuert werden könnten. Es ist sehr schade, dass eine kleine Anzahl Patronen nicht zerlegt und als Platzpatronen verwendet wurde; oder noch besser: Man hätte hundert Kugelpatronen an zehn Männer verteilt und sie so schnell wie möglich gegen einen Felsen am Hang abgefeuert. Gewicht ist natürlich kostbar, aber die Lektion, die diese hundert Patronen gelehrt hätten, wäre um jeden Preis billig erkauft worden. Es handelte sich eindeutig um eine Wirtschaft, die nur auf Pennys und Pfunde beschränkt war. Anschließend wurden die Stahlkanonenbatterien von Colonel Penn untersucht und diese feuerten einige Schüsse mit Platzpatronen ab.

Unsere wilden Besucher waren jedoch von der Artillerie mehr beeindruckt als von der Infanterie. Die Geschütze, sagten sie, seien klein und machten keinen großen Lärm; Die Infanterie war hübsch anzusehen, aber in einem hügeligen Land nutzlos, und auf ihre langen Reihen konnte man sehr leicht schießen. Diese Kritik ist sehr amüsant seitens der zerlumpten Wilden, über die ich einen irischen Soldaten der 33. Division sagen hörte: „ Und verdammt, es ist eine Schande, dass ich mein Gewehr auf solch eine elende Gruppe von Teufeln abfeuern müsste." völlig . Es wäre , als würde man einen wehrlosen Bastard töten ." Die allgemeine Stimmung im Lager zu diesem Thema war in der Tat die der Enttäuschung. Es war genau das Gegenteil von „der strengen Freude, die Krieger über Feinde empfinden, die ihres Stahls würdig sind". Wir hatten gehofft, dass wir, wenn wir kämpfen würden, gegen etwas auf die eine oder andere Weise Furchtbares kämpfen würden. Wir hatten viel über Theodores Armee gehört, die angeblich mit Gewehren bewaffnet und ausgebildet war, und wir hatten eine schwache Hoffnung, dass unser Feind nicht völlig verächtlich sein würde. Aber das erste Auftauchen abessinischer Soldaten hat jede solche Vorstellung völlig widerlegt. Mr. Speedy und unsere Dolmetscher versichern uns, dass es sich um ein gutes Beispiel abessinischer Truppen handelt. Falstaffs zerlumptes Regiment war für diese Bande von Wilden eine disziplinierte und regelmäßige Truppe. Was ihre Waffen angeht, würde ich aufgrund ihres Aussehens sagen, dass mindestens zwei Drittel bei der ersten abgefeuerten Salve platzen würden und für sie selbst unendlich gefährlicher wären als für alle anderen.

Während unsere Besucher von der Infanterie und der Artillerie wenig hielten, waren sie von der Kavallerie sehr beeindruckt. Das Scinde- Pferd und die 3. Eingeborenenkavallerie erhoben mehrere Angriffe, und sie gaben zu, dass diese auf ebenem Boden unwiderstehlich sein würden. Auch die Pferde selbst fielen ihnen besonders auf. In Abessinien gibt es nichts, was man mit aller Höflichkeit als Pferd bezeichnen könnte. Sie haben nichts weiter als kleine, grobknochige Ponys sowie Maultiere und Esel. Die Tiere der Kavallerie und des Stabes erscheinen ihnen daher als Wunderwerke an Stärke und Schönheit. Es ist erfreulich zu wissen, dass zumindest eine Waffengattung in den Augen unserer Militärkritiker Anklang fand, die jedoch sogar diese Anerkennung durch den Zusatz einschränkten, dass es unwahrscheinlich sei, dass Theodore auf dem Boden der Kavallerie gegen uns kämpfen würde konnte überhaupt aufladen. Daher wurde unsere Show als Show komplett weggeworfen, und sie sahen nichts von dem Einzigen, was sie beeindruckt hätte – nämlich eine Demonstration der Kräfte des Snider-Gewehrs.

Am nächsten Tag verabschiedete sich die Botschaft mit ihrer barbarischen Musik und den seltsamen, zitternden Schreien der Frauen, die im ganzen Land darauf antworteten. Es besteht immer noch die Möglichkeit, dass der König von Tigre selbst den Oberbefehlshaber entweder in Antalo oder an einem anderen Ort auf unserem Marsch dorthin trifft. Ich glaube allerdings kaum, dass er das tun wird. Diese einheimischen Könige sind untereinander im Allgemeinen so treulos und verräterisch, dass sie ihre Person nicht gerne in die Hände anderer legen. Da der Botschafter jedoch unbeschadet abreisen konnte, ist es durchaus möglich, dass der König seinen Mut aufbringt und eintrifft.

Das Folgende ist eine Zusammenfassung der Nachrichten von der Front, wie sie uns auf Befehl von General Napier mitgeteilt wurden:

„Im 9. Augenblick gingen bei General Merewether Briefe von Herrn Rassam und Dr. Blanc ein, datiert Magdala, 17. Januar, mit Anlagen von Herrn und Frau Flad , datiert King's Camp, 9. Januar. Alle Gefangenen werden aktuell gemeldet. Eine Truppenabteilung, die Magdala am 8. Januar verlassen hatte, hatte sich dem König in seinem Lager angeschlossen und hatte die Leitung einer Gruppe von etwa 400 Gefangenen erhalten, die sie vom Lager nach Magdala eskortieren sollten. Unter ihnen waren auch die inhaftierten Europäer. Man hatte ihnen die Beinfesseln abgenommen und ihnen Handschellen angelegt, damit sie marschieren konnten. Es heißt, Herr Rosenthal würde sie begleiten. Der König unternahm alle Anstrengungen , um die Straße zu bauen, arbeitete mit seinen eigenen Händen und ließ die freien Europäer helfen. Er hatte einige kleine Fortschritte gemacht und war am Grund des Tals des Djedda -Flusses angekommen. Herr Rassam geht davon aus, dass er Magdala etwa Ende Februar mit seinem Lager erreichen würde, obwohl er, wenn er Letzteres aufgibt, jeden Tag dort ankommen könnte. Die Menschen in Dalanta sind weiterhin unterwürfig; aber die von Davout hatten erneut rebelliert. Seine Soldaten hatten unter dem Mangel an Proviant und Transportmitteln gelitten. In Magdala wurde berichtet, dass Menilek , der König von Shoa , erneut nach Magdala aufgebrochen war und besser darauf vorbereitet war, gegen Theodorus vorzugehen als bei seinem vorherigen Besuch. Eine ausführliche Mitteilung eines der Gefangenen, die an seine Freunde in England geschickt und dort veröffentlicht wurde, hat auf irgendeine Weise das Lager des Königs erreicht und befindet sich in den Händen von M. Bardel . Es bestehen Befürchtungen, dass es dort zu Verletzungen kommen könnte."

Diese Briefe tragen nur wenig zu dem bei, was wir zuvor wussten. Unser letzter Rat sagte uns, dass Theodore nur einen einzigen Tagesmarsch von Magdala entfernt war – was übrigens in der Zusammenfassung durchgehend Magdalla geschrieben wird , aber Māgdālā ausgesprochen wird , das *a* , *das* auf Amharisch immer lang ist – und dass er es konnte Jederzeit kann er hineinreiten und die in dieser Festung eingesperrten Gefangenen holen oder die mit ihm Bewachten nach Magdala schicken. Er hat sich offenbar für die letztere Alternative entschieden. Die Gefangenen haben zumindest die melancholische Befriedigung, zusammen zu sein. Dass die Nachricht von unserem Kommen die Behandlung des Tyrannen mit ihnen in keiner Weise beeinflusst hat, zeigt die Tatsache, dass ihnen zwar die Fußfesseln abgenommen wurden, um ihnen das Marschieren zu ermöglichen, aber stattdessen Handschellen angelegt wurden.

Aus Gerüchten unter den Eingeborenen erfahren wir, dass seine Grausamkeiten grausamer sind als je zuvor. Frauen werden getötet, indem sie in Brunnen geworfen werden, in deren Grund Speere mit der Spitze nach oben befestigt sind. Männern werden hingerichtet, indem man ihnen zuerst die Füße, dann die Hände und dann die Beine an den Knien abhackt und sie dann als Nahrung für wilde Tiere zurücklässt. Ich bürge nicht für die Wahrheit dieser Geschichten; aber sie wurden von Deserteuren aus Theodores Lager mitgebracht und werden allgemein geglaubt. Ich vertraue aufrichtig darauf, dass wir auf keinen Fall einen Vertrag mit diesem Dämon schließen werden, der ihn vor der ihm zustehenden Strafe bewahren könnte.

Die große Frage hier ist erstens, ob Theodore kämpfen wird; und zweitens, was wir tun werden, wenn er uns bei unserer Ankunft anbietet, die Gefangenen als Preis für unsere sofortige Abreise auszuliefern. Was den ersten Punkt betrifft, kann ich nur wiederholen, was ich zuvor gesagt habe, nämlich dass ich der Meinung bin, dass er kämpfen wird, und ich denke, dass er in Magdala kämpfen wird. Die enorme Mühe, die er auf sich nimmt, um Kanonen nach Magdala zu transportieren, weist schlüssig auf dieses Ergebnis hin. Wenn er nur sein Gepäck und seinen Schatz nach Magdala tragen wollte, könnte er mit der ihm zur Verfügung stehenden Kraft leicht und spätestens in wenigen Tagen einen Saumpfad anlegen; aber er klammert sich an seine Waffen, und er kann sie nur so gebieterisch fordern, dass er ihretwegen monatelange Strapazen auf sich nimmt, um Magdala gegen uns zu verteidigen. Diese Wilden messen die Angriffskraft einer Waffe ausschließlich an ihrer Größe und am Lärm, den sie macht. Daher betrachtete Tigres Botschafter unsere Bergbahn als bloße Pop-Guns; und zweifellos glaubt Theodore, dass er mit den großen Kanonen, die seine europäischen Arbeiter geworfen haben, und mit der natürlichen Stärke der Festung den Angriffen der Engländer leicht widerstehen kann. Ich glaube, dass wir den König in Magdala finden und dort ankommen werden, wann wir wollen; und da er keine Bedingungen anbieten wird, die wir akzeptieren können, und da er der Forderung nach bedingungsloser Kapitulation, die wir mit Sicherheit stellen werden, nicht zustimmen wird, müssen wir schließlich den Platz im Sturm erobern. Die nächste Frage, wie unser Vorgehen aussehen wird, wenn er die Auslieferung der Gefangenen unter der Bedingung unseres sofortigen Rückzugs anbietet, ist eine Frage, auf die man nur sehr schwer eine Aussage treffen kann. Zweifellos hat Sir Robert Napier von zu Hause Anweisungen, die ihn in einem solchen Fall unterstützen sollen; aber ich kann mich nicht dazu durchringen zu glauben, dass diese Bedingungen akzeptiert würden.

Und nun zum Klatsch über diesen Ort. Die Abessinier werden von Reisenden in ihrem Land als intelligentes Volk gefeiert. „Intelligent" ist keineswegs das richtige Wort, noch ist „scharf" noch „niedlich"; Sie sind einfach die erpresserischsten Diebe, auf die das Licht der Sonne je schien. Früher waren die lebensnotwendigen Güter hier außerordentlich günstig. Mercher , der Tigre-Häuptling, der als Dolmetscher fungiert, erzählt mir, dass zum Beispiel Hühner für einen Dollar für vierzig Dollar gekauft werden könnten. Ich wage zu behaupten, dass es im gegenwärtigen Moment der teuerste Ort auf der bewohnbaren Welt ist. Ich habe gesehen, dass drei Eier für einen Dollar angeboten wurden. Dies war jedoch zu viel, um es auszuhalten, und derzeit beträgt der Zollsatz sieben; das heißt, so fast wie möglich acht Pence pro Stück für sehr kleine Eier. Ein normalgroßes Geflügel kostet einen Dollar; und wenn man gut verhandelt, kann man für diese Summe zwei sehr kleine und dünne Exemplare bekommen. Zwei Kürbisse kann man für einen Dollar kaufen; für einen Liter Milch wird ein Dollar verlangt, und ich habe gesehen, wie er gegeben wurde. Das Kommissariat gibt für etwa siebzehn Pfund Getreide einen Dollar; wenn wir es für unsere Pferde im Lager kaufen – wozu wir verpflichtet sind, da es für unsere Gepäcktiere keine Rationen gibt – müssen wir für etwa einen Dollar geben zwölf Pfund. Bevor wir hierher kamen, kostete ein gutes Maultier sieben oder acht Dollar; Dieser war auf zweiunddreißig oder dreiunddreißig gestiegen, zu dem die 3. Kavallerie eine beträchtliche Anzahl kaufte, und auf siebenunddreißig, den Durchschnittspreis, zu dem Kapitän Griffiths vom

Transportzug eine ganze Menge kaufte. General Merewether hat jedoch durch einen dieser meisterhaften *Streiche* , für die er sich so auszeichnet, den Marktpreis plötzlich um 25 Prozent erhöht, indem er für ein Los von vierzig, unter denen sich einige sehr gleichgültige Tiere befanden, jeweils fünfzig Dollar gab. Danach wird der aktuelle Preis natürlich bei fünfzig liegen, bis General Merewether einen weiteren Kauf für den öffentlichen Dienst tätigt. Danach lässt sich nicht vorhersagen, zu welchem Preis sie wahrscheinlich ankommen werden. Man kann durchaus sagen, dass sie hier billiger sind als in Ägypten; Das hat meines Erachtens überhaupt nichts mit der Frage zu tun, ebenso wenig wie die Aussage, sie seien billiger als am Nordpol. Die Leute waren bereit, sie für siebenunddreißig Dollar für gepflückte Tiere zu verkaufen; Warum also den Markt verderben, indem man fünfzig gibt? Es wird darauf hingewiesen, dass es uns an Maultieren mangelt und dass wir sie dazu bewegen werden, größere Mengen einzusenden, indem wir ihnen noch mehr anbieten, als sie verlangen. aber ich kann nicht zustimmen, dass es so ist. Zuvor mussten wir 700 Prozent mehr als ihren gewöhnlichen Preis zahlen, und dies würde für die Besitzer von Maultieren im Umkreis von hundert Meilen – und gute Maultiere sind nicht alltäglich – eine ausreichende Versuchung darstellen, sie mitzubringen. Jedes Maultier, das für diesen Zweck geeignet war, hätte es getan Kommen Sie herein, und wenn Sie 900 Prozent zahlen, können wir nichts mehr bekommen. Eine Quelle der Verärgerung wurde – das kann ich gerne sagen – wenn nicht unterdrückt, so doch zumindest gerügt. Nach der Parade ritt neulich der Oberbefehlshaber zur Kirche, begleitet von den meisten berittenen Offizieren. Es wurde die übliche Forderung eines Dollars als Kopfgeld gestellt, die Sir Robert völlig zu Recht ablehnte, und durch den Dolmetscher sagte er dem Priester ein paar passende Worte über die Geldwechsler im Tempel. Aus diesem Grund weigerte er sich, wie er sagte, die Zahlung eines Dollars als Vorauszahlung zuzulassen, versprach aber, dass er nach seiner Rückkehr aus Magdala ein Altartuch in der Kirche überreichen würde.

Ich habe nicht erwähnt, dass für Ochsen, für die wir selbst bei den enorm erhöhten Preisen in Senafe sechseinhalb Dollar zahlten, hier sechzehn und siebzehn Dollar berechnet werden; und dies, da die Ebenen in vielen Fällen Tausende und Abertausende enthielten. Natürlich ist es eine große Frage, inwieweit wir eine solche Erpressung ertragen sollten. Es ist sicher, dass die Franzosen dies unter ähnlichen Umständen nicht tun würden; Aber andererseits war der Erfolg der Franzosen gegen die einheimische Bevölkerung im Großen und Ganzen nicht glänzend; ihr Fall ist daher kein Argument für sie . Wenn wir uns dafür entscheiden würden, das zu nehmen, was wir brauchten, und als Bezahlung den fairen Landespreis oder sogar das Doppelte anzubieten, könnten wir das natürlich tun und bei Bedarf ganz Tigre verprügeln; Aber würde es sich auszahlen, wenn man es rein finanziell betrachtet? So sehr ich Erpressung hasse, so sehr ich die Nation der Diebe, durch die wir reisen, auch sehr gerne bestrafen würde, glaube ich dennoch nicht, dass es sich lohnen würde. Es ist schwer, von einem halbnackten Wilden betrogen zu werden; Aber es ist besser, sich damit abzufinden, als die Menge an Arbeit , Angst und Verlust auf sich zu nehmen, die Wilde unter unseren gegenwärtigen Umständen für uns mit sich bringen könnten. Sie betreiben derzeit einen florierenden Handel, indem sie uns einen Teil der Dächer ihrer Häuser verkaufen. Das klingt seltsam, ist aber absolut die Tatsache. Zwischen diesem und Senafe – einer Entfernung von vierzig Meilen – ist kein einziger Baum zu finden, der für Telegraphenmasten verwendet werden könnte: Die Ingenieure waren völlig ratlos. Schließlich kamen wir auf den Ausweg, den Eingeborenen Stangen abzukaufen, und es wurde ihnen ein Angebot gemacht, ihnen für jeweils sechs Stangen einen Dollar zu geben. Seitdem verfügt Mr. Speedy, der die Verhandlungen übernommen hat, über einen vollständigen Aufmarsch von Eingeborenen mit Stangen. Diese Stangen sind vollkommen gerade und müssen vierzehn Fuß lang sein; Sie sind dünn, viel dünner als gewöhnliche englische Hopfenstangen, und zum oberen Ende hin sind sie sehr dünn. Die Eingeborenen verwenden sie für die Dächer ihrer Häuser; aber woher sie sie bekommen oder welcher Baum sie liefert, ist derzeit ein Rätsel; Sicherlich habe ich seit meiner Ankunft in diesem Land keinen Baum gesehen, der überhaupt auf die gleiche Weise wächst. Einige dieser Stangen sehen frisch geschnitten aus, andere sind jedoch alt und wurden offensichtlich in Hausdächern verwendet. Sie wären bei weitem nicht stark genug für einen gewöhnlichen Telegraphendraht, können aber problemlos den hier verwendeten feinen Kupferdraht tragen.

Herr Speedy wurde vom Oberbefehlshaber gebeten, die einheimische Kleidung zu tragen; und sein Aussehen, obwohl es für den einheimischen Geist zweifellos sehr imposant ist, wirkt für ein europäisches Auge doch äußerst komisch. Stellen Sie sich einen 1,80 m großen Herrn vor, der eine Brille trägt, ein rotes Taschentuch über dem Kopf trägt und sich mit einem einheimischen Strohschirm beschattet. Um den Hals trägt er den Pelzkragen mit Frack, den ich bereits als Teil der Insignien eines Häuptlings erwähnt habe; über seinen Schultern liegt die einheimische weiße Stoffumhüllung mit roten Enden; Darunter befindet sich ein langes farbiges Seidengewand; und darunter die britischen Hosen und Stiefel. Mr. Speedy ist ein toller Kerl und bei allen ein Favorit . aber sein Erscheinen löst im Moment fast unwiderstehlich Lachen aus.

Das Klima dieses Ortes ist so perfekt wie möglich. Tagsüber ist es nicht so heiß wie in Senafe , obwohl das Thermometer heute um elf Uhr auch hier in einem einzigen Glockenzelt 110° anzeigte. Aber es weht fast immer eine frische Brise; und außer zwischen neun und zwölf, wenn der Wind im Allgemeinen nachlässt, ist es nie zu heiß zum Wandern. Nachts ist es nicht so kalt wie in Senafe ; Denn obwohl das Glas auf 36° oder 37° sinkt, gibt es nachts keinen Wind und nur sehr wenig Tau, so dass man die Kälte nicht so spürt wie in Senafe . Es ist wirklich ein herrliches Klima; Und obwohl 110° in einem Zelt heiß klingen, ist das Hitzegefühl nicht annähernd das eines schwülen Julitages in England. Wild gibt es hier nicht, mit Ausnahme der Hasen, die sehr zahlreich vorhanden sind. Major Fanshawe von der 33. Brigade ging neulich nachmittags mit seinem Gewehr hinaus und kam ein paar Stunden später mit einem Sack neunzehn Hasen zurück, ein fast beispielloser Sport für zweistündiges Schießen in einem unberührten Land. Die Eingeborenen bringen Leopardenfelle zum Verkauf, wo sie sie erschießen Ich kann nicht sagen. Sie finden keine Käufer, denn die erlaubte Gepäckmenge ist so gering und wird jenseits von Antalo kleiner sein , dass sich niemand mit einem Pfund unnötigem Gewicht belasten wird.

Der 33. ging vor drei Tagen nach vorne, und Sir Robert Napier selbst startete im 17. Moment für Antalo . Wenn das 4. Regiment rechtzeitig eintrifft, wird es ihn begleiten. Ich schließe meinen Brief ziemlich hastig, da ich gerade gehört habe, dass drei Tage vor dem regulären Paket eine Post eintrifft.

Der Oberbefehlshaber hat seit seiner Abreise vom Meer den Wunsch gezeigt, unsere Ziele in jeder Hinsicht voranzutreiben. Wir wurden eingeladen, beim Empfang des Tigre-Botschafters anwesend zu sein, und Sir Robert schickte uns freundlicherweise eine *Zusammenfassung* der von Magdala erhaltenen Informationen. Ich bin sowohl für meine Leser als auch für mich selbst sehr froh, dass ich in Zukunft keine Angst mehr haben muss, im Dunkeln gelassen zu werden oder von der Begleitung einer Expedition ausgeschlossen zu werden, die zu Fuß stattfinden könnte. Umso mehr freue ich mich, sagen zu können, dass sich auch die Position der Außenbeauftragten verbessert hat. Sie sind jetzt alle hier vorne, und einer der preußischen Offiziere wurde in den persönlichen Stab des Chefs versetzt. Das ist viel mehr, als es sein sollte. Da wir nun einigermaßen vorankommen, werden Wetten hinsichtlich des Datums unserer Ankunft in Magdala frei ausgetauscht. Der erste Mai ist die Lieblingszeit . Ich glaube kaum, dass wir so schnell dort sein werden, aber ich muss die Diskussion der Vor- und Nachteile auf meine nächste verschieben.

Attegrat , 17. Februar.

Seit ich vor drei Tagen meinen Brief abgeschickt habe, ist nichts Bedeutsames passiert; Gleichzeitig vergeht hier kaum ein Tag, an dem nicht ein mehr oder weniger interessantes Ereignis stattfindet. Ein Flügel und das Hauptquartier des 4. Regiments sind einmarschiert und haben den Platz des 33. Regiments eingenommen. Die Beloochees sind hier, und ein Teil von ihnen hat bereits begonnen, die Straße zu verbessern. Am 15. hatten wir im Lager eine ziemliche Sensation. Zwei Elefanten trafen ein und innerhalb weniger Minuten strömten 2000 oder 3000 der Eingeborenen umher. Anfangs hielten sie sich vorsichtig auf Distanz, aber ermutigt durch den Anblick der Europäer, die um sie herumstanden und den Tieren Keksstücke reichten, näherten sie sich allmählich und unterhielten sich in einem Tonfall der Bewunderung und Verwunderung, wobei sie alle ihre weißen Zähne zeigten , so wie sie sind ihr Brauch. Doch plötzlich drehte sich einer der Elefanten, der diesen ganzen Tumult nicht gutheißen wollte, plötzlich um, den Rüssel hoch in die Luft gereckt, und trompetete laut. Die Eingeborenen zerstreuten sich augenblicklich und die Menge flog in alle Richtungen, als ob eine Höllenmaschine in ihrer Mitte explodiert wäre. Nach und nach versammelten sie sich wieder, wagten es aber nie wieder, in die gewohnte Nähe der Elefanten zu kommen. Gestern traf die G-14-Artilleriebatterie ein und löste bei den Einheimischen eine Bewunderung aus, die unsere Gebirgsgeschütze überhaupt nicht hervorrufen konnten. Bei den Geschützen handelt es sich um Zwölfpfünder, die bis hierhin auf Rädern gebracht wurden, eine Tatsache, die gleichermaßen für die Praktikabilität der Straße und für die Energie und Ausdauer ihrer Offiziere und Männer spricht. Vielerorts mussten die Geschütze die Straße verlassen und mussten mühsam mit Flaschenzug und Handspikes hochgezogen werden. Beim Abstieg in dieses Tal, den ich in einem früheren Brief beschrieben habe, war die entlang der Hügelwand eingeschnittene Straße nicht breit genug für die Räder, und die Geschütze mussten mit Flaschenzug den steilen Abstieg in den Talboden hinabgelassen werden . Drei Stunden waren damit beschäftigt, die sechs Geschütze niederzuschlagen. Wahrscheinlich werden sie mit ihren Kutschen nicht weiter als bis nach Antalo fahren , aber drei werden von dort auf Elefanten mitgenommen; die anderen drei werden, jedenfalls vorerst, hier bleiben. Dieses Lager wird derzeit in eine befestigte Position umgewandelt. Die Linien wurden von Major Pritchard von den Ingenieuren angelegt, und das 4. Regiment arbeitet derzeit daran. Dieses Regiment zieht morgen weiter, aber das nächste, das seinen Platz im Lager einnimmt, wird die Arbeit fortsetzen. Die Schanzen umfassen nicht das gesamte heutige Lager, da die Zahl der hier dauerhaft stationierten Männer natürlich deutlich geringer sein wird als derzeit. Die Leitungen werden die Vorräte des Kommissariats und einen Teil der Wasserbecken umgeben; Sie verlaufen auch um den Gipfel eines steilen Felsvorsprungs im hinteren Teil des Lagers herum und könnten, wenn sie auf diese Weise verstärkt würden, von 200 Mann gegen 500 ähnlich bewaffnete und disziplinierte Mann und somit gegen eine beliebige Anzahl von Abessiniern verteidigt werden. Sogar jetzt, wo wir eine starke Truppe hier haben, sind die Leute überaus übermütig, und ich habe kaum Zweifel daran, dass es einen mehr oder weniger wichtigen Streit geben wird, wenn sie nur eine kleine Truppe hier stationiert sehen.

Es vergeht kaum ein Tag, an dem sie nicht wegen irgendetwas ihr Kriegsgeschrei erheben. Es kommt zu einigen Streitereien wegen unseres Rasenmähens; andere über Holz; andere darüber, dass sie darauf bestanden, durch das Lager zu wandern; und über all diese und mehrere andere Punkte wurden Schläge mit Fäusten und Stöcken ausgetauscht. Der edle Abessinier ist durchaus bereit, uns jede Menge Heu zu fällen und zu verkaufen und uns dafür einen überaus lukrativen Preis zu verlangen. Aber obwohl wir für das Privileg eine volle Summe versprochen und auch bezahlt haben, lehnen sie es entschieden ab, dass unsere eigenen Männer Heu schneiden, obwohl es für sie überhaupt keinen Nutzen hat. Folglich ist immer eine Wache verpflichtet, mit der Haupttruppe der Grasschneider mitzusenden. Alle kleinen Gruppen, die näher am Lager als auf den normalen Grasebenen auf Futtersuche gehen, werden von den Eingeborenen gewarnt und zurückgedrängt. In dieser Angelegenheit gab es zahlreiche Auseinandersetzungen, und in einigen Fällen haben die Eingeborenen tatsächlich das Gras angezündet, anstatt uns zu erlauben, es zu schneiden. Wenn sie es wagten, würden sie nicht zulassen, dass auch nur sie selbst einen Grashalm schnitten. Es stellen sich die gleichen Fragen wie beim Holz. Sie bringen selbst große Mengen Brennholz zum Verkauf mit, lehnen es jedoch entschieden ab, dass unsere Männer es selbst einsammeln, obwohl es natürlich nicht den Anschein hat, dass unser Sammeln von trockenem Holz ihnen in irgendeiner Weise schaden könnte . Zu diesem Thema gab es gestern ein großes Getöse. Zwei Männer waren hinausgegangen, um trockenes Holz zu holen, und ein Priester und zwei oder drei Eingeborene kamen heraus und befahlen ihnen, wegzugehen. Der Priester sagte ihnen, dass der Hain, in dem sie das Holz sammelten, heilig sei und sie es daher nicht nehmen dürften. Die Männer verstanden natürlich kein Wort von seinem Wort und brachten ihre Entschlossenheit zum Ausdruck, ihr Holz wegzunehmen. Dann forderte er sie als Christen auf, davon Abstand zu nehmen, und die Männer, die Hindus waren , machten beim Namen „Christen" Gesten der Verachtung oder des Abscheus. Dann wurde ein Angriff auf sie durchgeführt; aber viele dieser Syker sind bemerkenswert starke, aktive Kerle, und in sehr kurzer Zeit stellten die Abessinier fest, dass sie weit mehr als ihresgleichen getroffen hatten. Sie erhoben ihren Schlachtruf, und noch mehr Eingeborene eilten herbei, und die Hindus hätten das Schlimmste davongetragen, wenn nicht ein weiterer Grasschneider mit einer Waffe aufgetaucht wäre. Dann zogen sich die Hindus zurück, gefolgt von einer Menge wütender Abessinier. Als sie das Lager erreichten , versuchten die Abessinier, ihnen ins Lager zu folgen, und es musste ein freier Schlagabtausch stattfinden, bevor ihr Ausschluss aufrechterhalten werden konnte. Nur der Priester wurde eingelassen, und anstatt sich ruhig zu verhalten, rannte er schreiend und gestikulierend umher, bis ihn einer der Lagerpolizisten packte und nach einem Kampf gefangen nahm. Als Sir Robert Napier, der gerade unterwegs war, ins Lager kam, untersuchte er die ganze Angelegenheit; und als er feststellte, dass die Syker Unrecht hatten, indem sie die Religion des Volkes beleidigt hatten, befahl er ihnen, jedem ein Dutzend Peitschenhiebe zu geben. Aber hier zeigten sich die Abessinier wirklich als Christen, denn der Priester und seine Zeugen, die alle Spuren der erlittenen Scharmützel trugen, knieten nieder und sagten, sie würden nicht aufstehen, wenn den Schuldigen nicht vergeben würde, was sie dementsprechend auch taten. Das war sicherlich eine bemerkenswerte Eigenschaft. Hier waren Männer, die glaubten, dass sie selbst und ihre Religion beleidigt worden waren, und die wirklich und wahrhaftig schwer verprügelt worden waren, während ihre Wunden noch frisch waren, und die um Vergebung für ihre Feinde baten. Ich glaube, nur sehr wenige europäische Christen hätten das getan. Es ist erfreulich, im Charakter dieser Nation von Erpressern einen erlösenden Punkt zu finden. Man kann ihnen auch sagen, dass sie ein sehr fröhliches Volk sind und stets ein breites Grinsen auf den Lippen haben. Streitigkeiten untereinander sind äußerst selten; Zumindest habe ich seit meiner Ankunft in diesem Land keinen einzigen Streit gehört.

Auch die Abessinier sind Männer mit einer ausgeprägten sportlichen Neigung. Sie wetten frei auf die Geschwindigkeit eines Pferdes oder die Genauigkeit seines Ziels. Sie wetten auch zu Bedingungen, unter denen nur sehr wenige Engländer eine Wette abschließen würden. Sie wählen einen Richter, und der Richter, der gewinnt, übernimmt den Einsatz, wobei der Verlierer natürlich zahlt. Dieses Wettsystem, bei dem man verlieren und nicht gewinnen kann, ist meines Wissens beispiellos und würde, wenn es in England eingeführt würde, mehr dazu beitragen, das Glücksspiel zu unterbinden, als alle Gesetze, die das Parlament verabschieden könnte, bewirken würden in hundert Jahren. Man kann ihnen auch sagen, dass diejenigen, die sie am besten kennen, sie am liebsten mögen, und ein stärkeres Argument für sie könnte kaum ins Feld geführt werden. Dennoch kämpfen sie zweifellos gern, teils vielleicht um seiner selbst willen, teils weil es ihnen offensichtlich unmöglich wäre, die ganze harte Arbeit des Ortes auf die Schultern der Frauen und Kinder abzuwälzen Da sie Krieger waren, hatten sie das Recht, nichts zu tun, es sei denn, sie kämpften tatsächlich ab und zu ein wenig.

Heute Morgen gab es wieder einen Krach, der zeitweise wirklich zu Kämpfen drohte. Einer der Eingeborenen kam in unsere Reihen, als die Männer an den Verschanzungen arbeiteten. Der Polizist – ein mit einem Stock bewaffneter Soldat – warnte ihn zurück; aber er weigerte sich zu gehen. Nachdem er mehrmals gesprochen hatte, schubste ihn der Posten. Daraufhin zog der Eingeborene sein Schwert und stürzte sich auf den Soldaten, der ihn jedoch mit einem gewaltigen Schlag seines Stockes traf, der ihn mit gebrochenem Kopf rückwärts in den Graben warf. Der Mann stieß seinen Kriegsschrei aus, und die Eingeborenen strömten herbei, schrien und schwangen ihre Speere. Sie weigerten sich, sich auf Befehl des Offiziers zurückzuziehen, und drohten weiterhin mit einem Angriff, bis Oberst Cameron fünfzig seiner Männer befahl, Bajonette zu laden und zu befestigen, und den Eingeborenen sagte, dass er seinen Männern den Vormarsch befehlen sollte, wenn sie sich nicht zurückzogen . Das war ausreichend; und der Platz wurde schnell geräumt. Diese kleinen Unruhen , obwohl sie an sich unbedeutend sind, zeigen doch hinreichend, dass die Eingeborenen eine äußerst unabhängige Rasse sind und bei der kleinsten Provokation durchaus zu einem Kampf bereit sind. Gegenwärtig sind wir so stark, dass wir jeden offenen Angriff ihrerseits zu einem hoffnungslosen Unterfangen machen können; aber wenn auf diesem Posten nur noch vier- oder fünfhundert Mann übrig sind, würde es mich überhaupt nicht wundern, wenn die Eingeborenen wegen der einen oder anderen Kleinigkeit mit uns in Streit geraten würden. Die drei Kanonen, die hier zurückgelassen werden sollen, werden zweifellos eine heilsame Wirkung haben. Die Eingeborenen wundern sich über sie und sagen, sie seien viel größer als die von Theodore.

Drei der Offiziere des 4. Regiments sahen neulich bei Fokado eine Operation, die von Bruce beschrieben, aber von allen nachfolgenden Reisenden und von den Abessiniern selbst bestritten wurde . Dabei wurde ein Steak aus dem Körper eines lebenden Ochsen geschnitten. Sie trafen auf die Eingeborenen, als diese gerade dabei waren, es auszuführen. Der unglückliche Ochse wurde niedergeworfen und seine vier Beine wurden zusammengebunden. Anschließend schneidet der Operateur einen Schnitt in die Haut in der Nähe der Wirbelsäule, direkt hinter dem Hüftgelenk. Er blies hinein, um die Haut vom Fleisch zu trennen, schnitt dann zwei weitere Einschnitte im rechten Winkel zum ersten und hob dann einen Hautlappen von vier bis fünf Zoll im Quadrat an. Daraus schnitt er ein Stück Fleisch heraus und schnitt mit dem Messer unter die Haut, so dass die herausgenommene Fleischmenge größer war als der unbedeckte Teil. Dann füllte der Bediener das Loch mit Kuhmist auf, ersetzte den Hautlappen, verputzte ihn mit Schlamm, band die Füße des armen Tieres los, das während der Operation leise gestöhnt hatte, und versetzte ihm einen Tritt um es zum Aufstehen zu bringen, und die ganze Sache war vorbei. Ich sollte erwähnen, dass der Operateur zwei oder drei Schnittwunden in der Nähe der Wunde verursachte, offenbar als Zeichen dafür, dass das Tier an dieser Stelle operiert worden war. Die Beamten stellten fest, dass mehrere andere Rinder derselben Herde auf genau die gleiche Weise gekennzeichnet waren. Sie kehrten nach einer halben Stunde zurück und fanden das Tier ruhig herumlaufen und fressen. Ich habe nicht erwähnt, dass es zum Zeitpunkt der Operation nur sehr wenig geblutet hat. Es ist sicherlich sehr seltsam, dass Bruces Geschichte, die immer als Reisegeschichte galt, nach so vielen Jahren bestätigt wurde. Alle Reisenden haben dies bestritten. Mr. Speedy, der ein Jahr unter ihnen war, erzählt uns, dass er nie etwas davon gesehen oder gehört habe und dass die Abessinier, bei denen er sich nach der Wahrheit von Bruces Aussage erkundigt hatte, diese immer höchst empört geleugnet hätten, und zwar tatsächlich hatten behauptet, dass es völlig im Widerspruch zu ihrer Religion stünde, da sie sich strikt an das mosaische Gesetz halten, kein Fleisch zu essen, es sei denn, die Kehle des Tieres wurde durchgeschnitten und das Blut konnte austreten. Anatomen haben die Möglichkeit bestritten, dass ein Tier nach einer solchen Operation noch laufen könnte. Hier jedoch war die unbestreitbare Tatsache. Die Operation wurde durchgeführt und der Ochse ging danach. Es ist wahr, dass dies möglicherweise nicht von den eigentlichen Abessiniern getan wurde. Möglicherweise handelte es sich bei der Gruppe um einen umherziehenden Stamm aus dem Tiefland, der zu Handelszwecken hergekommen sein könnte. Es ist sehr bedauerlich, dass weder Mr. Speedy noch einer der Dolmetscher zur Stelle waren, um herauszufinden, zu welchem Stamm diese Wilden genau gehörten.

Ich kann Ihnen keinen zuverlässigen Bericht über den Besuch von Major Grant beim König von Tigre geben. Er wurde, wie ich weiß, gastfreundlich empfangen, und die Reiter des Königs vollführten verschiedene Kunststücke, wie zum Beispiel das Ein- und Ausreiten zwischen Stangen und das Hieben auf sie; aber ich bin nicht in der Lage, mehr zu sagen, da Sir Robert Napier, zweifellos aus einem guten Grund, der mir nicht bekannt ist, es uns verweigerte, den Bericht von Major Grant einzusehen oder uns eine *Zusammenfassung* davon zu geben. Es wird immer noch berichtet, dass der König selbst dem General entgegenkommt, und als vereinbarter Ort wird ein Ort genannt, der zwei Tage auf unserem Marsch nach Antalo liegt. Wir hören sogar, dass der König von Adowa aus zu diesem Ort aufgebrochen sei; aber ich gestehe, dass ich nicht viel Vertrauen in sein Kommen haben werde, bis ich seine düstere Majestät sehe. Dennoch tun diese sehr schlüpfrigen Männer immer genau das, was man von ihnen nicht erwarten würde; und nur aufgrund dieser Theorie ist es durchaus möglich, dass Kassa *in propriâ* erscheint *personâ* . Wenn er kommt, wird es zweifellos eine viel stattlichere Angelegenheit sein als die Pantomime, die ich in meinem letzten Brief beschrieben habe, und ich hoffe, dass unsere Elefanten und Kanonen Seiner Majestät die Augen für die Tatsache öffnen werden, dass wir ein Volk sind, das es sein würde wesentlich sicherer, wenn man es in Ruhe lässt.

Ich war heute auf der wöchentlichen Messe in Attegrat . Ich war letzten Montag auch dort, hatte aber in meinem letzten Brief keinen Platz für die Beschreibung. Einen amüsanteren Anblick habe ich selten oder nie gesehen. Etwa zwei- bis dreitausend Menschen müssen anwesend gewesen sein. Der Jahrmarkt oder Markt, wie er meiner Meinung nach genannt werden sollte, findet auf einem flachen Felshang auf der anderen Seite des Dorfes statt, und dieser ist so dicht gedrängt, dass man sich nur mit Mühe zwischen den hockenden und stehenden Gruppen bewegen kann. An einem Ende befindet sich der Viehmarkt. Die Anzahl, die jeder Viehzüchter auf den Markt bringt, ist nicht groß (selten mehr als zwei oder drei), und dort stehen sie in kleinen, ruhigen Gruppen, umgeben von ihrem Herrn und mehreren seiner Freunde, und lassen sich ebenso gut befühlen, kneifen und untersuchen Die besterzogene englische Kuh würde genügen. Auch hier sind die Esel, kräftige kleine Tiere, nicht viel größer als ein Neufundländer, aber fast so schwer wie ein Maultier. Ich wundere mich, dass unser Transportkorps nicht viele davon für den Transport von Kommissariatsvorräten kauft. Sie nehmen jeweils zwei Säcke mit, also 150 Pfund wiegen, und benötigen keine Sättel, denn die Säcke werden lediglich auf ihre breiten kleinen Rücken gelegt und dort mit ein paar Fellstreifen festgeschnallt; Sie benötigen kein Getreide und sehr wenig Heu und kosten nur fünf oder sechs Dollar. Es können beliebig viele davon erworben werden. Diese stehen ebenso wie die Ochsen sehr ruhig da und scheinen gegenüber einem möglichen Wechsel ihres Besitzers völlig gleichgültig zu sein. Nicht selten haben sie Junge an ihrer Seite, kleine runde, raue Tiere mit unverhältnismäßig langen Ohren und struppigem Fell. Die Ziegen scheinen die Dinge weniger gleichgültig zu nehmen. Ihre Herren bemühen sich , sie in kleinen Kreisen zu halten, mit dem Kopf zur Mitte hin ; aber sie versuchen fortwährend, dieser Vereinbarung zu entkommen und ihr einen Riegel vorzuschieben. Sie meckern ständig, um gegen das ganze Vorgehen zu protestieren. In ihrer Nähe befindet sich der Getreidemarkt. Hier sind Männer und Frauen mit ihren Getreidesäcken, die aus Ziegenfellen zusammengenäht sind und nur am Hals eine Öffnung haben. Sie sitzen überall herum, während die Käufer zwischen ihnen umhergehen und die Proben mit einer Ernsthaftigkeit und Aufmerksamkeit inspizieren, die die Mark-Lane nicht in Misskredit bringen würden. Ihre Käufe werden wahrscheinlich nicht mehr als zwei oder drei Pfund wiegen, aber sie gehen dabei genauso vorsichtig vor wie ein Brauer, der ein Gebot für eine Schiffsladung abgeben würde. Das Getreide besteht fast ausschließlich aus Gerste, und zwar aus herrlicher Gerste. Daneben gibt es jedoch noch eine Vielzahl anderer Getreidearten, deren Namen ich nicht kenne. Die Einheimischen destillieren aus ihrer Gerste einen Schnaps, der geschmacklich irgendwo zwischen Gin und Holland angesiedelt sein soll . Ich habe noch keines probiert. Sehr dicht ist das Gedränge um einen Parsen des Kommissariats, der für neunzehn Pfund alles aufkauft, was er für die Regierung für einen Dollar bekommen kann. In seiner Nähe ist eine weitere kleine Menschenmenge: Hier ist ein anderer Commissariat- *Angestellter* ebenfalls damit beschäftigt, Ghee – also geklärte oder gekochte Butter – für die einheimischen Truppen aufzukaufen. Es sieht nicht sehr schön aus, und was den Anblick nicht angenehmer macht, ist, dass die Frauen, wenn sie die Gläser in die Fässer des Kommissariats geleert haben, diese stets mit den Händen auswischen und sich dann den Rest auf den Kopf kleben. Ein Abessinier hält sich nicht für angemessen gekleidet, es sei denn, sein Haar glänzt mit Öl, ist nicht aufgetragen oder eingerieben, sondern verklebt und läuft ihm über den Hals, während die Sonne es schmilzt. Die Idee ist unserer Meinung nach zwar nicht angenehm, aber Geschmackssache. Wenn ein Abessinier wirklich eine große Wirkung erzielen will, verwendet er Butter, kein Ghee, und trägt sie auf, bis sein Kopf so weiß ist wie der eines Londoner Lakaien. Dann ist er sich bewusst, dass er es tatsächlich getan hat, und geht mit einer Würde, die seinem Aussehen entspricht. Es gab mehrere Wellen aus dieser Zeit, die also auf dem Markt aufgestanden waren, und als sie unter dem Schutz ihrer Strohschirme standen – denn die Sonne würde sie schmelzen und den ganzen Effekt zerstören – konnte ich nicht umhin, die verschiedenen Formen zu bewundern und zu bewundern menschliche Eitelkeit braucht.

Etwas weiter war der Stoffmarkt. Hier verkauften Frauen und Männer die schwarzen Decken, die fast alle Frauen hier tragen, zusätzlich zu den verzierten Fellen, die die einzigen Kleidungsstücke der Senafe- Frauen bilden. Diese sehr großen Decken werden um den Körper gewickelt getragen und mit einer großen Eisennadel an einer Schulter befestigt. Die Decken sind grob und dünn und spenden nur wenig Wärme. Die Beamten haben jedoch große Mengen für ihre Bediensteten gekauft, denen die Kälte nachts sehr zu schaffen macht. Wenn wir ein paar Tage stationär sind, bauen die Anhänger eine Art Zelt mit Sackleinen und Kleidung auf, aber auf dem Marsch müssen sie natürlich im Freien schlafen. In der Nähe der Deckenverkäufer für die Frauen stehen die Verkäufer von weißen Baumwolltüchern für die Männer. Das sind immer Männer; Ich habe keine Frau gesehen, die sich mit dem Verkauf von Stoffen beschäftigte. Ich habe keinen Zweifel, dass sie es auf den Markt tragen, aber die Männer nehmen den Verkauf selbst in die Hand. Dies ist vielleicht der geschäftigste Teil der Messe. Aber darüber hinaus kommen wir zum größten und bei weitem amüsantesten Teil von allen. Dies ist der Sonstiges-Markt. Den mit Abstand größten Anteil daran nehmen Gemüse und Kräuter ein. Hier sind Frauen und Mädchen mit Kräutern aller Art und Art, von denen ich tatsächlich nur sehr wenige wusste, die ich vorher kannte. Auch hier sind Frauen mit Tabak, sehr grob und grob zerteilt, statt geschnitten. Der Tabak wird natürlich in den Schalen transportiert, die in diesem Land als Behältnisse für alles gelten. Hier sind Männer mit Salz, die in Form und Aussehen dem Schleifstein eines Rasenmähers sehr ähneln. Diese dienen als Geld und werden für einen Dollar in so vielen Mengen auf den Boden gelegt, aber wenn der Verkäufer sieht, dass sich ein Europäer nähert , wird er einen Teil abheben und einen Dollar für weniger als die Hälfte der Menge verlangen, die dafür gegeben werden sollte Menge. Hier verkaufen Männer die blaue Schnur, die alle Christen als Zeichen ihres Glaubens um den Hals tragen. Hier verkaufen Männer die großen eisernen Nadeln mit groben Verzierungen auf den Köpfen, mit denen alle Frauen ihre Decken auf den Schultern befestigen. Hier stehen Frauen mit Perlenketten, Kürbissen, Brunnenkresse , getrockneten Kräutern, Chilischoten , Honig, Knoblauch, Kartoffeln und jungen Zwiebeln zum Verkauf. Ein vielfältiger Katalog, der ebenso vielfältig verkauft wird, denn die Waren werden mehr im Tausch als gegen Geld verkauft, und jeder Verkäufer bringt ein halbes Dutzend kleine Körbe mit, die er vor sich hinstellt, um die verschiedenen Artikel aufzunehmen, die er erhalten kann im Austausch. So bekommt sie für ihre Perlen vielleicht etwas Getreide, ein paar Knoblauchknollen und ein oder zwei Riegel Salz. Einige davon wiederum wird sie gegen einen Kürbis, ein Huhn und einige getrocknete Kräuter eintauschen; und so wird der Handel weitergeführt. Stellen Sie sich eine große Anzahl dieser dunkelgesichtigen, spärlich gekleideten Menschen vor, die sehr ernst über ihre Einkäufe sind, aber, wie es ihre Gewohnheit ist, sehr fröhlich in ihren Gesprächen miteinander sind, die Männer, die im Allgemeinen umhergehen, die Frauen, die hinter ihren Waren hocken, immer in Gruppen und lachen, plaudern und sich um ihre Kinder kümmern – seltsame kleine, dickbäuchige schwarze Gestalten, deren Kopf zur Hälfte rasiert ist und deren einziges Kleidungsstück ein sehr kleines Stück Ziegenleder auf der Schulter ist. Einige der Mädchen sind, wie ich bereits sagte, wirklich hübsch und haben wunderschöne braune Augen. Sie haben nichts dagegen, angeschaut und bewundert zu werden. Sie geben natürlich vor, sehr schüchtern zu sein, verbergen halb ihre Gesichter und schauen weg; aber sie sind wirklich sehr amüsiert und sehr erfreut, wenn ein Europäer innehält, um sie anzusehen. Es ist merkwürdig, wie ähnlich die Verfassung des weiblichen Geistes in wilden und zivilisierten Ländern ist. Eine englische Schönheit verrät sicherlich kein Bewusstsein dafür, dass man sie ansieht und bewundert, außer natürlich, wenn sie eine Milchmagd ist; aber sie ist zweifellos genauso bei Bewusstsein und vielleicht genauso erfreut – außer dass die Empfindung eher eine Selbstverständlichkeit ist – wie das dunkeläugige und dunkelhäutige Abessiniermädchen, das in ihrem spärlichen Ledergewand und der mit Muscheln verzierten Hülle im Haus sitzt Markt in Attegrat .

Ich weiß nicht, wann die Regenzeit beginnt; Tatsächlich ist dies ein strittiger Punkt, da die Behörden ihre Daten von April bis Juli variieren. Aber ich weiß, dass wir hier neulich ein Gewitter hatten, das uns fast aus dem Lager gespült hätte. Es begann um drei Uhr nachmittags und wir waren völlig unvorbereitet, da der Himmel so bedrohlich aussah, dass wir nicht mehr an Regen glaubten. Diesmal gab es jedoch keinen Fehler. Es stieg in einer dichten schwarzen Wolke hinter dem Berg hinter Attegrat auf . Der Donner donnerte, die Blitze waren eine Zeit lang furchtbar und etwa eine Stunde lang ergoss sich ein gewaltiger Regen- und Hagelsturm auf uns. Da ich ein alter Feldkämpfer war, war es eine meiner ersten Sorgen beim Aufbau meines Zeltes, einen Graben darum herum ausheben zu lassen; aber sehr viele Offiziere hatten es versäumt, diese Vorsichtsmaßnahme zu treffen, da sie sich auf das schöne Wetter verließen. Da ich wusste, wie der Stand der Dinge sein würde, machte ich mich sofort auf den Weg, als der Regen aufhörte. Das Lager stand komplett unter Wasser. Wie ich in einem früheren Brief erwähnt habe, liegt es auf dem sanften Abhang eines Hügels, und diesen Abhang hinunter ergoss sich ein perfekter Wasserstrahl, der fast zwei Zoll tief war. Während der Regen anhielt, konnte man ein paar Gestalten beobachten, die aus ihren Zelten spähten, um den Himmel zu untersuchen, und sobald es ziemlich sicher war, dass der Regen vorbei war, war das Lager, das fünf Minuten zuvor völlig verlassen gewirkt hatte, wie Ein Ameisenhaufen wurde plötzlich gestört. Die Verwüstung, die die Flut angerichtet hatte, war groß. Durch viele der Zelte war eine fünf Zentimeter hohe Flut hereingeschwemmt, die alles, was auf dem Boden lag, durchnässte. Hier sahen wir, wie die Diener ein Bett hervorbrachten, das auf den Boden gestellt und mit Wasser durchnässt wurde; hier war eine andere Gruppe, die Heu herausbrachte, mit dem ein bestimmter Mann sorgfältig sein Zelt ausgelegt hatte; Hier war ein Beamter, der seine Koffer ausleerte, um zu sehen, ob die Sachen unten gelitten hatten. Während ich umherschlenderte, traf ich Major Minion, den Hauptkommissariatsoffizier hier. Er eilte zum Chef und bat um die Genehmigung, den Truppen erstklassiges Mehl anstelle von zweitklassigem Mehl auszugeben, da ein großer Teil der ersten Qualität durchnässt war und sofort ausgegeben werden musste, um zu verhindern, dass es verdorben wurde. Natürlich litten die einheimischen Anhänger und andere, die keine Zelte hatten, am meisten; und das Lager sah nach kurzer Zeit so aus, als würde es einen allgemeinen Waschtag durchmachen, so viele Kleidungsstücke wurden zum Trocknen aufgehängt. Natürlich gab es nach dem alten Sprichwort, die Tür zu schließen, nachdem das Pferd gestohlen wurde, sofort eine große Nachfrage nach Hacken und Schaufeln, und jeder, der dies noch nicht getan hatte, machte sich daran, einen Graben um seine Zelte auszuheben. Die Nacht nach dem Sturm war viel weniger kalt als die vorangegangene, und das ganze Land sieht nach der Wäsche frischer und strahlender aus. Und nun zu unserem spannendsten Thema, dem Vorstoß. Es findet positiv morgen statt. Sir Robert Napier selbst geht weiter und wird von der Artillerie, der 3. Eingeborenenkavallerie, fünf Kompanien der 4. King's Own und den verbleibenden drei Kompanien der 10. Eingeboreneninfanterie begleitet. Auch die Beloochees hätten vorrücken sollen, aber es gibt nicht genügend Transportmittel und sie werden in ein oder zwei Tagen nachziehen. Die kleine Gruppe von Ingenieuren treibt auch die Entwicklung der Foto- und Signalapparate voran . Auch die beiden Elefanten werden Teil des Zuges sein. Der Marsch von hier nach Antalo dauert acht Tage, die wie folgt aufgeteilt sind: Mai Wahiz , 13 Meilen; Ad Abaga , 15; Dongolo , 12; Agula , 14; Dowlo , 19; Haig Kullat , 9; Afzool , 9; Antalo , 5: insgesamt 96 Meilen. Oberst Phayre , der erneut vorangegangen ist, berichtet, dass der Weg keine großen Schwierigkeiten bereitet; aber es sieht nicht so aus, als wäre der Marsch des ersten Tages keineswegs eine leichte Angelegenheit gewesen, denn die Gepäckwache des 33. Regiments, die hier um neun Uhr morgens aufbrach, traf erst um sechs Uhr morgens an ihrem Ziel ein Uhr am nächsten Morgen. Der Oberbefehlshaber ritt am nächsten Tag aus und stellte fest, dass die Straße an zwei oder drei Stellen wirklich unpassierbar war. Er war äußerst verärgert darüber, dass das Korps, das sich nominell für den Bau dieser Straße eingesetzt hatte, sie in einem solchen Zustand hinterlassen hatte. Eine Gruppe Beloochees machte sich sofort auf den Weg, und es ist zu hoffen, dass sie es morgen passierbar gemacht haben. Die Gruppe der Bombay-Pioniere und Bergleute, die im Pass so gute Arbeit geleistet haben, ist heute weitergezogen mit der Anweisung, dem Häuptling einen Tagesmarsch voraus zu sein. Sie werden, soweit sie können, alle sehr schwierigen Stellen verbessern ; aber da sie genauso schnell vorrücken müssen wie die Truppen, werden sie natürlich sehr wenig ausrichten können. Selbst Colonel Phayre berichtet, dass der Marsch der letzten beiden Tage außerordentlich schwierig war, da wir hier statt der flachen Sandsteinplatten, über die ein Großteil der Reise des Vortags verläuft, nackte Kalksteinplatten überqueren müssen, auf denen Pferde stehen können Schwierigkeit. Er erklärt, dass es notwendig sein wird, Erde oder Sand auf die Felsen zu streuen, um sie überhaupt begehbar zu machen. Es ist daher offensichtlich, dass wir selbst zwischen diesem und Antalo auf einige ernsthafte Schwierigkeiten stoßen werden ; Dennoch können wir davon ausgehen, dass wir Ende des Monats in dieser Stadt sein werden. Von dort bis Magdala sind es ungefähr 160 Meilen; denn es ist unmöglich, in einem Land, in dem die Berge und Schluchten solch ständige Windungen erfordern, bis auf zwanzig Meilen zu rechnen. Ich habe in meinem letzten Brief erwähnt, dass Wetten frei angeboten und angenommen werden, dass wir bis zum 15. April in Magdala ankommen. Die ganze Frage ist eine Frage der Versorgung und des Transports; und die beiläufigste Untersuchung der Frage wird zeigen, dass es sehr lange dauern wird, bis die Vorräte für den Weitermarsch in Antalo gesammelt werden können . Ich habe vor einem Monat in meinen Briefen erzählt, wie schwer es war, die Truppen bei Senafe und entlang des Passes zu ernähren und Proviant für unseren Vormarsch nach Attegrat anzusammeln . Senafe liegt nur fünf Tagemärsche von Zulla entfernt ; Antalo ist sechzehn; und wenn man berücksichtigt, dass die Maultiere einen Tag in Senafe und einen in Attegrat anhalten , um sich auszuruhen, was absolut notwendig wäre, sind es achtzehn Tage von Zulla entfernt . Wir werden in Antalo doppelt so viele Truppen zu ernähren haben wie in Senafe ; Und da die Reise dreimal so lang ist, werden sechsmal so viele Transporttiere benötigt, um die Truppen in Antalo zu versorgen , wie zur Ernährung der früheren Truppen in Senafe erforderlich waren . Darüber hinaus werden wir eine Truppeneinheit bei Attegrat und eine weitere bei Senafe zur Versorgung haben. Der Transportzug ist jetzt leistungsfähiger als vor einem Monat, aber er ist nicht wesentlich zahlreicher, da die Zahl der Neuankömmlinge fast durch die Zahl der Maultiere ausgeglichen wird, die täglich ins Krankenhaus gehen und aufgrund von Überarbeitung und schlechter Ernährung kaputt gehen und schmerzende Rücken, verursacht durch die Packsättel. Die Tatsache, dass die Straße jetzt für Karren nach Senafe befahrbar ist , kommt auch dem Transportzug zugute; aber ich gestehe, dass ich mir nicht vorstellen kann, wie sie es schaffen werden, die gesamte Linie zu versorgen, geschweige denn, Vorräte aufzubauen. Von Zulla bis Antalo sind es, wie wir gerade gesehen haben, achtzehn Tage . Angenommen, die Maultiere gehen regelmäßig auf und ab und halten an jedem Ende zwei Tage zum Ausruhen an, dann brauchen sie für die Strecke vierzig Tage. Setzt man die Zahl der verfügbaren Transporttiere auf 16.000 an, was über der Marke liegt, so wären von der Seeküste aus nur 400 pro Tag anzutreffen. Wenn man bedenkt, dass diese vierhundert Tiere ihr eigenes Futter für die Orte tragen mussten, an denen kein Getreide erhältlich ist, dass sie die Rationen für ihre Fahrer für die vierzig Tage tragen mussten, dass sie die verschiedenen Nebenposten versorgen mussten Zusammen mit Senafe und Attegrat wird man sehen, dass die Menge an Proviant, die Antalo täglich erreichen wird, keineswegs übermäßig sein wird. Und doch müssen wir, bevor wir Antalo verlassen können , eine Reise antreten, die mit Hin- und Rückfahrt und einer einwöchigen Pause in Magdala kaum mit weniger als zwei Monaten gerechnet werden kann, müssen wir dort eine ausreichende Menge angesammelt haben von Proviant für die gesamte Zeit unserer Abwesenheit; Und das gilt nicht nur für die Truppen und Tiere, die dorthin gehen, sondern auch für die Streitkräfte, die während unserer Abwesenheit dort bleiben werden. Wir müssen auch einen Vorrat an den Posten entlang der Straße angesammelt haben, da wir bei unserem weiteren Vormarsch einen so großen Teil der Transporttiere mitnehmen werden, dass wir sicher sein müssen, dass sich ein ausreichender Vorrat angesammelt hat, um einige Zeit zu reichen. Ich höre, dass die Zahl der Maultiere, die von Antalo aus mit uns weiterziehen werden, etwa 6000 betragen wird, mit zwei Monatsvorräten für die Kolonne und einer gewissen Menge für sich selbst. Nach der von mir durchgeführten Berechnung beweisen wir mathematisch, dass wir diese 6000 Maultierladungen in Antalo niemals anhäufen können . Glücklicherweise werden mathematische Beweise gelegentlich durch Fakten verfälscht. Es wurde mathematisch bewiesen, dass kein Dampfer jemals den Atlantik überqueren könnte. Das Kunststück wurde jedoch irgendwie geschafft; und ich habe keinen Zweifel daran, dass wir trotz der Mathematik irgendwie Vorräte in Antalo ansammeln und nach Magdala weitermarschieren werden; aber es muss erstmal einige Zeit dauern. Ich denke, der 1. Mai ist der früheste Termin, an dem wir hoffen können, Antalo zu verlassen . Natürlich wird viel von der Fruchtbarkeit des Landes in der unmittelbaren Umgebung dieser Stadt abhängen. Wenn wir nur ausreichend Getreide beschaffen können, um unsere Tiere zu ernähren, und einen Futtervorrat für sie für den Vormarsch anlegen können, wird das unsere Schwierigkeiten erheblich verringern. Soweit wir bereits gekommen sind, ist dies nicht der Fall gewesen. Selbst mit den extremen Preisen, die wir angegeben haben, konnte kaum ausreichend Getreide für den täglichen Bedarf gekauft werden, und die Tiere auf der Route müssen mit aus Bombay mitgebrachtem Getreide gefüttert werden. Dennoch müssen wir auf bessere Dinge hoffen. Der Zeitpunkt unseres Vormarsches hängt fast ausschließlich von der Lage des Getreidemarktes in Antalo ab . Wir fangen morgen früh um halb sechs an, und das bedeutet, dass wir vor fünf Uhr aufstehen müssen. Ich muss diesen Brief daher schließen, werde aber rechtzeitig noch einmal schreiben, um die Post von Ad Abaga zu retten , wo wir meiner Meinung nach einen Tag bleiben werden.

Ad Abaga , 20. Februar.

Ich kann nicht sagen, dass es eine angenehme Unternehmung ist, um halb sechs Uhr morgens einen Konvoi von Gepäcktransportern loszufahren. Der Befehl lautete : „Alle Tiere, die bis halb sieben nicht weg sind, müssen warten, bis die Kolonne um sieben Uhr abfährt." Das bedeutet, dass sie unter Berücksichtigung von Verzögerungen erst um acht beginnen könnten. Ich folgte dem Vorschlag meines Reisegefährten, dass wir unsere Maultiere früh ausziehen sollten. Um fünf Uhr waren wir auf den Beinen, hatten unser Packen abgeschlossen, tranken eine Tasse Schokolade, wuschen uns schnell und schlugen dann unser Zelt auf, das vom starken Tau durchnässt war. Dies zusammenzufalten und in einen Sack zu stecken, in dem es nur im trockenen Zustand aufbewahrt werden sollte, war eine langwierige Operation, die den Geist strapazierte und sehr schädlich für die Fingernägel war. Es und alle unsere letzten Vorbereitungen, einschließlich des Verladens der Tiere, wurden jedoch rechtzeitig abgeschlossen, und wir waren *zwanzig* Minuten nach sechs einigermaßen *unterwegs* . Längst sind wir zu dem Schluss gekommen, dass wir unser Gepäck nur dann transportieren können, wenn wir unser eigener Gepäckwächter sind und einer von uns, meist beide, ihn die ganze Strecke begleiten. Auf diese Weise kamen wir am Nachmittag eineinhalb bis zwei Stunden früher im Lager an, als wenn wir es nur den Bediensteten und Fahrern anvertraut hätten, und wenn wir in unserem eigenen Tempo weitergeritten wären, hätten wir nur warten müssen drei oder vier Stunden lang untätig und ohne Obdach. Bei dieser Gelegenheit begann mein Freund mit dem Gepäck und ich blieb zurück, um zuzusehen, wie die Kolonne startete. Es war ein hübscher Anblick und dürfte die Eingeborenen nicht wenig in Erstaunen versetzt haben. Zuerst kam die 3. Eingeborenenkavallerie, etwa dreihundert Mann stark, in ihren blau-silbernen Soldatenuniformen . Dieses Regiment hatte es seit seiner Ankunft in Attegrat nicht leicht , denn es mangelt uns außerordentlich an Kavallerie, und seit die Scinde- Pferde weitermachten, mussten die 3. Truppen alle Wachen und Eskorten stellen. Einige Tage lang hatten sie nur noch achtzehn Männer im Lager. Ich höre, dass zweihundert Pferde als Ersatz für die Pferde, die sie durch die Krankheit verloren haben, nach Zulla gekommen sind. Die Stärke des Regiments wird dann auf die ursprüngliche Stärke von fast fünfhundert Säbeln erhöht . Ich habe vor einiger Zeit in einem Brief erwähnt, dass dieses Regiment von den Behörden mit einiger Missbilligung betrachtet wurde, weil es von Bombay aus ohne die Gepäcktiere aufgebrochen war, mit denen es sich gemäß den Bedingungen seiner Vereinbarung hätte versorgen sollen. Sie haben ihr Bestes getan, um diesen Fehler zu beheben, indem sie jedes Maultier gekauft haben, das sie bekommen konnten. Mittlerweile haben sie ihre Zahl fast erreicht und mussten für den jetzigen Marsch nur noch fünfunddreißig Transporttiere heranziehen, auf die sie hoffentlich in ein paar Tagen verzichten können. Neben der 3. Eingeborenenkavallerie kam die Artillerie, die im letzten Moment den Befehl erhalten hatte, vier statt drei Geschütze mitzunehmen. Die Geschütze wurden alle von acht Pferden gezogen. Der größte Teil der Pferde dieser Batterie sind sehr hellgraue Pferde, und zwei der Geschütze werden ausschließlich von grauen Pferden beritten. Sie sind in einem bewundernswerten Zustand und sehen außerordentlich gut aus. Als nächstes folgte die kleine Gruppe der Ingenieure. Hinter ihnen kam die 4. Königsfamilie in ihren hellbraunen oder vielmehr staubfarbenen Anzügen , und ihre Band spielte „Rot, Weiß und Blau". Colonel Cameron gibt seinen Männern und Offizieren ein hervorragendes Beispiel, indem er sein Pferd an der Spitze führt und immer an ihrer Spitze marschiert. Die Linie wurde von der 10. Eingeborenen-Infanterie geschlossen, deren Band „Nelly Bligh" spielte. Nach den Truppen kam der Kopf einer langen Reihe von Lasttieren.

Nachdem ich die Kolonne vorbeiziehen sah, ritt ich weiter und nahm mein Gepäck wieder auf.

Die Straße führt wie üblich über das Plateau, mit gelegentlichen steilen Anstiegen und Gefällen. Zwei dieser Anstiege erwiesen sich für die Artillerie als völlig undurchführbar, und die angelegte Straße ist ein großer Misskredit für diejenigen, die als Kommandeur der Pioniertruppe weiterzogen, um den Weg zu ebnen. Die Straßen bestehen aus kurzen, scharfen Zickzacklinien, auf denen die Pferde nicht ziehen können. Wäre die Artillerie nicht von einer starken Infanterietruppe begleitet worden, wäre es unmöglich gewesen, die Geschütze in Stellung zu bringen. So wie es war, wurden die Geschütze von den Pferden mit Hilfe der Männer an den geraden Stellen hochgezogen, und dann wurden die Pferde herausgenommen, die Geschütze abgeriegelt, und das Geschütz wurde zuerst von der Infanterie mit Seilen um die Kurve herum nach oben gezogen. und die Gliedmaßen wurden danach aufgenommen. Die Arbeit, die Waffen an einem dieser Anstiege hochzubekommen, dauerte über zwei Stunden. Sir R. Napier ist natürlich äußerst verärgert, denn wenn er nicht im Voraus vom Offizier darüber informiert worden wäre, dass die Straße durchaus befahrbar sei, hätte er natürlich einige Tage zuvor eine starke Arbeitsgruppe entsandt. Ich erreichte Mai Wahiz um halb eins, die 3. Kavallerie war eine halbe Stunde vor mir eingetroffen. Am Nachmittag gab es erneut ein schweres Gewitter mit starkem Regen, der glücklicherweise nur etwa eine halbe Stunde anhielt. Unser Lager in Mai Wahiz befand sich nicht wie üblich auf einer Ebene oder besser gesagt auf einer leichten Anhöhe in der Nähe der Ebene, sondern auf einem Hügel. Ich höre, dass wir in Zukunft immer auf einem Hügel oder jedenfalls, soweit möglich, in einer vertretbaren Position lagern sollen. Dies zeigt, dass unser Häuptling äußerst wenig Vertrauen in die Beteuerungen des Tigre-Königs setzt und dass er der Meinung ist, dass man ihm, selbst wenn er an diesem Ort in die Durbar käme, nicht trauen könne, wenn er außer Sichtweite bleibt. In Mai Wahiz ist alles sehr knapp und das Futter teurer als je zuvor. Ich musste für meine Gepäcktiere zwei Dollar für etwa achtzehn Pfund Gerste bezahlen, also nur sechs Pence pro Pfund. Heu ist ebenso teuer. Das Kommissariat verteilte kein Heu an die Transporttiere, und alles, was sie nach einem harten Arbeitstag hatten, mit der Aussicht auf einen weiteren ebenso harten Tag am nächsten Tag, waren jeweils drei Pfund Getreide.

Vom Fuße des Hügels aus ritten wir ein Stück durch ein breites Tal, das an mehreren Stellen Wasser und viel bebautes Land hatte. Dann, nach drei oder vier Meilen hügeliger Ebene, erreichten wir kurz nach drei Uhr unseren Campingplatz. Die Eingeborenen hier müssen entweder ein kriegerischeres Volk sein als diejenigen, deren Dörfer wir seit der Einreise ins Land passiert haben, oder sie müssen viel kriegerischere Nachbarn haben . Denn die

Dörfer sind fast immer von starken Mauern umgeben, und ein oder zwei lagen auf Anhöhen und wurden durch Mauern und Türme verteidigt. Wir kamen an einer sehr merkwürdigen Burg vorbei, die stark den alten Baronialschlössern ähnelte, die man im Süden Schottlands und im Norden Englands findet. Dieses lag am Rande eines Abgrunds, und die Felsen reichten von drei Seiten seiner Mauern fünfzig bis sechzig Fuß lang steil ab. In einem Land wie diesem, in dem Kanonen so gut wie unbekannt sind , muss es uneinnehmbar sein . Eine weitere Festung, die sicherlich nach europäischer Bauart aussah und, wenn nicht, zweifellos nach dem Bild einer europäischen Festung erbaut worden sein musste, befand sich auf dem Gipfel des Berges, in der Nähe der Stelle, an der wir ins Tal hinabstiegen. Der Abgrund an seinem Fuß war mindestens tausend Fuß tief, aber merkwürdigerweise befand sich die Festung in einer Art hohler, höherer Felsen in einer Entfernung von nur hundert Metern auf beiden Seiten, die sie beherrschten. Wenn ein Europäer es entworfen hat, hat er sicherlich nicht seine Position gewählt. Es handelte sich um eine runde Festung mit einer Höhe von vielleicht fünfzig Fuß, aber es war schwierig, ihre Höhe anhand unserer Position auf der Ebene so weit darunter zu beurteilen. Sein Durchmesser entsprach etwa seiner Höhe. Es hatte regelmäßig Reihen von Schießscharten und schien von einem Räuberhäuptling gebaut worden zu sein, damit er sich auf die Karawanen von Händlern stürzen konnte, die die Straße, auf der wir gerade gekommen waren, auf und ab zogen. Dieses Lager liegt ungefähr auf der gleichen Höhe wie das von Mai Wahiz , und das Klima ist sogar noch reizvoller als das von Attegrat , da die Hitze tagsüber geringer ist und die Kälte der letzten Nacht überhaupt nicht mit der vergleichbar war, die wir erlebt haben Dort. Die *Erklärung lautet* , dass der König heute nicht eintreffen kann, aber morgen kommen wird, und dass wir früh aufbrechen und unser Lager sechs Meilen von hier entfernt auf einer Ebene aufschlagen und ihn dort ordnungsgemäß empfangen werden.

Dongolo , 26. Februar.

Der König von Tigre hat sich als Lebewesen herausgestellt und nicht als mythisches Wesen, wie wir es uns vorgestellt hatten. Er hätte uns in Attegrat einen Besuch abstatten sollen, aber er schickte uns an seiner Stelle einen Botschafter, und niemand glaubte, dass wir jemals wieder etwas vom König hören würden. Er ließ uns jedoch sagen, dass er uns auf einer Ebene in der Nähe von Ad Abaga treffen würde , und wir reisten dorthin, eher ungläubig, aber immer noch hoffnungsvoll. Der König sollte am Tag nach unserer Ankunft in Ad Abaga am vereinbarten Ort sein ; aber ausgesandte Boten brachten die Nachricht, dass er, obwohl derzeit berichtet wurde, dass er von Adowa aus aufgebrochen sei, sicherlich nirgendwo in der Nachbarschaft angekommen sei . Da es das Wichtigste war, dass wir den König sehen und mit ihm in freundschaftlichem Verhältnis bleiben würden, und da es sicher war, dass er sich fühlen würde, wenn er angefangen hätte, uns zu treffen, und festgestellt hätte, dass wir weitergegangen waren, ohne anzuhalten, um ihn zu sehen Der Oberbefehlshaber war zutiefst beleidigt und beschloss zu warten. Glücklicherweise kann eine etwaige Verzögerung für uns nicht von Bedeutung sein, da es unmöglich sein wird, von Antalo weiterzugehen, bis dort ein großer Vorrat an Proviant angesammelt ist, und ob wir eine Woche in Ad Abaga oder in Antalo warteten, war völlig unerheblich . Dementsprechend warteten wir drei Tage, bevor uns verlässliche Nachrichten erreichten. Endlich hörten wir mit Gewissheit , wie wir glaubten, dass der König zwölf Meilen entfernt in Hanzein war . Das war am Samstag, und der Bote sagte, dass der König natürlich am Sonntag nicht umziehen würde, sondern dass er am Montagmorgen nach Mai Dehar , dem vereinbarten Treffpunkt, kommen würde.

Am Sonntag machten sich Major Grant, Kapitän Moore und Mr. Speedy auf den Weg, um den König zu treffen und ihn zum Treffpunkt zu begleiten. Sie ritten nach Hanzein und fanden dort eine beträchtliche Truppe Bewaffneter und einige der Fürsten. Man sagte ihnen, der König sei noch fünf Meilen weiter, und sie ritten gute fünf Meilen weiter, und als sie sich erneut nach dem Aufenthaltsort Seiner Majestät erkundigten, stellten sie fest, dass es sich um irische Meilen gehandelt haben musste, denn der König war noch fünf Meilen weiter entfernt. Sie beschlossen, zurückzukehren, und führten in Hanzein ein weiteres Gespräch mit den dortigen Autoritäten. Diese Würdenträger bemühten sich sehr, Sir Robert Napier davon zu überzeugen, dass er bis nach Hanzein kommen würde , um den König zu treffen. Ihr Ziel dabei war natürlich, die Würde des Königs in den Augen seines eigenen Volkes zu erhöhen, indem sie uns dazu brachten, so weit wie möglich aus dem Weg zu gehen, um ihm zu begegnen; Major Grant weigerte sich jedoch überhaupt, diesen Punkt anzuerkennen. Er erklärte , dass wir bereits vier Tage gewartet hätten und dass Sir Robert Napier seine Reise fortsetzen würde, ohne ihn zu sehen, wenn der König nicht sofort weiterziehe. Major Grant machte sich dann mit Major Pritchard von den Ingenieuren auf den Weg, der mit Leutnant Morgan und seiner Gruppe von Signalgebern nach Hanzein gegangen war , um ins Lager zurückzukehren. Da es schon dunkel war, als sie aufbrachen, verirrten sie sich natürlich und irrten einige Stunden lang umher, mit ihren Pferden führend, was zwei oder drei unangenehme

Stürze erlitt. Sie kamen um zwei Uhr morgens im Lager an. Sie kamen auf ihrem Weg an keinem der Signalposten vorbei , und so blieben Leutnant Morgan und seine Männer die ganze Nacht wach, um über die Hügel hinweg die Nachricht von der Stunde des Aufbruchs des Königs von Hanzein zu verkünden . Kapitän Moore und Mr. Speedy blieben bis zum nächsten Tag in Hanzein und wurden gastfreundlich, wenn auch nicht angenehm, mit einer Mahlzeit bewirtet, die aus einer großen Schüssel halbgebackenem Brot bestand, über das geschmolzenes Fett mit großzügiger Hand gegossen worden war . Während sie damit beschäftigt waren, ein Bissen zu finden, das weniger mit Fett gesättigt war als die anderen, zeigten ihnen zwei oder drei der Häuptlinge, wie das Essen gegessen werden sollte, indem sie einige äußerst schmutzige Hände in die Masse steckten, eine große Kugel zusammenrollten und stopft es ihnen in den Mund. Kapitän Moore erlitt einen starken inneren Kampf, überwand aber seinen Wunsch, ins Freie zu eilen, schloss edel seine Augen und folgte dem Beispiel. Mr. Speedy – dessen Wohnsitz in Abessinien ihm das Gegenteil von Köstlichkeit in Sachen Essen beschert hat – hatte sich bereits mit der ernsten Selbstgefälligkeit eines Mannes, der seine Mahlzeit genießt, an die Arbeit gemacht.

Hanzein angekommen sei und am nächsten Morgen früh nach Mai Dehar weiterreisen würde . Nachdem ein Eingeborener in unserem Lohn diesen Bericht überprüft hatte, wurde der Befehl erteilt, am nächsten Morgen bei Tageslicht umzuziehen. Die Gruppe sollte aus den vier Kanonen von Murrays Batterie, einem Geschwader der 3. Eingeborenenkavallerie, vier Kompanien des 4. Regiments, einer Kompanie der 10. Eingeboreneninfanterie, der Gruppe der Ingenieure mit ihren Signal- und Fotoapparaten und zwei Elefanten bestehen. Obwohl Mai Dehar nur fünf Meilen entfernt war, wurde den Truppen befohlen, ihre Zelte und ihr Gepäck mitzunehmen, da ungewiss war, zu welcher Stunde die Verhandlungen beendet sein würden; und da der nächste Marsch bis zu diesem Ort nur zehn Meilen betrug, konnten sie am nächsten Tag direkt durchmarschieren und würden daher keine Zeit verlieren, indem sie in Mai Dehar übernachteten .

Abaga verlassen , und um halb neun waren die Zelte in Mai Dehar aufgeschlagen , das nicht mehr als vier Meilen Fußmarsch entfernt war. Mai Dehar ist ein Becken von etwa einer halben Meile Durchmesser mit allmählich abfallenden Seiten und besitzt keinerlei malerische Wirkung. Ein kleiner Bach fließt durch das Becken und das ganze Becken ist mit einem langen, dichten Heuwuchs bedeckt. Es wurde sofort der Befehl erlassen, kein Feuer anzuzünden oder Pfeifen zu leiten, bis das Gras in unmittelbarer Nähe der Zelte und in einiger Entfernung um die Pferde herum vollständig gemäht war. Dies war natürlich eine Arbeit, die einige Zeit in Anspruch nahm; und gegen elf Uhr, bevor die Feuer einigermaßen angezündet waren, ritt Mr. Speedy, der direkt dem König entgegengegangen war, ins Lager mit der

Nachricht, dass er ihn vor einer halben Stunde verlassen hatte und dass er dies in wenigen Minuten tun würde ankommen. Nach zehn Minuten tauchte eine dunkle Masse von Gestalten auf dem Kamm des gegenüberliegenden Talhangs auf, und bald darauf erhob sich in ihrer Mitte ein Zelt von leuchtend scharlachroter Farbe und zeigte, dass der König unter ihnen anwesend war. Mr. Speedy ritt erneut los und sagte, dass der Oberbefehlshaber in einer Stunde auf ihn zukommen würde. Inzwischen hatten die Männer gefrühstückt, und als um halb eins das Signalhorn erklang, waren alle bereit für jede Arbeit, die sie zu erledigen hatten. Sie stellten sich in einer Reihe ein paar hundert Meter hinter dem Zelt auf, das für die Durbar in der Nähe des kleinen Baches aufgestellt worden war. Major Grant, Kapitän Moore und Mr. Speedy ritten nun wieder vorwärts zum Zelt des Königs, begleitet von einer Eskorte der 3. Eingeborenenkavallerie. An der Flanke der Kavallerie ritten auch mehrere Offiziere, die nicht im Dienst waren, sondern auf Urlaub aus dem Lager Ad Abaga herübergekommen waren , und unter ihnen nahm ich meinen Platz ein.

Die einheimische Armee war auf beiden Seiten des königlichen Zeltes in einer Reihe aufgestellt; Sie waren nicht in einer regelmäßigen Reihenfolge angeordnet, sondern standen dicht beieinander, wobei die Enden ihrer Linie die Form der Sichel eines jungen Mondes hatten. Es gab weder Drücken noch Lärm; Alle standen völlig still, als wir vorrückten, und es war sofort klar, dass wir uns in der Gegenwart einer weitaus gewaltigeren Gruppe von Männern befanden, als wir Abessinien zugetraut hatten, sie zu besitzen . Das einzige Geräusch, das die Stille durchbrach, war der Klang mehrerer Trommeln. Diese hatte ich später Gelegenheit, sie zu untersuchen, und stellte fest, dass sie die gleiche Form und möglichst die gleiche Größe hatten wie unsere eigenen Pauken. Sie bestanden nicht aus Metall, sondern aus dünnem Holz und waren mit Häuten bedeckt, auf denen anstelle von Pergament Haare angebracht waren. Sie wurden auf jeder Seite eines Maultiers getragen. Es waren sechs so beladene Maultiere, und die Trommeln wurden geschlagen, manche mit kleinen Stöcken, manche mit großen und schweren. Letztere dienten als große Trommeln und hielten den Takt zum ständigen Schlagen der kleinen. Sie spielten eine Art Melodie, die zwar eher eintönig, aber keineswegs unmusikalisch war. Der Haupttrommler hatte einen roten Regenschirm über seinen Kopf gehalten – eine Auszeichnung, die außer Seiner Majestät selbst keiner anderen Person zuteil wurde. Als wir nur noch vierzig oder fünfzig Meter vom Zelt des Königs entfernt waren, machten wir Halt. Major Grant und seine Gruppe stiegen von ihren Pferden und betraten das königliche Zelt, und die Kavallerie wurde in einer Reihe parallel zur Straße aufgestellt, die der König auf seinem Weg zum Bach passieren würde. Major Grants Auftrag bestand darin, dem König mitzuteilen, dass Sir Robert Napier bereit sei und ihm entgegentreten würde, sobald er sah, dass der König sein Zelt verlassen hatte. Einige Autoritätspersonen gaben nun einige

Befehle, und eine Gruppe von vier- oder fünfhundert Männern nahm ihre Plätze ein kurzes Stück vor dem königlichen Zelt ein. Einige dieser Männer waren zu Fuß, andere zu Pferd; Die große Mehrheit war mit Waffen irgendeiner Art bewaffnet und trug außerdem Schild und Schwert. Der Rest hatte Lanzen. Es gab eine weitaus größere Vielfalt an Kostümen und eine viel leuchtendere Farbenpracht an ihrem Körper, als wir in Abessinien jemals gesehen hätten. Die meisten trugen natürlich das weißbraune Baumwolltuch des Landes, mit im Allgemeinen roten Enden und Fellspitzen mit langen Enden, die für einen Krieger von Rang charakteristisch sind. Viele trugen auch eine Löwenmähne über der Schulter, was ein Zeichen dafür ist, dass sie im Kampf viele Feinde getötet haben. Auch sehr viele trugen lange Staatshemden, die bis zu den Knien reichten und aus reich brokatierter Seide bestanden, meist grün, blau oder rot, mit gelben Blumen. Einige, die größten Dandys überhaupt, trugen Mäntel aus Samt, wobei Violett die vorherrschende Farbe war . Diese reichten bis knapp unter die Taille und wurden dann in lange Schwänze mit eigenartigem Muster geschnitten, das zudem immer ähnlich war. Diese Befehlshaber und wahrscheinlich Generäle waren nicht barhäuptig wie alle übrigen Abessinier, sondern trugen nach Beduinenart ein buntes seidenes Taschentuch über und um den Kopf, das bis zum Hals reichte, mit einem Eine Art Metallband oder eine Krone aus Metall, die wie Zinn aussah, vielleicht aber aus Silber bestand, um ihre Stirn. Von dieser Truppe, die offensichtlich aus angesehenen Häuptlingen und Kriegern bestand, waren ungefähr die gleichen Zahlen zu Pferd und zu Fuß. Sehr viele der Maultiere wurden doppelt getragen, was hier keineswegs als *Untergrabung angesehen wird.* Art des Reisens. Vor dieser Gruppe von Männern nahm die Trommelkapelle ihren Platz auf, und im Hintergrund bliesen fünf oder sechs Männer ein Instrument, das im Aussehen einer Klarionette ähnelte , nur dass es nur einen Ton hatte. Einige von ihnen waren jedoch einen Ton höher als die anderen, so dass das Gesamtergebnis zwar nicht so musikalisch wie das der Trommeln, aber dennoch nicht unharmonisch war.

Der König kam nun aus seinem Zelt und bestieg ein Maultier. Ungefähr ein Dutzend Prinzen und persönliche Begleiter ritten oder gingen in seiner Nähe, und zwei Diener gingen, einer auf jeder Seite, gegen das Maultier gelehnt und stützten ihn sozusagen in seinem Sattel. Einer hielt einen großen Regenschirm aus magentafarbener Seide über den Kopf des Königs. Kassa ist ein Mann von sieben oder achtundzwanzig Jahren. Er war schlicht gekleidet und trug ein Tuch aus einheimischem Stoff. Der einzige Unterschied zwischen ihm und einem gewöhnlichen Krieger bestand darin, dass es anstelle eines breiten scharlachroten Endes eine Art Kaschmirmuster aufwies. Die Fürsten hatten ähnliche Bordüren für ihre Gewänder. Der König trug eine Pelzspitze, und das Tuch war um ihn herum gewickelt, so dass seine Arme nicht sichtbar waren und er wie ein bloßer Haufen aussah, als er auf seinem Maultier saß. Das Tuch wurde um sein Kinn und seinen

Mund gezogen. Er war barhäuptig; Sein Haar war von der Stirn bis zum Hinterkopf in der eigentümlichen Art und Weise geflochten, die ich zuvor beschrieben habe und die der auf einigen assyrischen Wandgemälden im British Museum genau ähnelt. Diese Zöpfe werden jeweils am Ende zusammengebunden und bilden im Nacken ein kleines Schwänzchen. Kassa hat ein mildes und eher unentschlossenes Gesicht und war offensichtlich nervös wegen der ungewohnten Zeremonie, die er durchmachen wollte. Ich glaube, dass sein Gesicht nicht über seinen Charakter hinwegtäuscht und dass er sich durchaus von drei oder vier seiner wichtigsten Berater leiten lässt. Puppenkönige gibt es nicht nur in Abessinien. Major Grant ritt an der Seite des Königs und unterhielt sich über Mercher , den Dolmetscher, mit ihm. Das Maultier, auf dem der König ritt, und die der wichtigsten Persönlichkeiten hatten alle die farbenfrohen, grün-rot geprägten Lederbeschläge, von denen ich beschrieb, dass sie das Maultier schmückten, auf dem der Botschafter ritt, der nach Attegrat kam . Im Zug befanden sich mehrere Priester, die sich wie üblich durch ihre Turbane und die weißen Gewänder auszeichneten. In meiner Beschreibung der Kleidung des Königs habe ich nichts über seine Leggings oder Schuhe erwähnt, da er, wie alle anderen seiner Nation, nackte Beine und Füße hatte. Unmittelbar nachdem der König begonnen hatte, schloss ich mich mit den unbeteiligten Offizieren hinter ihm an, und die 3. Eingeborenenkavallerie rückte hinter uns an. Im Rücken und in perfekter Linie rückte die Hauptmasse der einheimischen Truppen an – Reiter vorn, Lakaien hinter ihnen. Der ganze Eindruck war äußerst malerisch und muss, von der gegenüberliegenden Seite des Tals aus gesehen, am eindrucksvollsten gewesen sein. Sobald wir in Bewegung waren, sahen wir Sir Robert Napier vom gegenüberliegenden Lager herkommen. Er ritt in einer Howdah auf einem Elefanten mit scharlachrotem Behang; Hinter ihm folgte der andere Elefant, und sein Stab ritt um ihn herum. Die Truppen blieben in einiger Entfernung hinter dem Durbar-Zelt in einer Reihe, wobei die 10. Eingeborenen-Infanterie als Ehrenwache vor dem Zelt aufgestellt war . Als wir etwa drei Viertel der Strecke den Abhang hinunter auf unserer Seite des Hügels zurückgelegt hatten, blieb der Leibwächter vor dem König stehen und zog sich auf beiden Seiten zurück, so dass eine Straße zurückblieb, durch die der König und seine persönliche Gefolgschaft gingen Ritt. Die 3. Eingeborenenkavallerie folgte, aber die Eingeborenen bildeten im Hintergrund erneut eine Linie und blieben stehen. Sir Robert Napier kam zuerst am Bach an, aber der Elefant weigerte sich, ihn zu überqueren, und der General stieg dann ab, bestieg sein Pferd und rückte erneut vor, um dem König zu begegnen, der inzwischen den Bach überquert hatte. Sir Robert und der König schüttelten sich die Hand und ritten dann gemeinsam zum Durbar-Zelt. Dort stiegen alle ab und so viele, wie das Zelt aufnehmen konnte, traten ein. Ich hatte das Glück, einer von ihnen zu sein. Der König und der Oberbefehlshaber nahmen auf zwei Stühlen Platz. Fünf der wichtigsten Prinzen saßen auf dem Boden. Der Schild- und Speerträger des Königs stand hinter ihm, und mehrere andere einheimische Diener standen in der Nähe . Ungefähr ein Dutzend europäische Offiziere reihten sich an den Seiten des Zeltes auf. Als ich das Zelt betrat, feuerten die Ehrengarde und die Artillerie einen Salut ab, der einen großen Aufruhr unter den Pferden hervorrief, und ich habe zweifellos die Armee des Königs von Tigre, die alle auf der anderen Seite geblieben war, ziemlich erschreckt und beunruhigt Seite des Baches. Den ganzen Tag über herrschte an dieser Stelle größte Disziplin, kein einziger Mann überquerte den Bach, mit Ausnahme der persönlichen Diener des Königs.

Das Gespräch zwischen Sir Robert Napier und dem König wurde von Mercher und seinem Bruder, der zum Gefolge des Königs gehörte, gedolmetscht. Beide Brüder sind Tigre-Häuptlinge, die seltsamerweise nach Bombay geschickt wurden, um dort eine Ausbildung zu erhalten und die englische Sprache zu lernen. Das Gespräch war von der förmlichsten Art. Sir Robert äußerte seine Hoffnung, dass der König von seiner Reise nicht ermüdet sei. Der König antwortete, dass er nie müde sei, wenn er seine Freunde besuche. Hier stockte das Gespräch ein wenig, und dann drückte Sir Robert die Freude aus, die wir Engländer, die Missionare in alle Teile der Welt schickten, empfanden, hier mitten in Afrika eine christliche Nation zu finden. Darauf antwortete der König, dass er keine Fremden in seinem Land sehen wolle, sondern dass er es vorziehe, wenn Fremde kämen , wenn sie Christen seien. Dies war ein entscheidender Dämpfer; aber Sir Robert ergriff nach einer Pause seine Haltung und sagte, dass wir für alle Abessinier ein äußerst freundliches Gefühl hätten, mit Ausnahme nur der bösen Männer, die unsere Landsleute gefangen hielten. Der König antwortete, dass Theodore unser gemeinsamer Feind sei und dass er hoffe, wir würden ihn so bestrafen, wie er es verdiente. Der General erkundigte sich dann nach den Namen der anwesenden Prinzen und stellte fest, dass einer ein älterer Bruder und zwei Onkel des Königs waren. Das waren alles intelligent aussehende Männer mit für Abessinier schönen Gesichtern. Der ältere Bruder des Königs ist ein viel entschlossenerer und entschlossener aussehender Mann als der König. Wir konnten nun sehen, dass diese Männer, wie auch der König, als sie sich hinsetzten und ihre Arme ein wenig von den Stoffhüllen befreiten, sehr große goldene Armbinden oder vielmehr Handgelenksschmuck trugen, die genau die gleiche Form hatten wie ein Damenhandschuh. Sir Robert sagte nun, er wolle dem König einige Geschenke überreichen, um unsere Freundschaft zu demonstrieren. Dabei handelte es sich um ein doppelläufiges Gewehr von Purday , einige hübsche böhmische Glasvasen und das Pferd, auf dem er selbst ritt, als er den König traf. Übrigens bezweifle ich sehr, ob der König sich jemals dem Pferd anvertrauen wird, das ein temperamentvolles und ziemlich widerspenstiges Tier ist und das, als wir das Zelt verließen, den Eingeborenen, dem es übergeben worden war, völlig überwältigte und es schließlich auch getan hatte um von seinem eigenen System zum königlichen Zelt gebracht zu werden. Das Treffen war nun zu Ende, das heißt, es war ein öffentliches Treffen, und alle zogen sich aus dem Zelt zurück, bis auf zwei oder drei vertrauliche Beamte auf beiden Seiten. Vorangegangen war lediglich eine formelle Eröffnung, und das Interview war nun wirklich interessant. Ich bin natürlich nicht in der Lage, nähere Angaben zu machen, aber das Wesentliche war, dass der König nun seine Zurückhaltung völlig aufgab und sagte, dass er auf unsere Unterstützung in den Streitigkeiten hoffte, die nach Theodores Niederlage entstehen würden. Sir Robert Napier „versicherte dem König unsere Freundschaft, erklärte jedoch, dass seine Königin ihn nur mit der Absicht hierher geschickt habe, unsere Landsleute zu retten, dass sie ihm jedoch strengstens befohlen habe, sich auf keinen Fall an den unglücklichen Meinungsverschiedenheiten zu beteiligen, die es gab im Land stattfindet. Als wir weiter zu diesem Ort marschierten, sahen wir überall die Zeichen dieser unglücklichen Kriege, auf den unbewirtschafteten Feldern und in den verlassenen Dörfern, und er hoffte, dies mit der Zerstörung der Macht von Theodore, diesem äußerst Unglücklichen, zu hören Der Zustand der Dinge würde aufhören. Gleichzeitig versicherte er dem König, dass er sich darauf verlassen könne, dass wir, wenn wir ihn nicht unterstützen könnten, auch davon absehen sollten , seinen Rivalen irgendeine Unterstützung zu gewähren." Als Antwort auf eine Bitte des Häuptlings versprach Kassa später, er werde Boten zu den wichtigsten Städten auf unserer Route schicken und den Einwohnern befehlen, alles in ihrer Macht Stehende zu tun, um uns mit Proviant und Vorräten zu versorgen. Nachdem die Unterredung beendet war, wurden der König und die Fürsten mit Wein und Spirituosen versorgt, allerdings nicht ohne Schwierigkeiten, denn im Lager der vorrückenden Kolonne sind nur noch sehr wenige Flaschen Wein übrig. Dann gab es eine Pause von ein oder zwei Stunden, danach wurden unsere Truppen vorgeführt und absolvierten einige Manöver vor dem König. Diese waren nicht besonders interessant, da kein Pulver verbraucht wurde und der Boden voller tiefer Löcher war, die von langem Gras verdeckt waren, was für die Bewegungen von Artillerie oder Kavallerie höchst ungünstig war. Auch das Vorgehen der Armstrongs wurde dem König erklärt. Danach kehrten die Truppen ins Lager zurück, und Sir Robert Napier und sein Stab überquerten mit dem König den Bach, um dem königlichen Zelt einen Gegenbesuch abzustatten. Die Eingeborenen, die sich am Bach versammelt hatten, erhoben sich alle, als er sich näherte, und die Trommeln spielten ihre seltsame Musik. Da wir inmitten einer dichten Schar von Eingeborenen ritten, waren wir nun in der Lage, deren Anzahl und Aussehen genauer zu beurteilen, als wir es bisher konnten. Die allgemeine Meinung war, dass es ungefähr dreitausend gewesen sein müssten, von denen drei Viertel mit Gewehren bewaffnet waren. Sie waren eine gute, aktiv aussehende Gruppe von Männern und würden in einem rauen Land selbst für ausgebildete Soldaten gewaltige Gegner abgeben. Diese Männer gelten als mutig und ziemlich bewaffnet, aber Theodores Armee hat sie immer besiegt. Theodores Armee muss daher keineswegs verabscheuungswürdige Gegner gewesen sein; und obwohl diese Armee inzwischen auf vier- oder fünftausend Mann geschrumpft ist, ist es wahrscheinlich, dass diese vier- oder fünftausend die verzweifeltsten Charaktere und die kriegerischsten Krieger seiner ursprünglichen Streitmacht sind. Obwohl Magdala von Natur aus stark ist und über ein paar tausend solcher Männer verfügt, kann es möglicherweise sogar für eine britische Armee eine harte Nuss sein, sie zu knacken.

Im Zelt des Königs angekommen, das eine beträchtliche Größe hat, betrat Sir Robert Napier mit dem König, den Prinzen und so vielen seiner Mitarbeiter, wie das Zelt Platz bot, und nahm auf dem mit Teppich ausgelegten Boden Platz. Hier wurden Erfrischungen, kleines Fladenbrot und einheimische Liköre aus vergorenem Honig und Kräutern sowie einheimische Spirituosen serviert. Sir Robert Napier wurde vom König zu einem guten Krieger erklärt, und der König überreichte ihm seine eigene Löwenmähnenspitze, sein eigenes Schwert, seinen eigenen Schild und seinen eigenen Speer, das Maultier, auf dem er bei dem Interview selbst geritten war, mit seinem Sattel und Schmuck und ein silberner Handschuh. Nach etwa einer halben Stunde verabschiedete sich der Oberbefehlshaber.

Als ich zum Zelt hinauffritt, rauchte ich eine Zigarre, was die größte Aufmerksamkeit und das größte Erstaunen der umstehenden Eingeborenen erregte. Es war offensichtlich, dass sie noch nie zuvor eine Zigarre gesehen hatten. Ich verschenkte mehrere davon an die Häuptlinge, die jedoch völlig im Unklaren darüber waren, was sie mit ihnen machen sollten, als sie sie bekamen. Ich bot ihnen meine Zigarre an, um die anzuzünden, die ich ihnen gegeben hatte; aber sie hatten keine Ahnung, was sie damit machen sollten, und waren gerade dabei, es in einen ihrer Münder zu stecken, als ich es rettete und mit einem Vesuvianer ein Licht anzündete. Das überraschte sie noch mehr als die Zigarre. Sie zündeten jedoch ihre Zigarren an und rauchten sie mit offensichtlichem Inhalt, wobei sie sie gelegentlich ihren Freunden zum Schnuppern liehen. Daraufhin strömten unzählige Bewerbungen auf mich ein, die ich jedoch ablehnen musste, denn Zigarren sind hier sehr kostbare Gegenstände. Ich ging, als Sir Robert Napier es tat, da es fast sechs Uhr war, und ich wollte nach Ad Abaga zurückkehren , wo ich mein Zelt und mein Gepäck zurückgelassen hatte, bevor es zu dunkel wurde, um der Strecke zu folgen.

Die Meinung des Königs und seiner Hauptkrieger über unsere Truppen ähnelt der, die die Eingeborenen bei der Besichtigung von Attegrat zum Ausdruck brachten , nämlich dass unsere Truppen auf einer Ebene unbesiegbar wären, auf einem Berg jedoch keine Angst vor uns haben würden Seite. Unsere Kanonen sind nicht so groß, wie sie erwartet hatten; aber sie sagten, sie hätten Großes von unseren Raketen gehört, die mit gewaltigem Lärm durch die Luft jagen und diejenigen vernichten, die bei ihrer Explosion nicht durch einen schädlichen Dampf getötet werden , der für Mensch und Tier tödlich ist. Sie sind fest davon überzeugt, dass wir über eine große Zauberkraft verfügen; und dies wird wahrscheinlich mehr dazu beitragen, ihre Neutralität zu wahren, als jede Angst vor unseren Waffen. Sie sagen, dass wir durch Zauberei die Elefanten gezähmt haben; Durch einen Zauber haben wir verhindert, dass der Regen in der Nähe der Meeresküste fiel und unsere Arbeit am Pass unterbrach. Durch einen Zauber haben wir die Heuschrecken verschwinden lassen, sobald wir das Hochland erreichten; und deshalb würden wir, wenn wir beleidigt wären, durch einen Zauber auch verhindern, dass Regen über das ganze Land fiele, und so eine schreckliche Hungersnot im Land verursachen.

Da die Eingeborenen von Zauberei beeindruckt sind und von unseren Soldaten überhaupt nicht beeindruckt sind, würde ich vorschlagen, dass in jedem zukünftigen Krieg der gleichen Art ein Offizier mit dem Titel „Magier" für die Streitkräfte ernannt werden sollte, und das sollte er auch tun Unteroffiziere als Zauberassistenten und stellvertretende Zauberassistenten. Die Pflicht dieser Beamten sollte darin bestehen, Zeichen und Wunder zu vollbringen. Mr. Anderson könnte vielleicht dazu gebracht werden, die Kontrolle über die Maschinentricks und die allgemeine Magie zu übernehmen; Mr. Home kümmerte sich um das spirituelle Geschäft und konnte den Geist der Eingeborenen mit dem Anblick von in der Luft schwebenden Elefanten in Erstaunen versetzen, oder er konnte einen Negerpotentaten in Angst und Schrecken versetzen, indem er mit unsichtbaren Fingern seine Nase an einem Durbar drehte. Einer der stellvertretenden Magierassistenten sollte ein Pyrotechniker sein , dessen Aufgabe darin bestehen würde, das Lager mit überirdischem Feuer zu erhellen und seltsame Zeichen in den Mitternachtshimmel zu setzen. Wäre diese Abteilung vor Beginn der Expedition organisiert worden und wären einige ihrer Offiziere anwesend gewesen, hätten wir sicherlich auf mehrere Regimenter verzichten können, und die Kosten der Expedition wären erheblich geringer gewesen, wie großzügig die Vergütung der Häuptlinge auch gewesen wäre der Abteilung hätte sein können. Sollte die Regierung diesen Vorschlag annehmen, und ich habe keinen Zweifel daran, dass sie dies tun wird, erwarte ich eine wertvolle Ernennung zum Korps.

Am Tag nach der letzten Post erhielten wir eine Zusammenfassung *der* Briefe von Magdala, die drei Tage zuvor eingetroffen waren. Sie enthielten nichts von großer Bedeutung. Gobayze und Menelek befanden sich beide in der Nähe von König Theodor; so nah, dass die Lagerfeuer des ersteren von Theodores Lager aus gesehen werden konnten. Sie hatten offenbar beide

Angst, ihn anzugreifen; aber Gobayze hatte ihm eine beleidigende Nachricht geschickt, und Theodore hatte den unglücklichen Herold sofort getötet. Theodore kam sehr langsam voran; und es wurde angenommen, dass er erst Ende März in Magdala eintreffen würde. Er war zehn Stunden Fahrt von dieser Festung entfernt, was ungefähr fünfundzwanzig Meilen bedeuten würde. Selbst wenn er mit halber Geschwindigkeit fährt, wird er vor uns da sein. Mittlerweile herrscht die allgemeine Meinung vor, dass wir am Ende unserer Reise einen Kampf haben werden.

Doullo , 29. Februar.

Wir sind gestern Nachmittag nach dreitägigem Marsch hier angekommen. Am 26. zogen die Truppen von Mai Dehar nach Dongollo , fünfzehn Meilen; am 27. nach Agula , neun Meilen; und am 28. nach Doullo , fünfzehn Meilen. Die Straße führte durch ein viel hügeligeres Land als das, über das wir zuvor gefahren sind. Am ersten Marschtag hatten wir einen sehr langen und steilen Abstieg. Dies versuchten die Maultiere; und viele waren die Umwälzungen der Rudel, viele der müden Tiere, die sich auf dem schmalen Felsvorsprung niederlegten und sich weigerten, sich zu bewegen, bis sie nicht abgesattelt waren. Glücklicherweise war die Strecke zwar lang und steil, aber gerade, und so kam die Artillerie verhältnismäßig leicht und ohne Unfall zu Boden. Das Lager lag in einem Tal, wo das Wasser sehr gut war und es ein fast 200 Meter langes Becken mit tiefem Wasser gab, das ausgezeichnete Bademöglichkeiten bot. Es waren viele Fische darin, und einige wogen über ein Pfund. Das ist merkwürdig, denn es zeigt, dass die Abessinier keineswegs geschickte Fischer sind; denn Mr. Speedy erzählt mir, dass er während seines Aufenthalts auf dem Land nie gesehen oder gehört hat, dass ein Fisch gefangen wurde, der mehr als drei Zoll lang war.

Der Marsch am nächsten Tag war kurz und recht einfach. Die letzte Strecke war nicht nur lang, sondern hatte auch einige sehr lange und schwierige Auf- und Abstiege; tatsächlich war es über die gesamte Strecke eine einzige Hügelkette. Das Land war durchweg dünn besiedelt. Wir sind auf mehrere zerstörte Dörfer gestoßen, die wahrscheinlich in den ständigen Kriegen, die in diesem Land toben, zerstört wurden. Die Kirchen wurden jedoch im Allgemeinen respektiert; Und wann immer eine wirklich schöne Baumgruppe zu sehen ist, findet man immer eine Kirche in ihrem Schatten. Wo die Dörfer zerstört sind, sind die Kirchen natürlich verlassen und verfallen mehr oder weniger. Dieses Lager liegt in einem weiten Tal und wir besorgen mehr Vorräte als gewöhnlich von den Eingeborenen. Gestern haben wir 1500 Pfund gekauft. Getreide, und heute erhalten wir einen noch größeren Vorrat. Gras ist allerdings vergleichsweise knapp und das Wasser ist keineswegs gut. Vieh gibt es wie immer in Hülle und Fülle. Wir brechen morgen wieder auf und werden in zwei Tagen das Lager hinter Antalo erreichen . Ich höre sehr gute Berichte über den Stand der Vorräte dort und erfahre, dass wir außer Getreide usw. auch beträchtliche Mengen Mehl und Brot gekauft haben.

Dies ist bei weitem die zufriedenstellendste Nachricht, die wir seit unserer Landung in Abessinien erhalten haben, und wenn diese Lieferungen weiterhin eintreffen, wird dies die Dauer unseres Feldzugs erheblich verkürzen . Die große Frage besteht darin, ausreichend Vorräte für den Marsch nach Magdala zusammenzustellen. Solange wir die von den Maultieren mitgebrachten Vorräte verbrauchen müssen, muss der Akkumulationsprozess sehr langwierig sein. Mehl und Fleisch sind die einzigen zwei Nahrungsmittel, die von materiellem Gewicht sind. Das eingelegte Gemüse, Tee, Zucker und Salz belaufen sich zusammen auf weniger als 150 Gramm pro Tag und Mann; und ein Maultier würde daher die Rationen von 500 Mann dieser Artikel tragen. Wenn wir Antalo erreichen und uns der vorgeschobenen Truppe anschließen, wird unsere Zahl 1200 Europäer nicht überschreiten, und 50 Maultiere werden die Rationen für drei Wochen transportieren, ausgenommen Fleisch, das wir immer kaufen können, Mehl und Rum. Gegenwärtig beträgt die Rumration eine Drachme pro Tag, aber es ist möglich, dass dies jederzeit eingestellt wird; und es ist auf jeden Fall wahrscheinlich, dass kein Rum über Antalo hinaus transportiert wird . Wenn wir also entlang des Marsches Mehl und Fleisch kaufen können und die Europäer der Vorhut 3000 Mann zählen, brauchen wir nur sechs Maultiere pro Tag, um ihre Rationen zu transportieren, oder 186 Maultiere für einen Monatsvorrat. Natürlich gilt diese Rechnung nicht für unsere Reise, da es höchst unwahrscheinlich ist, dass es uns gelingt, unterwegs Mehl oder Brot zu bekommen; Wenn wir aber während unseres Zwischenstopps in Antalo nur ausreichende Mengen für unseren Verbrauch einkaufen können , wird das eine enorme Erleichterung für den Transportzug sein. Das einheimische Brot ist überhaupt nicht schlecht. Es wird in Form von Kuchen mit einer Dicke von etwa 2,5 cm und einem Durchmesser von 20 cm gebacken. Die Farbe ist dunkel und manchmal sauer; aber ich habe so gutes Brot probiert, wie man sich nur wünschen kann. Der Preis, den ich hier bezahlt habe, beträgt einen Dollar für fünf dieser Brote, von denen jedes etwa anderthalb Pfund wiegt. Holz ist sehr knapp, für vier Bündel Stöcke mit einem Gewicht von weniger als zehn Pfund pro Bündel wird ein Dollar verlangt.

Die heutige Pause dient teils dazu, der Artillerie die Reparatur eines Rades eines ihrer Vorratswagen zu ermöglichen, das bei der letzten Abfahrt kaputt gegangen war, teils, um den Tieren Ruhe zu geben, die nun, nach viertägiger Arbeit, sehr ausgeruht sind brauchte einen Tag Ruhe. Wir brauchen mehr Kavallerie bei uns. Die 3D Native Cavalry hatte enorm harte Arbeit; Aufgrund der Märsche und Streikposten verbringen die Männer nie mehr als zwei Nächte in der Woche im Bett, manchmal sogar nicht mehr als eine. Es ist erstaunlich, wie sich die Tiere bei so viel Arbeit und unzureichender Nahrung in einem so guten Zustand halten, wie sie es derzeit sind. Allen Tieren geht es jedoch durch einen kurzen Aufenthalt in Antalo besser .

Abaga stark verändert . Wir wehen den ganzen Tag über einen starken und sehr kalten Nordwind, der abends zwischen fünf und acht Uhr am stärksten ist. Nachts sinkt es; und die Temperatur ist dann nicht so kalt wie in Senafe oder Attegrat . Die Eingeborenen leiden im Allgemeinen unter Husten und Erkältungen; und das Ausmaß des Hustens, das nachts in der Nähe unseres Zeltes auftritt, ist sowohl erstaunlich als auch unangenehm.

Zulla herauf und schloss sich uns am Tag unserer Abreise aus Ad Abaga an . Er hat das Kommando über die vorgeschobene Brigade übernommen. Ich höre, dass die Vorräte in Senafe und an anderen Orten entlang der Strecke aufgrund der Menge an Vorräten, die von den Zügen, die die Kolonne von General Collings und unsere begleiteten, eingenommen wurden, sehr gering waren; so sehr, dass die Truppen, die eingezogen wurden, in Zulla zurückgehalten wurden, bis weitere Vorräte angehäuft werden konnten. Ich gehe davon aus, dass zu diesem Zeitpunkt in Senafe ein großer Vorrat gesammelt wurde , da Kapitän Griffiths , der den Teil des Transportzuges befehligte, der mit der Kolonne von General Collings vorwärts fuhr, gerade mit seinen Maultieren nach unten gegangen ist, um einen weiteren Vorrat zu holen.

Antalo , 4. März.

Als ich vor vier Tagen von Doullo aus schrieb, erwähnte ich, dass wir die Nachricht hatten, dass in Antalo Mehl und andere Vorräte in beträchtlichen Mengen eingekauft würden , und dass sich die Aussichten der Expedition völlig ändern würden, wenn weiterhin Nachschub käme. Aber ich habe sicherlich nicht damit gerechnet, dass wir von hier aus in weniger als drei Wochen oder einem Monat vorankommen würden. Zwei Tage bevor wir hier ankamen, gab es tatsächlich Gerüchte über einen viel früheren Umzug als erwartet; und es wurde der Befehl erlassen, dass wir aller Wahrscheinlichkeit nach gezwungen werden sollten, ohne Rum, Tee oder Zucker weiterzumachen. Selbstverständlich ist jeder bereit, große Opfer zu bringen und jede Not auf sich zu nehmen, die unbedingt notwendig sein mag. Jede Kürzung der Ausrüstung, die Entlassung der einheimischen Anhänger und die Verringerung der Beförderung wurde nicht nur ohne Murren, sondern von allen mit tatsächlicher Befriedigung aufgenommen. Die Kürzungen wurden als notwendig erachtet; denn anders wäre es nicht möglich, in dieses unwirtliche Land einzudringen. Man hielt es für wahrscheinlich, dass wir jenseits von Lât ohne Zelte und nur mit einer Decke und einer Kleidung zum Wechseln gehen müssten; und ich habe keinen Ausdruck von Abscheu oder Beschwerde über die Aussicht gehört; aber dieser Befehl, ohne Rum, Tee oder Zucker weiterzumachen, wurde von Männern und Offizieren aller Ränge mit größter Unzufriedenheit aufgenommen. Es wurde nicht aus Bequemlichkeitsgründen beanstandet, sondern aus gesundheitlichen Gründen. Rum ist ein schwer zu transportierender Artikel, auf den man verzichten kann; Auf Zucker könnte man auch verzichten; Aber Tee ist bei einem Feldzug wie diesem eine absolute Notwendigkeit, wenn die Männer keinen Rum haben sollen. Es ist nicht so, dass der Tee schön wäre, denn das ist er sicherlich nicht; es ist geradezu eklig. Es hat keinerlei Ähnlichkeit mit dem Kraut, das wir in England als Tee trinken; gleichzeitig ist es ein absolutes Essential. Morgens und abends ist es sehr kalt; Die Truppen sind um halb fünf Uhr morgens unterwegs, wenn alles mit Tau durchtränkt ist; sie sind den ganzen Tag hart bei der Arbeit; ihr Streikpostendienst ist sehr streng; und ihnen zum Frühstück am Morgen und zum Abendessen am Ende ihrer Tagesarbeit nichts als kaltes Wasser zu trinken zu geben, bedeutete einfach, die ganze Armee ins Krankenhaus zu schicken. Wäre das Wasser gut, wären die Ergebnisse vielleicht nicht so katastrophal gewesen, aber es stammt fast immer aus stehenden Teichen und ist das Gegenteil von gesund. Die Beamten trinken das Wasser in der Regel erst nach dem Filtern, doch die Männer denken nie daran, sich die Mühe zu machen. Das Kochen des Wassers hat zweifellos eine noch bessere Wirkung als das Filtern; aber die Männer würden das Wasser bestimmt nicht zum Kochen bringen, wenn sie nichts hineinzutun hätten. Sie würden nichts als unreines Wasser trinken, was in einem Land, in dem die Temperaturschwankungen so groß und so plötzlich sind wie hier, mit Sicherheit innerhalb kürzester Zeit Ruhr hervorrufen würde. Die Entbehrung ihres Rums würde den Männern an sich schon deutlich zu spüren sein. Sie waren alle einige Jahre in Indien, wo Rum zur regulären Ration eines Soldaten gehört. Sie sind an seinen Gebrauch gewöhnt und würden zweifellos seine plötzliche Entbehrung etwas spüren. Wären es frisch aus England eingetroffene Truppen gewesen, hätte das vergleichsweise wenig ausgemacht. Unser Generaladjutant, Oberst Thesiger , ist ein absoluter Abstinenzler; Ich glaube, das ist der höfliche Ausdruck für einen Abstinenzler . Natürlich ist seine Theorie, dass Menschen ohne Geister viel besser sind; und die Gegenwart wird eine großartige Gelegenheit sein, die Auswirkungen eines Maine-Gesetzes zu testen. Ich glaube jedoch, dass Offiziere und Soldaten ohne Murren auf Rum und Zucker verzichten würden, wo es Tee gibt, aber erlaubt wären; aber ich bin sicher, dass schlechtes Wasser allein die Hälfte der Truppen zum Stillstand bringen wird. Es wird auch keine Transportkostenersparnis durch das Zurücklassen des Tees entstehen. Wir werden eine größere Menge an Medikamenten einnehmen müssen, als wir vom Tee sollten. Der Grund dafür, dass wir auf diese Weise das zurücklassen, was jeder für den kostbarsten Teil unserer Vorräte hält, so schlecht es auch ist, war, dass wir jede Menge einheimischer Wagen beschaffen können, die Eingeborenen aber nur Mehl und Getreide transportieren werden weigern sich, die Beförderung von Rum, Zucker und Tee zu übernehmen, teils wegen der größeren Verantwortung, teils wegen der Form der Fässer und Fässer, die für die kleinen Ochsen und Esel unbequem sind. Jeder fragt: Haben wir denn keine eigene Kutsche? Haben wir außer denen, die die Zelte tragen, keine Transport-Maultiere zur Verfügung? Ein Maultier kann 150 bis 200 Pfund wiegen, womit 500 Männer ihre Tagesration Tee decken würden. Die Vorausbrigade wird nicht viel mehr als 3000 Mann umfassen, und folglich werden fünfzig Maultiere zwei Monatsrationen Tee für sie tragen; Und es ist etwas Außergewöhnliches , wenn von den 15.000 Gepäcktieren im Transportzug nicht fünfzig entbehrlich sein können, um einen Gegenstand zu transportieren, den jeder für die Gesundheit und das Wohlbefinden der Truppen als äußerst wichtig erachtet. Ich bin mir sicher, dass Sir Robert Napier selbst dem Vorschlag mit größtem Widerwillen zustimmte und dass er die allgemeine Zufriedenheit teilt, die man über den Bericht empfindet, dass das Kommissariat feststellt, dass einige der Eingeborenen bereit sind, Tee zu sich zu nehmen, wenn überhaupt verpackt in Häuten oder in dicken Beuteln, und dass daher auf jeden Fall ein Teil des Tees übernommen wird.

Ich begann diesen Brief mit der Aussage, dass die Nachricht vom Kauf von Mehl und Getreide, wenn sie wahr wäre, die gesamte Aussicht auf die Expedition völlig verändern würde. Ich freue mich, sagen zu können, dass die Nachrichten, die wir gehört haben, nun mehr als bestätigt sind und dass das Kommissariat zum Preis von 12.000 Pfund kauft. oder 14.000 Pfund. Mehl pro Tag. Darüber hinaus kaufen sie ausreichend Brot für den täglichen Bedarf der Truppe ein. In den letzten Tagen sind auch sehr große Konvois einheimischer Gepäcktiere eingetroffen, und wir verfügen bereits über zwei Monate Vorräte aller Art und vier Monate Vorräte an Mehl für die gesamte vorgeschobene Division. Dies ist ein fortschrittlicherer Stand der Dinge, als ich in den nächsten zwei Monaten erwartet hätte, und verändert die Aussichten für den Wahlkampf völlig. Hätten wir hier den gleichen Mangel an Nahrungsmitteln festgestellt wie auf der ganzen Strecke, hätten wir so lange warten müssen, dass es unmöglich gewesen wäre, vor dem Regen zurückzukehren. Jetzt besteht die Chance, dass wir es tun.

Sanguinische Geister nennen sogar den 1. April als wahrscheinlichen Tag für die Ankunft in Magdala. Wenn wir am Ende der ersten Aprilwoche dort sind, werden wir, falls Theodore uns erwartet und kein Problem auftritt, am 15. unseren Rückmarsch antreten, diesen Ort bis zum 7. Mai durchqueren und in Zulla eintreffen noch einen Monat, das heißt, bevor es zu regnen beginnt. Allerdings habe ich seit unserer ersten Landung so viele unvorhergesehene Hindernisse gesehen und so viele unvermeidbare Verzögerungen erlebt, dass ich dieser plötzlichen Expressgeschwindigkeit überhaupt nicht vertrauen kann. Als wir vor zwei Tagen hier ankamen, war die Absicht, dass wir am 6. marschieren sollten. Ich höre, dass unser Vormarsch jetzt jedenfalls auf den 9. verschoben wird; und es würde mich nicht wundern, wenn wir nach diesem Datum noch eine Woche hier wären. Tatsache ist, dass niemand etwas über die Straßen vor uns weiß. Alle Reisenden , mit einer Ausnahme, die hierher gereist sind, sind bei Antalo nach rechts abgebogen und sind das Tal hinunter nach Socota gegangen . Die einzige Ausnahme ist Dr. Krapf , und sein Bericht über die Straße ist viel zu vage, um von praktischem Nutzen zu sein. Es genügt ein Blick in den Süden dieses Lagers, um uns eine Vorstellung von dem Land zu machen, durch das wir reisen werden. Eine Kette schroffer Berge, deren Gipfel über den Gipfel hinausragen, erstreckt sich in einer ununterbrochenen Linie. Irgendwie müssen wir über sie hinweg oder durch sie hindurchkommen, und im Moment wissen wir so gut wie nichts über sie.

Eine Pioniertruppe bestehend aus zwei Kompanien der 33. Division, einigen Beloochees , einigen Punjaub- Pionieren, Pionieren und Bergleuten sowie dem Scinde- Pferd ist vorausgezogen, um Straßen zu bauen, und die Berichte, die wir derzeit von ihnen erhalten haben, sind das Gegenteil davon günstig .

Lât ist unser nächster Rastplatz; Und bis wir hören, dass der Weg zu diesem Ort für Maultiere begehbar ist, hat es keinen Sinn, von hier aus weiterzugehen, wo wir auf dem Land leben und keine Vorräte verbrauchen.

Ich komme nun auf die Erzählung unseres Marsches hier zurück. Von Doullo nach Icullot war es nur ein Marsch von acht Meilen durch ein keineswegs schwieriges Land. Der nächste Marsch bis zu diesem Ort betrug zwölf Meilen, und das Land war sehr hügelig; Aber die vorgeschobene Brigade hatte eine so ausgezeichnete Straße angelegt, dass die Maultiere keinerlei Schwierigkeiten hatten, sie zu überqueren. Diese Straße war besser als alles, was wir seit unserer Abreise aus Senafe zurückgelegt haben . Der Oberbefehlshaber nahm jedoch nicht denselben Weg, sondern machte einen Abstecher nach Chalicote , einer beträchtlichen Stadt, die etwas abseits der Marschlinie lag.

Chalicote ist hübscher gelegen als jede Stadt, die wir bisher gesehen haben. Es liegt in einem waldreichen Tal. Die Kirche ist genau im gleichen Stil wie die von Attegrat , mit Fresken, die offenbar von derselben Hand gemalt wurden. Ich habe die Kirche in Attegrat so ausführlich beschrieben , dass jegliche diesbezügliche Einzelheiten überflüssig wären.

Der Chef wurde von einigen seiner Mitarbeiter und von Herrn Holmes vom Britischen Museum begleitet, der gehofft hatte, dort einige alte Manuskripte zu erwerben, zumal er von einem gehört hatte, das angeblich von großem Wert sei und in vergoldetem Silber gebunden sei . Es stellte sich jedoch heraus, dass es recht modern war; und bis heute ist es Herrn Holmes, obwohl er bei seiner Suche unermüdlich war, nicht gelungen, ein Manuskript von großem Alter zu finden; Er hat jedoch von einigen gehört, die sich an einem etwas von unserer Marschlinie entfernten Ort befinden und die er bei unserer Rückkehr zu erwerben hofft und die, wenn sie der gegebenen Beschreibung entsprechen, von sehr großem Wert sein werden. Das war kaum zu erwarten, da die Marschlinie den äußersten Rand des Hochlandes von Abessinien – einem von den Hauptstädten entfernten und der ständigen Verwüstung durch Grenzkriege ausgesetzten Teil des Landes – umgeht Man würde auf Überreste von sehr großem Alter stoßen. Hätte unser Kurs durch Axoum geführt , die Hauptstadt dieses seltsamen griechischen Besitzes, dessen Seehafen Adulis oder Zula war, hätten wir vielleicht mit einigen interessanten Entdeckungen gerechnet. Es besteht noch die Möglichkeit, dass wir Axoum sehen ; Denn wenn wir auch nur die geringste Chance haben, das Land vor der Regenzeit zu verlassen, werden wir uns natürlich alle Mühe geben, rechtzeitig zurückzukommen. Es gibt jedoch das Gerücht, dass , wenn wir die Regenzeit hier verbringen müssen, a Ein Teil der Streitkräfte wird über Axoum und Adowa zurückkehren .

Dieses Lager heißt Antalo , aber es ist nur ein Höflichkeitsname, wie der vieler englischer Bahnhöfe. Es ist fast sechs Meilen von der Stadt Antalo entfernt und führt über die direkteste und schwierigste Straße; Acht Meilen vollständig über den besser zugänglichen Weg. Die Position von Antalo wurde sicherlich eher im Hinblick auf ihre Verteidigungsfähigkeit als auf ihre Bequemlichkeit hin ausgewählt. Es liegt auf einer kleinen, hügeligen Ebene, sechs- bis siebenhundert Fuß über dem allgemeinen Niveau des Tals, und am Fuße eines sehr hohen und steilen Hügels, der sich fast steil bis zu fünfzehnhundert Fuß darüber erhebt. Dieser Hügel ist nur an ein oder zwei Stellen zugänglich und mit Mauern überzogen; so dass es den Bewohnern von Antalo einen sicheren Rückzugsort bietet , falls sie von einer Übermacht angegriffen werden. Diese Bergfestung heißt Amba Antalo . Eine solche Position stellt in diesem Teil des Landes keinen unnötigen Schutz dar, denn Antalo liegt am äußersten Rand des Territoriums der kriegerischen Gallas . Wenn diese Stämme eine schlechte Ernte haben, versammeln sie sich und machen einen Streifzug durch die Dörfer der Ebene und fegen Getreide und Vieh weg. Überall in der Ebene liegen zerstörte Dörfer, die die Häufigkeit und Wildheit dieser Streifzüge bezeugen; und in Antalo selbst gab es offensichtlich und zu keiner sehr fernen Zeit eine viermal so große Bevölkerung wie heute. Ich bin vorgestern zum Wochenmarkt gefahren.

Ich habe den Markt in Attegrat in einem früheren Brief ausführlich beschrieben; Und da es sich dabei genau um die gleiche Szene in etwas größerem Maßstab handelte, habe ich dem, was ich damals gesagt habe, wenig hinzuzufügen. Es wurden sehr große Mengen Mehl eingebracht und das Kommissariat sicherte sich einen beträchtlichen Nachschub. Es gab auch zahlreiche Maultiere, Esel und Rinder. Auch der Kleinwarenmarkt war überfüllt, und Kräuter und Getreide aller Art – Zwiebeln, Chilischoten , Stoff und die meisten anderen Artikel, die ich in Attegrat gesehen hatte – waren hier, mit Ausnahme von Kürbissen, von denen ich habe kein einziges Exemplar gesehen. Ich habe jedoch drei Pfund Kaffee gekauft, was ich als großen Preis betrachte, da es eine Abwechslung zu dem übermäßig bitteren Kraut sein wird, das als Höflichkeitstee bezeichnet wird. Das Kommissariat hat eine beträchtliche Menge Kaffee gekauft, und mir wurde gesagt, dass wir im weiteren Verlauf noch viel mehr davon vorfinden werden. Das wird ein großer Segen für die Männer sein.

Ich denke, dass die Menschen hier fröhlicher und lustiger sind als die in Attegrat ; Sie gehen viel freier ins Gespräch oder versuchen vielmehr, sich darauf einzulassen, und scheinen wirklich darauf bedacht zu sein, alles für einen zu tun. Gestern hatte ich mindestens ein Dutzend von ihnen dabei, die miteinander redeten und versuchten herauszufinden, was ich über einige kleine Päckchen Bleierz herausfinden wollte, die als Tauschmittel dienten. Es handelte sich um ein reichhaltiges, flockiges Erz, das bis zu achtzig Prozent Blei enthielt und Papier frei markierte. Ich wollte unbedingt herausfinden, aus welchem Teil des Landes es stammte; Aber weder meine Pantomime noch die gemeinsamen Bemühungen der Zuschauer, mich zu verstehen, vermochten nicht, die erforderliche Information zu erhalten.

Während meiner Reise durch das Land habe ich mit Ausnahme einiger sehr reichhaltiger Eisensteinproben keine Anzeichen von mineralischem Boden gesehen. Während der letzten drei bis vier Tagesmärsche hat sich die Formation mehrmals von Sandstein zu hartem blauen Kalkstein verändert *und umgekehrt* . Auf den Flächen dieser kahlen Hügel wäre es sogar aus der Entfernung leicht, den Farbwechsel oder die ansteigenden Grate zu erkennen, die im Allgemeinen auf die Existenz einer Mineralader hinweisen;

Aber wie gesagt, obwohl ich das Land bei meiner Durchreise sorgfältig untersucht habe, konnte ich keinerlei Hinweise auf Mineralien entdecken.

Um zur Messe zurückzukehren. Die Szene war, wie in Attegrat , sehr amüsant; und die Haltung der Gruppen – die Frauen saßen überall mit ihren Körben, die Männer stützten sich auf ihre Speere, das Vieh stand in Gruppen herum – die ganze Szene erinnerte mich stark an einen irischen Jahrmarkt, abgesehen von der Abwesenheit des freundlichen Schweins. mit seinem qualvollen Schrei der Entrüstung und des Ekels.

Antalo besteht aus vier oder fünf Dörfern, die jeweils auf den Gipfeln kleiner Anhöhen liegen. Früher waren sie miteinander verbunden und noch heute sind sie von zerstörten Hütten umgeben. Der letzte Schlag, den Antalo erlitt, ereignete sich vor drei Jahren, als es von den Gallas angegriffen wurde, die von einem Rebellen gegen Kassa namens Waldo Yasus angestiftet und angeführt wurden . Sowohl Antalo als auch die Dörfer in der Ebene litten damals stark; und ein schrecklicher Choleraanfall, der kurz darauf über das Land fegte, vollendete ihren Untergang. Die Häuser haben alle hohe konische Dächer, die mit Binsen gedeckt sind. Jedes Haus hat einen Innenhof, der von einer hohen Mauer umgeben ist. Die Frauen hier sind weniger malerisch gekleidet und haben weniger ansprechende Gesichtszüge als die von Attegrat . Ihre Moral ist äußerst lax. „Eine tugendhafte Frau ist eine Krone für ihren Mann." Ich fürchte, es gibt in Abessinien nur sehr wenige gekrönte Häupter. Ich hatte mein Pferd am Fuße des Anstiegs von der Ebene zum Attegrat gelassen und war die letzten zwei Meilen zu Fuß gegangen. Es war ein sehr heißer Tag und eine unserer ersten Anfragen, als wir die Messe erreichten, war nach „ Tedge ". Wir wurden zu einem Wirtshaus geführt. Hier traten wir ein, und als wir durch eine Art Außengang gingen, befanden wir uns in fast völliger Dunkelheit. Es dauerte einige Zeit, bis wir genug sehen konnten, um der Einladung zum Sitzen Folge zu leisten, doch bald entdeckten wir zwei Sitze oder Sofas, die aus Stein gebaut und mit Fellen bedeckt waren. Der Raum hatte eine halbkreisförmige Form und war sehr hoch und reichte bis zum Strohdach, das mit Bambus ausgekleidet war. auf beiden Seiten befanden sich kleine Kammern, die offenbar verschiedenen Zwecken dienten; Denn nachdem wir einige Minuten dort gewesen waren und ein wenig sehen konnten, stellten wir fest, dass ein Esel friedlich an der Tür einer dieser Kammern stand und dass eine Ziege und ein Kamin die Hauptmöbel waren in dem anderen. Die Wände des Raumes waren glatt verputzt, und als Aufenthaltsort hatte er zweifellos den Vorteil, selbst bei heißem Wetter kühl zu sein. Tedge ist , wie ich bereits sagte, ein Likör aus fermentiertem Honig und Wasser mit Kräutern, der wie eine Mischung aus kleinem Bier und Limonade aus schimmeligen Zitronen schmeckt und in einer Flasche serviert wird, die einer Lucca-Ölflasche sehr ähnelt , aber eher flacher und mit größerem Hals. Aus dem Flaschenhals tranken wir abwechselnd; und da es nicht mehr als ein halbes Pint fasste, wir zu viert waren und der Tag heiß war, verlangten wir mehr. Es scheint, dass es keine Anstrengung mehr gab; Also wurde ein großer Krug gebracht, die Frau des Besitzers legte eine Falte ihres sehr schmutzigen Gewandes über die Öffnung und siebte den Schnaps durch den Krug in die Flasche, und wir tranken ihn. In ruhigeren Momenten und in anderen Gefilden hätten wir das wahrscheinlich nicht tun sollen – es wäre sogar wahrscheinlich, dass uns ein Übelkeitsgefühl überwältigt hätte. Ich freue mich jedoch, sagen zu können, dass die Armee in Abessinien jegliches Gefühl der Zimperlichkeit völlig überwunden hat. Ich habe etwas Rum getrunken gesehen, in dem mehrere Kakerlaken Selbstmord begangen hatten; und ich habe dabei geholfen, Honig zu essen, der schwarz war von Ameisen, deren Appetit ihren vorzeitigen Tod verursacht hatte. Was das Kochen angeht, gestehe ich, dass ich die Kochfeuer meide. Ich habe Sehenswürdigkeiten gesehen, die meine Philosophie aufs Äußerste auf die Probe gestellt haben, und bin jetzt ganz zufrieden damit, die hervorragenden Abendessen zu essen, die unsere Diener aus den Rationen zubereiten, und nicht an die Prozesse zu denken, die das Fleisch durchlaufen hat. Mein Zeltkamerad und ich sind sehr stolz auf unsere Köche. Sie sind zwei Goa-Portugiesen und, wie wir uns schmeicheln, unvergleichlich die besten Köche im Camp. Ihre Suppen sind ausgezeichnet, ihre Schnitzel die besten, die ich je gegessen habe, ihre eingemachten Kartoffeln, in Kuchen gebacken, köstlich. Sie schickten Vögel in einem so guten Stil hoch, wie ich ihn in einem Londoner Club nur bekommen kann. Ihr Kürbiskuchen – als wir Kürbisse bekommen konnten – war das Gesprächsthema im Lager; Der Ruhm ihres gebackenen Schafskopfes mit Hirnkoteletts kam Sir Robert Napier selbst zu Ohren. Stellen Sie sich also unsere Gefühle vor, als der strenge Beschluss erlassen wurde – alle einheimischen Diener, was auch immer sie sein mögen, sollten weggeschickt werden; Jeder Beamte muss 75 Pfund Gepäck mit sich führen, einschließlich Bett, Kochutensilien sowie Teller und Schüsseln. und jedem Glockenzelt sind drei Offiziere zuzuteilen. Lediglich den Abteilungsleitern ist ein Glockenzelt zwischen zwei Personen gestattet. Zuerst hatten wir geglaubt , dass dieser Befehl für uns nicht gelte; dass wir unsere eigenen Gepäcktiere haben und für unser Futter sorgen usw. Da das Zelt unser Eigentum war und wir es auf eigene Kosten kosteten, dachten wir, dass es eine Angelegenheit sei, die niemanden außer uns selbst betreffe, was oder wen wir mitnehmen würden. Aber wir wurden getäuscht. Generalquartiermeister, bestrebt, die größtmögliche Reduzierung herbeizuführen , hatten ein Auge auf die Sonderkorrespondenten und die wissenschaftlichen Herren geworfen, die das Lager begleiten; und uns wurde offiziell mitgeteilt, dass wir den gleichen Regeln unterliegen müssen wie andere. Wir wiesen darauf hin, dass wir unseren eigenen Wagen gefunden hätten und dass das Gewicht, das wir trugen, daher für niemanden von Bedeutung sei; Aber wir wurden streng darüber informiert, dass, wenn wir Getreide für unsere Tiere kauften, viel weniger für den öffentlichen Dienst zur Verfügung stand. Bis zu einem gewissen Grad stimmte das; und so sagten wir, dass wir bereit seien, mit dem Gewicht weiterzumachen, das anderen Offizieren erlaubt sei, aber dass das Zelt in erster Linie unser eigenes sei und dass es für drei Männer völlig unmöglich sei, gemeinsam in einem Zelt zu schreiben. Wir waren daher bereit, weniger als die erlaubten 75 Pfund zu transportieren. Gepäck, um jeweils ein halbes Zelt zu haben; so dass unsere gesamte Ausrüstung, einschließlich Zelt, die vorgeschriebenen 140 Pfund nicht überschreitet. Unsere Freunde in der Quartiermeisterabteilung waren überhaupt nicht in der Lage, uns dieser Bitte nachzukommen, und erst durch einen persönlichen Antrag an Sir Robert Napier kamen wir zu unserem Standpunkt, da er, nachdem wir den Fall dargelegt hatten, sofort zustimmte, dass wir unsere Bitte behalten Zelt für uns alleine. Die nächste Frage war die der Bediensteten. „Alle Diener sollen zurückgeschickt werden, für jedes Pferd ist nur ein Grasschneider erlaubt." Zuerst dachten wir , wir müssten unsere Diener zurückschicken. Glücklicherweise ist jedoch für jedes Pferd ein Grasschneider erlaubt; und da wir jeweils zwei Pferde haben, haben wir unsere Köche unter dem Titel Grasschneider für unsere zweiten Pferde behalten. Wir sind in unserer Führung kein Einzelfall, und es gibt nur sehr wenige Stabsoffiziere, denen es nicht auf diese Weise gelungen ist, ihre Bediensteten zu halten. Tatsache ist, dass eine Regel dieser Art für einen Stabsoffizier oder einen Zivilisten, der wie wir lebt, weitaus größere Auswirkungen hat als für einen Regimentsoffizier. Jedem Offizier wird auf Antrag ein Soldat-Diener zugeteilt, und Regimentsoffiziere, die geschickte Männer aus ihren eigenen Kompanien auswählen und zu dritt in einem Zelt wohnen, haben wie üblich ihre drei Soldaten-Diener unter sich. Ganz anders verhält es sich mit einem Stabsoffizier: Er kann einen Soldatendiener aus einem Regiment bekommen; aber dieser Soldat kennt ihn nicht und wird nicht für ihn arbeiten wie für seinen eigenen Offizier. Als nächstes hat der Soldat bestimmte Regimentsarbeiten zu erledigen, die ihn für einen beträchtlichen Teil des Tages vom Zelt seines Herrn fernhalten werden; und schließlich kann ein Stabsoffizier aus dem Lager, in dem das Regiment stationiert ist, zu dem sein Diener gehört, zum Dienst geschickt werden. In unserem Fall wäre ein Soldat-Diener nutzlos; Wir könnten jeden Moment den Wunsch verspüren, zur Pioniertruppe vorzustoßen oder den Oberbefehlshaber auf einer kurzen Expedition zu begleiten, und dann wären wir ohne irgendeinen Diener zurückgeblieben. Jedenfalls wird die Anordnung grundsätzlich umgangen. Wenn nicht zwei Monate vergehen müssten, bevor uns eine Kopie dieses Briefes zugesandt werden könnte, würde ich mich zu diesem Punkt nicht so offen äußern, da hier ein Sonderausschuss von Offizieren der Abteilung des Generalquartiermeisters zusammentreten würde Betrachten Sie die Frage der „Umgehung der allgemeinen Anordnung in Bezug auf Bedienstete durch Offiziere und Zivilisten der Armee".

Antalo , 7. März.

Ich freue mich, Ihnen mitteilen zu können, dass Major Minion vom Kommissariat heute früh mit einem großen Konvoi hier eingetroffen ist und neben anderen Vorräten auch eine große Menge Rum transportiert hat. und es wird nun endgültig beschlossen, dass den vorrückenden Truppen täglich eine bestimmte Menge Rum und Tee serviert werden soll. Dieser glückliche Zustand wurde hauptsächlich durch die energischen Proteste aller Sanitätsoffiziere und durch ihre Darstellung der katastrophalen Auswirkungen herbeigeführt, die der plötzliche Verzicht auf Tee und Rum auf die Gesundheit der Truppen haben würde, insbesondere unter den Umständen Das Wasser ist so schlecht. Sir Robert Napier selbst war, wie ich weiß, einer so extremen Maßnahme am meisten abgeneigt; und nichts als das dringendste Gefühl der Notwendigkeit, auf die leichteste und schnellste Weise weiterzumachen, hätte ihn dazu bewegen können, dem zuzustimmen; und ich bin mir sicher, dass er genauso erfreut ist wie alle anderen, dass er die Frage, was für die Soldaten wirklich wichtig ist, weiterführen kann.

Es ist weiterhin vorgesehen, dass wir im 9. Augenblick marschieren; Tatsächlich wurden sowohl für gestern als auch für heute Vorwärtsbewegungsbefehle erlassen. Die Befehle wurden jedoch widerrufen, da die Straße für mehr als einen Tagesmarsch nicht befahrbar ist. Über den Zustand der Straße dahinter erhalten wir widersprüchliche Berichte. Oberst Phayre erklärt, wie ich höre, mit seiner gewohnt fröhlichen, zuversichtlichen Art, die Dinge zu sehen, dass es kein sehr schlechter Weg sei; während der Ingenieuroffizier andererseits berichtet, dass es sehr viel Arbeit erfordern wird, es für Gepäcktiere, insbesondere für die Elefanten mit den Gewehren, praktikabel zu machen. Der Grund, warum den Truppen der Befehl gegeben wurde, sofort vorwärts zu marschieren, war, dass Oberst Phayre uns mitteilen ließ, dass Waldo Yasus , der Zerstörer von Antalo , geschickt hatte, um zu sagen, er solle sich unserem Vormarsch widersetzen. Es sorgte eine

Zeit lang für große Aufregung. Aber ich erfahre heute, dass Brigadegeneral Field, der die Pioniertruppen befehligt, einen Brief geschickt hat, in dem er sagt, dass die ganze Sache ein Fehler sei und dass Waldo Yasus absolut freundlich sei und dass einige der Scindees bereits gegangen seien An.

M. Munzinger , dessen Namen ich als französischer Konsul in Massowah und als politischer Berater und Dolmetscher der Truppe häufig erwähnt habe , hat eine Mission nach Gobayze unternommen . M. Munzinger ist seit einigen Jahren im Land; Er hat eine Abessinierin geheiratet und besitzt Dörfer und Land in der Nähe. Er ist daher den Eingeborenen gut bekannt, spricht ihre Sprache und ist für eine Expedition dieser Art in jeder Hinsicht bestens geeignet. Auf der anderen Seite gibt es eine gewisse Unzufriedenheit unter den Mitarbeitern, die sagen, dass für einen so wichtigen Auftrag ein Offizier hätte ausgewählt werden müssen, der natürlich von einem Dolmetscher hätte begleitet werden müssen. Es wird auch betont, dass die Franzosen mit großer Eifersucht auf unsere Vorgehensweise blicken und dass ihre Interessen unseren eigenen völlig entgegengesetzt sind; und dass daher ein Gentleman, wie anspruchsvoll er auch in anderer Hinsicht sein mag, der ein französischer Beamter ist, nicht mit einer so wichtigen Mission hätte betraut werden dürfen. Nach allem, was ich über Herrn Munzinger gehört habe , gibt es meiner Meinung nach keinen Einwand gegen Letzteres; aber ich gestehe, dass ich denen zustimme, die denken, dass ein britischer Offizier – zum Beispiel Major Grant – als unser Botschafter hätte gehen oder zumindest M. Munzinger hätte begleiten sollen . Ich glaube, M. Munzinger wurde von Oberst Merewether ohne Wissen von Sir Robert Napier nach vorne geschickt. Als M. Munzinger weiterging, hatte er ein Interview mit Waldo Yasus , der eine kleine Befürchtung äußerte, dass wir als Freunde von Kassa beabsichtigen könnten, seine Amba oder Festung anzugreifen, die auf einem hohen Felsen unmittelbar neben dem Engpass steht an dem wir vorbeikommen. Herr Munzinger beruhigte ihn jedoch in dieser Hinsicht und versicherte ihm, dass wir uns in keinerlei Meinungsverschiedenheiten im Land einmischen würden. Waldo äußerte sich vollkommen zufrieden. M. Munzinger hat nun fast den Ashangi- See erreicht , und sein Bericht über die Straße ist entschieden günstig .

Der Herr, dem diese Expedition am meisten zu verdanken ist und der mit den Eingeborenen unendlich mehr gemacht hat als alle unsere sogenannten Politiker und Dolmetscher zusammen, ist Mr. Speedy. Ich habe bereits erwähnt, dass Herr Speedy aus Neuseeland geschickt wurde, um die Expedition zu begleiten, nachdem Sir Stafford Northcote ihn Sir Robert Napier wärmstens empfohlen hatte. Die Vorladung kam etwas unerwartet für Mr. Speedy, denn er hatte bereits an Colonel Merewether geschrieben und sich freiwillig für seine Dienste gemeldet, was dieser jedoch abgelehnt hatte. Mr. Speedy kam jedoch drei Tage nach Erhalt der Mitteilung von

General Napier wieder zurück. Seine Dienste hier waren einfach von unschätzbarem Wert. Fast alle nützlichen Verhandlungen mit den Eingeborenen wurden von ihm geführt. Er spricht die Sprache außerordentlich gut und ist unermüdlich in seiner Arbeit. Er hört Beschwerden, empfängt Häuptlinge und ist derzeit tatsächlich unser wichtigstes Kommunikationsmittel mit den Eingeborenen. Man kann sagen, dass er das kleine Licht unserer früheren Politik völlig ausgelöscht hat . Zweifellos wäre er der Mann gewesen, den man nach Gobayze geschickt hätte ; Aber selbst wenn Colonel Merewether seinen Abgesandten, M. Munzinger , nicht ohne Rücksprache mit Sir Robert Napier losgeschickt hätte, hätte sich der Oberbefehlshaber nicht von Mr. Speedy getrennt, der jetzt seine rechte Hand in allen seinen Kommunikationen mit den USA ist Eingeborene. Unter den anderen Geschäften, die heute eingetroffen sind, befindet sich auch Tabak. Die Menge reicht für den Bedarf der Truppen während ihres Vormarsches völlig nicht aus; aber selbst ein kleiner Vorrat pro Mann wird ein sehr großer Segen sein, denn derzeit gibt es kaum noch Tabak unter ihnen. Sogar die Vorräte der Offiziere beginnen zur Neige zu gehen, und sie sowie die Männer werden bald gezwungen sein, den Landtabak zu rauchen, eine widerliche Mischung aus Tabak und Kuhmist, die zu Fladen geformt wird.

Die Generäle der Vorhut sind Brigadegeneral Field (der gerade erst befördert wurde), der die Pioniertruppe befehligt; Brigadegeneral Schneider, der die erste Brigade hat; und Brigadegeneral Wilby der Zweite. Brigadegeneral Collings, der bisher die vorgeschobene Brigade befehligte, soll hier zurückgelassen werden. Dies hat natürlich zu sehr heftigen Kommentaren geführt. General Collings ist im Dienst weitaus älter als alle Männer, die auf diese Weise für den Ehrenposten ausgewählt wurden , und er hat wahrscheinlich genauso viele aktive Dienste geleistet wie die anderen drei Offiziere zusammen. Er ist in jeder Hinsicht ein ausgezeichneter Soldat und ein äußerst beliebter Mann; und man hat allgemein das Gefühl, dass es, um es in der mildesten Form auszudrücken, eine höchst unverdiente Beleidigung ist, wenn man ihn so übergangen hat. Es gibt noch einen weiteren Grund, warum er sicherlich Teil des Vormarsches gewesen sein sollte. Die erste Division besteht fast ausschließlich aus Europäern; und doch sind zwei der drei ausgewählten Offiziere indische Offiziere, die während ihrer gesamten Dienstzeit noch nie einen englischen Soldaten kommandiert haben. General Collings hat, soweit ich gehört habe, seine Pflicht in keiner Weise vernachlässigt; und sein Fall löst bei jedem Offizier, mit dem ich gesprochen habe, Bedauern und Mitgefühl aus – ich meine natürlich außerhalb des bezauberten Kreises des offiziellen Kreises.

Der allgemeine Gesundheitszustand der Truppen ist weiterhin hervorragend. Es gab einige Fälle von Ruhr, aber die Krankenhäuser sind so gut wie leer.

Antalo ist niedrig, das heißt im Vergleich zu einigen der Orte, durch die wir marschiert sind: Es liegt etwas mehr als 6000 Fuß über dem Meer, also 3000 Fuß tiefer als Ad Abaga . Die Nächte sind daher deutlich milder als die, die wir in letzter Zeit erlebt haben. Zwischen acht und zehn Uhr morgens ist die Sonne heiß; aber in der letzten Stunde kommt eine Brise auf, die den ganzen Tag über heftig weht und die Hitze der Sonne, die sonst groß, erträglich und sogar angenehm wäre, macht. Der Geist der Truppe ist nicht weniger gut als ihre Gesundheit. Männer, die mit den ersten Flügeln des 4. und 33. Regiments aufmarschierten, würden lieber unter schmerzenden Füßen leiden, als ein Wort zu diesem Thema zu sagen, damit sie nicht zurückgelassen würden. Ein Fall davon verdeutlicht das Gefühl noch deutlicher. An dem Tag, an dem wir Attegrat verließen , beschafften sich drei der Männer des 4. auf irgendeine Weise Alkohol und wurden auf der Marschlinie wegen Trunkenheit verurteilt. Dies ist ein schweres militärisches Vergehen, das mit fünfzig Peitschenhieben geahndet wird. Aber Colonel Cameron sagte ihnen, dass er sie nur bestrafen würde, indem er sie in den hinteren Flügel zurückschickte, da sie alle Männer mit gutem Benehmen seien. Die Männer traten alle vor und baten um einen Gefallen, ausgepeitscht zu werden, anstatt zurückgelassen zu werden. Nichts könnte stärker für den Geist der Truppe sprechen als dies. Ich freue mich, sagen zu können, dass Colonel Cameron sich angesichts ihres bisherigen guten Verhaltens in der Lage fühlte, sie zu begnadigen. Diese Tatsache allein ist für diejenigen, die sich für die Abschaffung der körperlichen Züchtigung in der Armee einsetzen, eine bessere Antwort als hundert Broschüren. Der einzige zwingende Grund für jegliche Gewalt, den die Verweigerer der körperlichen Züchtigung anführen können, ist, dass sie einen Soldaten in seinen eigenen Augen erniedrigt und dass er danach zu nichts mehr taugt. Nun, das ist nicht der Fall. Ich habe zu verschiedenen Zeiten mit Hunderten von Soldaten über dieses Thema gesprochen, und ihre Antwort war fast immer dieselbe: „Es ist nicht die Strafe, in der die Schande liegt; es ist das Verbrechen. Wenn ein Mann wegen Diebstahls ausgepeitscht wird, wird ihm hinterher vorgeworfen, dass er ausgepeitscht wurde, weil er ein Dieb war; aber wenn er einen Tropfen zu viel abbekommt und vielleicht gegenüber einem Sergeanten oder Offizier unverschämt ist, kann er ausgepeitscht werden, aber es wird ihm später nie als Schande vorgeworfen werden." Der vorliegende Fall beweist dies. Diese drei Soldaten, allesamt Männer mit gutem Benehmen, die sieben Dienstjahre hinter sich hatten, waren alle der Meinung, dass es eine viel größere Schande wäre, in den Hinterland geschickt zu werden, als ausgepeitscht zu werden.

Gegend wird nicht viel geschossen ; ein paar Perlhühner und Auerhühner und gelegentlich ein Hase wurden erlegt, aber selbst diese sind selten. Was die wilden Tiere betrifft, von denen wir so viele sehen sollten, so gibt es sie einfach nicht. Die Nashörner, die den Durchgang durch die Engpässe bestreiten sollten; die Alligatoren und Nilpferde, die an den Wasserstellen lauerten und das Holen eines Kruges Wasser zu einem ebenso gefährlichen Dienst machten wie das Ziehen eines Kelchs aus dem verzauberten Brunnen in unseren lieben alten Märchen – all das Monster sind hier unbekannt. Wir hören zwar von Löwen, aber irgendwie werden sie in den Teilen des Landes, die wir durchqueren, nie gefunden. Die Hyäne und der Schakal sind die einzigen Tiere, denen man begegnet und die man, selbst aus Höflichkeit, als Wildtiere bezeichnen könnte. Diese wimmeln tatsächlich; und ihre zahlreichen Löcher stellen für Reiter ein ernstes Hindernis und eine Gefahr dar; darüber hinaus sind sie harmlos, und man würde eher daran denken, einen Fuchs als einen Schakal zu erschießen. Sportler sind ernsthaft enttäuscht; Fast jeder hat entweder ein Gewehr oder eine Waffe mitgebracht, und viele trugen beides. Wenn unser Gepäck nun auf 75 Pfund begrenzt ist, ist das Gewicht auch nur eines Gewehrs mit seiner Patronenhülse und einem guten Vorrat an Blei und Pulver eine sehr wesentliche Überlegung; und nachdem viele kleine Annehmlichkeiten geopfert wurden, um das Gewehr zu behalten, ist es sehr schwer, es für völlig nutzlos zu halten. Es besteht immer noch eine schwache Hoffnung, dass wir in der Nähe des Ashangi-Sees Großwild finden könnten ; aber wenn man bedenkt, dass es sich über 5000 Fuß über dem Meer befindet, kann ich es kaum für wahrscheinlich halten, dass wir dort Großwild finden werden, außer vielleicht Elefanten. Den Besitzern von Jagdrevieren geht es besser. Es gab nur wenige Campingplätze, auf denen ein guter Schütze in einer Stunde Wanderung nicht ein oder zwei Perlhühner erlegen konnte; und ein gut gekochtes Perlhuhn ist eines der besten Wildvögel, die ich kenne. Pulver und Schrot sind sehr wertvoll; Tatsächlich kann man sie nicht um jeden Preis kaufen, es sei denn, man hat das Glück, jemanden zu finden , der beim Umrüsten seines Gepäcks feststellt, dass er unmöglich seinen gesamten Munitionsvorrat mitführen kann.

Die Ebenen hier sind einzigartig blumenarm: Ich bin tatsächlich noch nie in ein Land gereist, in dem es so völlige Abwesenheit von Wildblumen gab; mit Ausnahme natürlich der kleinen bewässerten Täler, die ich in früheren Briefen beschrieben habe. Es gibt jedoch eine einzelne Blumensorte, die ich in den Ebenen in der Nachbarschaft getroffen habe und die sich von allen unterscheidet, die ich jemals zuvor gesehen habe: Es ist eine Erbse. Die Blüte hat die Größe und Farbe der „Ewigen Erbse". aber anstatt als Kletterpflanze zu wachsen, wächst die Blume auf ihrem eigenen Stiel aus dem Boden. Diese Blüten wachsen in Büscheln; aber es gibt keine Blätter oder Stängel, mit Ausnahme des Blütenstiels selbst, der drei bis vier Zoll hoch ist. Die Blüte hat einen Duft, der genau dem eines Veilchens ähnelt, aber weniger stark ist: Der Samen ist in einer langen, schmalen Schote enthalten, wie der eines Mauerblümchens.

Skorpione gibt es hier ziemlich häufig; und das gilt leider auch für weiße Ameisen. Es ist nicht so, dass man gegen weiße Ameisen besondere Einwände hätte. Mit ihren schlaffen weißen Körpern und den großen gelben Köpfen sind es sicherlich abstoßend aussehende Insekten, aber das hat keine große Bedeutung; und wenn sie sich nur damit begnügen würden, in den Zelten herumzulaufen und über alles zu klettern, wie es andere Ameisen tun, zusammen mit Spinnen jeder Größe und ein paar Käfern, würde man ihre Vergnügungen nicht stören wollen. Leider vergnügen sie sich nicht auf diese harmlose Art: Sie meiden das Licht und arbeiten im Dunkeln, und ihre Arbeit besteht darin, Löcher in den Boden ihres Mantels oder in die wasserdichte Decke unter ihrem Bett oder in ihre Sättel zu fressen Bücher oder alles andere, was ihnen nützlich sein könnte.

Da wir nun den Großteil unserer Koffer und unseres Gepäcks bis zu unserer Rückkehr hier lassen werden, wird ihre Neigung zu einer großen Unannehmlichkeit. Ich vermute, dass wir unser Gepäck bei unserer Rückkehr in einem sehr heruntergekommenen Zustand vorfinden werden. Es gibt nur eine Genugtuung: Unsere Kleidung gerät schnell in einen Zustand, über den hinaus selbst weiße Ameisen kaum weiteren Schaden anrichten können.

Der verbleibende Flügel des 4. Regiments ist vor zwei Tagen eingetroffen, und der zweite Flügel des 33. Regiments ist heute Morgen einmarschiert. Wir haben daher alle Truppen, die jetzt für den Vormarsch bereit sind, versammelt, mit Ausnahme nur eines Teils der Beloochees , der 3. Dragonergarde und der Elefanten mit den 6-Zoll-Mörsern; zusammen mit den Elefanten, um Murrays Waffen zu tragen. All dies wird, so heißt es, in zwei oder drei Tagen hier sein. Es fehlt noch etwas von geringfügiger Bedeutung: Das ist Geld.

Das Kommissariat hat so große Mengen Mehl und andere Vorräte gekauft, dass das eingebrachte Geld aufgebraucht ist. Glücklicherweise wird in ein oder zwei Tagen ein weiterer Schatzkonvoi erwartet.

Heute Morgen, um Viertel vor sechs, hatte General Staveley alle Truppen für einen Feldtag ausrücken lassen. Ein verlassenes Dorf auf einer Anhöhe wurde mit ausgezeichnetem Stil angegriffen und erobert; aber die Manöver würden für einen allgemeinen Leser kein Interesse haben, außer denen eines Garnisonsfeldtags.

Als Oberst Phayre am Tag unserer Ankunft in Antalo voranging und berichtete, dass die Straße ziemlich schlecht, aber nicht unpassierbar sei, schauten alle auf die Reihe der Gipfel vor uns und hatten ernsthafte Bedenken. Am 7. wurde der Befehl für unseren Marsch erteilt und eine Gruppe Pioniere wurde losgeschickt, um etwaige geringfügige Hindernisse zu beseitigen. Der Bericht ihres befehlshabenden Offiziers über den Zustand der Straße war äußerst ungünstig , und ein Flügel der 33. Infanteriedivision wurde zur Unterstützung ausgesandt. Aufgrund der eingegangenen Berichte wurde der Marsch auf den 9. verschoben und Kapitän Macgregor von der Abteilung des Quartiermeisters wurde ausgesandt, um Bericht zu erstatten. Am Abend des 8. ging ein gemeinsamer Bericht dieses Offiziers und Kapitän Goodfellow von den Ingenieuren ein. Darin heißt es: „Sie kannten fast jeden Pass in Indien, hatten aber ihrer Erfahrung nach nichts Vergleichbares mit diesem Engpass gefunden, und der Sooro- Pass war im Vergleich dazu ein Kinderspiel.“ Sie schätzten, dass es bei 800 Männern im Einsatz weitere zehn Arbeitstage erfordern würde, um es für Maultiere praktikabel zu machen.“ Oberst Phayre lag die ganze Zeit über an der Spitze, aber seine Berichte gaben uns keine Vorstellung vom wahren Stand der Dinge. In der Zwischenzeit erhielten wir Berichte von Herrn Munzinger , der, wie ich in meinem letzten Bericht sagte, bereits zu Gobayze gefahren war und sagte, dass die Straße zwar stellenweise schwierig, aber keineswegs schlecht sei. Nach Erhalt der Berichte der Kapitäne Macgregor und Goodfellow wurde der Marsch natürlich erneut verschoben. Alle waren empört. Ich habe Grund zu der Annahme, dass Sir Robert Napier empörter war als jeder andere, denn sein Herz ist darauf fixiert, so schnell wie möglich voranzukommen. Am 9. traf ein Offizier von der Front mit der erstaunlichen Nachricht ein, dass er gerade die andere Straße entlanggefahren war, von der bekannt war, dass sie existierte; dass es sechs Meilen kürzer war; Es überquerte die Bergkette an einem Punkt, der 1500 Fuß tiefer lag als der andere, und bereitete auf der gesamten Strecke überhaupt keine ernsthaften Schwierigkeiten. Offenbar war dies genau der Weg, den Munzinger zurückgelegt hatte, und die Diskrepanzen zwischen seinen Berichten und dem tatsächlichen Stand der Dinge wurden sofort erklärt. Die Nachricht wurde zunächst mit absoluter Ungläubigkeit aufgenommen. Es schien unmöglich, dass der Generalquartiermeister die Truppen eine Woche lang auf einem unwegsamen Weg bei der Arbeit hätte halten können, wenn ein guter Weg zur Hand war. Auch die Straße, die Colonel Phayre nicht erkundet hatte, wird Königsstraße genannt , was allein schon ausreichte, um zu zeigen, dass es sich um die beste und am häufigsten befahrene Straße von beiden handelte. Tatsache war jedoch, dass unser politischer Offizier gehört hatte, dass ein

Rebellenhäuptling an dieser Straße eine Festung hatte; derselbe Häuptling, von dem ich in meinem letzten Artikel erwähnte, dass er von Colonel Phayre als Gegner unseres Weges gemeldet wurde. Der Mann ist wirklich ein sehr freundlicher Mensch und hatte zunächst etwas mehr Angst vor uns als unser Generalquartiermeister vor ihm. Allein die Tatsache, dass er dort war, wurde jedoch als guter Grund dafür angesehen, dass wir den Weg nicht antraten. Und so wurde eine kostbare Woche verschwendet und die ganze Arbeit vergeudet. Die neue Straße ist für die Elefanten mit den schweren Kanonen natürlich noch nicht befahrbar, aber Sir Robert wird mit dem 4. Regiment und den Stahlgeschützen weitermachen, und das 33. Regiment und die Pioniertruppe werden sich an die Arbeit machen und alles in Ordnung bringen für den Rest der Truppe so schnell wie möglich. Es kommt nicht oft vor, dass eine Pioniertruppe gerade dabei ist, eine Straße zu bauen, nachdem das Hauptquartier und ein Teil der Armee bereits vorbeigezogen sind. Unser erster Marsch ist nur acht Meilen lang. Die Entfernung von dort den Pass hinauf beträgt neunzehn. Ich glaube, dass die Truppen es in zwei Tagen schaffen werden, aber dass Sir Robert Napier mit einer Eskorte direkt nach Attala vordringen wird, um sich selbst ein Urteil über den tatsächlichen Stand der Dinge zu bilden.

Unsere Nachrichten von hinten sind nur von geringem allgemeinem Interesse. Kapitän St. John berichtet, wie mir gesagt wurde, dass die Eingeborenen aufgehört haben, die Telegraphendrähte zu beschädigen ; aber im *Gegenzug* sagt er, dass die Drähte häufig von den Pavianen zerrissen werden, die auf die Stangen klettern und sich mit ihren Schwänzen an den Drähten festhalten. Ich bin versichert, dass dies eine absolute Tatsache ist. Einer der Maultiertreiber in der Nähe von Attegrat hat neulich einen Eingeborenen erschossen. Der mit einer Waffe bewaffnete Mann versuchte, das Maultier auszurauben; Doch der Fahrer wehrte sich, riss ihm die Waffe aus der Hand und schoss auf ihn. Der Räuber ist nicht tot, sondern liegt in einem prekären Zustand. Der Unterricht war sehr erforderlich; Doch anstatt für sein Verhalten belohnt zu werden, erhielt der Maultiertreiber ein Dutzend Peitschenhiebe! Ich hoffe, dass der nächste Fahrer, dessen Maultier angegriffen wird, zulässt, dass es geplündert wird, und dass der Beamte, der die Maultiertreiber gerade so geschickt angewiesen hat, das öffentliche Eigentum nicht zu verteidigen, zur Zahlung der Kosten für die gestohlenen Vorräte verurteilt wird. Für die Aufnahme von Gepäck, das nach den geltenden Vorschriften nicht befördert werden darf, wurden hier Zelte errichtet. Ich schickte meinen Koffer heute Morgen ein und hatte beim Transport die Freude, festzustellen, dass die weißen Ameisen ein großes Loch in den Boden gefressen hatten. Ich erwarte nicht, bei meiner Rückkehr irgendwelche Überreste davon oder seines Inhalts zu finden. Kapitän Moore, der Dolmetscher des Oberbefehlshabers, ist weiter vorangegangen, um die örtlichen Häuptlinge zu beruhigen und ihnen zu versichern, dass wir nicht die Absicht haben, sie zu belästigen. Es hätte kein besserer Mann für das Amt ausgewählt werden können. Kapitän Moore spricht fast jede bekannte Sprache und hat so viel Erfahrung mit einheimischen Potentaten wie jeder andere lebende Mann. Major Grant ist nach Attala gefahren, um Proviant usw. einzukaufen. Ein Offizier mit seiner afrikanischen Erfahrung und seinem Ansehen wäre weitaus besser als Botschafter bei König Gobayze eingesetzt worden ; während das Verhandeln mit Einheimischen viel mehr der Erfahrung und den Befugnissen von Herrn Munzinger entsprochen hätte . Etwas Tabak ist eingetroffen und wurde zu ihrer großen Zufriedenheit unter den Truppen verteilt. In den letzten Tagen wurden die Truppen darin geübt, bei Ertönen des Alarms schnell in Aktion zu treten. Auch die Wachposten wurden so aufgestellt und instruiert, als stünden sie vor einem Feind, der jeden Moment einen Nachtangriff starten könnte.

Die Eingeborenen hier äußern einstimmig ihre Hoffnungen und Wünsche, dass wir das Land in Besitz nehmen und ihre Herren werden sollten. Unser Zahlungsstil für alles, was wir benötigen, hat sie völlig überrascht. Es steht völlig im Widerspruch zu ihrer Erfahrung. Es besteht kein Zweifel, dass sie äußerst arm und schrecklich erniedrigt sind, und viele ihrer sehr zahlreichen Laster sind in dieser Hinsicht bis zu einem gewissen Grad entschuldbar. Sie sind so arm, dass sie alles für Dollar verkaufen würden – ihren Mais, ihr Mehl, ihre Esel, ihr Vieh, ihre Frauen oder ihre Töchter. Sie sind ein furchtbar von Priestern beherrschtes Volk. Ich sollte sagen, dass kein Mensch auf der Welt so hohe Gebühren zahlt. Die Priester beanspruchen zwei Fünftel des Bruttoertrags; der Rest wird zu einem Drittel vom König beansprucht; dann kommt der örtliche Häuptling: so dass der unglückliche Landwirt schließlich weniger als ein Fünftel der Ernte erhält, die er angebaut hat. Es ist kein Wunder, dass die Menschen arm sind und dass in Zeiten der Dürre, wenn die Heuschrecken über das Land fegen oder die Rebellen, noch zerstörerischer, Ernten und Herden und Herden vernichten , eine Hungersnot das Land heimsucht. Es besteht kein Zweifel, dass unsere Meisterschaft für sie ein reiner Segen wäre, aber für uns selbst wäre es sicherlich genau das Gegenteil von Vorteil. Von unserer Landung in Zulla bis heute sind wir durch ein Land gereist, das unfruchtbarer ist als jedes andere, das ich je durchquert habe. Außer für Weidezwecke ist es absolut wertlos. Hier und da gibt es in den Tälern kleine Anbauflächen neben den Bächen; Aber ich glaube nicht, dass wir auf den gesamten zweihundert Meilen, die wir zurückgelegt haben und nach Osten und Westen blickten, so weit das Auge reicht, insgesamt fünfhundert Acres kultiviertes Land gesehen haben. Nimmt man die zweihundert Meilen nördlich und südlich und, sagen wir, zehn Meilen östlich und westlich, also insgesamt zweitausend Quadratmeilen, würde ich das Honorar nicht einfach als Geschenk betrachten. Ich behaupte natürlich nicht, dass das Gelände, das wir durchquert haben, als ein gutes Beispiel für Abessinien angesehen werden sollte. Zweifellos ist es nicht so. Es wäre genauso gerecht, im Norden Englands zu landen, die Meeresküste zu umrunden und sich auf den Hügeln von Cumberland, Westmoreland, Lancashire, Wales und Cornwall zu halten und dann England für ein unfruchtbares Land zu erklären. Doch aus dem, was wir gesehen haben, und aus den überall im äußersten Westen erkennbaren Berggipfeln geht hervor, dass ein sehr großer Teil Abessiniens bloßes Weideland ist; und es ist wahrscheinlich, dass die Täler und Tiefebenen, die äußerst fruchtbar sind, für die europäischen Verfassungen ungesund wären. Welche Vorstellungen man auch immer damals hatte, dass wir ein so reiches, fruchtbares und heilsames Land in Besitz nehmen könnten, die Erfahrung dieser Expedition muss diese Vorstellung völlig zerstreut haben. Das allgemeine Erscheinungsbild des Landes ist so kahl, die fruchtbaren Teile so weit von der Küste entfernt, die Straßen so unpassierbar, dass jede Vorstellung von englischen Kolonisatoren, die sich hier niederlassen, wie von Herrn Dufton und anderen vorgeschlagen, einfach absurd ist; und darüber hinaus wäre eine sehr große Streitmacht erforderlich, um ein kriegerisches und unruhiges Volk in Ordnung zu halten. Wir sehen in den englischen Zeitungen, dass „A British Taxpayer" empört schreibt und fordert, warum zwei- oder dreitausend Männer für dieses dürftige Geschäft nicht ausreichen. Wenn der britische Steuerzahler hier draußen gewesen wäre, hätte er eine solche Frage nicht gestellt. Britische Soldaten sind keineswegs Männer, die Schwierigkeiten überschätzen oder ihre Feinde höher einschätzen als ihren wahren Wert. Aber die allgemeine Meinung hier ist, dass wir nicht einen Mann zu viel im Land haben. Die Stämme der Shohos an der Meeresküste; der König von Tigre, der 20.000 oder 30.000 Männer unter sein Banner rufen kann; die wilden Gallas , durch die wir noch gehen müssen – sie alle waren freundlich und werden es wahrscheinlich auch sein. Aber warum? Einfach weil wir stark genug sind, sie in Ordnung zu halten. Niemand zweifelt einen Moment daran, dass sie, wenn sie glaubten, stark genug zu sein, sofort über uns herfallen würden, um zu plündern. Wenn die dreitausend Männer, die laut diesem Kritiker völlig ausreichend gewesen wären, mit der angenehmen Fähigkeit ausgestattet wären, drei Monate lang ohne Nahrung auszukommen, und wenn ihre Pferde ähnlich begabt gewesen wären, wären sie zweifellos reichlich gewesen ausreichend. Dreitausend britische Soldaten könnten, sofern sie in einer kompakten Truppe zusammenhalten, vom Mittelmeer bis zum Kap der Guten Hoffnung marschieren. Aber leider gibt es in diesen degenerierten Tagen kaum Menschen und Tiere, die drei Monate lang ohne Nahrung auskommen können. Unsere Erfahrung hier ist, dass mit Ausnahme von Fleisch zwischen Zulla und unserem derzeit am weitesten fortgeschrittenen Posten, mit der einzigen Ausnahme von Antalo , keinerlei Nahrungsmittel zu beschaffen sind . Getreide für die Tiere ist fast ebenso knapp. Wir haben zwar an den meisten Stationen kleine Mengen eingekauft, bekommen sie aber in den ersten Tagen nach unserer Ankunft nie. Erst wenn wir eine kurze Zeit an einem Ort waren und die Leute erfahren, wie viel wir dafür bezahlen, bringen sie auch kleine Mengen mit. Dann würde das Problem auftauchen: Diese dreitausend Männer müssen ernährt werden. Um gefüttert zu werden, müssen sie Vorräte mit sich führen. Diese Vorräte müssen auf Gepäcktieren befördert werden. Diese Gepäcktiere müssen gefüttert werden. Da sie jedoch direkt weitermarschieren, gibt es keine Nahrung zu besorgen. Daher ist es offensichtlich, dass Depots gebildet werden müssen, und diese müssen bewacht werden; Die Kommunikation muss aufrechterhalten werden, Straßen müssen bis zu einem gewissen Grad ausgebaut werden, denn es gibt viele Orte, die für beladene Tiere völlig unpassierbar sind. Und so wären die dreitausend Männer im ganzen Land verstreut und würden durch Überarbeitung und Wachsamkeit zu Tode gequält, und es ist sicher, dass sie niemals nach Magdala vordringen könnten. Hat ein „Steuerzahler" jemals die Geschichte des französischen Feldzugs in Spanien gelesen? Hat er eine Vorstellung von der Zahl der hunderttausend Männer, die in dieses Land einmarschierten, und von der Zahl derer, die nach Frankreich zurückkehrten? Ein sehr kleiner Teil des Defizits entfiel auf britischen Stahl und Blei. Sie wurden von der Bauernschaft abgerechnet. Sie starben, wurden von der Gepäckwache abgeschossen, auf der Suche nach Proviant abgeschnitten, in kleinen Gruppen überrascht, durch Überarbeitung zu Tode gequält. Dies wäre das Schicksal von dreitausend Männern gewesen, die in Abessinien gelandet wären. Die Menschen hier sind genauso mutig wie die Spanier, das Land ist unvergleichlich schwieriger und die Ressourcen, die es einem Eindringling bietet, sind nichts im Vergleich zu denen Spaniens. Unsere Streitkräfte in ihrer jetzigen Zusammensetzung reichen aus, um das Land einzuschüchtern, und es ist ein Glück, dass dies der Fall ist. Denn ich sage furchtlos, und es gibt hier keinen Offizier, der mich nicht in dieser Meinung unterstützen würde, dass wir, wenn das Volk feindselig gewesen wäre, nicht einmal mit unserer gegenwärtigen Streitmacht jemals hoffen könnten, Magdala zu erreichen. Es wäre eine schiere Unmöglichkeit gewesen. Ein bloß passiver Widerstand, das Vertreiben von Herden und Herden und das Verbrennen des Grases hätten uns in Senafe zum Stillstand gebracht ; während die bloße Idee, unsere Kommunikation zu verteidigen und die riesigen Züge zu bewachen, die für unseren dreihundert Meilen langen Marsch durch ein karges, feindseliges und äußerst schwieriges Land erforderlich sind, so äußerst lächerlich ist, dass sie lächerlich ist. Das Experiment der dreitausend Mann hätte, wenn es versucht worden wäre, in einer Katastrophe geendet, wie sie die britischen Streitkräfte mit Ausnahme von Kabul noch nie erlebt haben, und es hätte anschließend mit einer Streitmacht von dreifacher Stärke geborgen werden müssen sogar von unserem jetzigen, und mit einem Aufwand, der sogar den „britischen

Steuerzahler" hätte lehren können , dass Penny-Weisheit ein Äquivalent für Pfund-Dummheit ist.

Es ist gerade ein allgemeiner Befehl erschienen, der die gesamte Verteilung der Truppen regelt; und da dies eine endgültige Vereinbarung ist, wird sie zweifellos für alle interessant sein, die hier Freunde in der Armee haben.

Erste Division: Generalmajor Staveley, KCB, kommandiert; Colonel Wood, stellvertretender Generaladjutant; Major Baigrie , stellvertretender Generalquartiermeister. Pioniertruppe: Brigadegeneral Field. Truppen: vierzig Säbel ; 3D-Eingeborenenkavallerie; vierzig Scinde- Pferd; 3. und 4. Kompanie Bombay Sappers and Miners; zwei Kompanien 33. Regiment; zwei Unternehmen Beloochees ; eine Firma Punjaub Pioneers.

Erste Brigade, Brigadegeneral Schneider. – Truppen: Hauptquartierflügel 3. Dragonergarde, 3. Eingeborenenkavallerie, Scinde -Pferd, G-Batterie, 14, Royal Artillery, A-Batterie, 21. Kompanie Royal Artillery, 4. King's Own, Hauptquartier und acht Kompanien 33d, 10. Kompanie Royal Engineers, Hauptquartier und zwei Kompanien Beloochees , Hauptquartierflügel 10. Eingeborenen-Infanterie.

Zweite Brigade, Brigadegeneral Wilby . – Flügel der 12. bengalischen Kavallerie, B-Batterie 21. Royal Artillery, zwei 8-Zoll-Mörser, mit Abteilung 5. Batterie 25. Royal Artillery, Rocket Naval Brigade, K-Kompanie Madras Sappers, sieben Kompanien Punjaub Pioneers, Flügel von Belutschen .

Man sieht also, dass die 1. Division aus vier ganzen Infanterieregimentern besteht – dem 4., 33., Beloochees- und Punjaub -Pionierregiment – und einem Flügel der 10. Eingeborenen-Infanterie, der 3. Eingeborenen-Kavallerie, dem Scinde- Pferd, einem Flügel des Dragonergarde und ein Flügel der 12. bengalischen Kavallerie, drei Batterien königlicher Artillerie und zwei 8-Zoll-Mörser sowie drei Kompanien Pioniere und Bergleute und eine Kompanie königlicher Ingenieure; eine bewundernswert ausgewählte Kraft, die, solange sie zusammenhielt, unbesiegbar sein würde.

Es wurde auch eine weitere allgemeine Anordnung erlassen, die ich mit großer Freude erteilen möchte, da sie einer äußerst verdienstvollen und fleißigen Offiziersgruppe voll und ganz gerecht wird. Es macht mir umso mehr Freude, den Befehl zu veröffentlichen, da er die von mir stets geäußerte Meinung voll und ganz bestätigt, dass die Transportbeamten in keiner Weise für die Verwirrung, die in Zulla stattfand, verantwortlich waren :

„Allgemeiner Befehl. – Hauptquartier, Camp Antalo , 4. März. – Der Oberbefehlshaber hat kürzlich vom Direktor Transport Train der Abyssinia Field Force einen vollständigen und detaillierten Bericht über die von den Offizieren für das Korps geleisteten Dienste erhalten unter seinem Kommando. Seine Exzellenz hat diesen Bericht mit großer Befriedigung gelesen, und es ist für ihn äußerst erfreulich, dies festzustellen, trotz der zahlreichen und außergewöhnlichen Schwierigkeiten, mit denen die Offiziere des Transportzuges zu kämpfen hatten, und ungeachtet der harten und unaufhörlichen Arbeit Sie mussten Leistung erbringen, sie haben fast ausnahmslos eine unerschütterliche Entschlossenheit an den Tag gelegt, ihr Bestes zu geben, die über jedes Lob hinausgeht. Der Oberbefehlshaber bittet Major Warden und die ihm unterstellten Offiziere zu versichern, dass die von ihnen geleistete Arbeit nicht übersehen wurde und nicht vergessen werden darf. Seine Exzellenz vertraut darauf, dass sich alle daran erinnern werden, dass der Erfolg der Expedition in hohem Maße von ihren individuellen Anstrengungen abhängt. Der Transportzug hat aus Gründen, die weit außerhalb der Kontrolle der ihm angehörenden Offiziere liegen, gerade begonnen, jene militärische Organisation anzunehmen , die für sein Wohlergehen so wichtig ist und unter der er zunächst so schwer gelitten hat Dem Oberbefehlshaber ist durchaus bewusst, wie sehr die Dienste der Offiziere des Transportzuges gemindert wurden und wie unfair ihnen die Schuld für Mängel zugeschrieben wird, die außerhalb ihrer Kontrolle liegen. Seine Exzellenz versichert ihnen jedoch, dass er nie das Vertrauen in sie verloren hat und auch nie daran gezweifelt hat, dass ihre Bemühungen letztendlich Ordnung und Regelmäßigkeit aus der Verwirrung und Disziplinlosigkeit herausbringen würden ... Alle können natürlich nicht unter den Augen arbeiten des Oberbefehlshabers, und verhältnismäßig wenige können die vorgeschobene Streitmacht begleiten; Aber Seine Exzellenz wird nach dem Ende des Feldzugs keinen Unterschied zwischen denen machen, die vorne waren, und denen, die notwendigerweise hinten waren. Alle durch gute Arbeit können wesentlich zum Erfolg des Feldzugs beitragen, und von diesem Maßstab und nur von diesem allein wird sich Seine Exzellenz leiten lassen, wenn er im Folgenden seinen Bericht über die von den Offizieren unter seinem Kommando geleisteten Dienste verfasst . Im Auftrag Seiner Exzellenz des Oberbefehlshabers. Fred. Thesiger , Oberstleutnant, stellvertretender Generaladjutant.“

Niemals war das Lob der Liberalen mehr verdient, und es wird den Männern, die angesichts jeder möglichen Entmutigung fast Tag und Nacht schuften und schuften, höchst erfreulich sein.

Meshech , 14. März.

Wir sind in zwei Tagesmärschen in die abessinischen Hügel vorgedrungen und mit jedem Schritt vorwärts sehen wir deutlicher die Schwierigkeiten, mit denen wir zu kämpfen haben. Die erste Tagesreise führte nach Musgee ; ein leichter Marsch von acht Meilen über eine hügelige Ebene. In Musgee fanden wir die beiden Kompanien der 33. Division, zwei der 10. Eingeborenen-Infanterie sowie die Pioniere und Bergleute, die die Pioniertruppe bilden. Sie waren gerade angekommen, wurden von der harten und unrentablen Arbeit in der Schlucht zurückgerufen und bereiteten sich nun darauf vor, sich erneut an die Arbeit auf dem neuen Weg zu machen. Sie bezeichnen den Pass als eine gewaltige Unwegsamkeit und sagen, dass die Truppe von Scinde Horse nicht weniger als sieben Pferde entweder durch Stürze oder durch Übermüdung verloren hat. Wir amüsierten uns über die Eingeborenen, die vorbeikamen, und machten uns über die Soldaten lustig, weil sie erfolglos versuchten, Straßen an unpassierbaren Orten zu bauen, obwohl eine gute Straße zur Hand war. Das Hauptquartier und die anderen drei Kompanien der 33. Division sowie die Kompanie der Punjaub- Pioniere befanden sich am anderen Ende des Engpasses und hatten den Befehl, direkt nach Attala vorzudringen und von der anderen Seite aus mit der Verbesserung der Straße zu beginnen Ende. In Musgee hatten wir klares fließendes Wasser, was nach dem stehenden Wasser, das wir in Antalo getrunken hatten, wirklich angenehm war . Am Morgen des 13. startete Sir Robert Napier mit seinem Stab und einer Eskorte um sieben Uhr. Der Rest der Truppe reiste pünktlich um zehn ab. Der Marsch war acht Meilen lang – offenbar eine kurze Strecke; Wenn ich aber behaupte, dass eine große Anzahl der Tiere erst um acht Uhr abends ankam, wird sofort klar, dass die Arbeit sehr viel härter war, als es auf den ersten Blick scheint. Die ersten drei oder vier Meilen dieser Straße, oder besser gesagt des Weges, führten am Berghang entlang, und als sich das Tal dann verengte und seine Seiten sehr steil wurden, blieb es unten. Dort überquerten wir mindestens ein Dutzend Mal einen kleinen Bach; und ein großer Teil der Verzögerung und Verwirrung wurde dadurch verursacht, dass Maultiere darauf bestanden, anzuhalten, um zu trinken, und dadurch natürlich die ganze Linie zum Stehen brachten. Dieser Teil des Marsches war bei weitem der schönste und englischste, den wir hier draußen gesehen haben. Wir reisten durch einen Baumhain mit dichtem Unterholz, außer an der Stelle, an der ein Weg breit genug war, dass ein einzelnes Maultier passieren konnte. Hier und da schlängelte sich ein wirklich großer Bach mit klarem Wasser, mit stillen Teichen und hellen, rauschenden kleinen Kaskaden. Unter unseren Füßen lag eine kühle grüne Wiese, über unseren Köpfen ein schattiger Laubschirm. Stellen Sie sich den Reiz einer solchen Szene für uns vor, die wir, außer in gelegentlichen abgelegenen Tälern, seit Monaten kaum einen Baum gesehen, keinen Schatten gespürt oder das Plätschern fallenden Wassers gehört haben. Wie gerne hätten wir angehalten und ein oder zwei Stunden lang den Rasen und den Schatten genossen!

Unsere ganze Aufmerksamkeit war jedoch für die anstehende Arbeit erforderlich, denn an vielen Stellen hatten wir sehr raue Stellen, und die Waldnymphen und Dryaden müssen über das Geschrei und den Tumult, der in ihren stillen Schatten entstand, zutiefst erschreckt sein. Auf jeder Seite von uns erhoben sich die Berge zu großer Höhe, gekrönt von senkrechten Abhängen, auf einem davon, scheinbar nur für einen Vogel zugänglich, befand sich die Festung eines Grenzhäuptlings. Bald wichen die Berghänge ein wenig zurück und wir gelangten in eine kleine Ebene. In der Mitte verlief der Bach, und an seiner Seite standen einige sehr große Bäume, die ich am besten beschreiben kann, indem ich sage, dass sie Eichen mit Weidenblättern ähneln. Hier schlugen wir unser Lager auf.

Für die acht Meilen hatten die Truppen vier Stunden gebraucht; aber die Tiere des Kommissariats waren, wie ich schon sagte, damals mehr als doppelt so hoch unterwegs. Sowohl in Musgee als auch hier herrscht großer Getreidemangel für die Tiere. Gestern bekamen sie nur ein Pfund Getreide, und heute um zwölf soll es eine ähnlich große Ausgabe geben. Wenn so etwas weitergeht, müssen die Tiere unweigerlich zusammenbrechen. Die Fahrer gingen nach getaner Arbeit in die Berge und mähten etwas Gras; aber das grobe Gras enthält sehr wenig Nährstoffe und die Pferde weigern sich, es zu fressen. Die Maultiere fressen es zwar, aber es kann ihnen kaum etwas nützen. Bei meinen Berechnungen zur voraussichtlichen Dauer des Feldzugs habe ich die ganze Zeit argumentiert, dass wir damit rechnen müssen, an Orte zu kommen, an denen Futter nicht zu beschaffen war, und dass wir, wenn wir an einen Ort kämen, an dem wir auf viertägigen Märschen kein Getreide bekommen könnten und so weiter wenig Gras, dass wir zum Stillstand kommen und Depots bilden müssen . Natürlich wird die Schwierigkeit umso größer sein, wenn wir die gesamte Vorhut mit ihren Tausenden von Kavalleriepferden und Packtieren bei uns haben. Wir hätten heute Morgen um sieben Uhr beginnen sollen; Aber heute Morgen um zwei Uhr traf ein Bote mit einem Brief des Oberbefehlshabers an General Staveley ein, in dem es hieß, die Straße sei so schlecht, dass wir einen Tag anhalten müssten, damit die Pioniertruppe einige der unwegsamsten Stellen ebnen könne. Wir haben auch Nachrichten über das Hauptquartier und drei Kompanien der 33. Armee, die über die Straße „ Phayre " nach Attala vorgedrungen waren. Sie hatten noch eine Strecke von vierzehn Meilen vor sich, von denen sie vergleichsweise vier zurückgelegt hatten. Sie machten sich früh auf den Weg und kamen am nächsten Tag um zwölf Uhr an, nachdem sie achtundzwanzig Stunden unterwegs waren. Die Pioniertruppe arbeitet hart an der Straße, die vor uns liegt, und morgen früh brechen wir nach Attala auf. Es wird angegeben, dass es sich um einen Acht-Meilen-Marsch handelt; aber ich höre, dass die Meinung derjenigen, die weitergegangen sind, darin besteht, dass es gute dreizehn sind. Ich gehe davon aus, dass wir in Attala einige Tage warten werden – sofern Futter verfügbar ist. Jetzt muss alles von diesem entscheidenden Punkt abhängen. Wir müssen an einen Ort vordringen, an dem es reichlich Futter gibt, und dann müssen wir warten, bis der Rest der Truppe heraufkommt. Dies muss gegebenenfalls eine Pause von einigen Tagen nach sich ziehen; denn die 3. Dragonergarde und die 12. bengalische Kavallerie waren beide einige Märsche von Antalo entfernt , als wir abreisten, und sie werden natürlich bei ihrem Vormarsch an diesem Ort einen oder zwei Tage Halt machen müssen, um ihre Tiere auszuruhen . Ich habe gehört, dass es in der Umgebung von Lât reichlich Futter gibt; in diesem Fall wird Lât wahrscheinlich unser Rastplatz sein, wenn wir feststellen, dass wir in Attala nicht genügend Gras und Getreide bekommen können. Sportler haben sich auf unsere Ankunft am Lake Ahangi gefreut , da es in dieser Gegend wahrscheinlich reichlich Wild , insbesondere Wildgeflügel, gibt. Wir haben einen Brief von Herrn Massinger erhalten, aus dem hervorgeht, dass jeder Versuch, Wildgeflügel im frühen Morgengrauen oder in der Abenddämmerung zu schießen, wahrscheinlich mit einer kleinen Gefahr verbunden ist. Es sei sehr schwierig und sogar gefährlich, sich dem Seeufer zu nähern, sagt er. Sie sind sehr flach und die gesamte Bodenoberfläche ist in Abgründe und Spalten zerbrochen, die mit weichem Schlamm gefüllt sind und nicht leicht vom umgebenden Boden zu unterscheiden sind. Ein langer Stock, der in den weichen Schlamm gesteckt wurde, fand keinen Boden, und eine Person, die in einen solchen Schlamm fiel, wäre, wenn keine sofortige Hilfe zur Verfügung stand, unweigerlich verloren. Die Eingeborenen sagen, dass diese Spalten alle durch ein Erdbeben entstanden sind, das vor etwa drei Jahren stattfand. Zuvor hatte der See einen Abfluss, durch den das Überlaufwasser in den Tacazze gelangte . Dieser Abfluss ist jetzt verstopft, und das Wasser ist gestiegen und hat alle durch das Erdbeben entstandenen Abgründe gefüllt.

Mahkan , 16. März.

Mein letzter Brief stammte von dem hübschen Campingplatz mit der biblischen Bezeichnung Meshech . Von dort nach Atzala war es ein Marsch von dreizehn Meilen. Die Straße führte wie am Vortag etwa sechs Meilen das

Tal hinauf, und dann mussten wir einen langen, aber glücklicherweise erträglich langsamen Aufstieg auf den Sattel des Bergrückens machen. Auf der rechten Seite des Passgipfels liegt der Amba von Waldo: Es handelt sich bei weitem um den höchsten Gipfel in der Umgebung – isoliert, vierseitig und scheinbar senkrecht. Soweit wir sehen konnten, gab es weder Mauern noch künstliche Verteidigungsanlagen . Die Hütten, in denen die Garnison untergebracht ist, sind auf Felsvorsprüngen errichtet. Ledge ist kaum der richtige Ausdruck; denn ein Felsvorsprung ist ein Vorsprung, während die Hütten in tiefen Kerben gebaut sind, die rund um die Fläche verlaufen. Der Fels über ihnen überragt sie vollständig; so dass sie bis zu einem gewissen Grad vor dem Wind geschützt sind, der in einer Höhe von 12.000 Fuß über dem Meer in einem so exponierten Zustand sonst fast unerträglich wäre. Waldo selbst war auf der Passhöhe, als wir weitergingen. Er ist ein etwa fünfunddreißigjähriger Mann mit einem sehr intelligenten und sympathischen Gesicht. Mehrere seiner Krieger besuchten ihn und er interessierte sich sehr für unsere verschiedenen Uniformen und Termine. Er unterhielt sich einige Zeit mit General Staveley, der zu seiner Erbauung seinen Revolver abfeuerte. Die Artikel, die ihm jedoch am meisten gefielen, waren Teleskope und Feldstecher, und er äußerte den starken Wunsch danach. Offensichtlich war er mit ihrer Verwendung vertraut, denn er schloss ein Auge und untersuchte das Land durch mein Teleskop mit einer nautischen Miene, die selbst dem ehrgeizigsten Fähnrich keinen Abbruch getan hätte . Der Oberbefehlshaber überreichte ihm am nächsten Tag ein ausgezeichnetes Glas; und er wird nun von seinem Horst aus in der Lage sein, jeden vorrückenden Feind rechtzeitig zu erkennen, um seine Verteidigungsvorbereitungen zu treffen .

Der Abstieg von der Passhöhe war viel steiler und härter als der Aufstieg zuvor, und der Maultierzug brauchte sehr lange, um nach unten zu gelangen. Jedes Tier, das fiel, jede Last, die sich bewegte, brachte die ganze Linie zum Stillstand. Geduld und Sorgfalt werden jedoch Wunder bewirken ; und wir erreichten den Fuß des steilen Abschnitts, ohne dass es unter den Tieren zu einem Verlust kam.

In Attala, oder Atzala , wie ich es korrekter schreibe, fanden wir den Oberbefehlshaber mit dem Hauptquartierflügel der 33. Division und einer kleinen Eskorte von Scinde Horse und der 3. Eingeborenenkavallerie lagerten. Ich glaube, der Oberbefehlshaber beabsichtigt, in Zukunft die Pioniertruppe zu begleiten und selbst über die Leistungsfähigkeit der Straßen zu urteilen und die durchzuführenden Arbeiten zu leiten, um sie für die Hauptstreitkräfte befahrbar zu machen. Oberst Phayre wird jedoch mit einer kleinen Eskorte noch einige Tage im Voraus weitermarschieren. Sir Robert Napier erledigt im Laufe eines Tages eine enorme Menge an Arbeit; und der folgende Befehl, der kürzlich erlassen wurde, zeigt, dass er nicht in der Lage ist, das politische Geschäft, so wie es ist, aus seinen eigenen Händen zu verlassen, sondern gezwungen ist, sein eigener politischer Offizier und sein eigener Entdecker zu sein: „Der Oberbefehlshaber weist an, dass in Zukunft alle Berichte, die ihm von Offizieren der Geheimdienstabteilung zu seiner Information übermittelt werden, über den General oder einen anderen Offizier, der die Division oder den Posten befehligt, in dem sie dienen, an den politischen Sekretär gesendet werden können." In besonderen Fällen, in denen eine unmittelbarere Mitteilung an Seine Exzellenz zweckmäßig erscheint, können Berichte direkt übermittelt werden; Kopien davon wurden jedoch sofort dem unmittelbaren militärischen Vorgesetzten des Offiziers vorgelegt. Alle Anweisungen zur Anleitung der Offiziere der Geheimdienstabteilung werden ihnen von Captain Tweedie, dem politischen Sekretär, zugesandt, der als einziger Offizier betrachtet werden muss, der befugt ist , ihnen die Befehle Seiner Exzellenz zu übermitteln."

Atzala liegt in einem ausgedehnten Becken, das offenbar von allen Seiten von hohen Hügeln umgeben ist. Der Überfluss, den wir in Antalo vorfanden , besteht noch immer, und das Kommissariat ist in der Lage, Getreide für die Tiere zu kaufen. Bei meiner Ankunft im Lager erfuhr ich, dass Sir Robert Napier beabsichtigte, sofort mit der Pioniertruppe weiterzumachen und Sir Charles Staveley mit einem Abstand von ein oder zwei Tagen folgen zu lassen, damit die Straße verbessert werden konnte. Sir Robert hat auch die leichten Geschütze von Twiss' Mountain Train und die Naval Rocket Brigade zurückgeschickt, die laut der veröffentlichten Liste beide Teil der 2. Brigade waren. Es gibt zwei Erklärungen für diese Reihenfolge; Der eine besteht darin, dass er die Straßen so schlecht findet, dass er denkt, dass es vielleicht unmöglich sein wird, die schweren Geschütze von Murrays Batterie ohne großen Zeitverlust einzusetzen; Die andere Theorie besagt, dass er jetzt davon überzeugt ist, dass wir bei Magdala kämpfen müssen, und dass er mit einer möglichst starken Artilleriekraft dort ankommen möchte. Aus den Ratschlägen von Magdala geht hervor, dass Theodore genaue Informationen über unseren Aufenthaltsort und die Geschwindigkeit unseres Umzugs erhalten hatte; und dass er, da er glaubte, wir seien näher, beschlossen hatte, in Dalanta zu warten ; und er ist nun mit größter Energie weiter vorgedrungen und ist mit seinen Geschützen und seinem Konvoi ganz in der Nähe von Magdala angekommen. Das ist meiner Meinung nach die beste Nachricht, die wir erhalten konnten. Theodore hat sich offenbar vorgenommen, uns auf jeden Fall in seiner Festung zu erwarten. Er mag kämpfen, er mag Freundschaft vortäuschen und uns die Gefangenen anbieten; aber auf jeden Fall wird er dort sein; wenn es ihm nicht gelungen wäre, Magdala zu erreichen, hätte er sich vielleicht bei unserer Annäherung zurückgezogen; und wenn er jemals in die Berge gegangen wäre, wäre unsere Expedition fast endlos gewesen: Sobald wir in Magdala angekommen und umzingelt wären, sind wir seiner sicher. Magdala ist möglicherweise sehr stark, und ich glaube, sie ist es auch, und kann wochenlang durchhalten; aber wir wissen, dass wir es früher oder später haben müssen. Ich glaube, dass die Waffen, die wir haben, nutzlos sein werden, abgesehen von ihrer moralischen Wirkung auf den Feind. Eine Granate, die auf den Gipfel einer Felsenfestung geworfen wurde, wenn die Garnison hinter großen Felsbrocken oder in Höhlen oder Spalten geschützt war, könnte sie alarmieren, würde aber wahrscheinlich kaum Schaden anrichten. Unser Raketenvorrat ist sehr begrenzt, und wir werden den Platz wahrscheinlich endlich im Angriff erobern müssen. Wenn Magdala sich Waldos Festung überhaupt mit Kräften nähert, wird ein Angriff gegen einige tausend entschlossene Männer unter dem Kommando eines verzweifelten Häuptlings wie Theodore selbst für britische Truppen kein Kinderspiel sein. Ein paar heruntergerollte Steine würden den Weg einer ganzen Reihe von Stürmern fegen. Eine Brüstung aus großen Felsbrocken, die von oben in Position gerollt wurden, würde die Mutigsten verblüffen. Die Leute reden leichtfertig über Magdala und ihre wilde Garnison; Aber wenn sie sich ihrem König gegenüber als treu erweisen, wird es sich als die hartnäckigste Nuss erweisen, die britisches Können jemals zu knacken hatte. Offiziere, die mit mir zu diesem Thema gesprochen haben, haben argumentiert, Magdala sei wahrscheinlich nicht so stark wie viele der Hügelfestungen in Indien, die wir in unserer Zeit eingenommen haben. Das ist zweifellos wahr; ebenso wie die Tatsache, dass die Verteidiger dieser Bergfestungen ebenso tapfer und darüber hinaus viel besser bewaffnet waren als die Garnison von Magdala. Aber andererseits wussten die Verteidiger der indischen Hügelfestungen, was britische Truppen waren; Sie wussten, dass unsere Macht nahezu unbegrenzt war; dass wir die Herren von ganz Indien waren; und dass wir früher oder später genug Kräfte sammeln könnten, um selbst die scheinbar uneinnehmbarste Festung einzunehmen. Sie wussten, dass es bei uns nur eine Frage der Zeit war. Wie körperlich mutig auch immer, das Wissen, dass der endgültige Sturz sicher ist, wird die Bemühungen jeder Gruppe von Menschen weitgehend lähmen . Bei Theodores Soldaten ist das Umgekehrte der Fall. Sie haben nie gekämpft, außer um zu siegen; Sie sind fanatisch von der Macht ihres Anführers überzeugt und glauben an seinen Stern; Ihnen wurde immer gesagt, dass Magdala uneinnehmbar sei. Sie haben weder Angst noch Ehrfurcht vor ihren Feinden. Die wenigen weißen Männer, die sie gesehen haben, waren Männer des Friedens – Missionare und dergleichen –, die nur von ihrem Leiden lebten und nun seit Jahren in der entwürdigenden Position von Gefangenen festgehalten wurden. Theodore hat sie mit der Überzeugung beeindruckt, dass wir nur eine Nation von Händlern sind und dass wir zwar gute Waffen herstellen und sie aus der Ferne einsetzen können, dass es uns aber an Mut mangelt und dass wir seinen Männern in der Hand nicht gewachsen sind. Nahkampf. Zweifellos wird er sie auch auf die Tatsache aufmerksam machen, dass wir auf dieser langen und schwierigen Route keinen großen

Vorrat an Munition für unsere Geschütze hätten mitnehmen können; und dass deshalb seine Männer nur schweigen müssen und uns unsere Raketen verbrauchen lassen müssen, und dass dann unsere Fähigkeit, Schaden anzurichten, am Ende sein wird. Er hat auch versprochen, dass sie all unseren Schatz und unsere Beute unter sich aufteilen werden; Und da sie zu diesem Zeitpunkt wahrscheinlich gehört haben, dass wir das Land mit Dollars überschütten, muss ihre Vorstellung von unserer wahrscheinlichen Beute etwas Großartiges sein.

Das Problem Krieg oder Frieden wird jedoch bald gelöst sein. Bei dem Tempo, mit dem wir jetzt vorankommen, werden wir noch drei Wochen vor Magdala stehen. Wenn wir in diesem Tempo weiter voranschreiten, müssten wir in der Tat in vierzehn Tagen am Ende unserer Reise sein, oder besser gesagt, wir würden dort sein, wenn nicht alle Maultiere gestorben wären. Der heutige Marsch war fünfzehn der längsten und schwersten Meilen, die jemals zurückgelegt wurden, wobei auf der gesamten Strecke kaum eine Meile ebener Boden zurückgelegt wurde. Die Schwierigkeit begann gleich zu Beginn, denn wir mussten sofort einen hohen und steilen Hügel erklimmen und auf der anderen Seite sofort wieder absteigen. Dies nahm so viel Zeit in Anspruch, so viele Unterbrechungen und Pannen gab es, dass, obwohl der erste Zug des Zuges vor sieben Uhr startete, es zehn Jahre dauerte, bis der letzte des sechshundertköpfigen Konvois überhaupt mit dem Aufstieg begonnen hatte. Der Oberbefehlshaber sollte erst um ein Uhr aufbrechen, und zu dieser Zeit würde eine kleine Gruppe Maultiere mit seinem Zelt usw. aufbrechen. Daher hatte ich, wie sich herausstellte, sehr glücklicherweise beschlossen, meine Tiere erst zur gleichen Zeit zu starten. Nachdem wir den ersten Hügel überquert hatten, kamen wir zu einem anderen, dem höchsten, den wir je erreicht hatten, denn er war zweihundert Fuß höher als die Passhöhe am Vortag. Der Aufstieg war zwar sehr lang, aber nicht sehr steil; Tatsächlich sind alle Hügel, die wir überquert haben, auf der Südseite viel steiler als auf der Nordseite. Hier begannen unsere Schwierigkeiten; Denn oben auf dem Hügel befanden sich zahlreiche Tiere, die fünf Stunden vor uns aufgebrochen waren. Der Abstieg war blockiert und für jeweils zehn Minuten standen alle still. Großartig war der Lärm, gewaltig das Geschrei in verschiedenen Sprachen. Als wir den Hügel hinunterkamen, hielten sich alle im Gänsemarsch; aber die Verwirrung war oben am größten, da jeder versuchte, sein eigenes Tier zuerst auf die Strecke zu bringen. Hier waren Beloochees , Scinde Horse, Pioniere, 33. Mann und 3. Eingeborenenkavallerie, die alle versuchten, die Tiere, die sie befehligten, in die gerade Linie zu bringen. Nicht selten endete ein unfairer Versuch, einzugreifen, mit einer wohlverdienten Strafe, indem eines der Maultiere zwischen anderen eingeklemmt wurde und seine Ladung über seinen Schwanz zurückgezogen wurde. Schließlich brachten wir unsere Tiere einigermaßen auf den Abstieg, der sehr steil und kurvenreich war, und dann blieb uns nichts anderes übrig als Geduld . Mit unseren eigenen Tieren hatten wir keine Probleme, denn wir hatten schon vor langer Zeit herausgefunden, dass eine Reihe von vier Tieren zwar gut in der Ebene entlangkommt, die einzige Möglichkeit, sie an steile Stellen oder über sehr unwegsames Gelände zu bringen, darin besteht, sie zu lösen und jedem Maultier einen Diener zum Kopf gehen zu lassen. Wenn die Lasten also richtig auf Otago-Sätteln gepackt sind, kommen sie überall hin; Die Maultiere können sich ohne Eile ihren Weg bahnen, und die Lasten verschieben sich nicht; wohingegen die Maultiere der Regierung, die zu dritt oder zu viert an einer Leine befestigt sind und von einem einzigen Fahrer gelenkt werden, immer wieder scheitern. Das führende Maultier geht verhältnismäßig leicht über Steine oder steile Stellen hinab, und wenn es sich auf ebenem Boden befindet, geht es mutig vorwärts; Während die unglücklichen Tiere hinter ihm, die sich noch auf dem schwierigen Boden befinden, keinen Weg finden können, werden ihre Köpfe in die Luft gerissen, sie bleiben zurück und leisten vergeblichen Widerstand und legen sich entweder sofort hin oder werden von ihren Beinen gerissen . Der gegenwärtige Zustand der Bombay-Sättel trägt dazu bei, das Übel zu verschlimmern. Die daran befestigten Lederschlaufen, durch die die Seile geführt wurden, mit denen das Gepäck befestigt wurde, sind heute in den meisten Fällen abgerissen, und die Folge ist, dass die Ladung sofort nach vorne oder nach hinten rutscht, sobald das Tier darauf gerät Steigung und der Sattel bleibt auf der Rückseite, während die Last abrollt. Der Berghang war dicht mit Sträuchern bedeckt; Und als wir in einer langen, wirren Reihe hinabstiegen , während der Gepäckwächter in Abständen entlang der Reihe verstreut war und die meisten Männer ständig damit beschäftigt waren, die Lasten umzupacken, während sie ihre Arme in der Nähe aufgestapelt hatten, konnte man nicht anders Bedenken Sie, dass wir auf eine ganz andere Art und Weise reisen müssen, wenn wir uns Magdala nähern. Zwei- oder dreihundert Männer, nur mit Speeren bewaffnet, im Gebüsch versteckt und auf ein gegebenes Signal hinausstürmend, hätten den gesamten Konvoi vernichten können, bevor ein Bajonett angebracht oder der geringste Widerstand geleistet werden konnte. Ich glaube, es steht fest, dass wir für die letzten drei oder vier Tagesmärsche keine Zelte mitnehmen werden ; und dies, zusammen mit der Tatsache, dass eine verhältnismäßig kleine Anzahl von Maultieren für die Vorräte des Kommissariats benötigt wird, wird unsere Schleppe auf ein Viertel der gegenwärtigen Größe verkleinern. Wenn Theodore sich zum Kampf entschlossen hat, besteht kaum ein Zweifel daran, dass er beginnen wird, während wir in den Pässen sind. Er war schon immer für seine nächtlichen Angriffe bekannt, und wir wurden besonders davor gewarnt, uns vor plötzlichen Angriffen in Acht zu nehmen. Der König von Tigre war in dieser Hinsicht sehr beeindruckend. Waldo hat uns neulich auch eindringlich gewarnt, Tag und Nacht auf der Hut zu sein. Wir hatten heute Morgen einen Truppenaufmarsch in Atzala . Es fand gegen zehn Uhr morgens statt und war für einige Minuten eine recht aufregende Angelegenheit. Mit Ausnahme von Sir Charles Staveley und einigen seiner persönlichen Mitarbeiter wusste niemand, ob es sich um einen echten Alarm handelte oder nicht. Wir befanden uns nun im Gallas- Land, wo wir mit Razzien zu rechnen hatten, und es war durchaus möglich, dass der Konvoi, dessen Hinterteil sich immer noch den Hügel erklomm, plötzlich angegriffen worden war. Als also das erste Signalhorn Alarm ertönte und nach einer Pause immer wieder eine Pause erklang, ging ein ganz großer Schauer durch das Lager. Alle Signalhörner des Regiments wiederholten die Rufe, und das Lager sah aus wie ein plötzlich aufgewühlter Ameisenschwarm. Die Männer stürzten in großer Eile aus ihren Zelten, knöpften ihre Tuniken zu und schnallten ihre Gürtel fest; die Köche und Metzger verließen die halb zerstückelten Kadaver und rannten zu ihren Zelten, um ihre Waffen und Ausrüstung zu holen; Offiziere riefen nach ihren Schwertern; die Männer, die auf der Suche nach Holz oder Wasser waren, kamen angerannt; die Maultiertreiber trieben die Tiere, die auf der Ebene grasten, schnell voran; die Dhoolie -Träger versammelten sich um die Palkees ; die Grasschneider schnallten sich Schwerter unterschiedlicher Art um; und ich beobachtete meinen Diener, der damit beschäftigt war, eine große doppelläufige Pistole zu laden. Das Ergebnis zeigte, dass es einem Feind gelingen muss, sich sehr nahe heranzuschleichen, bevor er beobachtet wird, um uns zu überraschen. Zweieinhalb Minuten nach dem ersten Signalhorn stellte sich die 4. Division in dichter Reihenfolge vor ihre Linien und marschierte, zusammen mit den Beloochees , davon und warf Scharmützler vor sich her. Nach weiteren fünf Minuten war die Gebirgsartillerie in Bewegung, und die 3. Eingeborenenkavallerie, die, als der Alarm ertönte, in ihrer Eingeborenenkleidung gewesen war, hatte sich angekleidet, gesattelt und stürmte über die Ebene. Etwas hinter der Infanterie taumelten die Dhoolie - Träger mit ihren Palkees , und ein Apotheker war mit einem Arm voller Schienen und Bandagen in vollem Gange. Es ist offensichtlich, dass wir nicht einschlafen werden. Alarme dieser Art tun gelegentlich gut, sollten aber nicht zu oft wiederholt werden, sonst gewöhnen sich die Männer zu sehr an den Ruf „Wolf!" dass sie es nicht glauben werden, wenn das echte Tier auftaucht.

Aber ich werde mir und meinen Maultieren eine unzumutbare Zeit auf dem Hügel bereiten; Allerdings kaum, solange ich tatsächlich dort war, denn es dämmerte bereits, als ich den Fuß erreichte, nur drei Stunden nach meiner Ankunft am Gipfel. Es war kein Lager in Sicht, und obwohl wir wussten, dass es noch sechs Meilen entfernt war, wussten wir nicht, in welcher Richtung es lag. Glücklicherweise hatte sich keine der Lasten verschoben, und so konnten wir uns an einer großen Anzahl von Tieren vorbeischieben, die mit ihren Lasten neben ihnen auf dem Boden standen. Es war ein sehr anstrengender und unangenehmer Sechs-Meilen-Marsch. Es gab keinen Mond und es wurde bald extrem dunkel; und da der Weg nur eine Spur war, wussten wir nicht, ob wir in die richtige Richtung gingen oder nicht. Natürlich folgten wir den Maultieren vor uns, aber wir wussten nicht, ob sie richtig fuhren – denn ein Maultier, das für eine Minute anhielt, um die Ladung neu auszurichten, verlor das vorhergehende aus den Augen und war genauso wahrscheinlich, um nicht in die falsche Richtung zu gehen und unweigerlich von allen in seinem Rücken verfolgt zu werden. Der Weg führte über eine hügelige Ebene mit vielen tiefen, mit Bäumen bedeckten Nullahs und so dunkel, dass wir die Ohren unserer Pferde nicht sehen konnten. Es gab jetzt nur noch sehr wenig Geschrei; alle ritten oder gingen in einer Art mürrischem Schweigen dahin; Das Tempo war am langsamsten, da die Maultiere kaum in der Lage waren, weiterzukriechen. Wir konnten unseren Weg nicht finden, denn wir konnten den Boden nicht sehen. Einige stiegen aus und führten ihre Pferde, andere vertrauten auf die Augen ihrer Pferde, und es war erstaunlich, wie gut die Tiere ihren Weg suchten; Dennoch gab es einige unangenehme Stürze. Selbst wenn man diesen größeren Gefahren entging, war es nicht angenehm, plötzlich von einem Dornbusch zwischen den Augen erfasst zu werden oder von einem steifen Ast unter dem Kinn fast über die Kruppe des Pferdes getragen zu werden. Endlich, gerade als wir zu dem Schluss gekommen waren, dass wir unseren Weg verfehlt haben mussten und dass es besser wäre, den Weg abzubrechen und unser Zelt bis zum Tagesanbruch aufzuschlagen, sahen wir in der Ferne die Lichter des Lagers und danach Nach einer weiteren Meile Fahrt kam ich, wie ich zu Beginn dieses Briefes sagte, um halb neun Uhr hier an.

Ahangi -See, 19. März.

Am Abend meiner Ankunft in Mahkan beendete ich meinen letzten Brief , sehr müde, sehr hungrig und ziemlich verärgert. Am 17. machten wir Halt in Mahkan , da die Tiere unbedingt einen Tag Ruhe brauchten. Es besteht kein Zweifel, dass diese sehr langen Märsche in jeder Hinsicht ein Fehler sind. Viele der Tiere, die um sieben Uhr morgens aufbrachen, kamen erst am nächsten Tag um zehn oder elf Uhr an; und Müdigkeit dieser Art, zusammen mit einer Fast-Hunger-Diät, ist für jedes Tier zu viel. Die Zahl derer, die tatsächlich auf der Straße starben, war sehr gering – nur drei oder vier, wie mir gesagt wurde; Aber dann haben sich die Tiere in Antalo ausgeruht und haben noch etwas Kraft übrig. Ich zögere jedoch nicht zu sagen, dass bei drei oder vier solchen Märschen die große Mehrheit der Transportzugtiere *außer Gefecht sein würde*. Auch für die Truppe ist es furchtbar ermüdend. Es ist auch nichts damit gewonnen. Das alte Sprichwort „Je mehr Eile, desto geringer die Geschwindigkeit" ist hinreichend bestätigt. Wir legten fünfzehn Meilen zurück und mussten dann einen Tag anhalten; Hätten wir dagegen an einer Quelle am Fuße des steilen Abstiegs, sechs Meilen von Mahkan entfernt, Halt gemacht , hätten die Tiere am nächsten Tag problemlos einige Meilen über Mahkan hinaus marschieren können. Fünfzehn Meilen über ein flaches Land sind eine Sache, fünfzehn Meilen über eine Reihe von Bergen, mit einem Gewehr, sechzig Schuss Munition und so weiter , eine ganz andere; und ich vertraue aufrichtig darauf, dass wir einen so gewaltigen Marsch wie diesen nicht noch einmal versuchen werden.

Der Maultierzug ist derzeit alles, was man sich nur wünschen kann. Die Anzahl der zur fortgeschrittenen Division gehörenden Tiere beträgt 8000 und umfasst den Lahore-Säumerzug, den Raul Pindee -Säumerzug und die A- und D-Abteilungen des Transportzuges. Ich hatte mehr als einmal Gelegenheit, über die Effizienz der Lahore- und Pindee- Züge zu sprechen, die in perfekter Reihenfolge aus Bengalen ankamen und, da sie direkt nach Senafe marschierten, an der allgemeinen Störung in Zulla nicht beteiligt waren . Die A-Division unter Captain Griffiths, von der ich ebenfalls gesprochen habe, sei in ausgezeichnetem Zustand. Dies ist die Division, die mit der Erkundungsgruppe nach Senafe aufstieg und dort dem Absturz teilweise entging. Die D-Division wird von Captain Twentyman kommandiert ; ein Offizier, dessen Energie und Hingabe in Zula in den schlimmsten Zeiten dazu beitrugen, den Transportzug durch seine größten Schwierigkeiten zu bringen, wie ich damals das Vergnügen hatte, auszusagen. Diese vier Divisionen stehen unter der Kontrolle von Kapitän Hand vom Lahore-Saumzug, der zu ihrem Direktor ernannt wurde. Er ist ein fähiger und energischer Offizier, und seine Führung des Zuges ist äußerst zufriedenstellend. Die Transportzugbehörden in Zulla haben überhaupt nichts mit dem vorgeschobenen Teil zu tun, der allein dem Befehl von Kapitän Hand unterliegt.

Am Morgen nach unserer Ankunft in Mahkan wurde der Flügel der 33. Infanteriedivision auf den Weg geschickt, wobei das Hauptquartier mit nur der Eskorte der 2. Kavallerie und der 3. Kavallerie übrig blieb. Am Nachmittag kam jedoch eine Gruppe Beloochees und Punjaub- Pioniere herein. Tagsüber kam ein Mann mit einer der seltsamen rautenförmigen Gitarren, die ich bereits beschrieben habe, herein und hielt eine Weile lang einen monotonen Gesang aufrecht. Die Wörter Magdala und Tèdros waren die einzigen allgemein anerkannten Wörter ; und es wurde angenommen, dass er ein Lied sang, das er zu unseren Ehren komponiert hatte . Ein Dolmetscher, der zufällig vorbeikam, täuschte uns jedoch, indem er erklärte, dass der Sänger, der sich auf unsere Unkenntnis der Sprache verließ, unsere sichere Niederlage und die Rache rezitierte, die Theodore an uns nehmen würde. Ich habe keine Angst davor, dass aus dem Mann ein wahrer Prophet wird; Aber es ist sicher, dass die Menschen im Land unsere Chancen auf einen Sieg über Theodore im Allgemeinen als sehr gering einschätzen. Gestern Morgen begannen wir um acht Uhr unseren Marsch zu diesem Ort, und da der 33. Tag weitergefahren war, war unser Gepäckzug viel kleiner und die Schwierigkeiten und Verzögerungen verhältnismäßig geringer. Als wir den ersten Hügel bestiegen, stellten wir fest, dass wir uns in einer völlig neuen und angenehmen Phase der abessinischen Landschaft befanden. Anstelle der kahlen Hügel und Ebenen, über die wir seit unserer Ankunft in Abessinien, durchsetzt mit bewaldeten Tälern, gereist waren, wurden wir mit einem Schlag ins Herz der Schweiz transportiert. Überall bis zu den Berggipfeln war ein Kiefernwald. An manchen Stellen wuchsen die Bäume eng zusammen mit einem dichten Unterholz, das den Weg auf beiden Seiten versperrte und durch das der Weg bis zum 33. Jahrhundert teilweise freigelegt worden war. Zu anderen Zeiten waren die Bäume dünner verstreut oder standen in Gruppen und boten eine parkähnliche Landschaft aller Art. Es war eine herrliche Fahrt über etwa sechs Meilen durch diese Strecke, die Straße war glatt und einfach. Am Ende dieser Zeit begannen unsere Schwierigkeiten, da der Weg über und an steilen und sehr felsigen Hügeln entlang führte, die mit Wald und Reisig bedeckt waren. Der General hatte erwartet, dass die Straße bis zu einem gewissen Grad durch die 33. Armee geräumt sein würde , aber aufgrund eines Fehlers, an dem Major Cooper in keiner Weise schuld war, hatten sie kaum mit ihrer Arbeit begonnen, als wir vorbeikamen, anstatt bereits eingesetzt zu sein darauf vierundzwanzig Stunden lang. Ihr Befehl lautete, an einem Bach fünf Meilen von Mahkan entfernt ihr Lager aufzuschlagen und sich dann an die Arbeit auf der Straße zu machen; und da sie vierundzwanzig Stunden vor uns aufgebrochen waren, ging man davon aus, dass die Straße am nächsten Tag für Maultiere vollkommen befahrbar sein würde. Die 33. waren jedoch ohne Führung ausgestattet, und die Quelle war von der Marschlinie aus nicht sichtbar; Folglich marschierten sie daran vorbei und bemerkten ihren Irrtum erst, als sie meilenweit voraus waren. Major Cooper entschied sich dann für den besten Weg, nämlich direkt zu dieser Station zu marschieren, dort zu lagern und seine Männer bei Tagesanbruch zurück zu marschieren, um an der Straße zu arbeiten. Sie hatten ein gutes Geschäft gemacht, als wir ankamen; aber natürlich stellten die Maultiere eine Zeit lang ihre Arbeit ein. An manchen Stellen war die Strecke sehr schlecht; und an einer dieser Felswände entlang eines Felsvorsprungs, an deren Oberfläche wir vorbei mussten, fand ich Sir Robert

Napier selbst dabei, eine andere Straße zu planen, um dieses Hindernis zu umgehen, das für beladene Tiere in hohem Maße gefährlich war. als die vorspringende Last jeden einzelnen fast über den Rand drückte. Soweit ich hörte, ereignete sich kein Unfall, und die Verzögerungen waren bei weitem nicht so lang oder mühsam wie bei vielen früheren Gelegenheiten, während der herrliche Schatten, der Gesang unzähliger Vögel und der frische Duft der Kiefern … Bäume machten diese Pausen sehr angenehm. Endlich erreichten wir den Gipfel des letzten Anstiegs und unter uns, in einer Entfernung von fünf Meilen, lag der Lake Ashangi , eine hübsche Wasserfläche von etwa drei Meilen Durchmesser. Seine Ufer sind an manchen Stellen ziemlich flach, an anderen fallen jedoch Hügel mit allmählichen Abhängen bis zum äußersten Rand ab. Wenn ich mir zur Veranschaulichung England anschaue, sollte ich sagen, dass es, abgesehen von seiner kleineren Größe, mehr dem Ulleswater ähnelt als jeder unserer anderen Seen im Norden des Landes.

Jenseits des Sees ragen mehrere Gebirgszüge übereinander und bieten für längere Zeit keine Aussicht auf bequeme Reisen. Unser Lager liegt eine halbe Meile vom See entfernt auf einem Boden, der allmählich bis zum Wasserrand abfällt, über dessen Niveau wir uns wahrscheinlich dreißig Fuß befinden. Am See und an seinen Ufern wimmelt es von Enten und Gänsen. Letztere sind sehr zahm und gehen völlig unbekümmert auf die Weide. Sehr viele wurden geschossen und sind zwar eher fischig, aber durchaus verträglich. Die große Schwierigkeit bei der Ausübung des Sports liegt in der äußerst sumpfigen Beschaffenheit des Bodens. Die Risse, von denen Herr Munzinger spricht und die ich in meinem letzten Artikel aufgrund seiner Briefe erwähnt habe, sind einfach Unsinn. Es ist ein großes und an manchen Stellen gefährliches Moor; aber es ist schlicht und einfach ein Sumpf und nichts anderes. Ich war gestern mit meiner Waffe unterwegs, ebenso wie ein Dutzend andere, und obwohl ich über meine Stiefel hineinging, stieß ich auf nichts wirklich Unpassierbares, und mit einer Ausnahme habe ich auch nichts von irgendjemandem anderen gehört, der dies getan hätte. Kapitän Hogg jedoch von der Abteilung des Quartiermeisters gelangte an einen sehr schlimmen Teil des Sumpfes und brauchte einige Zeit, um den Ausweg zu finden; tatsächlich fiel er an eine tiefe Stelle, wo er zweifellos sein Leben verloren hätte, wenn er nicht einen Mann bei sich gehabt hätte, der in der Lage gewesen wäre, das Ende seiner Waffe in die Reichweite von Kapitän Hoggs Hand zu bringen und ihn so aus der Tiefe zu ziehen Sumpf, in dem er schnell versank. Rund um das ebene Ufer des Sees erstreckt sich ein sechzig bis siebzig Meter breiter Gürtel aus weißem Schlamm. Daraufhin versammelt sich das Wild und ist vor den Jägern sicher, da der Schlamm das Gewicht eines Menschen nicht tragen kann und die toten Vögel nicht geborgen werden konnten. Das Gefieder der Gänse ähnelt eher Enten als Gänsen, da es dunkelbraun und grün ist und an der Unterseite des Flügels einen großen weißen Fleck aufweist, der nur während des Fluges sichtbar ist. Viele entkamen , die einem Großschuss zum Opfer fielen; Aber die Menge an Munition im Lager ist dürftig, und die Schüsse sind in der Regel klein, so dass sie auf eine Entfernung von fünfzig Yards lediglich gegen eine Gänsefeder prallen.

Heute sind wir ruhig hier geblieben. Ein weiterer Durbar hat stattgefunden; Der Botschafter oder Nuntius – letzteres ist vermutlich das passende Wort – kam vom Häuptling Ulem der Gallas- Stämme. Dieser Mann hat enormen Einfluss auf die Gallas , die Mohammedaner sind; und es war daher eine große Angelegenheit, ihn so weit wie möglich zu versöhnen. Ich habe bereits zwei dieser offiziellen Empfänge beschrieben, und da diese denen, über die ich zuvor geschrieben habe, genau ähnelten, brauche ich nicht auf Einzelheiten einzugehen. Die einzige Abweichung bestand darin, dass das Verfahren mit einem langen Brief der Ulem an Sir Robert Napier eröffnet wurde. Es war von äußerst freundlichem Charakter und drückte die Zustimmung des Priesters zu dem „Glauben aus, den wir gemeinsam haben, nämlich", sagte er, „dem Alten und Neuen Testament und dem Koran." Mir war nicht bewusst, dass der Koran ein wesentlicher Bestandteil unseres Glaubensbekenntnisses war, aber ich habe etwas aus dem Brief der Ulem gelernt . Auch später spricht er von Mohammed als dem einzig wahren Vermittler. Nach Ansicht des Ulem handelte es sich hierbei jedoch offenbar nicht um entscheidende Meinungsverschiedenheiten, und er gibt dementsprechend an, dass er unaufhörlich für uns betet, was auf jeden Fall freundlich von seiner Seite ist. Er ermahnte uns sehr feierlich, äußerst wachsam und stets auf der Hut zu sein, und der allgemeine Ton seines Briefes war alles andere als hoffnungsvoll. Er erwähnte, dass es im Land Brauch sei, Reisenden Geschenke zu schicken , und dass er daher dem Häuptling ein Geschenk schickte, dass das größte Geschenk, das er uns machen könne, jedoch seine Gebete seien. Eines ist sicher: Wenn seine Gebete nicht von wesentlich größerem Wert sind als seine anderen Geschenke, werden sie auch keinen großen Wert haben, denn das materielle Geschenk war ein Topf Honig im Wert von einem Dollar. Der Häuptling antwortete natürlich höflich, brachte unsere Toleranz gegenüber allen Religionen und Meinungen zum Ausdruck, sagte, dass wir viele Muslime in unseren Reihen hätten, und brachte unsere freundlichen Gefühle gegenüber den Menschen im Land zum Ausdruck. Zum Abschluss schenkte er den Priestern Gewänder usw. Diese Roben wurden dem Botschafter angelegt, einem Sohn der Ulem und einem der albernsten jungen Männer, die ich in Abessinien gesehen habe. Sein Gesicht, als er in die Roben gekleidet wurde, war eines der komischsten Dinge, die ich je gesehen habe, und die anwesenden Offiziere hatten größte Mühe, ihren Ernst zu zügeln. Er sah genauso aus wie ein Pavian, der Demut zeigt. Später am Nachmittag kam ein weiterer Häuptling herein, begleitet von Tom-Tom und Flöten und einer beträchtlichen Truppe Krieger. Eine bemerkenswerte Sache, die mir damals auffiel und die ich vorher noch nicht gesehen hatte, war, dass sie zum Zeichen der Freundschaft kopflose Lanzen trugen.

Wir hatten heute Nachmittag eine ziemlich merkwürdige Szene. Ein Eingeborener wurde bei einem Diebstahl entdeckt und von Colonel Fraser, der als Provostmarschall fungiert, zu zwei Dutzend Peitschenhieben verurteilt. Seine Freunde und Verwandten heulten jedoch so laut, dass der Oberbefehlshaber aus seinem Zelt kam, um nachzusehen, was los sei. Als er feststellte, dass die Eingeborenen sich die Sache sehr zu Herzen nahmen, überließ er den Mann der eigenen Bestrafung. und nach einem einstündigen Palaver wurde er dazu verurteilt, ein Viertel des Wertes des gestohlenen Gegenstandes zu zahlen oder sechs Stockschläge zu erhalten. Mr. Speedy wollte ihnen gerade die unzureichende Strafe vorhalten, als der Häuptling, der als Richter fungiert hatte, ihn beiseite zog und erklärte, dass sie im Verlauf der Untersuchung festgestellt hätten, dass der Täter ein Christ sei, während sie selbst ein Christ seien selbst Muslime; und dass es einen Krieg auslösen würde, wenn sie ihn so bestrafen würden , wie er es verdient hätte. In ganz Abessinien – das heißt, soweit wir gereist sind – selbst dort, wo die Christen in der Mehrheit sind, blicken die Mohammedaner auf sie herab; und es besteht kein Zweifel, dass die Mohammedaner moralisch weit überlegen sind. Das Christentum kommt bei Einheimischen sicherlich nicht gut an. Sowohl in Indien als auch hier ist ein Christ keineswegs ein Mann von hohem Ansehen, weder in puncto Ansehen noch in moralischer Hinsicht. Es ist seltsam, dass die Wohnorte der Eingeborenen hier denen in Zulla genau ähneln . Dort wurden sie aus Flechtwerk mit konischen Strohdächern gebaut. Seitdem sind wir an Lehmhütten mit Flachdächern, Steinhütten mit Flachdächern, Steinhütten mit Strohdächern vorbeigekommen, und jetzt sind wir wieder auf Hütten vom Typ Zulla gestoßen , Flechtwerkwände mit konischen Strohdächern. Die Dörfer liegen immer auf Anhöhen, und die Häuser sind dicht aneinander gedrängt und von einem dicken Zaun aus Zweigen umgeben, deren Enden nach außen gerichtet sind wie bei einem militärischen Abattis. Die Eingeborenen sind nicht ganz so dunkel wie die Leute von Tigre und nicht so gut bewaffnet, denn ich habe unter ihnen keine Feuerwaffen gesehen. Sir Charles Staveley ist, wie ich höre, mit der 4., der 3. Eingeborenenkavallerie und Penns Batterie in Mahkan angekommen. Er beschäftigt sich wie wir mit dem Straßenbau. Der Befehl lautet, dass die Pioniertruppe die Straße für Maultiere befahrbar machen soll und dass die Truppe von General Staveley sie für Elefanten befahrbar machen soll. Da Elefanten fast überallhin gehen können, wohin Maultiere gehen können, wird er nicht lange auf sich warten lassen und wahrscheinlich innerhalb von ein oder zwei Tagen vor uns in Lât ankommen , das zwei Tagesmärsche entfernt ist. Es ist wahrscheinlich, dass wir dort zwei oder drei Tage anhalten werden, damit sich die Streitkräfte konzentrieren können. Ich habe gehört, dass Twiss' Gebirgszug und die Marineraketenbrigade nur einen Marsch hinter General Staveley sind und mit ihm in Lât eintreffen werden . Ich habe heute Abend gesehen, dass auch die 45. Mannschaft sofort eingewechselt wurde, um Teil der ersten Liga zu werden. Dieser Befehl wird nicht nur dem Regiment selbst Genugtuung verschaffen, sondern auch uns allen; denn das 45. gilt als eines der besten und effizientesten Regimenter in Indien.

Lat , 21. März.

Wir alle hatten uns darauf gefreut, mindestens zwei oder drei Tage an diesem Ort anzuhalten. Diese Hoffnung hat sich jedoch nicht erfüllt ; denn wir kamen heute Nachmittag an und brechen morgen früh wieder auf, wenn dann, so könnte man sagen, unsere wirklichen Nöte ernsthaft beginnen. Aber bevor ich darauf eingehe, ist es besser, von unseren Taten der letzten beiden Tage zu erzählen.

Ashangi verließen , verlief die Straße etwa eine Meile lang auf ebenem Gelände parallel zum See, und dann, als die Berge sich dem Rand des Wassers näherten, mussten wir über den Ausläufer klettern. Die Höhe war nicht sehr groß, aber es war einer der härtesten und sicherlich steilsten Anstiege, die wir bisher hatten. Als wir auf dem Kamm angekommen waren, fiel der Hügel allmählich ab, und bald darauf stießen wir am Ende des Sees wieder auf das Wasser. Diese Stelle war am nächsten Tag Schauplatz eines tödlichen Unfalls. Zwei oder drei Beamte kamen herunter, um zu schießen, und einer der Vögel fiel ins Wasser. Einer ihrer Diener, der ein guter Schwimmer war, ging sofort hinein, um es herauszuholen. Es ist wahrscheinlich, dass er einen Krampf hatte, denn er sank plötzlich. Kapitän Pottinger sprang sofort hinein und schwamm zur Stelle hinaus, konnte aber nichts von ihm sehen. Unser Campingplatz lag etwa zwei Meilen vom Ende des Sees entfernt auf ebenem Gelände. Die Entfernung von Ashangi betrug etwas mehr als sechs Meilen.

Am nächsten Tag machten wir hier Halt, damit die Brigade von General Staveley Ashangi erreichen konnte . Dies taten sie am Tag, nachdem wir es verlassen hatten. Im Lager herrschte großes Bedauern, als man hörte, dass es General Staveley selbst, der in Atzala an akutem Rheuma erkrankt war , sehr viel schlechter ging und er auf einer Trage getragen wurde . Er hatte die Funktionsfähigkeit seiner Gliedmaßen völlig verloren und es galt als unwahrscheinlich, dass er mit der Armee weiterkommen würde. Dies wäre ein sehr großer Verlust für die Expedition, und ich hoffe aufrichtig, dass sich ihre Befürchtungen nicht bestätigen.

Am Morgen unseres Halts wurde eine allgemeine Anordnung erlassen, die uns mit Bestürzung erfüllte. Von nun an ist weder für Männer noch für Offiziere Gepäck gestattet. Soldaten müssen zusätzlich zu ihrem Gewehr, ihrer Munition, ihrem Rucksack usw. ihren Mantel, eine Decke und eine wasserdichte Decke mit sich führen. Dadurch wird das Gewicht, das jeder Mann tragen muss, bis zu 55 Pfund betragen; ein überwältigendes Gewicht über einem so gewaltigen Land wie dem, das wir durchqueren müssen, und unter einer tropischen Sonne. Ich frage mich sehr, ob die Männer das aushalten werden, und mehrere der medizinischen Mitarbeiter, mit denen ich gesprochen habe, sind durchaus dieser Meinung. Wie die Straßen voraussichtlich aussehen werden, geht deutlich aus einem Teil der allgemeinen Verordnung hervor, der besagt, dass in Zukunft kein Maultier mehr als 100 Pfund tragen darf; Und doch lasteten die Behörden mehr als die Hälfte dieser Last auf den Schultern eines Mannes. Es ist nicht einmal so, als ob die Männer ihre Rucksäcke hätten, in denen der Mantel usw. steckte. konnte vergleichsweise leicht gepackt und getragen werden; Sie müssen am Wappen über die Schultern gehängt werden und belasten den Soldaten weitaus mehr, als wenn sie in Rucksäcken getragen würden. Es war ein außergewöhnliches Versehen, die Rucksäcke in Antalo zurückzulassen ; denn es war schon damals klar, dass sie benötigt werden würden. Nicht berittene Offiziere müssen einen Mantel, eine Decke und eine wasserdichte Decke mit sich führen, und berittene Offiziere dürfen alles mitführen, was sie auf ihren Pferden tragen können. Es dürfen keine Gepäcktiere mit dem Gepäck vorwärts gehen. Die Männer sollen zu zwanzig in einem Glockenzelt zusammengepfercht werden, und zwölf Offiziere sollen die gleiche Unterkunft haben. Mehr als ein Viertel der Soldaten sind jede Nacht auf Streikposten und Wache; Daher wird die Anzahl der Männer in jedem Zelt praktisch ungefähr die gleiche sein wie die der Offiziere. Stellen Sie sich zwölf Offiziere in einem Zelt vor! Sie werden verpackt wie Heringe in einer Wanne; und die Menschen berechnen heute, wie viele Quadratzentimeter Land jeder besitzen wird. Jeder nimmt es gut gelaunt auf , und es gibt überhaupt kein Murren; aber trotzdem ist es eher eine ernste Angelegenheit. Wenn es zwei oder drei Tage dauern würde, wäre alles gut genug; aber Magdala ist weit von hier entfernt. Die Abteilung des Generalquartiermeisters spricht von einem sechstägigen Marsch. Kapitän Speedy sagt, dass sechzehn dem Ziel schon viel näher kommt; und da er sich mit dem Land auskennt, kann man mit Sicherheit davon ausgehen, dass es sich um einen Marsch von fünfzehn Tagen handelt, auch wenn sich die Abteilung des Quartiermeisters in ihren Entfernungen stets geirrt hat; Das heißt, selbst ohne einen Tag für die Einnahme von Magdala einzuplanen oder die Dinge dort zu regeln, können wir nicht in weniger als einem Monat in Lât zurück sein . Es ist die Rede davon, dass das Gepäck hinter uns heraufkäme; aber daraus wird sicherlich nichts werden. Ich weiß, dass wir kaum genug Tiere bei uns haben, um unser Essen zu transportieren, und dass jedes verfügbare Maultier im Nachhinein mit Staveleys Brigade anrückt. Wir können also mit ziemlicher Sicherheit davon ausgehen, dass wir nichts von unserem Gepäck erhalten werden , bis wir nach Lât zurückkehren , was frühestens in einem Monat und nicht unwahrscheinlich doppelt so lange dauern wird. Uns wird gesagt, dass die Kälte in der Nacht vor uns sehr groß sei und dass es stark und häufig regnet. Daher ist es für Männer eine sehr ernste Angelegenheit, ohne Wechselkleidung jeglicher Art zu starten. Abgesehen vom Regen werden die Männer so sehr unter der Hitze und unter der Mühe leiden, mit einer so schweren Last auf dem Rücken Berge zu erklimmen, dass es für sie eine höchst materielle Angelegenheit wäre, zumindest einen trockenen Flanell zu haben. Hemd zum Anziehen, wenn der kalte Abendwind weht. Die Zeit wird zeigen, wie die Männer es aushalten; aber es ist sicherlich ein gefährliches Experiment.

Heute Morgen sind wir zu diesem Ort aufgebrochen. Lât wurde immer als ein Ort bezeichnet, an dem wir anhalten und ein Depot bilden sollten , und wir hatten daher erwartet, ein großes Dorf vorzufinden; aber soweit ich gesehen habe, gibt es in der Nachbarschaft keine Eingeborenenhütte . Als wir unseren letzten Campingplatz verließen, stiegen wir einen hohen und steilen Hügel hinauf und mussten dann eine weite Strecke auf einem Felsvorsprung zurücklegen, wo ein falscher Schritt den sicheren Tod bedeutet hätte. Nach mehreren kleinen Anstiegen und Abstiegen gelangten wir in das Tal, in dem der Bach fließt, in dessen Nähe wir unser Lager aufschlagen. Obwohl keine Dörfer in Sicht sind, muss es in der Nachbarschaft eine beträchtliche einheimische Bevölkerung geben , denn eine große Anzahl von Einheimischen ist mit Vorräten angereist. Die Offiziere des Transportzuges kaufen jedes mitgebrachte Schwert und jeden Speer für den Gebrauch der Maultiertreiber auf; denn obwohl Theodore in Magdala gemeldet ist, könnte er jeden Augenblick mit ein paar tausend Mann einen plötzlichen Abmarsch machen und uns erreichen, bevor wir wussten, dass er sich in einer Entfernung von fünfzig Meilen befand. Sollten wir in einer dieser Schluchten oder auf einem schmalen Felsvorsprung mit einem Abgrund darunter angegriffen werden, da wir zwangsläufig über eine riesige Länge der Straße verstreut sein müssten, könnte Theodore durch einen plötzlichen Angriff auf unser Gepäck bei einigen einen solchen Schaden anrichten Minuten, dass wir gezwungen sein könnten, uns nach Antalo zurückzuziehen , um frische Vorräte zu holen. Es lässt sich nicht darüber hinwegtäuschen, dass wir bei unserem Ansturm aus so großer Entfernung kein unerhebliches Risiko eingehen.

, an einem Ort etwa auf halber Strecke zwischen Antalo und Magdala ein Depot mit Vorräten für fünf Monate zu errichten und von dort aus mit Vorräten für zwei Monate weiterzumarschieren. Stattdessen starten wir von Lât aus mit nur fünfzehntägigem Proviant, und näher als Antalo selbst gibt es kein Depot von Bedeutung und wird es auch nicht geben . Die gesamten verfügbaren Maultiere werden die vorrückende Division begleiten, und wir werden für die zukünftige Versorgung vollständig auf die einheimische Kutsche angewiesen sein. Der Vorrat an Lebensmitteln, den wir bei uns haben, reicht kaum bis nach Magdala; Wir wissen nicht, ob wir unterwegs Mehl kaufen können oder wie wir mit dem Futter für unsere Tiere auskommen werden. Zwischen Antalo und Magdala gibt es viele Stämme und Häuptlinge – wir sind bereits an Waldo Yasus und den Gallas vorbeigekommen – und einige von ihnen könnten, nachdem wir vorbeigekommen sind, auf den Gedanken kommen, die einheimischen Tiere daran zu hindern, mit Vorräten nach oben zu gehen; und das gesamte System, auf das wir allein angewiesen sind, würde dann zusammenbrechen, und unsere Lage wäre so prekär, wie man es sich nur vorstellen kann. Es ist in der Tat ein enormes Risiko, das man eingeht; aber dann spielen wir um einen sehr hohen Einsatz. Wir laufen ein Rennen mit dem Regen. Wenn wir hier vierzehn Tage oder drei Wochen bleiben und die gesamten Transporttiere nach Antalo schicken würden, um weiteren Proviant zu holen, müssten wir unweigerlich während der Regenzeit hier draußen warten; und die Schwierigkeiten, die Streitkräfte während dieser Zeit zu versorgen, und die wahrscheinliche Sterblichkeit, die sich daraus ergeben könnte, wären so groß, dass Sir Robert Napier sich zweifellos für berechtigt hält, ein sehr erhebliches Risiko einzugehen, um die Seeküste vor dem Regen zu erreichen. Natürlich wurde die Angelegenheit unter den Offizieren in allen Einzelheiten besprochen und besprochen; und die allgemeine Meinung ist, dass unsere Lage sehr kritisch sein wird , wenn wir nicht wie in Antalo , irgendwo zwischen diesem und Magdala, einen unerwarteten Nachschub erhalten. Bei den meisten anderen Generälen würden die Männer, glaube ich, dazu neigen, die Sache eher düster zu sehen; Aber alle haben so viel Vertrauen in Sir Robert Napier, dass sie die Sache gerne in seine Hände legen.

Diddee , 24. März.

Lât abgeschickt . In diesen zwei Tagen haben wir einunddreißig Meilen eines so rauen Landes durchquert, wie es sich der wärmste Bewunderer des Trostlosen und Wilden nur wünschen kann. Um uns herum erstreckte sich, so weit das Auge reichte, ein perfektes Meer aus Bergen; und auf diesen sind wir vom Morgen bis weit nach Einbruch der Dunkelheit gestolpert und gestolpert – nicht wenige Pferde haben gewaltige Stürze hinnehmen müssen. Es war eine lange, eintönige Arbeit. Manchmal klettern wir auf glatten, rutschigen Felsen; dann steigen wir steile Pfade hinauf, die mit losen Felsbrocken jeder Größe bedeckt sind; dann stehen wir auf einem schmalen Felsvorsprung an einer Bergwand; dann krachen wir durch dichtes Gebüsch. Man kann die Anzahl der Schluchten, die wir durchqueren, nicht mehr zählen, denn jeden Tag erklimmen wir ein Dutzend Hügel. Es würde selbst den Ingenieuren der topografischen Abteilung ein Rätsel sein, dieses raue und zerklüftete Land auf einer Karte darzustellen . Es wäre genauso einfach, eine Karte der Straße von Dover zu erstellen und jede Welle im richtigen Maßstab darzustellen. Die Mühe der Truppen in diesen beiden Tagen war enorm. Der Marsch am ersten Tag betrug dreizehn Meilen; Gestern war es achtzehn, viele sagen, es waren zwanzig; aber ich denke, ein langer Achtzehner war ungefähr das Richtige. Achtzehn Meilen wären in England ein langer Marsch, aber hier ist es eine gewaltige Reise. Jeder Mann trägt Munition usw. – fünfundfünfzig Pfund – mehr als eine halbe Maultierladung. Darüber hinaus sind die meisten Truppen jetzt als Gepäckwächter tätig und müssen beim ständigen Justieren der Ladung und bei der Betreuung der Maultiere mithelfen. Schließlich ist ein Viertel der Truppen jede Nacht auf Streikposten. Ich hatte Gelegenheit, in einem Brief von Mahkan über das grausame Überschreiten von Menschen und Tieren zu sprechen; aber das war nichts im Vergleich zu diesen zweitägigen Märschen. Das Land ist jetzt viel rauer, die Entfernungen länger und die Männer müssen zusätzlich ihre Ausrüstung tragen. Die Truppen kamen letzte Nacht in erschöpftem Zustand an; Sehr viele kamen überhaupt nicht herein. Ich würde sagen, dass bis heute Morgen nicht mehr als die Hälfte des Gepäcks angekommen ist; Und um zu den anderen Unannehmlichkeiten noch etwas hinzuzufügen , hatten wir gegen acht Uhr ein gewaltiges Gewitter, das jede Seele bis auf die Haut durchnässte, mit Ausnahme der wenigen, die das Glück hatten, ihre Zelte aufzuschlagen. Die Männer haben keine Wechselkleidung dabei und mussten natürlich in ihrer nassen Kleidung schlafen. Von denen, die unterwegs waren, als es zu regnen begann, hielten sich einige fest und kamen schleppend bis zehn Uhr herein; Die meisten jedoch rollten ihre Decke und ihr wasserdichtes Laken aus und legten sich dort hin, wo sie übernachteten. Ich sage furchtlos, dass ein solcher Marsch über ein solches Land noch nie zuvor von ähnlich schweren Männern unternommen wurde. Natürlich müssen wir heute anhalten, und dann werden wir bis heute Abend eine geringere Strecke in Richtung Magdala zurückgelegt haben, als wir es hätten schaffen können, wenn wir drei Tagesmärsche von beispielsweise jeweils elf Meilen zurückgelegt hätten. Es gibt auch keinen Grund, warum wir das nicht hätten tun sollen. Glücklicherweise befinden wir uns jetzt in einem gut bewässerten Land. Zwischen den höheren Gebirgsketten verlaufen große Bäche, von denen wir gestern vier oder fünf überquert haben.

General Staveley, von dem ich froh bin, dass es ihm besser geht, ist nur einen Tag in unserem Rücken. Ein Beamter ist heute Morgen zurückgekehrt, um ihn anzuweisen, heute Abend am Bach dreieinhalb Meilen hinter ihm anzuhalten. Das Wetter war in den letzten beiden Tagen wärmer, was natürlich die Arbeitsbelastung der Soldaten erhöht hat. Ohne das häufige Vorkommen von Wasser glaube ich nicht, dass letzte Nacht ein Viertel der Truppen eingedrungen wäre. Das gestrige Lager wurde vortrefflich für Verteidigungszwecke ausgewählt und war auf allen Seiten von einem tiefen Nullah umgeben. Das heutige Lager ist bequem und wird auf einer Seite auch durch einen Nullah verteidigt, hat aber den Nachteil, dass der Nullah zweihundert Fuß tief und äußerst steil ist, da das Wasser an zwei Stellen nur zu Fuß erreichbar ist, und daher Die Schwierigkeit, die Tiere zu tränken, ist sehr groß. Das Wasser jedoch, und eigentlich alles, was wir in den letzten ein oder zwei Tagen gesehen haben, ist köstlich. Das ist in der Tat ein Genuss. Bisher war das Wasser besonders unangenehm – dick und voller Insekten, wenn es stagnierte, erdig und übel schmeckend, wenn es floss. Hier ist es frisch, klar und rein. Rum ist ziemlich günstig. Die Schlucht, durch die der Bach fließt, ist sehr malerisch. Der Hang ist steil, aber bis zum Grund des Nullahs gut bewaldet; aber der Bach selbst hat sich einen Weg von zwanzig bis dreißig Fuß Breite durch den festen Fels am Grund gegraben. Die Seiten sind so senkrecht wie Wände und an einigen Stellen zehn Meter tief. Nur an zwei Stellen können wir, wie gesagt, zum Wasser gelangen. Diese enge Schlucht ist von Bäumen übersät, und in jeder Ritze und auf jedem kleinen Felsvorsprung wachsen wunderschöne grüne Farnflecken. Es bedarf keiner großen Vorstellungskraft, sich an einem hübschen Gebirgsbach in Wales oder Irland zu befinden. Für einen Hochlandbach ist die Vegetation zu hell und abwechslungsreich . Fast alle Offiziere im Lager und eine große Anzahl der Männer waren heute Morgen zum Baden unten, was nach der Müdigkeit von gestern und dem Mangel an unseren derzeitigen Waschgeräten doppelt erfrischend ist. Das Lager bot gestern Morgen ein recht ungewöhnliches Erscheinungsbild. Die Größe des Hauptquartierlagers war von zwanzig auf vier Zelte geschrumpft ; und draußen sah man bald nach Tagesanbruch das gesamte Personal mit den verschiedenen Vorgängen des Waschens und Ankleidens beschäftigt. Zwölf Männer schaffen es vielleicht, in einem Zelt zu schlafen, aber es ist völlig unmöglich, dass sie sich dort gleichzeitig anziehen können. Tatsächlich war in keinem der Zelte die volle Ausstattung vorhanden. Einige hatten ihre Decken wie Hängematten auf die Bäume gehängt; andere begnügten sich damit, sich in ihren Decken einzurollen und auf einer wasserdichten Decke unter einem Busch zu schlafen; und daneben gab es ein Lazarettzelt, und da es keine Kranken gab, wurden einige der Offiziere dorthin eingezogen. In der Tat hätten sich alle viel wohler fühlen können, wenn diejenigen unter ihnen, die wie wir, *Zelte mitgebracht hätten d'abri* durften sie auf ihren Pferden tragen. Ich hatte großes Glück, dass ich letzte Nacht vor dem Sturm einen Unterschlupf finden konnte. Ich war vor meinem Ersatzpferd weitergeritten, das sich mit meinem Zelt und so weiter auf dem Rücken fast am Ende der Kolonne befand. Ich kam gegen halb vier hier an, nachdem ich fast neun Stunden unterwegs war; und ich war ziemlich erschöpft, als ich eintrat, weil ich müde war und nichts zu essen hatte. Glücklicherweise hatten die Eingeborenen jedoch Brot zum Verkauf mitgebracht, und nachdem ich etwas davon gegessen und zum Baden in den Nullah gegangen war, war ich wieder ganz erholt. Allerdings fühlte ich mich innerlich nicht wohl; denn die Wolken hatten sich schnell zusammengeballt, und in den Hügeln hatte es in den letzten zwei Stunden fast ununterbrochen gedonnert. An dem Gepäck, das hereinkam, konnte ich erkennen, dass mein Tier, wenn es seinen Platz in der Schlange behielt, wenn überhaupt, nicht stundenlang dort bleiben konnte. Als ich im Lager ankam, war ich erfreut, mein kleines Zelt aufgeschlagen zu sehen. Mein Begleiter, der hinter mir gewesen war, hatte festgestellt, dass die Straße stark verstopft war, und sie auf anderen Wegen vorangebracht, glücklicherweise ohne größeren Schaden, als dass eines der Pferde über einen zwölf oder dreizehn Fuß hohen Abgrund in einige Büsche stürzte bremste den Sturz des Tieres. Das Pferd war nur wenig verletzt; und durch dieses kleine Missgeschick, das hier nichts ist, wo Pferde und Maultiere ständig über steile Stellen rollen, war es ihm gelungen, drei oder vier Stunden früher ins Lager zu gelangen, als die Tiere es überhaupt hätten erreichen können, wenn sie an ihrem ursprünglichen Platz geblieben wären die Linie; Tatsächlich war es höchst unwahrscheinlich, dass sie letzte Nacht überhaupt reingekommen waren. Während der nächsten halben Stunde blitzte es ununterbrochen, und bevor das Abendessen zubereitet werden konnte, begannen große Tropfen herabzuprasseln. Wir riefen den Dienern zu, sie sollten mit ihren Decken und wasserdichten Laken ihr Bestes geben, während wir in unserem kleinen Zelt Zuflucht suchten, bei einem Offizier, dessen Gepäck, wie das der großen Mehrheit, noch nicht angekommen war. In ein oder zwei Minuten fiel es fast in Stücke. Wir zündeten unsere Pfeifen an und trösteten uns damit, dass es uns nicht schlechter ging als allen anderen, wenn wir nichts zu essen hatten, während wir im Schutz waren, während es kaum einer anderen Menschenseele so ging. Während wir so zu unserem eigenen Vergnügen philosophierten , wurde plötzlich die Vorderseite des Zeltes geöffnet und eine Hand mit einer Schüssel Koteletts, dann Tellern, Messern und Gabeln hineingeschoben. Unsere Kameraden hatten sich edel an ihre Arbeit gehalten und ließen sich lieber bis auf die Haut durchnässen, als dass ihre Herren auf das Abendessen verzichteten. Diese Goa-Männer sind zweifellos ausgezeichnete Diener. Sie sind körperlich nicht stark: Sie sind ruhige, schwach aussehende Männer mit wenig Energie und ohne Gewöhnung an Strapazen. Sie sind hervorragende Hotelkellner, aber man hätte kaum erwarten können, dass sie die Müdigkeit einer Kampagne wie dieser unterstützen würden. Sie tun dies jedoch, und es scheint ihnen nicht schlechter zu gehen. Im Großen und Ganzen sind sie auf einer Expedition dieser Art jedes Geld wert und unendlich nützlicher, als es ein englischer Diener sein würde.

Der Sturm hörte letzte Nacht gegen halb elf auf. Jetzt donnert es in den fernen Hügeln, und es ist klar, dass wir heute Nachmittag eine Wiederholung des Sturms der letzten Nacht erleben werden. Wir werden jedoch besser darauf vorbereitet sein, ihr standzuhalten. Die Eingeborenen bringen eine Fülle von Waren aller Art mit. Honig, Getreide, Zwiebeln, Ziegen, Schafe, Hühner, Brot und Eier. Die Hühner und Eier sind die ersten, die wir seit Attegrat gesehen haben . Die Preise gelten in etwa gleich. Zwei kleine Vögel, ein Dollar; zwölf Eier – etwa die Hälfte davon durchschnittlich schlecht – zum gleichen Preis. Eine Flasche Honig, ein Dollar usw. So teuer die Dinge auch sind, es erübrigt sich zu sagen, dass sie alle eifrig aufgekauft werden. Mittlerweile sind wir an hohe Preise gewöhnt; und ich hörte einen Soldaten, der erst heute Morgen hereinkam, sagen, dass er in der Nacht einen Dollar für einen Schluck Wasser bezahlt habe.

Natürlich haben wir jetzt eine ständige Folge von Nachrichten von der Front. Es ist sehr widersprüchlich, aber der allgemeine Bericht besagt, dass Theodore in Richtung Dalanta marschiert , um uns auf unserem Weg anzugreifen. Einige der Spione behaupten, dass Freitagnacht zwei Uhr die Stunde für unsere Vernichtung sei. Wenn Theodore tatsächlich vorhat, einen nächtlichen Angriff zu verüben, was wahrscheinlich genug ist, glaube ich nicht, dass er schwach genug wäre, viele Stunden im Voraus zu verkünden, wo er stattfinden wird. Es ist jedoch zwecklos, jetzt irgendwelche Spekulationen über Ereignisse anzustellen, die in zwei oder drei Tagen entschieden werden könnten und deren Ausgang per Telegraph bekannt sein wird, lange bevor dieser Brief London erreichen kann.

Santarai , 29. März.

Wir beginnen zu glauben, Magdala sei eine *Fata Morgana*, ein *Ignis Fatuus*, das sich immer weiter entfernt, je näher wir ihm kommen. In Dildee wurde uns gesagt, dass es nur vier Märsche entfernt seien. Wir haben drei Märsche gemacht und haben noch sechzig Meilen vor uns; und doch ist Magdala nicht mehr als fünfundzwanzig Meilen in einer geraden Linie entfernt und von einem Punkt aus, der vier Meilen von diesem Lager entfernt ist, sichtbar. Es stellt sich jedoch heraus, dass das Land völlig unzugänglich ist und dass wir einen Umweg von sechzig Meilen in Kauf nehmen müssen, um dorthin zu gelangen. Ich kann mir kaum vorstellen, wie dieses Land in direkter Linie zu Magdala aussehen kann, denn wir haben Hunderte von Meilen zurückgelegt, die niemand für möglich gehalten hätte, dass eine Armee mit ihren Lasttieren sie überwinden könnte. Wir haben Berge erklommen und Abgründe hinabgestiegen; wir sind durch tiefe Schluchten gewandert, wo ein falscher Schritt den Tod bedeutete; wir kennen glattes, rutschiges Gestein und lose Felsbrocken; und nach dieser Expedition kann man kaum sagen, dass irgendein Land für eine zum Vormarsch entschlossene Armee undurchführbar sei. Ich höre jedoch, dass es zwischen diesem und Magdala senkrechte Abgründe gibt, die kilometerweit wie Mauern verlaufen, Stellen, die von erfahrenen Felswanderern kaum erklommen werden könnten, geschweige denn von beladenen Maultieren. Wir müssen daher einen Umweg machen. Es ist ermüdend, denn jeder brennt vor Ungeduld, in Magdala zu sein und die seit langem diskutierten Probleme zu lösen – wird Theodore kämpfen? Wird er offen kämpfen oder Magdala verteidigen? Oder wird er die Gefangenen mit einer Entschuldigung ausliefern? Und sollen wir damit zufrieden sein, eines zu erhalten? Ich glaube, dass ich die letzte Frage mit Sicherheit beantworten kann. Wir werden es nicht tun. Wenn Theodore die Gefangenen schickt, werden wir sie empfangen, aber wir werden mit Sicherheit Vergeltung von ihm verlangen. Wir werden ihn entweder gefangen nehmen oder ihn zur Flucht zwingen. Wenn wir die Gefangenen unverletzt erwischen, werden wir Magdala trotzdem einnehmen. Wenn er mit einigen Anhängern in die Berge flieht, werden wir uns in diesem Fall damit zufrieden geben, uns zurückzuziehen und die Aufgabe, ihn zu jagen, seinen zahlreichen Feinden überlassen; Aber wenn er die Gefangenen ermordet, bleiben wir selbst hier, bis er gefangen genommen wird. Ich glaube, ich kann mit Bestimmtheit sagen, dass dies oder etwas ganz Ähnliches der Tenor der Anweisungen ist, die die Regierung Sir Robert Napier erteilt hat; und ich denke, dass sie von allen wärmstens befürwortet werden, außer von jenen Negrophilen, die leugnen, dass ein Schwarzer Unrecht tun kann. Es wäre unmöglich, Theodore ungestraft davonkommen zu lassen; in der Tat würde es allen barbarischen Potentaten in der Zukunft eine Prämie bieten, alle englischen Reisenden, die ihnen in die Hände fallen könnten, zu Gefangenen zu machen.

Ich kehre nun nach Dildee zurück , von wo aus ich zuletzt geschrieben habe, während wir wegen des gewaltigen Marsches des Vortages Halt machten. Am Abend des Tages, an dem wir Halt machten, hörten wir, dass General Staveley mit der Truppe unter seinem Kommando fünf Meilen hinter uns an einem Bach angekommen war und dort Halt gemacht hatte. Er hatte die 4., einen Flügel der 33., sechs Kompanien der Punjaub Pioneers, Twiss's Battery und den Naval Rocket Train bei sich. Es wurde beschlossen, dass der Flügel des 33. Regiments, der bei uns war, einen Tag lang anhalten und als vollständiges Regiment heranrücken sollte, und dass das 4., das zahlenmäßig viel schwächer ist als das 33. Regiment, den Vormarsch fortsetzen sollte . Der Marsch am nächsten Tag war kurz, aber hart, da wir einen Berg 3000 Fuß über unserem Campingplatz erklimmen mussten. Es war eine schwere Arbeit, die jedoch viel schneller als gewöhnlich überstanden wurde, da der Zug aufgrund unserer geringeren Anzahl viel kleiner war; und wir hatten folglich weniger der mühsamen Blockaden, die sowohl für Mensch als auch für Tier so anstrengend waren. Die Straße war an den meisten Stellen ziemlich gut; war aber über eine weite Strecke gefährlich, da sie sich an einer tiefen Schlucht entlang schlängelte. Das Land muss hier entweder viel dichter besiedelt oder die Menschen viel fleißiger sein als in den meisten Bezirken, die wir durchquert haben; denn bis zum Gipfel des Berges, der, als wir ihn überquerten, etwa 11.000 Fuß über dem Meer lag, gab es Anbauflächen. Der Berghang war kahl von Bäumen oder sogar Büschen; aber merkwürdigerweise standen ganz in der Nähe des Gipfels große Mengen kleiner Palmen mit dicken, geraden Stämmen, drei bis vier Fuß hoch, und gebündelten Köpfen aus ausgebreiteten Blättern. Mehrere indische Offiziere stimmten mit mir darin überein, sie für eine Palmenart zu halten, aber wir hatten keinen Botaniker unter uns, und es schien höchst unwahrscheinlich, dass selbst Zwergpalmen an einer so hohen und exponierten Stelle wachsen sollten. Ich habe in Abessinien bisher nur zweimal Palmen gesehen, einmal in Goun Gonna , wo zwei oder drei in der Nähe der Kirche und in einem Tal zwischen Attegrat und Antalo wuchsen .

Auf der Passhöhe angekommen, befanden wir uns am Ende einer tiefen Schlucht, an deren Seite, eine Viertelmeile vom Gipfel entfernt, beschlossen wurde, das Lager aufzuschlagen. Einen ungemütlicheren Ort für ein Lager kann man sich kaum vorstellen. Der Boden war gepflügt und extrem abfallend. Die Wasserversorgung war mangelhaft und lag vier- bis fünfhundert Fuß unter uns, und der Wind fegte mit durchdringender Kraft über die Passhöhe. Es gab jedoch keine Hilfe dafür. Der 4. hatte vier Meilen hinter uns begonnen, und es gab keinen Boden, der auch nur so gut war wie der, der für weitere sieben Meilen ausgewählt wurde. Unmittelbar nach unserer Ankunft und bevor die Zelte aufgebaut wurden, kam es zu einem heftigen Regenschauer, und alle waren durchnässt, bevor die Gepäcktiere mit den Zelten eintrafen. Die schwarze Erde verwandelte sich wie durch Zauberei in schleimigen Lehm, und unsere Lage war das Gegenteil von angenehm. Weitaus schlimmer war jedoch der Zustand des 4., der, nachdem er zwei Stunden lang in Dildee angehalten hatte , erst zwischen acht und neun Uhr abends eintraf, natürlich bis auf die Haut durchnässt. Wir spürten nun bitter die Unannehmlichkeiten, nicht einmal Kleidung zum Wechseln dabei zu haben. Es war jedoch kaum vorhersehbar, dass wir, nachdem wir seit unserer Ankunft in Abessinien nur zwei oder drei Schauer hatten, jeden Tag regelmäßig heftigen Regenfällen ausgesetzt sein würden, was bis auf eine Ausnahme zuletzt der Fall war Woche. So wie es ist, lässt sich nicht sagen, wie lange wir in unserem jetzigen Zustand bleiben werden, in dem wir nur die Kleidung haben, in der wir stehen. Es ist eine Woche her, seit wir in Lât unser kleines Ganzes zurückgelassen haben . Wir sind noch einen Wochenmarsch von Magdala entfernt und können damit rechnen, einen ganzen Monat ohne unser Gepäck auszukommen. Den Beamten ist es allen irgendwie gelungen, ein zweites Hemd und ein Paar Strümpfe anzuziehen; aber die Soldaten haben keinerlei Veränderung. Dafür, dass sie und auch die Offiziere Tag für Tag durchnässt sind und keine trockene Kleidung zum Anziehen haben, und das in einer Höhe von 11.000 Fuß über dem Meer, und wenn die Kälte in der Nacht stechender ist als alles andere Ich habe es jemals erlebt, es ist extrem anstrengend und viele klagen bereits über rheumatische Schmerzen. Diese Nacht oben auf dem Hügel war die unangenehmste, die Offiziere oder Männer seit ihrer Ankunft im Land erlebt haben: durchnässt, kalt und auf einem so steilen Boden liegend, dass wir ständig von unserer wasserdichten Decke herunterrutschten. Das Liegen auf die orthodoxe Art und Weise, Seite an Seite, mit allen Absätzen dicht an der Stange, wie die Speichen eines Rades, war einfach unmöglich. In vielen Zelten waren die Füße der Männer einen Meter höher als ihre Köpfe. Allerdings gab es nur wenige Beschwerden über das Unbehagen; Aber ich kann antworten, dass ich mich sehr gefreut habe, als ich sah, dass es hell wurde und ich von meiner unbequemen Schiebecouch aufstehen konnte. Wir sollten um acht Uhr aufbrechen, aber die Sachen der Männer waren noch so nass, dass der Marsch um zwei Stunden verschoben wurde, damit die Decken und Mäntel im Wind und in der Sonne trocknen konnten.

Unser nächster Marsch führte wieder nur sieben Meilen bis zu einem Ort namens Muja, nicht dass es dort irgendein Dorf gegeben hätte, und auch nicht an achtzehn von zwanzig Orten, an denen wir Halt gemacht haben. Anzunehmen, dass die Eingeborenen für jedes Feld einen Namen haben, ist absurd. Es wurden zwei Spekulationen darüber angestellt, wie die Abteilung des Generalquartiermeisters immer einen Namen für unseren Campingplatz erhält: Die eine besagt, dass sie etwas zu einem Eingeborenen sagen und das erste Wort, das er ausspricht, sofort für die Station aufschreiben; Die andere besteht darin, dass sie eine bestimmte Anzahl von Vokalen und Konsonanten aus einem Beutel ziehen, sie auf den Boden fallen lassen und sehen, welches Wort sie bilden. Es ist sicher, dass kaum ein Name mit den auf Karten verzeichneten Namen übereinstimmt, und anstatt diese Ebenen und Ebenen mit irgendeinem Namen zu benennen, den der erste Eingeborene ihnen geben würde, wäre es viel vernünftiger und würde es für einen Engländer viel einfacher machen Bitten Sie den Leser, unserem Kurs zu folgen, wenn unsere Quartiermeister eine gute Karte nehmen und den Namen festlegen würden, der am ehesten mit der Position unserer Lager übereinstimmt.

Die sieben Meilen lange Straße hinunter nach Muja war nicht schwierig, aber eine der gefährlichsten, die wir je passiert haben. Der Weg schlängelte sich die gesamte Strecke entlang einer tiefen Schlucht. Er war oft kaum mehr als einen Fuß breit und bildete sich manchmal auf Felsen, manchmal auf schwarzer Erde, die durch Wind und Sonne stark ausgetrocknet war, bevor wir daran vorbeikamen, die aber bei Nässe völlig unpassierbar gewesen wäre. Wäre gerade ein Sturm aufgekommen, hätten wir anhalten müssen, um die Tiere abzuladen. So stolperte nur einer, ging über die Kante und kam natürlich ums Leben.

Wir hatten in letzter Zeit viele Opfer unter den Tieren. Auch das Scinde-Pferd hat mehrere Pferde verloren, aber das ist angesichts der Art und Weise, wie sie sie reiten, kaum verwunderlich. Ein Scinde- Reiter und ich glaube, der Großteil der einheimischen Kavallerie ist der Meinung, dass es gute Reitkunst beweist, ein Pferd an sehr steilen Stellen hinauf und hinunter zu reiten. Es würde eine große Einsparung von Pferdefleisch bedeuten, wenn der Befehl erlassen würde, dass die gesamte einheimische Kavallerie absteigen und ihre Pferde lange oder steile Hügel hinauf, wenn nicht sogar hinunter, führen sollte. Unser Campingplatz in Muja war flach und grasbewachsen, hatte aber den Nachteil, dass er sehr hoch über dem Wasser lag. Sir Robert Napier selbst ritt bei seiner Ankunft noch ein paar Meilen weiter auf der Suche nach einem geeigneteren Ort zum Tränken der Tiere, aber es gelang ihm nicht . Der Campingplatz hatte auch den Nachteil, dass es sehr knapp an Holz war.

Unsere Aussicht von Muja war sehr beeindruckend. Sechs Meilen vor uns und tausend Fuß unter uns lag das Tal des Tacazze . Dahinter erhob sich eine gerade Linie von Bergen, steiler und beeindruckender als alles, was wir bisher gesehen hatten. Der Hang zu ihren Füßen war verhältnismäßig leicht, aber er nahm schnell zu, und eine Wand aus senkrechten Felsen von über hundert Fuß Höhe verlief entlang der Kämme, ohne dass der geringste sichtbare Bruch erkennbar war. Die Bergkette wirkte wie ein mächtiges natürliches Hindernis für unser weiteres Vordringen nach Abessinien. Wir wussten jedoch, dass sich die Erkundungsgruppe auf dem Plateau des Gipfels befand, nachdem sie über die einheimische Straße hinaufgestiegen war. Unser Befehl für morgen war, dass wir früh zum Tacazze hinuntermarschieren sollten ; dass wir im Tal unser Lager aufschlagen sollten und dass die Truppen sich an die Arbeit machen sollten, um die Straße hinauf zum Ghaut für unseren Aufstieg am nächsten Tag begehbar zu machen. Um acht Uhr abends jedoch ritt Kapitän Fawcett von der Quartiermeisterabteilung mit einem Brief von Oberst Phayre ins Lager , der offensichtlich in großer Bestürzung verfasst war und besagte, dass Herr Munzinger , der bei Gobayzes Armee ist , fehlte und war zweifellos in Theodores Hände gefallen – dass Theodore selbst mit seiner Armee den Fluss Bachelo überquert hatte und vorrückte, um uns anzugreifen; und forderte die Entsendung weiterer Truppen.

Natürlich herrschte bei dieser Nachricht große Aufregung im Lager. Wir waren nur fünfunddreißig Meilen in gerader Linie von Magdala und nur dreiundzwanzig von Bachelo entfernt, und da Theodore mit seinen leichtgewichtigen Eingeborenen fast geradeaus marschieren würde, war es wahrscheinlich, dass wir in der nächsten Nacht angegriffen würden. Eine weitere Stunde später wurde ein Befehl erlassen, der zeigte, dass sowohl Sir Robert Napier als auch wir diese Informationen für äußerst wichtig hielten. An der Tacazze sollte die Kolonne nur zwei bis drei Stunden anhalten , während ein starker Arbeitstrupp die Straße einigermaßen befahrbar machte. Wir sollten dann hinaufmarschieren und auf dem Plateau unser Nachtlager aufschlagen.

Es war offensichtlich, dass der Oberbefehlshaber die Wichtigkeit verspürte, den Gipfel der gegenüberliegenden steilen Bergkette zu erreichen, bevor Theodore den Gipfel erreichte, um uns daran zu hindern. Den ganzen Abend über redeten wir über Scharfschützen und Nachtangriffe, und jedes *Für* und *Wider* wurde herzlich besprochen. Um sieben Uhr brachen die Truppen auf und erreichten in zweieinhalb Stunden die Tacazze . Der Tacazze ist hier ein unbedeutender Bach, der vielen von denen, die wir zuvor überquert haben, weit unterlegen ist. Tatsächlich handelt es sich eher um eine Reihe von Teichen als um einen Bach, und doch konnte man beim Überqueren nicht vergessen, dass dies eine der Quellen des mächtigen Nils war – dass es sich um dieses kleine Bächlein handelte, das, angeschwollen von einem Tausend Nebenflüsse münden jedes Jahr im Juli in den Hauptfluss, erhöhen dessen Pegel um viele Fuß und befruchten ganz Ägypten mit dem reichen abessinischen Boden, den er herabträgt.

Wir gingen noch eine halbe Meile weiter durch das Tal bis zu einem Punkt, wo das Kommissariat ein Getreidedepot eingerichtet hatte . Hier wurden die Maultiere entladen, gefüttert und getränkt, und die Truppen frühstückten, während starke Ermüdungsgruppen der Beloochees , Punjaubees und der Vierten unter der Leitung der Kapitäne Goodfellow und Lemessurier von den Ingenieuren den Hügel hinaufgingen, um an der Straße zu arbeiten . Drei Stunden später teilten uns die Signalgeber auf dem Gipfel des Hügels mit, dass die Straße befahrbar sei, und wir machten uns auf den Weg zu einem deutlichen Anstieg von zweitausendfünfhundert Fuß. Es war harte Arbeit, aber die Straße war überraschend frei von Schwierigkeiten oder Gefahren, bis wir den Gipfel nur noch 600 bis 100 Meter erreichten. Dann gab es noch ein paar überaus schlimme Stellen, aber im Großen und Ganzen war es nicht das, was wir erwartet hatten, und nicht zu vergleichen mit vielen Orten, an denen wir zuvor vorbeigekommen sind.

Als wir den Gipfel erreichten, rief Colonel Cameron die 4. zum dreifachen Hochruf an und sagte ihnen, dass es nichts im Vergleich zu der Aufgabe, diesen Hügel zu erklimmen, sei, Theodore zu verprügeln. Die Männer reagierten herzlich, aber schwach; Atem, nicht Neigung, Mangel. Dann marschierten sie fröhlich eine weitere Meile über ein Plateau weiter, in bester Stimmung an dem Unterholz, auf das sie sich mit Theodore freuten. Wie ich es mir vorgestellt hatte, stellten wir bald fest, dass diese Vorfreude vorerst enttäuscht werden musste.

Munzinger wurde nicht vermisst und war es auch nie gewesen. Er war auf einen Ausritt ausgegangen, und sein Diener sagte auf die Frage, er wisse nicht, wo er sei. Theodore hatte den Bachelo nicht überquert und hatte offenbar nicht die geringste Ahnung, ihn zu überqueren , unternahm aber dennoch alle Anstrengungen, um seine Waffen nach Magdala zu bringen.

Kaum hatten wir das Plateau erreicht, bemerkten wir einen sehr großen Temperaturwechsel. Der Wind wehte bitterkalt und kein einziger Baum oder auch nur ein Strauch von der kleinsten Größe war zu sehen, der als Brennholz diente. Auf den Hügeln weideten zahlreiche einheimische Rinder, und die Männer machten sich sofort an die Arbeit, um getrockneten Kuhmist aufzusammeln, den die Eingeborenen gewöhnlich als Brennstoff verwenden. andere beschäftigten sich mit dem Torfstechen; und bald wurden die Feuer unter den Kochtöpfen angezündet. Um sechs Uhr hatten wir unseren üblichen starken Regen, der zwei Stunden anhielt; aber glücklicherweise waren die Zelte sicher aufgebaut, bevor es unterging. Nur deshalb wurden die diensthabenden Männer nass. Die Nacht war äußerst kalt. Zu sagen, dass sich Eis auf Wasser gebildet hat, lässt nicht die geringste Ahnung von der Kälte zu. Ein starker März-Ostwind wehte mit einer Kraft, die bis in die Knochen drang. Ich kann mit Sicherheit sagen, dass ich noch nie in meinem Leben die Kälte so sehr gespürt habe wie in den letzten beiden Nächten. Die Truppen, insbesondere die Eingeborenen, bekommen es natürlich noch härter zu spüren. Rheumatische Schmerzen machen sich allmählich bemerkbar, und eine Woche dieser Arbeit wird die Krankenhauszelte füllen. Die Kälte wird sich deutlicher bemerkbar machen, wenn der Rumvorrat aufgebraucht ist. Jedes Regiment brachte einige mit seinen fünfzehntägigen Vorräten mit, und diese sind noch nicht erschöpft; aber die Versorgung des Kommissariats ist aufgebraucht, und wir haben jetzt seit vier Tagen keine mehr. Auch der Zucker war aufgebraucht und der Tee ging sehr zur Neige. Ich freue mich jedoch, Ihnen mitteilen zu können, dass heute eine neue Lieferung eingetroffen ist; Für kaltes Wasser nur in einem solchen Klima, denn das wäre das Gegenteil von Jubel.

Es wurde vereinbart, dass wir hier zwei Tage lang anhalten sollten, damit General Staveley mit der ihm unterstellten Truppe heranrücken konnte. Gestern früh wurde dem Häuptling die Nachricht überbracht, dass der Onkel von Wagshum Gobayze wollte einen Besuch abstatten, und Major Grant und Captain Moore gingen ihm entgegen. Der Generaladjutant versäumte es fahrlässig, die Streikposten über die Ankunft des Gesandten zu informieren; und als der Außenposten des 4. Regiments eine Abteilung von 700 oder 800 Reitern vorrücken sah, nahm er daher natürlich an, dass es sich um den Feind handelte. Er rief zu Recht die Streikposten auf, die ihre Scharfschützengewehre beluden, und zog in Scharmützelreihenfolge aus, um dem Feind entgegenzutreten. Eine weitere Viertelminute später hätten sie das Feuer eröffnet, als ein Offizier des 4. Regiments angerannt kam und sie aufhielt. Wäre er eine Minute später gewesen, wären die Folgen äußerst katastrophal gewesen. Jeder Schuss hätte sich auf die dichte Gruppe von Reitern ausgewirkt , und die zwanzig Männer hätten in den ein oder zwei Minuten, die verstrichen sein mussten, bevor die Kavallerie sie hätte erreichen können, eine schreckliche Hinrichtung vollbracht; und selbst wenn die Kavallerie angegriffen hätte, wäre es nicht unwahrscheinlich, dass sie sich gegen die gesamte Streitmacht verteidigt hätte, indem sie in ein kleines Feld gefallen wäre. Aber die so geopferten Leben wären nur der Anfang des Unglücks gewesen. Nichts hätte Gobayze jemals davon überzeugen können , dass die Affäre das Ergebnis eines Fehlers war, und wir hätten ihn genauso gut als unseren Feind haben sollen wie Theodore. Und da Wagshums Armee um uns herumschwebt, unseren Tross abschneidet und kleine Gruppen angreift, wäre unsere Lage tatsächlich prekär.

Wagshum Gobayzes Onkel kam mit seiner Kavallerieeinheit auf der anderen Seite des kleinen Baches an, der an unser Lager grenzt, und blieb hier einige Minuten stehen. Die Truppen wurden inzwischen vor ihren jeweiligen Linien paradiert. Gobayzes Truppen, von denen 700 oder 800 Mann anwesend waren , stellten sich in einer langen Reihe auf und stiegen ab, wobei jeder Mann sich vor sein Pferd setzte. Sie waren mit Abstand die beeindruckendste Leiche, die wir seit unserer Ankunft in diesem Land gesehen haben. Sie waren echte Kavalleristen und ritten kleine, aber sehr starke und brauchbare Pferde. Sie waren mit Schild und Speer bewaffnet. Ich meine natürlich nicht, dass diese Truppen auch nur einen Moment lang einem Angriff regulärer Kavallerie standhalten könnten. Es ist wahrscheinlich, dass hundert Mann vom Scinde- Pferd oder von der 3. Kavallerie sie wie Spreu zerstreuen würden; Ohne harte Arbeit, wenn sie einen Berghang hinunterstürmten und einen Konvoi angreifen würden, wären sie äußerst gefährliche Feinde. Ihre Pferde sind alle unbeschlagen, haben eine wunderbare Trittsicherheit und galoppieren über Orte, an denen ein englisches Pferd kaum laufen kann. Wir waren sehr überrascht über den Anblick dieser Kavallerietruppe, denn seit unserer Landung in Abessinien hatten wir noch nie ein Tier gesehen, das auch nur aus Höflichkeit ein Pferd genannt werden konnte.

Der Gesandte ließ den Hauptteil der Truppe zurück und rückte vor, eskortiert von der 3. Kavallerie, die ihm entgegengegangen war, und nur etwa einem Dutzend seiner persönlichen Gefolgsleute. Als er durch die Reihen ging, salutierten die Regimenter und die Musikkapellen spielten. Der Gesandte war ein intelligent aussehender Mann, gekleidet in einen Morgenmantel aus purpurroter Seide mit gelbem Brokat; Darüber trug er die universelle abessinische Umhüllung aus weißem Stoff und hatte einen weißen Turban auf dem Kopf. An seiner Seite ritten die Offiziere, die ihm und Herrn Munzinger entgegengegangen waren . Der Gesandte konnte nicht wie die früheren Botschafter in einer öffentlichen Durbar empfangen werden, da Sir Robert Napier jetzt nur noch ein kleines Zelt von etwa acht bis zehn Fuß im Quadrat hat. Ich kann daher nicht sagen, was bei dem Interview geschah, außer dass der Gesandte sehr große Angst vor Theodore zum Ausdruck brachte, der, wie er sagte, 10.000 Mann hatte und zweifellos bei Magdala gegen uns kämpfen würde.

Am Ende des Interviews wurden dem Gesandten ein Pferd und eine doppelläufige Waffe überreicht. Während des Gesprächs vergnügten wir uns damit, den Schild des Gesandten zu begutachten, der von einem Diener getragen wurde, und das war in der Tat eine sehr prachtvolle Angelegenheit. Der Schild selbst bestand natürlich aus Nashornhaut, und darauf befand sich ein Stück Löwenfell mit zahlreichen erhabenen Buckeln aus vergoldeter Filigranarbeit, die mir aussahen, als handele es sich um eine indianische Arbeit. Es war einer der zehn völlig ähnlichen königlichen Schilde, die es in Abessinien gibt. Bei den Begleitern handelte es sich, wie bei der gesamten Kavallerie, größtenteils um gute, wohlgebaute Burschen, die körperlich allen Männern überlegen waren, die wir bisher gesehen hatten. Ich sollte erwähnen , dass alle Pferde einen Riemen haben, der von der Stirn bis zur Nase reicht und auf dem sich zwei oder mehr runde Metallplatten mit einer scharfen Spitze darin befinden, die denen, die auf der Stirn der Pferde getragen werden, genau ähneln, aber kleiner sind Pferde der alten Ritter. Das 4. Regiment, das Scinde- Pferd, und ein Trupp 3. Eingeborenenkavallerie wurden vor dem Zelt aufgestellt und salutierten, als der Gesandte ging. Es besteht kein Zweifel, dass Theodore kein verabscheuungswürdiger Feind sein wird, und je weiter wir gehen, desto offensichtlicher wird dies. Gobayzes Armee soll 20.000 Mann stark sein; und wenn die, die wir heute gesehen haben, meines Wissens ein gutes Beispiel davon wären, wären sie mit

Sicherheit furchtbare Gegner. Und doch beobachtet Gobayze Theodore seit Monaten und wagt es nicht, ihn anzugreifen, selbst wenn er von seiner Artillerie und seinem Gepäck behindert wird. Gobayze gesteht tatsächlich, dass seine Armee mit der von Theodore keine Chance hätte. Die Armee des letzteren wird also, wenn sie eine Position von solch immenser natürlicher Stärke wie die von Magdala besetzt, selbst für eine Armee von 4000 britischen Truppen beeindruckend sein. Es besteht kein Zweifel daran, dass wir den Ort erobern werden; Aber die britische Öffentlichkeit darf sich nicht wundern, wenn wir es nicht gleich nach unserer Ankunft tun .

Sir Charles Staveley traf heute mit seiner Truppe ein, die letzte Nacht an einem Rastplatz am Fuße des Ghaut schlief . Ich freue mich, sagen zu können, dass sich der General soweit von seinem Rheumaanfall erholt hat, dass er einen Teil der Reise auf seinem Pferd sitzen kann. Er brachte die gesamte 33. Division, sechs Kompanien der Punjaub- Pioniere, Twiss' Stahlbatterie, die 3. Eingeborenenkavallerie und die Marineraketenbrigade mit. Das 45. Regiment, die 3. Dragonergarde und der zweite Flügel der Beloochees kommen alle in Gewaltmärschen heran und werden ebenso wie die Elefanten mit G 14-Batterie in drei Tagen hier eintreffen. Heute Nachmittag machte sich die Marinebrigade auf den Weg, um Raketenübungen vorzuführen. Da im Tal kein Platz für die Übung war, stiegen sie auf einen Hügel und feuerten auf einen anderen etwa 2000 Meter entfernten Hügel. Es gibt zwölf Maultiere, jedes mit einer Röhre, und jede Röhre ist mit neunzig Raketen versorgt: In jeder Röhre sind vier Männer, neben dem Mann, der das Maultier führt. Beim Wort „Entladen!" Die etwa einen Meter langen Röhren werden schnell von den Pantoletten abgenommen und in einer Reihe angeordnet. Jedes Rohr ist mit einer Art Ständer mit markiertem Elevator versehen, mit dem es in jeden gewünschten Winkel eingestellt werden kann. Der Befehl lautete zunächst, in einer Höhe von zehn Grad zu schießen; und auf das Wort „Feuer!" Als dies gegeben wurde, schoss eine der Raketen (die keinen Stock hatten) nach der anderen aus der Röhre und schwirrte durch die Luft zur Spitze des gegenüberliegenden Hügels. Drei Raketen wurden auf diese Höhe abgefeuert, und dann drei aus einer Höhe von fünf Grad. Es wehte ein sehr starker Wind und es war daher schwierig, sich eine Meinung über die erreichbare Zielgenauigkeit zu bilden. Die durch die Luft schießenden Bolzen schienen sicherlich nicht im Geringsten von ihrer ursprünglichen Ausrichtung abzuweichen; und es besteht kein Zweifel, dass dieses neuartige Kriegsinstrument die Garnison von Magdala in Angst und Schrecken versetzen wird.

Als ich von Santarai aus schrieb , waren wir 25 Meilen Luftlinie von Magdala entfernt. Nach fünfunddreißig Meilen haben wir genau die gleiche Entfernung zurückgelegt. Tatsächlich sind wir entlang der Basis eines Dreiecks marschiert, dessen Spitze Magdala bildet. Wir mussten dies tun, um den einzig praktikablen Punkt für die Überquerung der gewaltigen Schlucht des Djedda zu erreichen . Auf dieser gesamten Strecke sind wir auf einem fast ebenen Plateau zehntausend Fuß über dem Meer marschiert. Die Sonne war tagsüber außerordentlich heiß, der Wind nachts durchdringend kalt und wir hatten einen Nachmittag lang heftige Gewitter. Die extremen Temperaturen sind sehr groß, und es ist in der Tat überraschend, dass die Truppen auf diese Weise ihre Gesundheit bewahren. Ich habe gesehen, wie das Thermometer um elf Uhr 145° anzeigte und nachts auf 19° sank. Das Plateauland war äußerst kahl und eintönig, kein einziger Strauch, wie klein er auch sein mag, trübt die Aussicht, und die einzige Abwechslung überhaupt besteht darin, dass der Boden an den meisten Orten aus schwarzem, bröckeligem Lehm besteht, an anderen jedoch so Sie sind mit Steinen aller Größen bedeckt, so dass der Boden selbst kaum sichtbar ist und das Reisen äußerst schwierig und schmerzhaft ist. Unser erster Marsch war zwölf Meilen lang bis nach Gazoo, dem Namen eines Baches, der fast die gesamte Strecke parallel zu unserer Marschlinie verläuft. In Gazoo erreichte uns die sehr ernste Nachricht, dass die Vorkehrungen für den einheimischen Transport gescheitert waren und dass keine Vorräte unterwegs waren. Als wir von Lât aus zu unserem Vorwärtssturm aufbrachen, hatte ich vorausgesehen, dass dies höchst wahrscheinlich passieren würde, und unsere Lage wurde sofort sehr prekär. Wir hatten nur noch sechs Tage Proviant übrig. Magdala war fünf Tagesmärsche entfernt. Es war nun sicher, dass keine neuen Vorräte eintreffen könnten, bis die Vorräte, die wir bei uns haben, lange aufgebraucht sind. Es ist kaum wahrscheinlich, dass wir auf unserem Weg Proviant finden werden, denn morgen werden wir auf Theodores Spur stoßen, und es heißt, er habe das ganze Land in der Nähe seiner Route niedergebrannt und geplündert. Es ist sehr zweifelhaft, ob wir genug Futter für unsere Tiere bekommen werden; selbst jetzt, wo in einem kultivierten Land, das nicht verwüstet wurde, das Futter sehr knapp ist und die Tiere auf das allerkürzeste Futter angewiesen sind, das das Leben zusammenhält. Die Aussichten waren daher in der Tat düster, und es ging das Gerücht um, dass der Häuptling beschlossen hatte, anzuhalten und die gesamten Tiere zurückzuschicken, um Proviant zu holen. Diese Idee wurde jedoch, falls sie jemals in Betracht gezogen wurde, aufgegeben; diese energischen Offiziere, Major Grant und Kapitän Moore, wurden zurückgeschickt, um zu versuchen , die Anhängerkupplung in der einheimischen Kutsche in Ordnung zu bringen;

Die Keksration wurde von einem Pfund auf ein halbes Pfund pro Tag reduziert, und die Armee zog weiter. Glücklicherweise kam die Nachricht, dass die Eingeborenen täglich tausend Pfund Mehl zu der am Tacazze eingerichteten Kommissariatsstation bringen würden , und mit diesen und unseren halben Rationen könnten wir eine Zeit lang durchhalten.

Der Marsch am nächsten Tag dauerte sechzehn Meilen bis Ad Gazoo und führte durch ein Land, das in seinem Charakter dem des Vortages genau ähnelte, nur dass es kultivierter war. Tatsächlich lagen die Dörfer überall verstreut, und obwohl klein, aber gemütlich und gemütlich aussahen, sahen die kleinen Ansammlungen von acht oder zehn Hütten mit ihren hohen kegelförmigen Strohdächern sehr nach gemütlichen englischen Gehöften mit ihren Ziegelhöfen aus. Hier, wie auch während des gesamten letzten Teils unserer Reise, kamen die Menschen heraus, um die vorbeiziehende Armee weißer Fremder zu bestaunen. Malerische Gruppen bildeten sie, während sie am Wegrand hockten. In der Mitte stünde vermutlich der Priester, daneben der Patriarch und der Häuptling des Dorfes. Um sie herum saßen die anderen Männer, und dahinter standen die Frauen und Mädchen, die untereinander oder mit den jüngeren Männern, die neben ihnen standen, plauderten und lachten. Auch hier waren die Mütter, einige mit ihren kleinen dicken Babys auf dem Arm, andere mit zwei oder drei Kindern, die um sie herum hingen und verschämt auf die fremden weißen Männer starrten. Einige der Frauen brachten im Allgemeinen Ziegen oder einen Topf Honig oder ein Glas Milch oder Ghee oder einen Sack Getreide zum Verkauf mit, aber sie vergaßen bald, sie ihnen anzubieten, in ihrer Überraschung über die seltsamen Gewänder und schönen Pferde von die Fremden.

Von Ad Gazoo aus haben wir gestern unser Lager an diesen nur zwei Meilen entfernten Ort verlegt, wobei Sir Charles Staveley seine Division in das Lager gebracht hat, das wir verlassen hatten, so dass die gesamte Streitmacht im Falle eines Angriffs jetzt gut zusammen ist. Gestern Abend kam es zu einer Affäre, deren Folgen sehr schwerwiegend gewesen sein könnten. Ashasta , Gobayzes Onkel, der uns in Santarai besuchte , kam erneut mit ein paar hundert Anhängern ins Lager. Diesmal hatte man dafür gesorgt, dass er nicht von den Streikposten beschossen werden konnte, und als sein Besuch zu Ende war, wurde er von einem Offizier über die Linien hinaus eskortiert. Nachdem er uns verlassen hatte, ging er in ein nicht weit entferntes Dorf, wo er die Hälfte seiner Männer einquartierte. Mit dem Rest machte er sich auf den Weg zu einem anderen Dorf; aber auf seinem Weg kam er nahe an einem Außenposten der Brigade von General Staveley vorbei, bestehend aus einem Korporal und vier Männern der 3. Eingeborenen-Infanterie. Diese Männer wussten natürlich nichts davon, dass er aus unserem Lager gekommen war, und riefen der Gruppe zu, Abstand zu halten. Die Eingeborenen, die, wie ich bereits sagte, den starken Eindruck haben, dass wir nicht kämpfen können, antworteten mit spöttischem Geschrei und dem Schwingen ihrer Lanzen. Der Korporal, der natürlich annahm, dass es sich um eine Gruppe von Theodores Kavallerie handelte, befahl einem seiner Männer zu schießen, was von den Eingeborenen mit ein paar Schüssen beantwortet wurde. Der Korporal gab dann den anderen den Befehl, zu schießen und dann anzugreifen, und die kleine Gruppe ging mit dem Schwert in der Hand tapfer auf die zahlreiche Gruppe ihres angeblichen Feindes los. Als Ashasta erkannte, dass es sich um einen Fehler handelte, befahl er seinen Männern, sich zurückzuziehen, was sie auch taten, verfolgt von den Streikposten, die mit einigen der hintersten Mitglieder der Gruppe heranrückten. Sie verfolgten sie ein Stück weit und blieben dann stehen. Zwei der Eingeborenen wurden bei der Angelegenheit getötet, einer durch eine Kugel, einer durch einen Schwerthieb, und zwei weitere wurden verwundet. Als die Schüsse ertönten, wurde Staveleys Brigade unter Waffen gerufen, und es herrschte einige Zeit lang große Aufregung. Am späten Abend, als die Sache klar war, ging M. Munzinger hinaus, um Ashasta zu erklären , wie es passiert war; und da die getöteten Männer keine Häuptlinge waren und Menschenleben in Abessinien nicht viel wert ist, wurden unsere Entschuldigungen angenommen und Ashasta kam heute wieder ins Lager. So wird glücklich arrangiert, was eine sehr ernste Angelegenheit hätte sein können. Die Männer auf den Streikposten tragen in keiner Weise die Schuld; Tatsächlich verhielten sie sich mit großer Tapferkeit und müssen den Eingeborenen die Augen dafür geöffnet haben, dass wir kämpfen können, wann immer wir wollen. Technisch gesehen trugen sie beim Angriff eine gewisse Schuld, da die Regel besagt, dass ein Streikposten niemals vorrücken sollte, sondern wenn möglich feuern und sich behaupten sollte oder sich auf seine Stützen zurückziehen sollte, wenn er von einer überwältigenden Streitmacht bedroht wurde.

Die Marineraketenbrigade bildet jetzt einen Teil dieses Lagers. Sie sind eine bewundernswerte Gruppe von Männern und erweisen Kapitän Fellowes, ihrem befehlshabenden Offizier, große Ehre. Sie ertragen die Strapazen und Nöte mit der guten Laune, die den Marinemännern eigen ist. Sie marschieren, anders als erwartet, sogar besser als die Soldaten und fallen selbst auf den anstrengendsten Reisen nie aus. Sie sind eine große Belustigung für die Truppen, und ihre Ermahnungen an ihre Maultiere, die sie hartnäckig als Schiffe behandeln, sind unwiderstehlich komisch. Ich habe neulich einen Matrosen gesehen, der ein Maultier führte, während ein Kamerad hinter ihm herging. Es kam zu einer Unterbrechung, aber er lief mitten in eine Reihe von Soldaten hinein.

„Hallo, Jack!" Sie sagten gut gelaunt : „Wo kommst du hin?"

"Kommen?" Jack sagte: „Ich komme nirgendwo hin . Ich schleppe das Fahrzeug nur; Der Kerl dahinter übernimmt die Lenkung."

Bei ihnen ist es immer so. Das Hauptseil ist immer entweder das „Abschleppseil" oder „der Maler". Sie steuern ihren Steuerbord- oder Backbordstand, „wenden sich durch eine Menschenmenge" oder „tragen das Schiff herum" auf äußerst amüsante Art und Weise. Sie haben für diesen Anlass natürlich Küstentitel, aber sie entsprechen diesen nicht immer.

Neulich hörte ich einen Offizier rufen: „Sergeant-Major!"

Keine Antwort.

„Sergeant-Major!" Diesmal lauter.

Immer noch keine Antwort.

Ein dritter und noch lauterer Ruf rief keine Reaktion hervor.

„Bootsmann, wo zum Teufel bist du?"

„Ja, ja, Sir!" war die sofortige Antwort des Mannes, der in der Nähe stand, aber seinen neuen Rang als Sergeant-Major völlig vergessen hatte.

An einem Abend, wenn wir eine Pause einlegen, tanzt Jack manchmal. Die Band der Punjaubees – zwischen denen und den Matrosen eine große Freundschaft besteht, obwohl sie natürlich kein Wort der Sprache des anderen verstehen – kommt zum Matrosenlager und spielt Tanzmusik; und ein halbes Dutzend Matrosenpaare stehen auf und führen Quadrillen, Walzer und Polkas auf.

Die Szene ist sehr amüsant. Die Punjaubees stehen nicht da, sondern sitzen im Kreis und spielen mit größtem Ernst; Sie spielen auch sehr gut, denn sie sind unvergleichlich die beste Band hier draußen. Die Matrosen tanzen, ohne die geringste Ahnung zu haben, dass das Geschäft etwas Komisches ist; Währenddessen steht eine Menge amüsierter Soldaten und erstaunter Eingeborener des Landes, für die die ganze Aufführung ein tiefes Geheimnis darstellt.

Die Punjaub- Pioniere genießen immer noch die hohe Meinung, die sie sich durch ihre harte Arbeit erworben haben. Sie sind in der Tat ein großartiges Regiment und spiegeln die größte Ehre für Major Chamberlain, ihren beliebten Kommandanten, wider. Der Fall von Major Chamberlain ist besonders schwierig. Während der Meutereien wurde er zum Major befördert und anschließend für seine großartigen Verdienste nicht weniger als dreimal für das Oberstamt empfohlen. Die indische Regierung lehnte jedoch aufgrund seiner kürzlichen Beförderung ab. Seitdem sind elf Jahre vergangen, und dieser Einwand muss noch lange auf sich warten lassen, bevor er ausgeräumt werden kann. und doch ist Major Chamberlain immer noch nur Major Chamberlain. Es bleibt zu hoffen, dass seine Verdienste am Ende dieses Wahlkampfs verspätet gewürdigt werden.

Es waren Major Chamberlain und seine Punjaubees , die in der Nähe von Zulla Wasser fanden . Er behauptete, und das völlig zu Recht, dass, da es in Koomaylo Wasser gab , es irgendwie seinen Weg ins Meer finden müsse, und so ließ er seine Männer mit dem Graben beginnen. Unter dem Gelächter und dem Gelächter seiner Freunde bei den Ingenieuren ging er stetig hinunter. Dennoch hielt er durch und stieß fast sechzig Fuß über der Oberfläche auf Wasser. Aus diesem Brunnen kann nun ein reichlicher Vorrat gewonnen werden, und allein durch diesen Dienst hat er sich seine Beförderung reichlich verdient.

Die Schwierigkeiten beim Schreiben waren seit unserer Abreise aus Lât größer denn je, und die manuelle Arbeit, einen Brief zu verfassen, ist eine äußerst ernste Angelegenheit. Natürlich gibt es nichts, was einem Stuhl oder einem Tisch ähnelt, nicht einmal eine Kiste. Die einzige Möglichkeit zum Schreiben besteht darin, auf dem Boden zu liegen und das Papier auf das Kissen zu legen. Jetzt ist mein Kissen nicht zum Schlafen geeignet, geschweige denn zum Schreiben. Es besteht aus einem Revolver, einer Schachtel Patronen, einem Teleskop, einer Tüte Dollars, einer Packung Kerzen, einer Pulverflasche, einer Tüte Kugeln, einem Kamm, einem Paar Strümpfe und einem Flanellhemd . eigentlich alle meine weltlichen Besitztümer. Zweifellos ein äußerst nützliches Set, aber unbequem wie ein Kissen und unbequem wie ein Schreibtisch. Allerdings gewöhnt man sich an alles; und wenn dieser Feldzug noch ein oder zwei Monate dauert, werden wir wahrscheinlich gelernt haben, auf viel wichtigere Gegenstände als Tische und Stühle zu verzichten; denn wir haben nur die Kleider, in denen wir stehen, und diese geben bereits unverkennbare Zeichen der bevorstehenden Auflösung ab.

Dalanta , 5. April.

Wir kommen nun zu Namen, die uns einigermaßen vertraut sind. Der Fluss Djedda , den die Truppen gestern überquerten, und die Ebene von Dalanta , wo wir heute lagern, wurden beide häufig in den Briefen der Gefangenen erwähnt. Der Fluss Djedda war der Ort, an dem Theodore so lange festgehalten wurde, um einen geeigneten Weg für seine Waffen zu schaffen, und wo er dargestellt wurde, als er seine Männer bei ihrer Aufgabe ermutigte, indem er mit seinen eigenen Händen arbeitete. Bei Dalanta handelte es sich um die Provinz oder das Gebiet, von dem es hieß, es befinde sich bereits seit geraumer Zeit im Aufstand gegen ihn, das sich aber unterwerfe, sobald er die Djedda überquert habe .

Nachdem ich meinen Brief vom 3. abgeschickt hatte, kam die Nachricht, dass Theodore sein Lager vor Magdala abgebrochen hatte und im Begriff sei, uns anzugreifen. Ich brauche kaum zu sagen, dass die Nachricht unwahr war. Der Häuptling war jedoch verpflichtet, entsprechend zu handeln, und daher wurde uns befohlen, um sieben Uhr zu marschieren; und anstatt, wie zuvor beabsichtigt, am Rande der Djedda -Schlucht Halt zu machen , sollten wir sie überqueren und auf der anderen Seite lagern, um die Möglichkeit zu vermeiden, eine so starke Position einnehmen zu müssen. Colonel Milward, der am Abend zuvor mit den Punjaubees und zwei Kompanien der 4. Kompanie marschiert war, erhielt den Befehl, frühzeitig zu überqueren, und General Staveley sollte seine Streitkräfte an den Rand der Schlucht bringen. Pünktlich zur befohlenen Zeit brachen wir auf und marschierten durch ein Land, das genau dem ähnelte, das wir in den letzten Tagen durchquert hatten. Einige Meilen bevor wir den Rand des Djedda erreichten , änderte sich das gesamte Erscheinungsbild. Die gelben Stoppeln und das Heu, die zuvor auf beiden Seiten ausgebreitet waren, waren völlig verbrannt und der Boden war nur noch mit schwarzer Asche bedeckt. Die Herden und Herden, die das Land verstreut hatten, waren verschwunden, und über der schwarzen Fläche war kaum ein Mensch zu sehen. Die gemütlichen Gehöfte und Dörfer waren verschwunden und an ihrer Stelle standen kahle Mauern und Steinhaufen. Ich bin zu einem davon gefahren. Auf dem Boden lag das halb verkohlte Strohdach; Darunter befanden sich Teile zerbrochener Töpfe und Backzubehör. Hier befand sich ein langer runder Stein, der als Nudelholz für die Herstellung des Fladenbrotes verwendet wurde; Es gab ein großes Gefäß mit gebackener Erde und Kuhmist, in dem einst Mehl oder Milch aufbewahrt worden war. Als ich hineinschaute, huschte eine Ratte davon. In dem einst großen Dorf gab es keine lebende Menschenseele. Das war tatsächlich die Verwüstung des Krieges. Plötzlich sahen wir, wie sich scheinbar ein paar Fuß über der Ebene in einer Entfernung von fünf bis sechs Meilen eine lange, senkrechte Felswand erhob. Wir wussten, dass dies der obere Rand der gegenüberliegenden Seite der Djedda war . Dann sank der Boden vor uns ein wenig ab, und als wir die leichte Senke entlangfuhren, bogen wir plötzlich um eine Ecke und unter uns lag die wunderbare Schlucht des Djedda . Seine Breite von Rand zu Rand betrug vier bis fünf Meilen, seine Tiefe bis zum

Bach 3800 Fuß. Es war eine wundervolle Schlucht. Soweit das Auge reichte, wirkte der obere Teil an den Seiten wie zwei senkrechte Wände von vielleicht einem Drittel seiner Gesamttiefe. Dann befand sich auf beiden Seiten eine Ebene oder Schulter von einer bis anderthalb Meilen Breite mit einem allmählichen Gefälle zum Bach hin. Der untere Teil war wieder extrem steil, aber immer noch mit einem allmählichen Gefälle und nicht nur Felswänden wie an den oberen Rändern. Man konnte sich den gesamten Entstehungsprozess dieser Schlucht leicht vorstellen. Ursprünglich muss es ein Meeresarm gewesen sein; ein Golf von fünf Meilen Durchmesser und mit senkrechten Klippen auf beiden Seiten, und seine Tiefe entspricht der Höhe der breiten Schultern. Dann hob sich das Land, und ein großer Fluss floss mitten durch das, was jetzt ein edles Tal war, und fraß sich allmählich nach unten, bis sein Bett seine heutige enorme Tiefe erreichte. Diese Schlucht war der Grund für den riesigen Umweg, den wir machen mussten. Vierzig Meilen zurück, in Santarai , sollen wir Magdala genauso nahe gewesen sein wie damals, als wir uns auf den Abstieg in die Djedda vorbereiteten . Aber die senkrechten Mauern versperrten uns den Weg, und wir marschierten fast parallel zu seinem Verlauf, bis wir die eine Stelle erreichten, wo ein Bruch in seinen eisernen Mauern unseren Abstieg ermöglichte. Auf diesem Weg marschierte Theodore, und als wir den Weg sahen , den er für uns gemacht hatte, empfanden wir zum ersten Mal seit unserer Ankunft wirkliche Dankbarkeit gegenüber dem abessinischen Tyrannen.

Es ist wirklich eine wundervolle Straße, fast so gut, wie sie von unseren eigenen Ingenieuren hätte gebaut werden können; Der einzige Unterschied bestand darin, dass sie eine Schicht Erde über die losen Steine geworfen hätten, um sie zusammenzubinden und eine feste und ebene Oberfläche zu schaffen. Die Straße wurde wirklich mit großer Ingenieurskunst gebaut. Sprengwerkzeuge wurden überall dort eingesetzt, wo der Fels es erforderte. Jeder Wind und jede Kurve, jede Schulter und jedes Gefälle wurde ausgenutzt, um Zickzacklinien zu bilden und den Abstieg sanfter zu gestalten. Es ist wahr, dass es an manchen Stellen furchtbar steil ist – ein Gefälle von eineinhalb zu eins –, was, um es populärer auszudrücken, etwa dem Gefälle des Ufers einer Eisenbahnlinie entspricht. Das Verlassen der Straße in ihrem jetzigen Zustand mit losen Steinen könnte mit einem Gegenstand geschehen sein, denn auf einer festen Straße mit diesem Winkel wäre es nahezu unmöglich gewesen, schwere Kanonen auf Rädern am Herunterfahren zu hindern , wohingegen auf einer Aufgrund der sehr lockeren und schweren Straße war die Sache vergleichsweise einfach. Die Länge des Abstiegs beträgt viereinhalb Meilen, die des Aufstiegs dreieinhalb Meilen. Zweieinhalb Meilen des ersteren und anderthalb Meilen des letzteren verlaufen quer und teilweise entlang der Schultern, wo das Gefälle nur sehr gering war. Folglich kann man sagen, dass tatsächlich auf beiden Seiten in zwei Meilen eine Tiefe von dreitausend Fuß erreicht wurde, was eine durchschnittliche Steigung von eins zu drei ergeben würde. Die Straße ist zwischen 20 und 30 Fuß breit; Im Allgemeinen besteht es aus Basalt, der beim Abkühlen kristallisiert ist , so dass seine Oberfläche einem Mosaikpflaster ähnelt, das leicht zerfällt. Teile werden jedoch durch einen harten Stein geschnitten und Teile durch ein Konglomerat, das die Werkzeuge und die Geduld von Theodores Armee aufs Äußerste beansprucht haben muss. Wie er diese Aufgabe mit den ihm zur Verfügung stehenden Mitteln bewältigte, ist für mich unverständlich; und der Weg hat Theodore in der Wertschätzung unserer Männer sicherlich um ein Vielfaches erhöht. Auf jeder ebenen Fläche des Lagerplatzes seiner Armee befanden sich Feuerstellen und unzählige kleine Lauben von fünf Fuß Höhe und etwas mehr Durchmesser, in denen sich seine Truppen nach getaner Arbeit zusammenrollten. Es war ein langer und sehr anstrengender Abstieg. Wenn man keine Last trägt, ist es vergleichsweise einfach, eine steile Stelle hinunterzufahren. aber wenn man über fünfzig Pfund auf dem Rücken hat, ist es äußerst anstrengend. Schließlich erreichten wir den Grund, eine viertel Meile breite steinige Einöde, auf der in der Regenzeit zweifellos Inseln wuchsen, auf denen ein paar große Bäume wuchsen . Das Bachbett ist vollkommen trocken, außer dass sich hier und da in Abständen von etwa einer Viertelmeile Wasserpfützen befanden, die sehr weich und unangenehm im Geschmack und voller Kaulquappen waren. Als die Truppen hier ankamen, waren sie schon ziemlich fertig, da sie bereits dreizehn Meilen marschiert waren, und man hoffte, dass der Häuptling einen Halt für die Nacht anordnen würde. Er hielt es jedoch für wesentlich, dass das Plateau an diesem Abend erobert werden sollte, und Milwards Korps, dessen Nachhut den Fluss verließ, als wir dorthin hinabstiegen, leistete Unterstützung. Den Truppen wurde befohlen, bis vier Uhr anzuhalten und auszuruhen, zu Abend zu essen und die Maultiere auszuladen, zu füttern und zu tränken.

Es war drei Uhr, bevor das Gepäck im Tal ankam, und es war klar, dass es erst bei Einbruch der Dunkelheit ganz untergehen würde und dass ein Großteil davon in dieser Nacht das darüber liegende Plateau nicht erreichen konnte. Drei von uns beschlossen daher, dort zu schlafen, wo wir waren, und bei Tagesanbruch weiterzufahren. Dementsprechend schlugen wir unsere Zelte unter einem Baum auf, sahen zu, wie unsere Pferde aufgestellt und gefüttert wurden, bereiteten das Abendessen zu und machten dann einen Spaziergang, um das Tal zu erkunden. Die Temperatur war um viele Grad wärmer als auf dem darüberliegenden Plateau, und die Flora war überproportional üppig. Hier finde ich neben Hunderten anderer Pflanzen, deren Namen und Eigenschaften ich leider nicht kenne, das wilde Eisenkraut und Heliotrop, auch die Gurke. Leider hatten die Gurken gerade erst begonnen, sich zu formen, und waren kaum so groß wie Gewürzgurken, sonst hätten wir vielleicht eine unerwartete Ergänzung zu unserem Essen bekommen . Ich fand auch Mengen des seltenen Palmfarns, der in Felsspalten wuchs. Es war im Großen und Ganzen ein großartiges Gebiet für einen Botaniker, und ich finde es sehr schade, dass nicht ein gelehrter Botaniker die Expedition begleitete, sondern ein Geograph, der, obwohl er ein äußerst angesehener Gelehrter ist, der Welt nur nahezu die gleichen Einzelheiten über die Expedition erzählen kann Der schmale Streifen des Landes, durch den wir reisen, muss jedem gewöhnlichen Beobachter in den Sinn kommen. Hätte dieser Herr lediglich den Schutz, den unsere Anwesenheit im Land bietet, ausgenutzt, um allgemein durch das Land zu reisen, hätte er unseren Informationsschatz zweifellos erheblich erweitert; Aber wenn er sich an die Route der Armee hält, kann er uns, abgesehen von der Feststellung der genauen Höhen, über die wir reisen, so gut wie nichts sagen. Ich glaube jedoch, dass dieser Verbleib in der Armee in keiner Weise die Schuld des betreffenden Herrn ist, sondern die Schuld der Militärbehörden, die hier offenbar die Vorstellung haben, dass ein Zivilist eine Art erwachsenes Baby ist, das muss es tun streng unter ihren eigenen Augen gehalten werden, sonst gerät er unfehlbar in Unheil und schadet sich selbst oder wird die Ursache dieser schrecklichen und mysteriösen Sache – Komplikationen. Wäre König Kassa zu der Zeit, als er uns besuchte, vom Oberbefehlshaber kontaktiert worden, hätte er dem Geographen und Archäologen zweifellos jede Möglichkeit gegeben , nach Belieben zwischen seinen Herrschaftsgebieten und letzteren umherzuwandern Er hätte insbesondere die interessanten Städte Adowa und Axum besuchen und wichtige und interessante Entdeckungen machen können, anstatt seine Zeit auf dem Gipfel der kahlen Abessinierberge zu verschwenden.

Wir haben unser kleines Picknick wunderbar genossen. Es war eine große Erleichterung, einmal aus dem Alltag des Lagers mit seinen Wachposten, seinen Konterschildern, Signalhornläuten und Maultieren herauszukommen und außerhalb unseres Zeltes zu liegen und die warme Abendluft zu genießen, wo wir noch nie gewesen waren Wir konnten das nicht tun, seit wir Zulla verlassen hatten , wo es nur Sand zum Liegen gab. Um acht Uhr setzte jedoch der Regen ein und trieb uns hinein, mit dem angenehmen Wissen, dass wir mit dem Anhalten eine gute Entscheidung getroffen hatten, denn das letzte Gepäck war erst nach sechs Uhr den Hügel hinunter; und obwohl sie sofort mit dem anstrengenden Aufstieg begannen, war es unmöglich, das Lager vor dem Morgen zu erreichen. Unser Lager wurde bald um ein Dutzend Kommissariatskuli vergrößert, die mehrere hundert Schafe und einige Ochsen trieben und erst gegen acht Uhr am Fluss ankamen. Schakale und Hyänen waren sehr zahlreich, also machten wir ein gutes Feuer, um sie von unseren Pferden fernzuhalten, und legten uns dann zum Schlafen hin, unsere Gewehre und Revolver in Reichweite, denn das war natürlich gerade noch möglich, wenn auch nicht – wie einige von ihnen Mitglieder des Stabes, denen wir unsere Absicht zum Bleiben mitgeteilt hatten, hielten es für wahrscheinlich – wahrscheinlich, dass einige von Theodores Kavallerie auf der Suche nach Nachzüglern das Tal hinunterkommen würden. Am nächsten Morgen kamen wir bei Tagesanbruch an und machten uns nach einer Tasse zuckerfreiem Tee auf den Weg zum Lager. Es war ein sehr steiler Aufstieg, und am Seitenstreifen stießen wir auf viele Maultiere, die in der Nacht zuvor nicht aufstehen konnten. Die Straße, die Theodore gegraben hat, ermöglicht es uns, die Bildung des Tals sehr deutlich zu erkennen, und ich habe nicht den geringsten Zweifel, dass dort Kohle gefunden werden würde. Ich erwähne dies nicht als kommerzielle, sondern als wissenschaftliche Tatsache; denn kommerziell wäre Kohle hier nicht wertvoller als Steine. Aber an der Tatsache selbst habe ich keinen Zweifel. Der Charakter der Formation, des Steins, der Bänder aus Schamotte und schwarzem, bröckeligem Schiefer sind sehr deutlich, und für mich besteht keinerlei Zweifel an der Existenz von Kohle. Unterwegs kamen wir an mehreren toten Maultieren und Pferden vorbei, und es besteht kein Zweifel daran, dass die Reise äußerst grausam war. Diese extreme Müdigkeit kann einen Mann zu diesem Zeitpunkt noch nicht verkrüppeln, er kann jedoch am nächsten Morgen einsatzbereit sein; aber es muss sich auswirken, und zwar stark auf seine Konstitution, und es gibt nicht wenige Männer hier, die die Auswirkungen von Mahkan , Dildee und Dalanta bis zum Ende ihres Lebens spüren werden. Das Lager liegt auf einer toten Ebene, etwa eine Meile vom Gipfel des Aufstiegs entfernt. Ich habe auf Nachfrage herausgefunden, dass die Truppen im Allgemeinen um neun Uhr eintrafen – natürlich durchnässt –, dass aber sehr viele von ihnen und viel Gepäck erst heute Morgen eintrafen. Es gab Gerüchte über einen Angriff. Rassam hatte einen Brief geschickt, in dem er den Häuptling warnte, besonders vor nächtlichen Angriffen auf der Hut zu sein. Deshalb schliefen die Männer in ihren Stiefeln und mit ihren Gewehren an der Seite. Es kam zu keinem Angriff. Die gleiche Vorsichtsmaßnahme wird heute Abend angewendet. Wie erwartet stellen wir fest, dass die Eingeborenen nur sehr wenig einbringen. Die Pferde und Maultiere bekommen heute jeweils nur zwei Pfund Getreide. Wir sind immer noch bei der Hälfte der Mehlrationen, die uns auf diese Weise und mit dem, was wir in Tacazze und unterwegs kaufen, hoffentlich ermöglichen werden, durchzuhalten, bis die Vorräte eintreffen. Über die einheimische Kutsche ist bisher nichts Positives zu hören. Sir Robert Napier war den ganzen Tag draußen und machte eine lange Erkundungstour . Von einem Punkt aus waren die Zelte von Theodores Armee auf der Ebene vor Magdala deutlich zu sehen. Die Gruppe kehrte erst bei Einbruch der Dunkelheit zurück, und ich habe keine Einzelheiten gehört. Es ist jedoch bekannt, dass Theodore immer noch dort ist, und seine Bemühungen zielen darauf ab, den Hügel zu befestigen, der Magdala verteidigt. Er hat mehrere Geschütze auf dem Gipfel stationiert, und ich befürchte, dass wir ihn erobern müssen, bevor wir Magdala angreifen. Es ist noch nicht bekannt, ob wir morgen vorrücken oder nicht, aber man geht davon aus, dass wir spät aufbrechen und einen kurzen Marsch machen werden, und dass Sir Charles Staveley, der heute Nacht am Grund der Djedda- Schlucht lagert, wird zu unserem jetzigen Lager kommen. Es ist eine ungeheuer nasse Nacht.

Dalanta , 7. April.

Seit unserer Ankunft im Land haben wir viele Überraschungen erlebt, aber keine größere und schon gar keine zufriedenstellendere als die, die wir hier erlebt haben. Die Briefe der Gefangenen hatten uns mitgeteilt, dass Theodore alles in der Ebene von Dalanta niedergebrannt hatte ; und wir hatten uns daher eingebildet, dass wir weder für uns selbst noch für die Tiere irgendetwas erreichen könnten, und dass die Aussichten insbesondere für die letzteren äußerst düster seien, da wir überhaupt keinen Mais mehr für sie übrig hatten. Kapitän Speedy ritt jedoch hinaus, um den Häuptling von Dalanta zu besuchen , mit dem er während seines Aufenthalts auf dem Land einen Bekannten hatte. Am Nachmittag kehrte er mit der Nachricht zurück, dass der Häuptling mindestens 100.000 Pfund versprochen hatte. Getreide in zwei Tagen. Es ist offensichtlich, dass er ein Mann ist, der zu seinem Wort steht, denn wir hatten heute einen Markt, der alles übertrifft, was wir im Land gesehen haben, außer in Antalo . Es gibt eine Menschenmenge mit Getreide, Brot, Geflügel usw. usw., und die vier oder fünf Kommissariats-Parsen können die Dollars für die Eimerladungen Getreide nicht halb so schnell auszahlen, wie die Eingeborenen sie hereinbringen. Es ist in der Tat ein ziemliches Durcheinander unter diesen Letzteren.

Man kann sagen, dass dieser unerwartete Zustrom von Getreide usw. der Wendepunkt war, der den Erfolg unserer Expedition sicherte. Hätten wir hier kein Getreide gefunden, müssten wir alle Transporttiere verloren haben, da diese bereits seit einigen Tagen auf sehr knappen Allmendeflächen unterwegs seien. Auch die Vorräte für die Männer waren äußerst knapp, und wenn Magdala eine Woche lang durchgehalten hätte, wäre unsere Lage höchst unangenehm gewesen; Jetzt sind wir in Sicherheit. Wir haben für eine weitere Woche reichlich Getreide für die Tiere und es wird uns mitgeteilt, dass weiterhin Nachschub in allen Mengen erfolgen wird. Es wurden auch sehr große Mengen Brot gekauft, und sowohl Offiziere als auch Männer haben einen Vorrat an Geflügel, Eiern usw. angelegt. Alle Angst hat ein Ende. Wir haben jetzt alle Schwierigkeiten des Landes und der Versorgung einigermaßen überwunden. Theodore und seine Männer sind im Vergleich dazu verachtenswerte Feinde.

Staveleys Brigade ist gestern angekommen und hat ihr Lager an einer Stelle etwa zwei Meilen hinter uns aufgeschlagen. Jetzt, da die Vorräte in Hülle und Fülle eintreffen und ein Tag nicht mehr von lebenswichtiger Bedeutung ist, werden wir, glaube ich, noch ein oder zwei Tage warten, um den Flügel des 45., den zweiten Flügel der Beloochees und den 3. Dragoner zuzulassen Wachen, heraufzukommen.

Gestern ging fast jeder Offizier im Lager an den Rand der Schlucht, um einen Blick auf Magdala zu werfen. Es ist eine Fahrt von etwas mehr als zwei Meilen, und die Schlucht fällt in einem fast ununterbrochenen Abgrund 500 bis 600 Fuß vom oberen Rand entfernt ab. Die Aussicht ist eine der schönsten, wenn nicht sogar die allerschönste, die wir in Abessinien hatten. Es ist im Extremfall großartig. Zu unseren Füßen befand sich der senkrechte Abgrund, dann eine kurze Schulter und dann ein weiterer steiler Abstieg zum Bachelo , der 3900 Fuß unter uns liegt. Diese Seite der Schlucht ist der des Djedda sehr ähnlich, aber steiler . Auf der anderen Seite ist der Charakter jedoch völlig anders. Anstelle eines entsprechenden Anstiegs, wie am Djedda , erhebt sich der Boden in einer Folge von Wellen hintereinander, immer höher, bis zum Fuß einiger sehr hoher Berge, die vierzig Meilen entfernt den Hintergrund bilden. So ein außergewöhnliches Hügelmeer habe ich noch nie gesehen. Es war äußerst prächtig und erstreckte sich so weit das Auge reichte nach Osten und Westen. Über allem erhob sich Magdala wie ein großes Schiff aus den umliegenden Wogen. Mit seinen steilen Seiten, seinem stirnrunzelnden Aussehen und der deutlich erkennbaren Ansammlung von Zelten auf seinem Gipfel war es nicht zu verkennen. In der Luftlinie war es etwa acht Meilen entfernt.

Ich werde mich bemühen , es so klar wie möglich zu beschreiben, damit unsere zukünftigen Operationen leicht verständlich sind. Vom Bett des Bachelo aus erhebt sich das Gelände in einer Masse runder Hügel mit etwas flachen Gipfeln; Durch diese leiten tiefe Schluchten die Bäche von den fernen Hügeln in den Bachelo . Eine dieser Schluchten kommt fast direkt von Magdala herab, und dort führt die Straße hinauf, bis sie bis auf etwa zwei Meilen an Magdala herankommt, dann die Schlucht verlässt und von der Mitte aus auf die flachen Hügelgipfel hinaufführt welche Magdala erhebt. Von hier aus erscheint Magdala wie ein Berg mit drei Gipfeln und fast senkrechten Seiten. Zwei der Gipfel, die zusammen einem Sattel mit hohen, flachen Gipfeln ähneln, sind in diese Richtung ausgerichtet. Der Hügel rechts ist Fahla ; das auf der linken Seite, das einige hundert Fuß höher ist, ist

Salamgi . Die Straße schlängelt sich an der Seite von Fahla hinauf zum Sattel zwischen den beiden, und es ist offensichtlich, dass Fahla die erste Position sein wird, die angegriffen wird. Auf Fahla gibt es offenbar nur sehr wenige Hütten . Wir hören, dass die Straße, nachdem sie die Spitze des Sattels erreicht hat, nach links abbiegt und Salamgi überquert . Salamgi ist enorm stark; es handelt sich um eine Reihe natürlicher Steilhänge von großer Höhe; und auf der durch diese Steilhänge gebildeten Terrasse lagert ein großer Teil von Theodores Streitmacht. Wenn Salamgi selbst von Wilden gut verteidigt wird, stellt es eine äußerst gefährliche Angriffsposition dar. Die dritte Spitze dieser einzigartigen Festung ist Magdala selbst. Diese hat, wie auch Fahla , eine flache Oberseite, die komplett mit großen Hütten bedeckt ist. Wir sehen nur die Spitze von Magdala, über dem Sattel zwischen Salamgi und Fahla . Es liegt offenbar niedriger als Salamgi , aber höher als Fahla . Es ist, wie wir hören, durch eine flache Schulter mit Salamgi verbunden . Es scheint etwa eine Meile vom Gipfel dieses Berges entfernt zu sein, und wenn wir daher Salamgi eingenommen haben , werden unsere leichten Geschütze bei der Bombardierung von Magdala aus so großer Entfernung keinen großen Nutzen haben.

Ich habe nun eine Vorstellung von der Szene gegeben, in der das große Drama, das morgen oder übermorgen beginnen wird, gespielt wird. Mein nächster Brief wird Ihnen jedenfalls die Eröffnungsszene und möglicherweise sogar das gesamte Drama erzählen.

Vor Magdala, 11. April.

Als ich Ihnen das letzte Mal schrieb, war zwar klar, dass der letzte Akt unseres langen Dramas näher rückte, aber ich konnte mir sicher nicht vorstellen, dass mein nächster Brief die Nachricht überbringen würde, dass alles vorbei war – dass die Gefangenen frei waren, ihr Gefängnis besetzt, ihre Bestrafung des Unterdrückers und allgemeiner Triumph inmitten einer Flamme aus blauem Feuer. Aber so ist es; Denn obwohl Magdala noch nicht gefallen ist, wird dies zweifellos der Fall sein, bevor der Posten geschlossen wird, und ein erfreulicherer Abschluss unserer Expedition, als er stattgefunden hat, hätte sich auch der Zuversichtlichste nicht wünschen können. Es ist besser, meinen Brief in narrativer Form ab dem Datum fortzusetzen, an dem ich das letzte Mal geschrieben habe – denn wenn ich zuerst die letzten Ereignisse beschreibe, würde das den Rest der Angelegenheit jeglichen Interesses berauben.

Das letzte Mal schrieb ich am Abend des 7. aus Dalanta . Der folgende Tag brachte deutlich erhöhte Vorräte und der Markt war vollständig mit der Landbevölkerung überfüllt. In den drei Tagen, die wir dort waren, haben wir über 100.000 Pfund gekauft. Getreide, außerdem Brotmengen usw. usw., und nirgendwo, nicht einmal in Antalo , flossen Vorräte so schnell ein wie an diesem Ort, wo wir eine Wüste erwarteten.

Am Nachmittag des 8. marschierte der Flügel des 45. Regiments ins Lager ein, nachdem er die Distanz von Scindee zurückgelegt hatte . Die Behörden hatten wohlüberlegt Maultiere zum Djedda -Fluss geschickt, um ihre Mäntel und Decken hochzutragen, und die Männer kamen daher vergleichsweise frisch an. Als sie das Lager betraten, erschienen die Matrosen der Marinebrigade und begrüßten sie mit drei herzlichen Jubelrufen. Die 45. sind eine bemerkenswert gute Gruppe von Männern.

Dadurch bestärkte Sir Robert Napier seinen Entschluss, vorzurücken und vor Magdala zu lagern, auch wenn er beschloss, den Angriff zu verschieben, bis sich der andere Flügel der Beloochees und die 3. Dragonergarde uns anschlossen. Dementsprechend wurde der Befehl für einen Marsch am nächsten Tag bis zum Rand der Bachelo- Schlucht erteilt, zu dem auch die zweite Brigade, die jetzt zwei Meilen vor uns war, vorrücken sollte. Wir brachen um zehn Uhr auf und waren bald auf unserem Campingplatz, der nur fünf Meilen entfernt war. Hier schloss sich uns die zweite Brigade an, und zusammen bildeten wir ein größeres Lager als jedes andere seit unserer Landung in Zulla . Von der Vorderseite des Lagers aus hatten wir einen hervorragenden Blick auf Magdala, das zusammen mit Salamgi und Fahla tausend Fuß über den umliegenden Hügeln aufragte. Wir konnten nun sehen, dass der Grat, der Salamgi mit Fahla verband , länger war, als es aus unserer vorherigen Sicht schien, da die Entfernung von einem Ende zum anderen des Sattels offenbar mehr als eine halbe Meile betrug.

Der ersten Brigade wurde befohlen, bei Tagesanbruch vorzurücken. Der Oberbefehlshaber und sein Hauptquartier sollten um zehn Uhr mit der zweiten Brigade marschieren, damit das Gepäck der ersten Brigade zuerst den Grund der Schlucht erreichen konnte. Die erste Brigade sollte bis auf zwei bis drei Meilen an Magdala heranmarschieren. Die zweite bestand darin, am Fluss zu lagern und am nächsten Morgen früh weiterzumarschieren. Damals bestand von Sir Robert Napier nicht die geringste Absicht, dass es zu einem Angriff kommen sollte, und tatsächlich hielt man es, wie ich bereits sagte, für sehr wahrscheinlich, dass wir die Ankunft der von hinten heranstürmenden Truppen vor einem solchen abwarten würden Es kam zu einem Angriff auf Magdala. Ich beschloss jedoch, früher weiterzumachen, da es durchaus möglich war, dass etwas passieren würde, und ich hatte im Nachhinein guten Grund, mir dazu zu gratulieren, denn mehrere andere, die erst um zehn Uhr angefangen hatten, verpassten die aufregende Szene am Ende des Tages.

Sir Charles Staveley hatte das Kommando über den Vormarsch, und Oberst Phayre ging als Generalquartiermeister der Armee mit sechs Kompanien der Bombay- und Madras-Pioniere an die Spitze, um die Straße vorzubereiten, falls es nötig sein sollte.

Am nächsten Morgen (Karfreitag) um halb fünf machten wir uns auf den Weg und machten uns sofort auf den steilen Abstieg zum Bachelo . Es ist eine Schlucht von ungefähr der gleichen Tiefe wie die Djedda , nämlich 3800 Fuß, und die von Theodore angelegte Straße ist wunderbar gut. Sie ist kürzer, aber gleichzeitig kaum so steil wie Teile davon bis hinunter zur Djedda , und kann kaum so viele Schwierigkeiten bereitet haben, das heißt, es gab weniger Stellen, an denen der Basalt mit Sprengwerkzeugen durchtrennt werden musste . Dennoch war es ein anstrengender Abstieg zum Bachelo , und als die Sonne aufging, kam sie mit gewaltiger Kraft unter. Die Männer hatten in der Nacht zuvor nur einen dürftigen Vorrat an Wasser gehabt, und vor dem Aufbruch kaum noch etwas; Sie freuten sich daher gespannt auf den Willkommensstrom unten. Es stellte sich jedoch als Enttäuschung heraus, denn obwohl es reichlich Wasser gab (der Fluss war achtzig Meter breit und fast hüfttief), hatte das Wasser eine Konsistenz und Farbe , die es ohne leidende Menschen völlig ungenießbar gemacht hätte vor großem Durst. Ich glaube nicht, dass ich jemals so schlammiges Wasser in einem Bach gesehen habe. Es hatte die Farbe von Kaffee mit Milch darin und war vor Schlamm vollkommen undurchsichtig. Es sah aus wie das Wasser in einer schmutzigen Pfütze in einer Londoner Straße , gerade wie es von den Rädern eines vorbeifahrenden Omnibusses aufgewühlt wurde. Es gab jedoch keine Hilfe dafür, und so schmutzig es auch war, alle tranken etwas, und die Soldaten füllten ihre Feldflaschen, denn wahrscheinlich würde tagsüber kein Wasser mehr zu bekommen sein.

Von Bachelo aus verlief eine breite Schlucht mit flachem Boden fast direkt nach Salamgi , und entlang dieser wurde die Theodor-Straße angelegt. Man glaubte jedoch, dass die Waffen zur Beherrschung dieser Straße eingesetzt worden seien, und es sei nicht unwahrscheinlich, dass Theodore einen plötzlichen Angriff unternehmen würde. Es wurde daher beschlossen, dass die Gebirgsgeschütze, Raketenzüge und das Gepäck auf dieser Straße weiterfahren sollten, gefolgt von den sechshundert Pionieren und Bergleuten. und dass die Infanterie sofort die Hügel zu ihrer Rechten erklimmen und an ihnen entlang marschieren sollte, um sie von jedem möglichen Feind zu befreien. Um den Fluss zu überqueren, mussten die Männer waten, das erste Mal seit ihrer Landung. Einige zogen klugerweise ihre Hosen aus, andere dachten vergeblich, dass das Wasser nicht über ihre Knie reichen würde, krempelten einfach ihre Hosen hoch und wurden natürlich völlig nass. Die meisten von ihnen zogen Schuhe und Strümpfe aus, aber viele blieben mittendrin stehen und zogen ihre Stiefel wieder an, denn die Steine waren so extrem scharf, dass nasse Schuhe besser waren, als dass sie sich die Füße schnitten. Endlich waren die Truppen auf der anderen Seite und zogen nach einem kurzen Halt weiter, nachdem die Pioniere eine Stunde zuvor mit Oberst Phayre weitergezogen waren . Nachdem wir das Tal hinaufgegangen waren, bereiteten wir uns darauf vor, den Hügel zu erklimmen. Beim Überqueren bildete das 4. Regiment den Vormarsch, die Männer luden, bevor sie losfuhren, da wir unmöglich sagen konnten, wann wir angegriffen werden würden. Sir Charles Staveley, gefolgt von General Schneider, dem fähigen und beliebten Offizier der ersten Brigade, mit ihren Stäben; und nach ihnen kam die 4. – die kleine Gruppe von Ingenieuren unter Major Pritchard, die Beloochees , die Punjaubees und zwei Kompanien der 10. Eingeborenen-Infanterie; außerdem ein Geschwader der 3D Native Cavalry, der einzigen Kavallerie, die wir bei uns hatten. Seit wir Abessinien erreicht haben, hatten wir einige steile Anstiege zu bewältigen, aber diese übertrafen bei weitem alle unsere bisherigen Erfahrungen. Tatsächlich kamen wir, als wir uns dem Gipfel des ersten Gebirgszuges näherten, an eine Stelle, die selbst für die Infanterie und schon gar nicht für die Pferde des Stabes nahezu unpassierbar war. Zwei oder drei Offiziere versuchten, ihre Pferde hochzuziehen, aber die Tiere waren, obwohl sie mittlerweile an steife Stellen ziemlich gut gewöhnt waren, überhaupt nicht in der Lage, hochzukommen, und ein oder zwei fielen rückwärts und wurden fast getötet. Die Infanterie kletterte daher bis zur Spitze; aber wir mussten dort, wo wir waren, eine halbe Stunde warten, bis die Punjaub- Pioniere eine Art Weg freigemacht hatten, den wir hinaufklettern konnten. Als wir auf der ersten Ebene ankamen, machten wir eine halbe Stunde Pause, denn die Truppen waren alle von ihrem Aufstieg sehr erschöpft, unter einer der heißesten Sonnen, die ich je gespürt habe. Sie litten jetzt auch sehr unter Durst, und das schlammige Wasser in den Häuten wurde mit größtem Eifer getrunken. Es schmeckte matschig, war aber ansonsten nicht schlecht; aber wir mussten unsere Augen schließen, um es zu trinken. Während wir hier warteten, traf ein Bote von Oberst Phayre ein und sagte, dass er zusammen mit den Pionieren und Bergleuten den Talschluss behielt und dass die Straße durchaus befahrbar sei. Sir Charles Staveley schickte sofort einen Adjutanten zu Sir Robert Napier und sagte, dass das Gepäck und die Waffen, die am Fluss auf den Empfang dieser Nachricht warteten, in Sicherheit weiterkommen könnten. Wir marschierten dann vier Meilen weiter eine Reihe von Anhöhen hinauf bis zu der Stelle, wo wir nach den Berichten der Eingeborenen hofften, Wasser zu finden; aber es gab nur ein kleines Becken mit sehr schmutzigem Wasser, mit dem allerdings drei oder vier Häute gefüllt waren. Die Enttäuschung der Männer, die nun schwer litten, war sehr groß, aber es gab kein Heil dagegen. Hier erlebten wir jedoch eine Überraschung, die den Kommandanten jeden Gedanken an Durst oder Unbehagen völlig vertrieb; denn hier fand er zum Erstaunen und Entsetzen von Sir Charles Staveley Oberst Phayre und die 800 Pioniere und Bergleute, die angeblich den Talschluss unter uns hielten. Wir wussten, dass dieser jetzt mit unserer Artillerie, unserem Munitionsgepäck und unseren Vorräten überfüllt war. Dieses Tal verlief, wie ich bereits sagte, direkt nach Magdala und war natürlich auf seiner gesamten Länge für die Garnison dieser Festung sichtbar.

Das gesamte Gepäck war daher einem Angriff von Magdala ausgesetzt, und wir auf dem Hügel waren machtlos, ihnen auch nur den geringsten Beistand zu leisten. Hätte Theodore zu dieser Zeit einen Angriff unternommen, wäre es nicht übertrieben zu sagen, dass unsere gesamten Waffen, Munition und Vorräte in seine Hände gefallen sein müssen, denn ihre gesamte Wache bestand nur aus achtzig oder hundert verstreuten Männern des 4. Regiments eine lange Schlange. Was Colonel Phayre meinte oder wie er dieses außergewöhnliche Verhalten begründete, weiß ich nicht; aber ein gewaltigerer Fehler wurde nie begangen, und hätten wir es mit der verächtlichsten europäischen Streitmacht statt mit Wilden zu tun gehabt, hätten wir eine vernichtende Katastrophe erleiden müssen.

General Staveley schickte sofort einen Offizier los, um Sir Robert Napier über den Stand der Dinge zu unterrichten, und befahl dann den Truppen, sofort vorzurücken.

Noch ein paar Meilen brachten uns zu unserem Campingplatz, der etwas hinter einem Hügelkamm lag und von Magdala aus nicht sichtbar war. Hier warfen sich die müden Truppen nieder, während der General mit seinem Stab an den Rand des ansteigenden Geländes vorrückte. Da die Szene davor dazu bestimmt war, unser Schlachtfeld zu werden, obwohl wir davon zu diesem Zeitpunkt noch nichts wussten, werde ich versuchen , eine möglichst genaue Beschreibung davon zu geben, damit der Kampf besser verstanden werden kann.

Wir standen am Rande einer Art Plateau. Zu unseren Füßen befand sich eine kleine Schlucht oder ein Tal, das uns von einem anderen Plateau trennte, das sich bis zum Fuß von Fahla und Salamgi erstreckte . Dieses Plateau lag etwa hundert Fuß unter der Stelle, auf der wir standen, und wäre vollständig von unseren Kanonen beherrscht worden. Dieses Plateau war sowohl zur Rechten als auch zur Linken von Schluchten begrenzt, wobei die Schlucht auf der linken Seite den Talschluss bildete, in dem sich unser Gepäck befand. Das kleine Tal, das uns von der Hochebene trennte, weitete sich nach links, die Stelle, wo es in das Haupttal überging, war eine halbe Meile entfernt; und hier konnten wir die Stelle sehen, an der unser Gepäck ankommen würde, wenn es aus dem Tal darunter hinaufgestiegen war.

schickte sofort die Punjaub- Pioniere bis hierher; Nachdem dies erledigt war, blieb uns nichts anderes übrig, als auf das Ereignis zu warten. und dieses Warten war äußerst schmerzhaft.

Mittlerweile war es halb drei. Jeder wurde von einem brennenden Durst verschlungen, den der spärliche Schlammzug eher anzuregen als zu stillen schien. Für einen Schluck reines Wasser wäre jedes Geld gerne gegeben worden. Man sah, dass ein Sturm aufzog, der aber leider nicht über uns hinwegzog; Wir bekamen jedoch den Rest des Regens ab, und als ich meine wasserfeste Decke ausbreitete, fing ich fast ein halbes Pint, das mir noch lange als eines der erfrischendsten Biere in Erinnerung bleiben wird, die ich je getrunken habe.

Mittlerweile war Sir Robert Napier mit seinem Stab eingetroffen, und die ängstliche Sorgfalt, mit der er den Hügel vor uns und den Talschluss erkundete , zeigte deutlich, dass er unsere Lage für kritisch hielt. Mit unserer Brille konnten wir ein halbes Dutzend Kanonen in einer Reihe auf der flachen Spitze von Fahla und ebenso viele weitere auf Salamgi sehen , und plötzlich sahen wir, wie zwei Artilleristen von Kanone zu Kanone gingen und sie nacheinander luden. Noch immer war alles ruhig; aber es war eine Zeit höchster Spannung, denn wir wussten, dass sie von der Festung aus sehen konnten, wie sich unsere lange Reihe von Tieren das Tal hinaufschlängelte, und dass die Spitze des Zuges sich schnell nähern musste. Plötzlich tauchte die Marineraketenbrigade, die sich vor dem Gepäck befand, auf der Ebene unter uns auf und schloss sich den Punjaubees an ; und fast im selben Moment verkündeten ein Dutzend Stimmen: „Eine große Streitmacht rückt die Straße entlang an der Spitze der Festung herab.“

Dort wurde jedes Glas umgedreht, und man sah eine große Schar Reiterei und Lakaien durcheinander und ohne jede Ordnung oder Regelmäßigkeit herabeilen. Zunächst herrschte geteilte Meinung darüber, ob es sich um eine friedliche Botschaft oder einen Anschlag handelte; Aber alle Zweifel wurden in einer weiteren Minute durch den Donner einer Kanone aus Fahla und durch einen 32-Pfund- Schuss, der nur wenige Meter von der Leiche von Punjaubees entfernt auf dem Boden einschlug, zunichte gemacht . Es war also Krieg, und die Offiziere, die sich um den General versammelt hatten, brachen in allgemeinem Jubel aus. Theodore wollte tatsächlich kämpfen, und nicht nur das, sondern auch offen kämpfen.

Dennoch war unsere Lage äußerst ernst. Die zweite Brigade war meilenweit zurück, das Gepäck war bis auf die Punjaubees nicht verteidigt , und es war für den Feind leicht genug, einen Bogen durch die Schlucht zu machen und ihnen auszuweichen. Sir Robert Napier schickte sofort einen Adjutanten zu

Major Chamberlain, dem Kommandeur der Pioniere, um ihm zu befehlen, eine Position auf einem erhöhten Gelände zu seiner Linken einzunehmen, wo er das Gepäck besser schützen konnte, und um der Marinebrigade zu befehlen, dies zu tun Beeilen Sie sich das Tal hinauf zu dem eindrucksvollen Felsvorsprung, auf dem wir standen. Ein Adjutant nach dem anderen wurde zurückgeschickt, um die Infanterie heranzuziehen. Es waren äußerst aufregende fünf Minuten. Der Feind stürzte mit großer Geschwindigkeit herab. Sie hatten bereits die Straße von der Festung herabgestiegen und waren über die Ebene verstreut; Der Hauptteil bewegte sich in Richtung des Tals, in dem sich unser Gepäck befand, der Rest rückte in verstreuten Gruppen vor, während die Kanonen auf Fahla ein stetiges Feuer auf die Punjaubees aufrechterhielten . Selten bietet sich im Krieg ein schönerer Anblick als der Vormarsch des Feindes. Einige waren in Gruppen, andere zu zweit und zu dritt. Hier und da galoppierten Häuptlinge in ihren scharlachroten Stoffgewändern. Auch viele Lakaien waren in Scharlachrot oder Seide gekleidet. Sie liefen weiter, und das Ganze rückte mit unglaublicher und alarmierender Schnelligkeit über die Ebene vor, denn es war eine Zeit lang zweifelhaft, ob sie nicht den Rand des kleinen Tals erreichen würden, durch das der Raketenzug noch lange herankam im Gänsemarsch, bevor die Infanterie eintreffen konnte, um sie zu kontrollieren; und in diesem Fall besteht kein Zweifel daran, dass die Seeleute schwer gelitten hätten. Die Straße oder vielmehr der Weg vom Tal bis zu dem Felsvorsprung, auf dem wir standen, war steil und sehr schwierig, und es kam zu erheblichen Verzögerungen beim Aufsteigen der Tiere. Nach ein paar Minuten, die wie eine Ewigkeit schienen, kam die Infanterie im Laufschritt heran; All ihre Müdigkeit und ihr Durst verschwanden wie von Zauberhand bei dem Gedanken an einen Kampf. Der 4. Division, die nur etwa 300 Mann stark war (der Rest befand sich im Gepäck), wurde befohlen, in Scharmützelreihenfolge weiterzumachen; Ihnen folgte die kleine Gruppe der Ingenieure, dann kamen die Beloochees und nach ihnen die beiden Kompanien des 10. NI und die Sappers and Miners. Gerade als die Spitze der Infanterie ins Tal hinabstieg, erreichten die führenden Maultiere an unserer Seite die Spitze des Hügelkamms, und in weniger als einer Minute schoss die erste Rakete in die Ebene hinaus.

Es war unsere erste Antwort auf das Feuer, das die Geschütze der Festung aufrechterhalten hatten, und wurde mit allgemeinem Jubel begrüßt. Während eine Rakete nach der anderen in rascher Folge abgeschossen wurde, hielten die Eingeborenen eine Minute inne, erstaunt über diese neuartigen Raketen, und dann rückten sie erneut vor, während ihre Häuptlinge sie vorwärts drängten. Sie waren jetzt nicht mehr als fünfhundert Meter von uns entfernt, hundert Meter vom Rand der kleinen Schlucht entfernt, an deren Seite die Scharmützler des 4. Regiments schnell hinaufstiegen. Mit meinem Fernglas konnte ich jedes Merkmal erkennen, und als wir sie mit ihren leuchtend bunten , schwebenden Gewändern, ihren lebhaften Gesten, ihren Schilden und Speeren im Laufen ansahen, konnte man nicht anders, als Mitleid mit ihnen zu empfinden, ob sie grob sind oder abgehauen sind Die meisten von ihnen waren zweifellos halsstarrig, wenn man bedachte, was für ein schrecklicher Empfang ihnen bevorstand. In einer weiteren Minute hatte die Linie der Scharmützler den Hang erreicht und eröffnete mit ihren Scharfschützen ein gewaltiges Feuer auf den Feind. Diese waren völlig überrascht, hielten inne, feuerten ihre Schusswaffen ab und zogen sich dann zurück, langsam und beharrlich, aber immer schneller, als sie spürten, wie aussichtslos der Kampf gegen die Gegner war, die zehn Schüsse auf ihren einen abfeuern konnten. Tatsächlich waren sie zu diesem Zeitpunkt zahlenmäßig sogar dem Vierten allein überlegen, denn sie befanden sich nicht in regelmäßiger Reihenfolge, sondern in Gruppen und Knoten, die über die gesamte Ebene verstreut waren. Das 4. Regiment rückte schnell vor, trieb seine Gegner vor sich her und wurde von den einheimischen Regimentern verfolgt. Der Vormarsch war so schnell, dass zahlreiche Feinde den Weg zur Festung nicht zurückgewinnen konnten, sondern nach rechts, vom Plateau weg, an die Seite einer Schlucht vertrieben wurden, von wo aus sie die Raketen wiederum noch weiter trieben rechts und weg von Magdala. Das 4. und die anderen Regimenter formierten sich einige hundert Meter vom Fuß des Aufstiegs zur Festung entfernt und hielten eine halbe Stunde lang ein lebhaftes Feuer gegen die Schützen, die den Weg säumten, und führten einen zügigen Rückzug mit kleinen Gewehren durch -Gruben und der Schutz von Steinen und Felsen. Während dieser ganzen Zeit hielten die Kanonen auf Fahla und einige auf Salamgi ein ständiges Feuer auf eine vorrückende Linie aufrecht ; Aber das Ziel war sehr schlecht und der Großteil des Schusses ging über unsere Köpfe hinweg. Viel alarmierender waren unsere eigenen Raketen, die teilweise in sehr unangenehme Nähe zu uns kamen. Zu unserer großen Erleichterung schlossen sich uns die Matrosen bald an und trieben bald die feindlichen Schützen den Hügel hinauf, woraufhin sie einige Raketensalven mit bewundernswerter Zielgenauigkeit auf die Kanonen tausend Fuß über uns warfen und dabei taten, was sich später drehte Dabei kam es zu erheblichem Schaden und beinahe zum Tod von Theodore selbst, der die Bedienung der Waffe durch seine deutschen Gefangenen überwachte. In der Zwischenzeit fand zu unserer Linken ein viel ernsterer Kampf statt. Der Hauptteil des Feindes hatte diese Richtung eingeschlagen, um das Gepäck anzugreifen, und rückte direkt auf die Punjaub- Pioniere zu, die den Straßenanfang verteidigten. Glücklicherweise erreichte Colonel Penns Gebirgszug aus Stahlgeschützen, der dem Marinezug folgte, nun das Ende der Straße, wurde sofort entladen und nahm seinen Platz neben den Punjaubees ein . Als der Feind nur noch dreihundert Meter entfernt war, eröffneten die Stahlgeschütze ihre Granaten, die Punjaubees feuerten ihr Feuer ab und stoppten den Vormarsch der Spitze der Kolonne schnell. Der größte Teil der Eingeborenen ging dann die Schlucht nach links hinab, entlang der sie zum Angriff des Bagages weitergingen, in dessen Haupttal diese Schlucht ein Zweig war. Die Gepäckwache, bestehend aus einer entlang der langen Linie verstreuten Abteilung des 4. Regiments, war bereits durch die Kanonen der Festung gewarnt worden, dass ein Angriff bevorstand, und Kapitän Aberdie vom Transportzug galoppierte zu ihnen herbei Wort der vorrückenden feindlichen Armee. Die verschiedenen diensthabenden Offiziere versammelten sofort ihre Männer. Kapitän Roberts hatte das Kommando und wurde von den Leutnants Irving, Sweeny und Durrant vom 4. sowie den Offizieren des Transportzuges gut unterstützt.

Als der Feind die Schlucht hinunterströmte, wurden sie von einem vernichtenden Feuer des tödlichen Snider empfangen. Ein Teil der Punjaubees kam die Schlucht hinunter und nahm sie in die Flanke, und einige der Geschütze von Penns Batterie trafen auf einen vorspringenden Sporn und zerstreuten den Tod überall unter ihnen. Aufgrund der extremen Schnelligkeit des Feuers der Snider war das Feuern zu diesem Zeitpunkt in verschiedenen Teilen des Feldes so heftig und ununterbrochen wie bei einer allgemeinen Aktion zwischen zwei großen Armeen. Die Punjaubees verhielten sich mit großer Tapferkeit und griffen mit dem Bajonett an, wobei sie eine großartige Ausführung vollbrachten. Die Eingeborenen, die mit großem Mut gekämpft hatten, versuchten nun, auf die gegenüberliegende Seite der Schlucht zu fliehen, doch eine große Anzahl wurde dabei abgeschossen, und ihre weißen Kleider boten unseren Schützen ein deutliches Zeichen. Schließlich erreichten die Überreste jedoch das gegenüberliegende Ufer und flohen quer durch das Land zu unserer Linken, wobei ihr Rückzug nach Magdala abgeschnitten wurde. Die Aktion dauerte vom ersten bis zum letzten Schuss anderthalb Stunden. Was unseren Anteil am Kampf betraf, war es lediglich ein Scharmützel. Wir hatten keinen einzigen getöteten Mann und nur etwa dreißig Verwundete, die meisten davon leicht. Kapitän Roberts wurde jedoch von einem Ball am Ellenbogengelenk getroffen und wird, so die Befürchtung, seinen Arm verlieren. Andererseits ist dies für den Feind eine entscheidende und vernichtende Niederlage. Mehr als fünftausend von Theodores tapfersten Soldaten machten sich auf den Weg; kaum so viele Hunderte kehrten zurück. Am nächsten Morgen wurden 380 Leichen gezählt, von denen viele vermutlich in der Nacht weggetragen wurden. Sehr viele fielen am Hang des Hügels und in den Schluchten zu unserer Rechten und Linken, wo unsere Bestattungstrupps sie nicht finden konnten. Sicherlich wurden fünfhundert getötet, wahrscheinlich doppelt so viele wurden verwundet, und von dieser Zahl sind sie nur zum Sterben davongekrochen. Es war ein schreckliches Gemetzel, das kaum als Kampf bezeichnet werden konnte, zwischen disziplinierten, hervorragend bewaffneten Gruppen von Männern und verstreuten, kaum bewaffneten Gruppen von Wilden. So sehr sich die Truppen eine Gelegenheit wünschen, sich zu profilieren, habe ich doch die allgemeine Hoffnung geäußert, dass wir den Ort nicht stürmen müssen, denn über diese Wilden lässt sich nur wenig Ruhm erlangen, und das Gemetzel wäre sehr groß. Die Eingeborenen sind jedoch zweifellos mutig und benahmen sich wirklich sehr galant. Außer an der Seite der Toten wurde kein einziger Schild, keine einzige Waffe oder kein einziger Speer aufgesammelt. Die Lebenden, sogar die Verwundeten, zogen sich zurück; sie sind nicht geflogen. Es gab kein *sauve qui peut* , kein Wegwerfen von Waffen, wie es unter ähnlich verzweifelten Umständen durch europäische Truppen der Fall gewesen wäre. Als die Truppen nach hinten zurückkehrten , erlebten wir viele traurige Schauspiele. In einer Mulde lagen ein Dutzend Leichen in verschiedenen Positionen. Einige waren augenblicklich durch einen Kopfschuss gestorben; andere waren tödlich verwundet gefallen, und einige von ihnen hatten ihre Roben über ihre Gesichter gezogen und starben wie Stoiker. Einige waren nur schwer verwundet, und diese hatten versucht , in die Büsche zu kriechen, und dort lagen sie und stießen ein leises Stöhnen aus. Ihre farbenfrohen Seidenmieder, die weißen Gewänder mit scharlachroten Enden, die vor zwei Stunden noch so fröhlich zur Schau gestellt hatten, lagen nun blutbefleckt und feucht von den starken Regenfällen, die seit einer Stunde erbarmungslos niedergegangen waren.

Ich habe es unterlassen zu erwähnen, dass auf dem Höhepunkt des Gefechts ein gewaltiges Gewitter aufgekommen war und das tiefe Donnergebrüll eine Zeit lang das schwere Knattern der Musketen, das Krachen der Stahlkanonen und den Knall der Waffen völlig übertönt hatte die schwere Kanone auf Fahla . Einmal, als der Sturm seinen Höhepunkt erreichte, schien die Sonne hell durch einen Riss der Gewitterwolken, und ein prächtiger Regenbogen leuchtete über dem Feld, auf dem die Kämpfer noch erbittert kämpften. Nur zweimal war während des Kampfes die Stimme eines Menschen laut zu hören. Der erste war ein großer Jubelruf der Eingeborenen auf dem Hügel, und wir konnten nur vermuten, dass er durch die unversehrte Rückkehr eines Lieblingshäuptlings ausgelöst wurde . Das andere war der Jubel, den die gesamte britische Streitmacht ausstieß, als sich der Feind schließlich in seine Festungen zurückzog. So endete kurz nach sechs Uhr eines der entschiedensten und blutigsten Gefechte, die es vielleicht je gegeben hat. Darüber hinaus wird es unvergesslich bleiben, da es sich um die erste Begegnung handelte, bei der britische Truppen Hinterladergewehre einsetzten. So gewaltig das Feuer und das Gemetzel auch war, ich bin der Meinung, und darin stimmen viele Militärs mit mir überein, dass die Zahl der getöteten Feinde mindestens genauso groß gewesen wäre, wenn die Truppen bewaffnet gewesen wären die Enfield. Das Feuer war viel zu schnell. Die Männer luden und feuerten, als wollten sie die Feuergeschwindigkeit testen, und ich sah mehrere Fälle, in denen nur zwei oder drei Eingeborene in eine

Gruppe fielen, die vollständig niedergemäht worden wäre, wenn die Männer irgendein Ziel verfolgt hätten. Am Ende einer Stunde war kaum noch eine Patrone von den neunzig Patronen übrig, die jeder Mann im Einsatz trug, und der größte Teil davon wurde in der ersten Viertelstunde verschossen. Die Gepäckwache verbrauchte alle ihre Vorräte und wurde mit frischer Munition aus der von ihnen bewachten Reserve versorgt. Gegen enge Gruppen von Männern wird der Hinterlader Wunder bewirken. In den Schluchten, wo die Eingeborenen dicht zusammengedrängt waren, wurden sie buchstäblich niedergemäht. Bei der Eröffnung wurde nicht einer von hundert Schüssen verkündet. In einer großen Schlacht wäre die Munition bei diesem Aufwand in einer Stunde fertig. Nach dem, was ich von den Kämpfen gesehen habe, bin ich davon überzeugt, dass Truppen, wenn möglich, als Scharmützler an der Mündung laden sollten, und nur am Hinterkopf, wenn sie sich im Nahkampf mit großen Kavallerie- oder Infanterieverbänden befinden. Es ist völlig in Ordnung, den Männern zu befehlen, langsam zu schießen. Der natürliche Eifer eines Soldaten, wenn er seinen Feind gegenüber sieht, wird ihn dazu zwingen, so schnell wie möglich zu laden und zu schießen. Er kann nicht anders, er kann auch nicht mehr als sechzig Schuss Munition mit sich führen, die ihm nicht für zwanzig Minuten reicht. Mir scheint, dass das Gewehr eines Soldaten Hinter- und Vorderladung kombinieren sollte und dass er die erstere Methode nur anwenden sollte, wenn sein Vorgesetzter dies ausdrücklich befiehlt.

Die Truppen zogen sich bei starkem Regen zurück und wurden in das Lager zurückgeführt, das sie verlassen hatten, um ihre Mäntel und Decken zu holen, die zurückgelassen worden waren, als sie zum Kampf vorrückten. Dann kehrten sie zu dem von den Punjaubees gehaltenen Boden zurück und bezogen ihre Nachtstation, da sie hier den oberen Teil der Straße bewachten, an dem jetzt das Gepäck ankam, das während des Kampfes zurückgehalten worden war. Es war völlig dunkel, bevor wir unseren Campingplatz erreichten, und da dieser an vielen Stellen mit Dornen und Büschen bedeckt war, die in der Dunkelheit völlig unsichtbar waren, herrschte eine erhebliche Verwirrung. Nachdem die Aufregung nun vorüber war, litten alle erneut unter Durst, der jedoch aufgrund der gründlichen Durchnässung, die jeder Mann abbekommen hatte, schwächer war als sonst. An das Gepäck kam man natürlich nicht heran, es lag auf einer Ebene hinter uns, und jeder wickelte sich in seine nassen Decken und legte sich hin, um, wenn er konnte, ein wenig zu schlafen und Hunger und Durst für eine Weile zu vergessen. Da wir vor Tagesanbruch marschiert waren und schon lange vor dem Auftauchen eines der Lasttiere in Aktion getreten waren, hatte den ganzen langen und ermüdenden Tag lang niemand Nahrung zu sich genommen. Sehr starke Truppenteile wurden als Streikposten aufgestellt, und alle wurden um zwei Uhr morgens aufgestanden und unter Waffen gestellt, damit Theodore seinen Angriff nicht vor Tagesanbruch wiederholen könnte. Es kam nun die Nachricht, dass es in einer Schlucht zu unserer Linken Wasser gab, und die Bheesties wurden mit den Wasserschläuchen hinuntergeschickt, und auch zahlreiche Soldaten gingen mit ihren Feldflaschen hinunter. Das Wasser war schlimmer als jedes andere, das ich jemals zuvor getrunken habe, und ich würde nie wieder daran denken, es zu trinken. Zahlreiche Tiere, ob Maultiere oder Rinder, waren dort geschlachtet worden; es schien tatsächlich ein Lager von Theodores Armee gewesen zu sein. Der Gestank war abscheulich und das Wasser war fast ebenso verdorben wie die Atmosphäre. Der flüssige Schlamm, den wir am Vortag getrunken hatten, war im Vergleich dazu eine gesunde und angenehme Flüssigkeit. Es gab jedoch keine Hilfe und nur wenige, wenn überhaupt welche, lehnten die schädliche Flüssigkeit ab. Dieses Klima muss sicherlich ein außerordentlich gesundes sein; Denn trotz der Strapazen und Entbehrungen, der Nässe, der Kälte, des schlechten Wassers und des Mangels an Stimulanzien war die Gesundheit der Truppen ausnahmslos gut. Nur ein einziges Mal, in Gazoo, hatten wir die Gefahr einer Ruhr, und dies verschwand, sobald wir weitergingen. Ich frage mich, ob wir am Tag des Kampfes einen einzigen Mann im Krankenhaus hatten , was angesichts der extremen Knappheit an medizinischem Komfort und der sehr wenigen Dhoolys, die für Kranke und Verwundete zur Verfügung standen, sicherlich höchst glücklich ist. Noch vor Tagesanbruch machten wir uns wieder auf den Weg – da der Ort, an dem wir lagerten, in Reichweite der feindlichen Geschütze lag – und marschierten zu diesem Lagerplatz vom Vormittag zurück.

Die 2. Brigade traf bald nach Tagesanbruch ein und schlug ihr Lager etwas hinter der Stellung auf, in der wir die Nacht verbracht hatten. Unser Gepäck kam mit uns weiter, und wir hatten nun die Befriedigung, wieder in unseren Zelten zu sein und das zu bekommen, was wir dringend brauchten – Nahrung. Nach dem Frühstück ritt ich zum Lager der 2. Brigade hinüber, verließ dann mein Pferd und stieg in die Schlucht hinab, wo Arbeitstrupps mit der Bestattungsarbeit beschäftigt waren. Die Szene war sehr schockierend. In ein oder zwei engen Schluchten, in denen sie eingepfercht waren, lagen fünfzig oder sechzig Leichen fast zusammengestapelt. Sehr schrecklich waren ihre Wunden. Hier war ein Mann, der von einer Granate beinahe in Stücke gerissen worden wäre; in seiner Nähe ein weiterer, dessen oberer Teil von einer Rakete abgeschossen worden war; dann wieder einer, der wie in einem friedlichen Schlaf lag, durchs Herz geschossen; neben ihm ein weniger Glücklicher, der aufgrund der Art seiner Wunde die lange Nacht stundenlang in Qualen verharrt haben musste, bevor der Tod eine willkommene Erleichterung brachte. Nur zwei von ihnen lebten noch und diese wurden ins Lager getragen; aber ihre Wunden waren so schlimm, dass sie wahrscheinlich nicht mehr viele Stunden leben konnten. Seltsamerweise gab es keine unbedeutenden Verletzungen. Allen, die nicht tödlich verwundet worden waren, war es entweder gelungen, davonzukriechen, oder sie waren von ihren Freunden entfernt worden. Mit ganz wenigen Ausnahmen handelte es sich um eine Leichenstätte für Verstorbene, deren grelle Seide und farbige Gewänder in grässlichem Kontrast zu ihrer steifen und verzerrten Haltung standen. Zu den wenigen Überlebenden gehörte der Oberbefehlshaber von Theodores Armee, der ins Lager gebracht wurde. Wie die anderen, denen wir helfen konnten , drückte er seine Dankbarkeit für unsere Freundlichkeit aus und sagte, die Angelegenheit sei für sie eine völlige Überraschung gewesen. Sie sahen, wie scheinbar ein Gepäckzug ohne jeglichen Schutz das Tal heraufkam; und sie hatten unseren kleinen Infanterietrupp auf der Stirn nicht bemerkt. Deshalb machten sie sich auf den Weg und rechneten kaum oder gar nicht mit Widerstand. Es spricht sicherlich für den Mut der Eingeborenen, dass sie, obwohl sie von unserer Infanterie mit Raketen und Granaten überrascht worden sein müssen, dennoch so tapfer und gut gekämpft haben, wie sie es taten. Es besteht kein Zweifel daran, dass wir, wenn der Kampf nicht so plötzlich begonnen hätte und die 2. Brigade zur Hand gewesen wäre, den Flüchtlingen direkt auf den Fersen gewesen wären und den Ort auf der Stelle eingenommen hätten. Obwohl es möglich gewesen wäre, waren die Truppen zu müde und erschöpft, um sie einer solch mühsamen Aufgabe zu stellen; denn Theodore hätte zweifellos verzweifelt gekämpft, und wir hätten viele Männer verloren, bevor wir den Hügel hätten erklimmen können. Ich sage das, weil viele der Meinung sind, dass wir den Platz vielleicht sofort eingenommen hätten, wenn wir uns entschieden hätten, weiterzumachen.

Alles in allem war es ein wunderbarer Erfolg, vor allem wenn man bedenkt, dass wir unter dem Nachteil einer Überraschung und ohne den geringsten Plan oder die geringste Vorbereitung gekämpft haben. Es ist nur ein Glück, dass wir es mit Theodor und den Abessiniern zu tun hatten und nicht mit regulären Truppen.

Phayres ungeheuerlichen Fehler zu erkennen und auszunutzen ; aber seine Truppen waren nicht stark genug, um seine Absichten auszuführen. Was Oberst Phayre betrifft , so ist es unwahrscheinlich, dass wir während der Expedition noch mehr von ihm hören werden; denn Sir Robert Napiers langmütige Geduld brach ausnahmsweise zusammen, und er öffnete seinen Geist gegenüber Colonel Phayre auf eine Weise, die dieser Offizier für den Rest seines Lebens nicht vergessen wird.

Bevor ich das Lager verließ, um zur Schlucht zu reiten, ereignete sich ein Ereignis von großem Interesse, dessen Erwähnung ich jedoch an dieser Stelle verschob, da ich meine Beschreibung der Schlacht und des Feldes ohne Unterbrechung abschließen wollte. Um halb sieben, als ich gerade beim Frühstück war, hörte ich lautes Jubeln und Hurra und stellte fest, dass Leutnant Prideaux und Mr. Flad mit Vorschlägen von Theodore hereingekommen waren. Dies war für uns alle eine große Erleichterung, da große Angst bestand, dass Theodore in einem Wutanfall über seine Niederlage am Tag zuvor alle Gefangenen getötet hätte. Dies war jedoch nicht der Fall. Die Gefangenen hatten während der Schlacht tatsächlich einen wenig beneidenswerten Nachmittag verbracht; aber Prideaux und Blanc trösteten sich gegenseitig, als sie das heftige Feuern unserer Gewehre hörten, dass sie zumindest, wenn sie in dieser Nacht sterben würden, einigermaßen vorher gerächt würden. Diese beiden Herren haben durchweg in einem Geist des Mutes und der Resignation geschrieben, der ihnen jede Ehre erweist .

Theodore war nach der Verlobung in einer eher philosophischen Stimmung hereingekommen und hatte gesagt: „Meine Leute waren unterwegs, um gegen die Ihren zu kämpfen. Ich dachte, ich sei ein großartiger Mann und wüsste, wie man kämpft. Ich finde, ich weiß nichts. Meine besten Soldaten wurden getötet; der Rest ist verstreut. Ich werde nachgeben. Geht ins Lager und macht Bedingungen für mich.“

Und so kamen die beiden Gefangenen ins Lager. Beide sahen gesund und munter aus und gaben zu, dass es ihnen in puncto Essen und Trinken weitaus besser ging als uns. Tatsächlich scheinen die Gefangenen, mit Ausnahme der Gefangenschaft und der Leichtketten, über viele Monate hinweg nicht misshandelt worden zu sein. Sie haben ihre eigenen Häuser, ihre Diener und alles, was sie mit den ihnen geschickten Geldvorräten kaufen könnten.

Am Tag vor unserer Ankunft ereignete sich in Magdala ein schreckliches Geschäft. Theodor ließ alle europäischen Gefangenen hinaus und tötete vor ihren Augen dreihundertvierzig Gefangene, von denen er viele jahrelang in Ketten gehalten hatte. Unter ihnen waren Männer, Frauen und kleine Kinder. Sie wurden angekettet herausgeführt und auf den Boden geworfen, ihre Köpfe waren an ihre Füße gefesselt. Der brutale Tyrann ging mit seinem Schwert in diese wehrlose und bemitleidenswerte Gruppe ein und schlug nach rechts und links, bis er etwa zwanzig Menschen getötet hatte. Dann wurde er müde und rief sechs seiner Musketiere herbei, die weiter auf die elende Menge feuerten, bis alle vernichtet waren . Ihre Körper wurden dann über einen Abgrund geworfen.

Im Lager herrschte allgemein ein Gefühl der Überraschung darüber, dass die Engländer, die Zeugen dieses schrecklichen Schauspiels waren und selbst keine Fesseln hatten, sich nicht auf das Monster stürzten und es auf der Stelle niedermetzelten. Sie hätten ihre eigene Gefahr kaum erhöhen können, denn sie erzählten uns, dass sie damit rechneten, dass sie nach der Ermordung der einheimischen Gefangenen selbst hingerichtet würden. Außerdem rechnet ein Mann angesichts einer so schrecklichen Schlächterei, wie sie gewesen sein muss, nicht – er fühlt; und der Drang, sich mit einem Schrei auf den betrunkenen Tyrannen zu stürzen und ihn zu töten, wäre, sollte man meinen, übermächtig gewesen.

Die Gefangenen beschreiben die übliche Art der Hinrichtung, bei der Hände und Füße abgehackt werden, als eine Verfeinerung der Grausamkeit. Um das Glied herum wird ein kleiner Schnitt gemacht und dann mit großer Kraft herausgerissen, wobei die Arterien so stark verdreht werden, dass nur ein sehr geringer Blutverlust auftritt. Die elenden Wesen werden dann dem Tod überlassen; und einige von ihnen blieben viele Tage lang und verstarben dann mehr an Durst als an ihren Wunden, da es den Tod bedeutete, ihnen entweder Nahrung oder Wasser zu verabreichen.

Wir können kein Mitleid mit diesem unmenschlichen Monster haben; und sollte er sich widersetzen, besteht jede Hoffnung, dass er im Kampf getötet wird. Sir Robert Napier lehnte es ab, irgendwelche Bedingungen zu erfüllen, forderte die sofortige Übergabe aller Gefangenen und der Festung und versprach lediglich, dass Theodore und seine Familie ehrenhaft behandelt würden. Mit dieser Antwort kehrten die beiden Gefangenen zurück, kamen aber um drei Uhr mit einer Nachricht von Theodore zurück und baten darum, ihm bessere Bedingungen anzubieten. Sir Robert Napier musste widerstrebend ablehnen, und die Gefangenen kehrten inmitten der traurigen Vorfreude auf das Lager erneut zurück. Um halb sieben kam zur großen Freude aller Herr Flad mit der Nachricht herein, dass alle Gefangenen in einer Stunde eintreffen würden; und um sieben kamen alle gesund und munter an, mit Ausnahme von Frau Flad und ihren Kindern. Da sie nicht in der Lage war zu gehen, wurde sie durch die Nachlässigkeit oder Eile von Rassam zurückgelassen, dem Theodore das Geschäft anvertraut hatte. Diese Person, Rassam , ist bei den übrigen Gefangenen sehr unbeliebt; Die einzige Person, die ihn anscheinend gemocht hat, war Theodore selbst, bei dem ihn sein Verhalten , das sich so sehr von dem von Prideaux und Blanc unterschied, bis zu einem gewissen Grad an ihn gewöhnt hatte. Ich vertraue darauf, dass Frau Flad und ihre Kinder morgen sicher im Lager sein werden und dann eines der Ziele unserer Expedition vollständig und zufriedenstellend erreicht sein wird. Theodor hat bis zum Mittag Zeit, Magdala zu übergeben; und wenn er es nicht tut, werden wir es morgen Abend oder am nächsten Tag stürmen. Einige weitere Kletterleitern sind in Vorbereitung. Die Materialien sind die langen Bambus- Dhoolie -Stangen für die Seiten und die Griffe von Spitzhacken für die Sprossen. Die Leitern sind etwa fünf Fuß breit und zwanzig Fuß lang.

Ich schließe diesen Brief jetzt; aber gehen Sie davon aus, dass mein nächster Bericht, in dem ich den Fall von Magdala beschreibe, rechtzeitig für denselben Beitrag erfolgen wird, mit dem dies England erreicht.

12. April.

Entgegen der Erwartung ist der Tag ereignislos verlaufen. Ein Grund dafür war, dass Frau Flad und ihre Kinder immer noch in Theodores Händen waren, ebenso wie einige der europäischen Arbeiter. Um zwei Uhr jedoch kamen sie herein; und wir haben jetzt alle Gefangenen sicher in unseren Händen. Wir haben in unserem eigenen Lager tatsächlich ein ziemliches Eingeborenenlager, so groß ist die Zahl ihrer Begleiter und Anhänger. Den wichtigsten englischen Gefangenen ging es mit dem Geld, das ihnen ständig zugeführt wurde, sehr gut; aber viele der deutschen Arbeiter haben ein jämmerlich verkniffenes und ausgehungertes Aussehen. Unter der Partei, die hereingekommen ist, gibt es mehrere Mischlinge; Ihre Väter waren Engländer oder andere Europäer, die in Abessinien gelebt haben, ihre Mütter Eingeborene. Die Eingeborenen, die hierhergekommen sind, sind der Meinung, dass das Tragen eines Stücks roten Tuchs um den Kopf ein Zeichen der Freundlichkeit für uns sei, und tragen deshalb im Allgemeinen solchen Schmuck. Die freigelassenen Gefangenen starten morgen für England. Theodore sandte heute Morgen tausend Rinder und fünfhundert Schafe als Sühneopfer herab; aber Sir Robert Napier weigerte sich, sie zu empfangen, und sandte eine erneute Forderung nach Übergabe der Festung ein. Man hat den ganzen Tag geglaubt, dass der Angriff heute Abend oder vielmehr morgen bei Tagesanbruch stattfinden würde . Es wurden jedoch noch keine Befehle erlassen, und es wird jetzt davon ausgegangen, dass der Angriff morgen stattfinden wird. In diesem Fall ist es zweifelhaft, ob Sie, wie ich gehofft hatte, mit dieser Post eine Beschreibung der Angelegenheit erhalten werden.

Zehn Uhr nachmittags

Ich habe gerade bestimmte Informationen erhalten, dass der Angriff verschoben wird. Sir Robert Napier, einer der gutherzigsten Männer, hat heute Abend einen Brief an Theodore geschickt, in dem er ihn zur Kapitulation auffordert und verspricht, dass sein Leben und das aller seiner Männer verschont bleiben. Er hat ihn darauf hingewiesen, dass seine Männer unseren überlegenen Waffen unmöglich widerstehen können; Die Kanonen, die denen, die wir im Kampf am Karfreitag eingesetzt haben, weit überlegen sind, sind jetzt eingetroffen, ebenso wie der Rest unserer Streitkräfte. Damit unser Erfolg sicher ist. Er hat ihn deshalb angefleht, sich zu ergeben und jeden weiteren Blutverguss zu vermeiden, wenn nicht um seiner selbst willen, so doch um der der Frauen und Kinder willen, von denen sich allein, wie es heißt, 7000 in der Festung befinden. Ich vertraue voll und ganz darauf, dass Theodore der Berufung zustimmen wird. Natürlich ist der Blutverguss für ihn, der erst vor drei Tagen 350 Männer ermordete, eine Angelegenheit von untergeordneter Bedeutung. Dennoch lässt sein eigener Mut nach. Als er gestern von den geforderten Bedingungen hörte, gab er einen Selbstmordversuch vor und feuerte einen Revolver dicht an seinen Kopf; aber der Ball streifte nur seinen Hals. Dies zeigt jedoch, dass sein Mut nachlässt: Ein tapferer Mann wird niemals Selbstmord begehen; Noch weniger wird er sich selbst nur eine leichte Wunde zufügen, wenn er aus Verzweiflung zu dieser Tat getrieben wird. Es ist offensichtlich, dass er jetzt Angst hat; und ich vertraue darauf, dass er sich ergeben wird, um sein eigenes elendes Leben zu retten und so das Blutbad zu retten, das folgen muss, wenn wir Magdala stürmen.

Heute, am Ostersonntag, hatten wir wie üblich einen Kirchenumzug, und unser Kaplan las die Danksagung für unseren Erfolg, an der sich sicher alle herzlich beteiligen werden.

Vor Magdala, 14. April.

Als ich meinen Brief vom 12. schloss, erwähnte ich, dass Sir Robert Napier an Theodore geschrieben und ihn nachdrücklich aufgefordert hatte, sich zu ergeben, da er keine Möglichkeit für einen erfolgreichen Widerstand hatte; und die Zerstörung des Lebens wäre schrecklich, wenn wir das Feuer auf Magdala eröffnen würden.

Am nächsten Morgen kamen mehrere der wichtigsten Häuptlinge ins Lager und sagten, sie könnten nicht gegen unsere Truppen kämpfen und würden sich daher ergeben. Sie hielten mit ihren Leuten Fahla und Salamgi und würden diese Festungen an uns übergeben, unter der Bedingung, dass sie und ihre Familien mit ihrem Eigentum unversehrt abreisen durften. Mit ihnen kam Samuel, ein Mann, der im Zusammenhang mit den Gefangenen häufig erwähnt wurde, sowohl in ihren eigenen Briefen als auch in Dr. Bekes Werk. Dieser Mann übte zu Beginn ihrer Gefangenschaft einen stark nachteiligen Einfluss aus, zeigte ihnen aber seitdem Freundlichkeit. Da er einer von Theodores wichtigsten Beratern war, konnte man kaum erwarten, dass er in seiner Not seinen Herrn im Stich ließ. Samuel ist ein kräftig gebauter Mann mit bemerkenswert intelligenten Gesichtszügen und eher grauen, eisengrauen Haaren, die er in seinem natürlichen Zustand trägt und nicht nach abessinischer Art geflochten und mit Fett beschmiert ist. Sir Robert Napier akzeptierte die Übergabe und erteilte die Erlaubnis zur Abreise ihrer Familien und Besitztümer. Kapitän Speedy wurde befohlen, mit fünfzig der 3. Eingeborenenkavallerie unter Colonel Locke mit ihnen zurückzukehren. Zuvor war befohlen worden, die gesamte Truppe auf der Ebene vor der Festung zu paradieren. Eine halbe Stunde nach dem Abzug der Kavallerie waren die Truppen formiert und lieferten eine imposante Show ab, die erste, die wir seit unserer Landung hatten. Bisher waren die Brigaden getrennt und ein so großer Teil von ihnen entlang der Gepäcklinie verstreut, dass wir nie Gelegenheit hatten, unsere wahre Stärke zu sehen. Wir konnten jetzt sehen, dass es sich um einen sehr beeindruckenden Körper handelte. Die 33. Infanteriedivision hatte eine Stärke von 750 Mann; der 4., 450; am 45., 400. Wir hatten jetzt die gesamten Beloochees , deren linker Flügel in der Nacht angekommen war, und die gesamten Punjaubees . Wir hatten zwei Kompanien der 10. Eingeborenen-Infanterie und sechs Kompanien Pioniere und Bergleute – insgesamt eine sehr vollständige Infanterietruppe. Wir hatten Murrays Armstrong-Batterie, zwei 7-Zoll-Mörser, Penns Mountain Train aus Stahlgeschützen, Twiss' Mountain Train und die Naval Rocket Brigade – ein sehr respektables Artilleriekorps. An Kavallerie allein fehlten uns nur die fünfzig Soldaten der 3. Eingeborenenkavallerie, die als Eskorte des Oberbefehlshabers gekommen waren und nun gerade die Spitze des Fahla- Kamms erreicht hatten . Der Rest der Kavallerie – nämlich die 3. Dragoner, die 3. und 12. Eingeborenenkavallerie und die Scinde- Pferde – war ins Tal geschickt worden, um Theodores Rückzug abzuschneiden. General Staveley hatte natürlich das Kommando über die Division. Wir rückten vor, angeführt vom 33. Regiment, dem, da es von den europäischen Regimentern die ganze Zeit über die Hauptlast des Vormarsches getragen hatte, nun die Ehre zuteil wurde , als Erster einzumarschieren und die britische Flagge auf Magdala zu hissen. Ihnen folgte die 45., die Batterie von Murray und Twiss, und der Rest der zweiten Brigade, die am Karfreitag keine Gelegenheit gehabt hatte, an der Aktion teilzunehmen. Dann kamen die 4. und der Rest der 1. Brigade, mit Ausnahme der Truppen, die zur Versorgung des Lagers zurückgelassen wurden. Major Baigrie ritt als Generalquartiermeister der 1. Division voraus.

Als die lange Schlange den steilen Anstieg in Fahla hinaufführte , war die Wirkung sehr schön und löste bei mehreren Bemerkungen aus, dass dies unser Rückblick auf den Ostermontag sei. Auf dem Weg nach oben trafen wir auf dem Weg nach unten auf eine große Anzahl von Männern, Frauen und Kindern. Als wir auf der Schulterlinie ankamen, die Fahla und Salamgi verbindet , befanden wir uns inmitten einer überraschenden Szene. Ein perfekter Exodus war im Gange. Überall drängten sich viele tausend Männer, Frauen und Kinder, vermischt mit Ochsen, Schafen und Eseln. Die Frauen, Kinder und Esel waren mit dem dürftigen Besitz der Bewohner beladen. Getreide- und Mehlhäute, Kürbisse und Krüge mit Wasser und Ghee, Decken als Decken und Zelte – das waren ihre einzigen Besitztümer. Es war ein Babel an Geräuschen. Die Frauen schrien ihren langen, zitternden Schrei der Bewunderung und des Willkommens; Männer schrien einander von Felsen zu Felsen zu; Mütter, die ihre Kinder verloren hatten, schrien nach ihnen, und die Kinder weinten im Gegenzug; Schafe und Ziegen meckerten und Esel und Maultiere schrien. Es war eine erstaunliche Szene. Alle schienen sich außerordentlich zu freuen, uns zu sehen und von dem Zustand der Angst und des Hungers befreit zu sein, in dem sie gelebt hatten; Männer, Frauen und Kinder beugten sich zum Zeichen ihrer Unterwerfung, bis ihre Stirn den Boden berührte. Die Männer, die keine Waffen trugen, trugen Lasten, ebenso wie die Frauen; aber die Krieger trugen nur ihre Waffen. Überraschend war die Zahl der farbenfrohen Kleider unter den letzteren, deren Wirkung sehr fröhlich und malerisch war. Hemden aus rotem, blauem oder violettem Brokat mit gelben Blumen und weite Hosen aus demselben Material, aber in einem anderen Farbton, waren bei den Häuptlingen die vorherrschende Mode. Sie unterschieden sich von den Soldaten dadurch, dass ihre Schilde silberne Verzierungen trugen. Gegenwärtig behielten alle ihre Waffen; aber die 10. Eingeborenen-Infanterie war am Fuße des Hügels mit dem Befehl zurückgelassen worden, sie zu entwaffnen, als sie die Straße hinunterkamen. Während unseres gesamten Marsches über Salamgi setzte sich diese außergewöhnliche Szene fort; und wir haben mehr Menschen gesehen als in der gesamten Zeit, die wir in Abessinien waren. Die allgemeine Meinung ist, dass sich hier nicht weniger als dreißigtausend Menschen versammelt haben konnten; und ich glaube, dass diese Berechnung eher unter als über der Marke liegt.

Es herrschte ein allgemeines Gefühl der Dankbarkeit, dass wir nicht gezwungen waren, den Ort zu bombardieren, denn das Gemetzel unter dieser wehrlosen Menschenmenge wäre schrecklich gewesen. Wo immer es ein ebenes Stück Land gab, häuften sich ihre Behausungen. Es handelte sich lediglich um vorübergehende Behausungen – ein Gerüst aus Stöcken, bedeckt mit grobem Gras, regelmäßig und dicht aufgestellt, um den Regen abzulenken. Sie hatten etwa die Größe und Form gewöhnlicher Heuhaufen und zeigen, dass die Menschen schlafen mussten, während sie fast zu einer Kugel zusammengerollt saßen.

Von der Schulter aus stiegen wir die sehr kurvenreiche Straße entlang der natürlichen Steilhänge hinauf nach Salamgi . Die natürliche Stärke dieser Positionen ist erstaunlich. Fahla ist enorm stark; aber dennoch ist es nichts für Salamgi , der es befiehlt. Oberst Milward, der die Artillerie befehligt, bemerkte mir gegenüber, dass sie in den Händen europäischer Truppen nicht nur uneinnehmbar, sondern völlig unangreifbar wäre. Gibraltar gilt von der Landseite aus als uneinnehmbar; aber Gibraltar ist absolut nichts für diese Gruppe von Festungen. Nach der Einnahme von Fahla und Salamgi – falls so etwas möglich wäre – hätte eine angreifende Streitmacht immer noch mit Magdala zu kämpfen; und Magdala erhebt sich am Ende der flachen Schulter, die es mit Salamgi verbindet , in einer ununterbrochenen Mauer, außer an der einen Stelle, wo ein steiler Weg zum Tor hinaufführt. Von der Spitze des Salamgi bis zur Magdala sind es 2500 Meter, und selbst die schwerste Artillerie konnte gegen die Felswand nichts ausrichten. Wir können uns durchaus dazu beglückwünschen, dass Theodore seine Armee geschickt hat, um unser Gepäck anzugreifen; denn wenn sie geblieben wären und den Ort verteidigt hätten, wäre unser Verlust, ausgestattet mit vierzig Kanonen , sehr groß gewesen; Und selbst mit unseren überlegenen Waffen ist es fraglich, ob uns das gelungen wäre, da sich die Straße in vielen Fällen an einem Abgrund entlang schlängelte, den ein paar Männer von oben, die einfach Steine herunterrollen, hätten überwinden können. Als wir die Kuppe von Salamgi erreicht hatten – ein noch höherer Steilhang, der sich zweihundert Fuß über uns erhob –, blieb Major Baigrie stehen, um Befehle zu erhalten, und ich ritt mit zwei oder drei anderen weiter zu der kleinen Truppe der 3. Eingeborenenkavallerie, die zur Hälfte bestand eine Meile weiter, am Rande der Ebene zwischen Salamgi und Magdala.

Ich sollte sagen, dass wir am frühen Morgen die Nachricht erhalten hatten, dass Theodore in der Nacht mit einer kleinen Gruppe seiner Anhänger aufgebrochen war und beabsichtigte, das Lager der Königin der Gallas zu erobern und sich ihrer Gastfreundschaft, den Gallas , zu überlassen Es handelte sich um umherziehende Stämme, die wie die Araber ihren erbittertsten Feind beschützen würden, wenn er ihre Zelte erreichen und Gastfreundschaft in Anspruch nehmen würde. Als wir fast oben auf dem Hügel waren, erhielten wir eine Nachricht von der Kavallerie, dass es ein Gerücht gab , dass Theodore zurückgekehrt sei und Selbstmord begangen habe.

Als wir jedoch die Kavallerie erreichten, herrschte eine gewisse Aufregung: Etwa acht oder zehn Reiter, unter denen Kapitän Speedy Theodore selbst erkannt hatte , waren gerade herbeigaloppiert, Speere schwingend und trotzig ihre Musketen abfeuernd. Colonel Locke konnte natürlich nicht ohne Befehl angreifen; und es wäre in der Tat äußerst unklug gewesen, dies zu tun, da die gesamte Schulterseite, eine Viertelmeile breit und sechs- bis siebenhundert

Yards bis zur Festung Magdala entfernt, hinten und innen mit kleinen Hütten bedeckt war was eine beliebige Anzahl von Männern verbergen könnte. Colonel Locke warf daraufhin einige seiner Männer als Scharmützler raus. Die Reiter galoppierten weiter umher, manchmal näherten sie sich bis auf dreihundert Meter, manchmal stürmten sie über das Plateau, als dachten sie darüber nach, über einen der gewundenen Pfade, die nach unten führten, tief ins Tal hinabzusteigen. Um dies zu verhindern, forderte Colonel Locke fünf oder sechs Soldaten der 33. Division und zwei oder drei Artilleristen, die irgendwie von ihrem Korps getrennt worden waren und auf uns zukamen, auf, eine Position einzunehmen, um den Weg zu befehligen und zu öffnen Feuer, wenn die Reiter versuchten, hinunterzusteigen.

Gleichzeitig sahen wir auf dem Gipfel des Salamgi hinter uns eine Kompanie der 33. Armee, die dorthin hinaufgegangen war, um die Farben zu pflanzen . Oberst Locke ließ den Vorstoß abblasen und gab ihnen ein Zeichen , herunterzukommen, um die gegenüberliegende Seite der Schulter zu befehligen, für den Fall, dass die Reiter versuchen könnten, auf irgendeinem Weg, der auf dieser Seite vorhanden sein könnte, ins Tal hinabzusteigen. Die Reiter rückten erneut an und feuerten ihre Gewehre auf uns ab; und die Kavallerie behielt ihre Plätze, unsere kleine Gruppe der 33. Division antwortete mit ihren Scharfschützen. Während sie dies taten, rückten sie vor, und nach weiteren hundert Metern stießen wir auf nicht weniger als zwanzig Kanonen, für die Theodore zweifellos vorgehabt hatte, nach Magdala vorzudringen, aber keine Zeit gehabt hatte, dies zu bewerkstelligen. Diese wurden natürlich in Besitz genommen; und wie mir ein Offizier lachend bemerkte, ist es wahrscheinlich das erste Mal, dass sechs Linienmänner, zwei Artilleristen, drei oder vier Offiziere und die Presse zwanzig Kanonen im Angesicht eines Feindes erbeuteten. In den Trommeln der Geschütze befand sich ihre Munition; und Leutnant Nolan von der Artillerie, unterstützt von zwei Artilleristen, Captain Speedy und den Zivilisten, machte sich sofort daran, sie zu beladen, und eröffnete das Kugelfeuer auf die Lakaien, von denen wir jetzt etwa hundert sehen konnten, die sich versammelt hatten am Fuße der Straße hinauf nach Magdala; die 33. Männer hielten ein Feuer auf die Reiter und ein paar Fußsoldaten, die über die Ebenen rannten und gelegentlich antworteten; und die Kompanie der 33d, die nun fast bis zum Fuß des Abhangs hinter uns heruntergekommen war, eröffnete ebenfalls das Feuer. Es war eine der lustigsten Szenen, die ich je gesehen habe. In einer Entfernung von 500 Yards befand sich Magdala, dessen Garnison ein vereinzeltes Feuer auf uns unterhielt, jedoch reichte keine der Kugeln so weit; es gab ein paar Schüsse hinter den kleinen Heuhaufenhütten; da galoppierte Theodore selbst mit einem halben Dutzend seiner Häuptlinge umher — malerische Gestalten in ihren bunten Gewändern ; Und da war unsere kleine Gruppe, die einen Krieg gegen sie führte, ohne dass ein anderer Soldat in Sicht war, und auch nicht im Umkreis einer halben Meile von uns. Dies dauerte etwa zehn Minuten; und dann ritt ein Offizier herbei und befahl der Infanterie, sich in den Hang zurückzuziehen, die Geschütze aber unter ihrem Feuer zu halten. Zuvor war der Kavallerie der Rückzug befohlen worden. Nach einer weiteren Viertelstunde kam Penns Batterie auf uns zu und eröffnete das Feuer, und die Stahlgranaten trieben den Feind bald die Straße hinauf in die Festung. Eine Viertelstunde lang setzten sie ihr Feuer fort; und als sie einmal die Reichweite erreicht hatten, explodierte jede Granate in der Nähe des Tores, durch das die Straße führte. Dann kam der Befehl, mit dem Schießen aufzuhören; und Murrays Geschütze, die ihre Position auf dem Gipfel von Salamgi bezogen hatten , Twiss' Batterie weiter rechts und die Marineraketenbrigade nahmen das Feuer auf. Mit gelegentlichen Unterbrechungen hielten diese Geschütze und die Batterie von Twiss fast zwei Stunden lang ihr Feuer aufrecht. Während dies geschah, entdeckten wir in einem kleinen Zelt, etwa hundert Meter vor uns, den Franzosen Bardel , der an Fieber litt und sofort nach hinten getragen wurde. Wir hatten auch genügend Zeit, die Waffen zu begutachten. Einige waren aus englischer, andere aus indischer Produktion; alle waren aus Messing und variierten in der Größe von einem Vierzehnpfünder aufwärts. Darunter befanden sich zwei oder drei kleine Mörser. Dies war offensichtlich das Arsenal, denn hier befanden sich Werkzeuge und Instrumente aller Art – Feilen, Hämmer, Ambosse usw. Es gab Säcke mit Holzkohle und eine Schmiede; und hier befanden sich viele hundert Kugeln unterschiedlicher Größe, von Kartätschenkugeln bis hin zu riesigen Steinkugeln für den riesigen Mörser, der neulich beim ersten Versuch, ihn abzufeuern, in Stücke zersprang.

Zu dieser Zeit machten wir eine Entdeckung, die das Mitleidgefühl, das Theodores Tapferkeit, als er sich unserem Feuer aussetzte, erregt hatte, völlig zunichte machte. Die Beloochees hatten sich uns angeschlossen und waren am Rande eines Abgrunds zu unserer Rechten postiert. Ein überwältigender Gestank erregte ihre Aufmerksamkeit und sie blickten über den Rand des Felsens. und dort, fünfzig Fuß unter ihnen, bot sich einer der schrecklichsten Anblicke, die man je gesehen hatte: Dort lagen auf einem großen Haufen die Leichen der dreihundertfünfzig Gefangenen, die Theodore letzten Donnerstag ermordet und dann umgeworfen hatte der Rand des Abgrunds. Da lagen sie – Männer, Frauen und kleine Kinder – in einer verwesenden Masse. Es war ein äußerst grässlicher Anblick, der uns an die schreckliche Grausamkeit des Tyrannen erinnerte und die Wirkung, die seine Tapferkeit hervorgerufen hatte, völlig zunichte machte.

Endlich, um halb fünf, kamen die Truppen herab und nahmen ihre Plätze ein; und um Viertel vor vier eröffneten alle Kanonen und Raketen ein gewaltiges Feuer, um den Vormarsch zu decken; und die 33. Brigade rückte, voran von einer kleinen Gruppe Pioniere und Pioniere unter Major Pritchard und gefolgt von der 45., zum Angriff vor, während die 4. und der Rest der ersten Brigade ihre Plätze als Reserve behielten. Als sie sich nur noch dreihundert Meter vom Felsen entfernt befanden, bildete die 33d eine Linie und eröffnete das Feuer auf das Tor und die hohe Hecke, die den Gipfel des Abgrunds begrenzte – das gewaltigste Feuer, das ich je gehört hatte. Sogar der Donner, der wie beim Kampf am Karfreitag über ihnen dröhnte, ging im Donner der siebenhundert Snider-Gewehre unter, der von den Felsen vor ihnen widerhallte. Unter dem Deckmantel dieses gewaltigen Feuers machten sich die Ingenieure und das führende Unternehmen auf den Weg. Als sie die Hälfte der Höhe erreicht hatten, hörten die Truppen auf zu schießen, und die Sturmtruppe kletterte im Laufschritt hinauf. Die ganze Zeit über waren Antwortblitze von einer hohen Mauer zurückgekehrt, die sich neben dem Tor einige Fuß weit erstreckte, und von hinter den Häusern und Felsen in der Nähe. Als die Pioniere unter der Führung von Major Pritchard das Tor erreichten, wurden mehrere Schüsse durch Schießscharten in der Mauer abgefeuert, und zwei oder drei Männer taumelten verwundet zurück, wobei Major Pritchard selbst zwei sehr leichte Fleischwunden am Arm erlitt. Die Männer steckten sofort ihre Gewehre durch die Löcher und hielten ein ständiges Feuer aufrecht, um ihre Feinde dahinter zu vertreiben.

Dann entstand eine Pause, die eine Zeit lang niemand verstand; Doch schließlich drängte sich ein Soldat den überfüllten Weg entlang mit der erstaunlichen Nachricht, dass die Pioniere, die den Sturmtrupp angeführt hatten, um das Tor einzusprengen, tatsächlich vergessen hatten, Pulver mitzunehmen! Sie hatten auch keine Brechstangen, Äxte oder Sturmleitern. General Staveley entsandte sofort einen Offizier, um Pulver aus den Artilleriewagen zu holen.

Das 45. Regiment eröffnete das Feuer, um zu verhindern, dass die Scharmützler des Feindes Schaden anrichteten. und einige Pioniere des 45. Jahrhunderts wurden mit Äxten hinaufgeschickt, um das Tor aufzubrechen. In der Zwischenzeit entdeckten die Männer der 33d jedoch auf der Straße, die zum Tor hinaufführte, auf halber Höhe eine Stelle, an der sie nach links hinaufklettern konnten, und als sie durch die Hecke gelangten, konnten sie Schnell räumten die Verteidiger das Tor ab. Ein großer Teil des Regiments marschierte an dieser Stelle ein, und das Tor wurde erst eine Viertelstunde, nachdem die Sturmtruppe dort angekommen war, richtig geöffnet; Denn als man es abriss, stellte man fest, dass das Torhaus mit sehr großen Steinen gefüllt war; und wenn daher Pulver zur Hand gewesen wäre und das Tor gesprengt worden wäre, müsste eine beträchtliche Zeit verstrichen sein, bevor die Gruppe hätte eintreten können. Hinter dem Tor befand sich eine Ansammmlung von Hütten, in denen trotz des seit zwei Stunden andauernden schweren Feuers noch viele Bewohner blieben . Hinter ihnen befand sich ein natürlicher Steilhang mit einer Höhe von 25 bis 30 Fuß und einer Treppe, die breit genug war, dass jeweils nur ein einzelner Mann hinaufsteigen konnte. Oben befand sich ein weiteres Tor, das von den Gewehren der 33. Infanteriedivision aufgesprengt worden war. Ich trat mit dem hinteren Teil des Regiments ein; aber zu diesem Zeitpunkt war alles vorbei. Am ersten Tor befanden sich sechs oder sieben Leichen und am zweiten zwei oder drei Männer. Dahinter lag das ebene Plateau, dicht verstreut mit den Hütten der Einheimischen in ihrer gewöhnlichen Bauart – nicht mit den Heuhaufen, die die anderen Hügel und das Plateau bedeckt hatten. Hundert Meter vom Tor entfernt lag der Körper von Theodore selbst, durchbohrt von drei Kugeln, von denen er angeblich eine mit seiner eigenen Hand abgefeuert hatte. Er war mittelgroß und sehr dünn, und sein Gesichtsausdruck im Tod war eher mild als umgekehrt. Er hatte das prächtige Gewand abgeworfen, in dem er über die Ebene geritten war, und trug das rot-weiße Gewand eines gewöhnlichen Häuptlings.

Die Kämpfe waren nun vorbei. Ungefähr hundert Männer waren über einen Pfad auf der anderen Seite der Festung geflohen, und der Rest der Verteidiger war in ihre Häuser geflohen und als friedliche Bewohner ohne Waffen zurückgekommen. Nichts könnte bewundernswerter sein als das Verhalten des 33d. Ich habe keinen einzigen Fall gesehen, in dem ein Mann dieses oder des folgenden Regiments versucht hätte, einem der Eingeborenen auch nur ein einziges Schmuckstück oder einen anderen Gegenstand aus der Hand zu nehmen. Diese letzteren drängten sich aus ihren Häusern, trugen ihren Hausrat und salamierten zu Boden, als sie sich auf den Weg zum Tor der Festung machten. Ich ging in mehrere der verlassenen Hütten; Sie enthielten nichts als Müll. In den Gehegen standen ein paar Ziegen und Rinder, und Säcke voller Getreide waren reichlich vorhanden. Die armen Leute waren zufrieden damit, mit ihrem Leben davonzukommen und mit dem, was sie auf ihren eigenen Schultern und denen ihrer Lasttiere mitnehmen konnten.

Plötzlich traf ich auf eine ergreifende Prozession. Das waren die einheimischen Gefangenen. Mit schweren Fußketten beladen befanden sich mindestens hundert arme Kerle, die jahrelang in den Fängen des Tyrannen herumgehangen hatten. Viele von ihnen konnten nicht laufen und wurden von ihren Freunden getragen. Wir hatten viel mehr Mitleid mit ihnen als mit den zu uns geschickten Gefangenen, denen es mit geräumigen Zelten, vielen Dienern und reichlich Geld und Lebensmitteln weitaus besser ging als diesen armen, elenden Eingeborenen. Sie waren auf jede erdenkliche Weise bemüht , ihrer Freude und Dankbarkeit Ausdruck zu verleihen. Sie beugten sich zu Boden, sie weinten, sie klatschten in die Hände; und die Frauen – zumindest diejenigen, die nicht angekettet waren – tanzten und stießen ihren schrillen Willkommensruf aus. Die Soldaten waren sehr freundlich zu ihnen, und nicht wenige gaben die Suche nach seltsamen Plünderungsgegenständen auf, die sie mit Hammer und Meißel bearbeiten konnten, um ihre Ketten zu entfernen. Auf dem flachen Plateau befanden sich einige Hundert Hütten, aber keine einzige davon wies Spuren der Bombardierung auf; und glücklicherweise hatte die große Entfernung, aus der die Kanonen abgefeuert wurden, die Bewohner vor der Verletzung bewahrt, die sie sonst durch das unnötige Bombardement erlitten hätten. Beim ersten Einmarsch der 33d waren einige Menschen verwundet worden, aber ihre Zahl war sehr gering; und es scheint unglaublich, dass von einer so großen Bevölkerung nur etwa zehn oder fünfzehn, und zwar die Verteidiger des Tores, getötet wurden.

Die Hütten hatten alle die gleiche Größe und Beschreibung – Steinmauern mit konischen Dächern und kein Licht außer dem, das durch die Tür hereinkam. Der König selbst lebte in einem Zelt. Seine Frau, oder besser gesagt Ehefrauen, wohnte in einem Haus, das von der Form her ganz ähnlich war, aber größer als die anderen Zelte. Eine oder zwei dieser armen Frauen waren unter den Verwundeten, die wild umhergerannt waren, bevor das Feuer aufgehört hatte, und von verirrten Kugeln getroffen worden waren. Es ist äußerst erfreulich zu wissen, dass außer denen der tatsächlichen Kämpfer keine Menschenleben geopfert wurden.

Wir haben keine Toten, aber zehn oder fünfzehn Verwundete, die meisten davon sehr leicht. Einer der Punjaubees , der drei Tage zuvor im Kampf verwundet worden war, ist inzwischen gestorben. Die Beute, die die Soldaten erbeuteten, war im Allgemeinen äußerst unbedeutend. Stücke von den Vorhängen des Zeltes des Königs, Stücke von kitschigem Brokat und dergleichen sind die Gesamtsumme. Einige wenige bekamen goldene Kreuze und andere, wertvollere Gegenstände. Es wurde eine allgemeine Anordnung erlassen, die die Rückgabe sämtlicher wertvoller Beute anordnet; aber ich kann mir nicht vorstellen, dass der zurückgegebene Betrag groß sein wird. Die gesamte erbeutete Beute, einschließlich der Waffen usw., wird in ein oder zwei Tagen versteigert und das Ergebnis sofort aufgeteilt. Es ist bekannt, dass beträchtliche Summen in Dollar und Gold vergraben wurden, und es wird eine Suche nach ihnen eingeleitet, allerdings ohne große Aussicht auf Erfolg, wie ich mir vorstellen kann. Auf meinen Wanderungen stieß ich auf eine große Hütte, die sich als königlicher Keller herausstellte. Hier servierten die Eingeborenen den Soldaten „ Tedge “ – ein Getränk, das einer Mischung aus Bier und Limonade ähnelte und einen sehr starken muffigen Geschmack hatte . Es gab mindestens hundert große Krüge, die mit der Flüssigkeit gefüllt waren, die die Soldaten Bier nannten und die, obwohl die Männer durstig waren, sehr erfrischend war. Es war jetzt fast sechs Uhr und die Soldaten hatten seit dem frühen Morgen nichts mehr gegessen und getrunken. Ich sollte sagen, dass jeder Soldat der Truppe an diesem Abend Geflügel gegessen hat. Ihr Wert ist hier, außer wenn sie uns zum Verkauf angeboten werden, nur nominell, und keiner der Leute hat sich die Mühe gemacht, sie wegzunehmen; Infolgedessen liefen sie zu Hunderten umher und es kam zu vielen lebhaften Verfolgungsjagden.

Magdala selbst ist etwa eine halbe Meile lang und eine Viertelmeile breit, sein schmales Ende verbindet die Schulter mit Salamgi , und da dieses Ende ziemlich schmal ist, berührt es die Schulter nur etwa fünfzig bis sechzig Meter lang. An dieser Stelle sollte ich sagen, dass das Plateau der Festung 200 Fuß über der Schulter liegt. Auf der anderen Seite wäre es 1200 Fuß steil. Die 33. Armee stellte ihre Fahnen auf dem höchsten Punkt auf, und als General Napier eintrat, richtete er ein paar Worte an die Männer und sagte: „Sie hatten den Angriff in tapferem Stil durchgeführt." Wie sich herausstellte, war die Gefahr natürlich gering; aber das tut der Art und Weise, wie das Regiment zum Angriff vorging, keinen Abbruch; denn soweit sie es beurteilen konnten, hätten sich in den Hütten unmittelbar hinter dem Tor Hunderte von Männern versteckt halten können.

Die beiden wertvollsten Beutegegenstände, von denen bekannt war, dass sie beschlagnahmt wurden, wurden von Herrn Holmes vom British Museum für die Nation der Soldaten gekauft, von denen sie erbeutet wurden. Das eine war einer der königlichen Schilde von Abessinien, von denen ich beschrieb, dass einer davon von Gobayzes Onkel getragen wurde, als er unser Lager besuchte. Der andere ist ein goldener Kelch, wahrscheinlich vier oder fünf Jahrhunderte alt. Es trägt eine Inschrift auf Amharisch, deren Übersetzung wie folgt lautet: „Der Kelch von König Adam-Squad, genannt Gazor , dem Sohn von Königin Brhan , Moquera ." Präsentiert im Kwoskwan Sanctuary (Gondar). Mögen mein Körper und meine Seele gereinigt werden! Das Gewicht beträgt 25 Wohkits reines Gold und der Wert 500 Dollar. Hergestellt von Waldo Giergis ." Der Name des Herstellers scheint zu bezeugen, dass er entweder der Sohn eines Italieners war oder ein Italiener, der einen abessinischen Vornamen angenommen hatte. Da diese Anschaffungen für die Nation getätigt werden, hat Sir Robert entschieden, dass sie nicht aufgegeben werden dürfen. Er hat außerdem angeordnet, dass Herr Holmes vor der Auktion weitere Artikel auswählen kann, die für das Museum geeignet sein könnten.

Die zweite Brigade verbrachte die Nacht in Magdala und blieb noch immer dort; Die erste Brigade kehrte ins Lager zurück, das sie erst zu sehr später Stunde erreichte. Der Anblick des Hügels von Salamgi und der Ebenen darunter war sehr beeindruckend, als ich nachts durch ihn ritt. Die große Auswandererbevölkerung hatte dort ihr Lager aufgeschlagen, und ihre unzähligen Feuer hatten eine sehr schöne Wirkung. In der Nacht kam es zu einem äußerst skandalösen Diebstahl und Sakrileg. Der Sarg des verstorbenen Hohepriesters Abuna wurde aufgebrochen; Sein Körper wurde fast in Stücke gerissen und ein mit Edelsteinen besetztes Kreuz im Wert von einigen Tausend Pfund wurde gestohlen. Es ist ziemlich sicher, dass diese Tat nicht von unseren Soldaten begangen wurde, da diese natürlich weder vom Abuna noch von seinem Kreuz wussten. Der Verdacht richtet sich im

Allgemeinen auf einige der verstorbenen Gefangenen, die wussten, was offenbar eine berüchtigte Angelegenheit war, dass die Abuna dieses äußerst wertvolle Schmuckstück gekauft hatten, um es damit zu begraben.

Die Expedition ist nun zu Ende. Seine Ziele werden mit größtem Erfolg erreicht und das Interesse und die Aufregung sind vorbei. Jetzt haben wir nur noch unseren langen und mühsamen Marsch zurück. Der Tag, an dem wir uns nach Hause wenden, ist noch nicht fest; der 20. ist derzeit benannt. Wir werden wahrscheinlich ein oder zwei Tage lang in Dalanta Halt machen , und dort heißt es, dass Gobayze den Häuptling besuchen wird und dass wir eine große Parade veranstalten werden.

Die Meinung, die die Eingeborenen auf unserem Heimmarsch über uns haben werden, wird sich deutlich von der Meinung unterscheiden, mit der sie uns auf unserem Vormarsch betrachteten. Dann betrachteten sie uns als bloße Händler, die bereit waren zu kaufen, aber nicht in der Lage waren, für unsere gefesselten Landsleute zu kämpfen; Jetzt werden sie uns als die Bezwinger des bisher unbesiegbaren Theodore und daher als Tapfere der vornehmsten Klasse betrachten.

Vor Magdala, 16. April.

Mein Brief, in dem ich den Fall von Magdala beschreibe, wurde erst vor zwei Tagen geschrieben, und ich kann nur wenige Informationen hinzufügen. Diese werde ich jedoch jetzt absenden, in der Hoffnung, dass sie mit der gleichen Post ankommen, die meine letzten übermittelt hat. Wir hatten hier nur zwei Aufregungen; die eine, die Perquisition – in der Tat, der Art und Weise nach, wie sie durchgeführt wurde, kann ich sie Inquisition nennen – zur Beute; das andere, die ständige Plünderung durch diese arroganten Diebe, die Gallas . Die ersten Anordnungen zur Plünderung waren vernünftig und vernünftig genug. Sie besagten, dass alle Artikel von eigenem Wert oder von nationalem Interesse aufgegeben werden sollten. Dagegen hatte niemand Einwände. Es war nur fair, dass die gesamte gesammelte Beute, gleich welchen Werts auch immer, zum Wohle der Streitkräfte im Allgemeinen gerecht aufgeteilt werden sollte. Die nächste Bestellung war jedoch einfach nur lächerlich und löste natürlich viel Ärger aus. Es wurde angeordnet, dass alle mitgenommenen Artikel, unabhängig von Wert oder Beschreibung, zurückgegeben werden sollten. Nun hatten die Männer allerlei kleine Erinnerungsstücke an die Gefangennahme Magdalas besessen. Speere und Glasperlen, Bücher und Kleiderfetzen, leere Kürbisse und Pulverhörner, tatsächlich alle möglichen kleinen Gegenstände, deren Gesamtwert nicht zwanzig Dollar betrug, die aber wertvolle Erinnerungsstücke für die drei- oder viertausend Männer darstellten wer sie aufgehoben hatte – all dies sollte nun aufgegeben werden; und die Durchsuchung war so streng, dass ich sah, wie sogar die Havarien der Männer untersucht wurden, um sicherzustellen, dass sie nichts versteckt hatten. Der Stapel der gesammelten Gegenstände war von höchst unterschiedlicher Art und sah aus wie der Inhalt eines Pfandleihhauses in der Nähe von Whitechapel. Diese Dinge waren für die Männer wertvoll, da sie sie in Magdala gesammelt hatten; aber sie werden überhaupt nichts einbringen, wenn sie verkauft werden. Es ist sehr bedauerlich, dass der ursprünglichen Anordnung nicht Folge geleistet wurde, da alle Männer der Aufforderung zur Herausgabe von Wertgegenständen freudig Folge geleistet hätten. So wie es aussieht, wird der Gesamtwert der Plünderung zehntausend Dollar nicht überschreiten, und ich bezweifle tatsächlich, dass er sich dieser Summe annähern wird. Die wichtigsten Wertgegenstände, mit Ausnahme einiger Kreuze, sind englischer Herstellung, doppelläufige Gewehre usw.; in der Tat die Geschenke, die die englische Regierung von Rassam verschickte . Ein medizinisches Gericht hat Theodores Leiche untersucht und ist zu dem Schluss gekommen, dass er durch seine eigene Hand gestorben ist. Herr Holmes vom British Museum hat ein außerordentlich gutes Abbild des toten Monarchen angenommen; Tatsächlich weiß ich nicht, dass ich jemals eine auffallendere Ähnlichkeit gesehen habe. Die Ingenieure haben auch ein Foto von ihm gemacht.

Die Gallas waren in den letzten drei Tagen äußerst problematisch. Die unglücklichen Flüchtlinge aus Magdala schlagen ihr Lager am Fuße des Hügels auf und machen sich nach und nach auf den Weg zu ihren jeweiligen Häusern. Um ihr Lager und um die Unglücklichen auf ihrem Marsch schwärmen die Gallas in großer Zahl, rauben ihr Vieh und ihre Esel aus, vertreiben sie, entführen ihre Frauen und Kinder in die Gefangenschaft und verwunden und manchmal töten sie alle, die sich ihnen widersetzen . Manchmal versuchen sie auch, unsere Maultiere und Vorräte auszurauben. Wir tun alles, was wir können, um die wehrlosen Menschen zu schützen, und ständig rücken Abteilungen aus, um die Räuber zu vertreiben. Die Infanterie, der Raketenzug und die Geschütze mussten mehrmals schießen, und mehrere der Plünderer wurden getötet. Achtzehn sind derzeit Gefangene in unserem Lager, von denen einige an der Ermordung eines der Abessinier beteiligt waren. In der vorletzten Nacht griffen sie in der Nähe von Magdala einige der Maultiere mit dem Gepäck der 33d an, wurden jedoch unter dem Verlust mehrerer Männer zurückgeschlagen. Jetzt, wo wir Magdala haben, besteht unsere Schwierigkeit darin, sie loszuwerden, und nur das ist es , was uns hier warten lässt. Magdala ist, wie ich bereits sagte, selbst in den Händen dieser Wilden ein fast uneinnehmbarer Ort. Nördlich und westlich davon sind die Menschen Christen. Ob ihr Christentum oder das Christentum eines wilden Volkes ihnen überhaupt etwas nützt oder sie zumindest moralischer oder besser als ihre Nachbarn macht , ist jetzt unnötig zu fragen. Auf jeden Fall sind sie ein sesshaftes Volk, das von der Kultur seines Landes lebt. Östlich dieser Bauernvölker leben die Gallas , nomadische Muslime, deren Hand sich gegen die aller Menschen richtet, die von Raub und Gewalt leben und Sklavenhändler und Menschendiebe der schlimmsten Art sind. Magdala steht ihnen als Bollwerk gegenüber. Es liegt auf der Straße zwischen ihrem Land und dem eigentlichen Abessinien, und die Garnison kann ihnen im Falle eines Raubzugs jederzeit in den Rücken fallen. Daher war es wünschenswert, dass es einer Macht anvertraut wurde , die stark genug war, um dieses Räubervolk in Schach zu halten. Der Sohn von Theodor, der mit seinen Frauen in unsere Hände gefallen ist, ist zu jung, um daran zu denken, und es bleiben nur noch Gobayze und sein Rivale Menilek . Menilek war in den frühen Tagen der Expedition viel zu hören. General Merewether schrieb immer über ihn und seine Armee von vierzigtausend Mann und seine große Freundschaft; Doch wie die meisten versprochenen Ländereien des tapferen Generals erwies sich Menileks Hilfe als Mythos, und wir haben nie wieder von ihm gehört, seit wir bis auf hundert Meilen an Magdala herangekommen waren. Gobayze hingegen hat sich jedenfalls als echte Persönlichkeit herausgestellt. Er hat zwar nie das Geringste getan, um uns in irgendeiner Weise zu helfen; Trotzdem besuchte uns sein Onkel und wäre beinahe erschossen worden, so dass wir annehmen können, dass dieser Onkel tatsächlich einen Neffen namens Gobayze hat . An Gobayze wurde geschrieben, er solle kommen und Magdala in Besitz nehmen, aber er ist noch nicht angekommen; aber heute Morgen ist sein Onkel wieder auf der Bildfläche erschienen und weigert sich, soweit ich weiß, im Namen seines Verwandten, Magdala etwas zu sagen. Tatsächlich ist Magdala absolut wertlos, außer als Festung, zu der man sich als letzte Zuflucht zurückziehen kann. Es ist zu weit vom Hauptteil Abessiniens entfernt, um von strategischer Bedeutung zu sein, und es wären ein paar tausend Mann erforderlich, um es zu besetzen, und die aus beträchtlicher Entfernung mit Proviant versorgt werden müssten. Gobayze will seine ganze verfügbare Kraft für den Kampf haben, den er mit Menilek führen wird, sobald wir das Land verlassen, und es ist ihm überhaupt nicht wichtig, zweitausend Männer in einen äußersten Winkel seines Herrschaftsbereichs zu entsenden, wo sie es auf keinen Fall könnten die Frage des Krieges beeinflussen. Er könnte seine Meinung ändern; aber wenn er es nicht tun sollte, werden wir in ein paar Tagen unseren Rückwärtsgang beginnen und Magdala dem ersten Ankömmling überlassen. Die Abessinier beschweren sich bitterlich über unsere Kampfweise. Für sie ist ein Gefecht eine Art Duell. Beide Seiten greifen gleichzeitig an, entladen ihre Geschütze und ziehen sich zum Laden zurück. Das Manöver wird wiederholt, bis die eine oder andere Seite genug davon hat. Sie protestieren daher übermäßig gegen unser kontinuierliches Vorrücken und Feuern, ohne eine Pause zum Nachladen einzulegen. Auf diese unziemliche Praxis führen sie ihre Niederlage zurück.

Die gesamte Armee erwartet mit größter Spannung den Rückzugsbefehl. Das Leben hier ist nicht angenehm. Das Wetter ist tagsüber trocken, heiß, aber nicht unangenehm; Nachmittags regnet es immer heftig und nachts ist es kalt. Unsere Angebotsvielfalt ist nicht groß. Wir haben viel Fleisch und wenig Mehl; kein Rum, kein Tee, kein Zucker, kein Gemüse. Übrigens gelang es dem Kommissariat tatsächlich, der Truppe am Tag nach der Einnahme von Magdala die außerordentlich großzügige Entschädigung von einem Dram Rum pro Mann zur Verfügung zu stellen. Aber unser größter Wunsch ist Wasser. Wir sind buchstäblich ohne Wasser. Eineinhalb Meilen entfernt ist eine begrenzte Menge, aber sie ist in der Tat sehr begrenzt und stinkt abscheulich; Es ist so schlimm, dass man kaum unterscheiden kann, was man trinkt, selbst wenn man das Glück hat, Tee oder Kaffee zu bekommen; Und selbst davon ist nicht genug, um allein zu trinken, und ein Mann betritt ein anderes Zelt und bittet so eifrig um einen Becher Wasser, als wäre es das erlesenste aller Getränke. Waschen kommt überhaupt nicht in Frage; und die Tiere müssen für ihren täglichen Zug zum schlammigen Bachelo hinabgebracht werden , fünfzehnhundert Fuß unter uns und sechs Meilen entfernt. Entscheidend ist, dass es umso besser ist, je schneller wir da rauskommen. Derzeit ist der 18. der glückliche Tag, der beschlossen wurde; und ich hoffe inständig, dass nichts geschieht, was unsere Abreise hinauszögern könnte. Ein Teil der Truppen wird sicherlich heute oder morgen starten.

Antalo , 1. Mai.

Es gibt wenige Dinge, die weniger interessant sind als das Schlusskapitel einer Kampagne. Die Aufregung und Angst, der Erfolg und Triumph sind vorbei; Der Vorhang ist auf das Stück gefallen, und wir brauchen nur unsere Umhänge anzuziehen und nach Hause zu gehen. Bis heute hat der Telegraph England von dem Erfolg berichtet, mit dem die Expedition gekrönt wurde. Wenn er einmal die Einzelheiten gelesen hat, wird sich der englische Leser nach dem ersten kleinen Anflug von natürlichem Stolz und Befriedigung mit einem leichten Seufzer hinsetzen, um die Kosten abzuschätzen, und dann versuchen , das unangenehme Thema so weit wie möglich zu vergessen . Ich habe das Gefühl, dass die Überschrift meines Briefes, „Die Abessinien-Expedition", nicht mehr attraktiv sein wird. Epiloge sind aus der Mode gekommen und werden beim jährlichen Theaterstück der Westminster Boys nur noch als Relikt der Vergangenheit aufbewahrt. Ich könnte mir vorstellen, dass am Ende eines modernen Theaterstücks nur sehr wenige Leute einen Epilog aussitzen würden; Und ebenso gehe ich davon aus, dass nur sehr wenige Leser Interesse daran haben werden, mehr über das karge und bergige Land zu erfahren, in dem wir uns in den letzten sechs Monaten aufgehalten haben. Ich könnte mir vorstellen, dass sie dem Thema fast genauso überdrüssig sind wie wir. Meiner Erfahrung nach hatten Sonderkorrespondenten noch nie eine so schwierige oder undankbare Aufgabe wie die, die uns hier übertragen wurde. Das Land, durch das die Armee marschierte, war äußerst karg und bergig. Die tatsächlichen Ereignisse waren selten. Es gab keine Gelegenheit für Feldherrschaft oder strategische Bewegung. Es war ein langer, langsamer, eintöniger Marsch, der für alle Beteiligten mit mehr oder weniger Strapazen verbunden war. Es bietet keinen Vergleich zu den wechselnden Schauplätzen und aufregenden Phasen eines europäischen Wahlkampfs. Nur anhand seiner Ergebnisse und der Erinnerung an die feindselige Kritik und die düsteren Prophezeiungen, mit denen es in seinen Anfängen angegriffen wurde, können wir selbst die Schwierigkeit der erfüllten Aufgabe und die Art und Weise beurteilen, wie die Welt weitergehen wird Schau es dir an. Für uns war es einfach eine Monotonie aus harter Arbeit und hartem Leben. Bis zur letzten Woche unseres Marsches hatten wir keinerlei Aufregung, um ihn zu beleben; und was die Zwischenfälle im Wahlkampf betrifft, gab es nur wenig, um den britischen Steuerzahler für seine Ausgaben zu entschädigen. Ansonsten besteht kein Zweifel daran, dass das Geld gut angelegt war, so wertlos die Gruppe der Menschen insgesamt war, zu deren Gunsten diese kostspielige Expedition unternommen wurde. Auf keine andere Weise hätte Großbritannien mit einem so vergleichsweise geringen Aufwand das Ansehen wiedererlangen können, das die Friedensjahre sowohl in Europa als auch im Osten zweifellos stark beeinträchtigt hatten. England hat gezeigt, dass es wirklich für eine Idee in den Krieg ziehen kann; dass es sich auf einen Krieg einlassen kann, der so schwierig, gefährlich und kostspielig ist, dass keine andere europäische Macht ihn unter ähnlichen Umständen unternommen hätte, und dies ohne die geringste Ahnung, dass es einen materiellen Vorteil für sich selbst hätte. Unseren französischen Kritikern *zufolge* hatte England keinen möglichen Nutzen aus der Eroberung oder Besetzung Abessiniens. Mit Aden und Perim in unserer Macht ist das Rote Meer praktisch ein englischer See, und der Besitz von Abessinien, Hunderte von Meilen vom Hafen von Annesley Bay entfernt, der an sich zwischen Suez und Aden völlig außerhalb der Fahrspur von Schiffen liegt , würde dies tun eher eine Quelle der Schwäche als der zusätzlichen Stärke sein. Der Krieg wurde ausschließlich aus einem großzügigen nationalen Impuls heraus geführt, verstärkt durch das Gefühl, dass die Gefangenschaft unserer unglücklichen Landsleute nicht auf ihr eigenes Verschulden zurückzuführen war, sondern auf die groben Fehler der Männer zurückzuführen war, denen die auswärtigen Angelegenheiten der Nation unglücklicherweise oblagen anvertraut . Unser Erfolg war selbst für uns selbst erstaunlich und wurde trotz der Fehler und Fehler, die jede andere Expedition ruiniert hätten, glücklicherweise erreicht.

In meinem letzten Brief erklärte ich, dass Gobayze sich geweigert habe, die Anklage gegen Magdala anzunehmen. Es wurde daher beschlossen, es zu verbrennen; und am 18. letzten Jahres wurde Feuer gelegt, und in sehr kurzer Zeit standen die gesamten strohgedeckten Zelte in Flammen. Der Wind wehte zu dieser Zeit frisch, und in wenigen Minuten war die gesamte Hochebene von Magdala mit einem heftigen Feuer bedeckt, das dem umliegenden Land kilometerweit verkündete, dass der letzte Akt der Versöhnung vollbracht wurde. Hätte die Szene nachts stattgefunden, wäre sie überaus großartig gewesen; Aber selbst am helllichten Tag war die Wirkung der Flammendecke sehr schön, obwohl sie nicht von Rauch getrübt war – denn die trockenen Dächer brannten wie Zunder. Stellen Sie sich einen riesigen Bauernhof mit einer Länge von dreiviertel Meile und einer Breite von fast einer halben Meile vor, auf dem mehr als 300 Heuhaufen stehen und der in Flammen steht. und die Wirkung des Verbrennens von Magdala kann man sich leicht vorstellen. Gleichzeitig mit der Feuersbrunst wurden die Tore gesprengt und die Geschützteile explodierten; und dann zogen sich die Truppen, denen diese Aufgabe zugeteilt worden war, vom Schauplatz ihres großen Erfolgs zurück, um sich ihren Kameraden anzuschließen und am nächsten Tag zum Meeresufer zu marschieren. Ich machte mich am Tag vor dem Abzug der Truppen auf den Weg nach Dalanta und war sehr froh darüber, da ich so dem ungeheuren Durcheinander des Gepäcks entging, das zum Teil fast dreißig Stunden unterwegs war, und Zeuge eines der schlimmsten Ereignisse wurde außergewöhnliche Szenen, die ich je gesehen habe. Am Bachelo- Fluss traf ich auf den Vorwagen der Hauptkolonne der Flüchtlinge aus Magdala, die in der vergangenen Nacht am Bach ihr Lager aufgeschlagen hatten. Hier zeigte die Menge der leeren Kürbisse, Kochgefäße und Abfälle aller Art, dass ihr Gepäck, so spärlich es auch war, bereits zu groß für ihr Transportmittel war. Eine Meile weiter stieß ich auf ihren Rücken. Soweit das Auge den gewundenen Pfad zum Gipfel der Schlucht hinauf reichte, drängten sie sich in einer dichten grauen Schar. Dreißigtausend Menschen, Männer, Frauen und Kinder, außerdem unzählige Tiere aller Art. Wahrscheinlich wurde seit dem großen Auszug aus Ägypten noch nie ein so seltsamer Anblick erlebt. Alle waren beladen; Ausnahmsweise mussten die Männer die Arbeit ihrer Frauen und Familien teilen; und in der Tat kann ich sagen, dass die Männer dieses Teils von Abessinien weniger faul und eher bereit sind, ihren Anteil an der Familienarbeit zu tragen , als die Männer von Tigre, die sich, wie ich bereits erwähnt habe, nie herablassen, ihren Frauen zu helfen in irgendeiner Weise. Die Männer trugen Getreidesäcke – die Männer übrigens immer auf einer Schulter tragen und nicht auf dem Rücken, wie es die Frauen tun; Die Frauen waren ähnlich belastet und hatten zusätzlich Wasser- und Ghee-Kürbisse mit sich, an deren Hals sich ein oder zwei Kinder festhielten. Auch die Kinder trugen ihren Anteil am Hausrat, bis auf die ganz Kleinen; und diese kleinen, nackten, dickbäuchigen Wesen trabten entlang und hielten sich an den Röcken ihrer Mütter fest. Einige, die in der Menge und dem Durcheinander ihre Freunde verloren hatten, setzten sich hin und weinten kläglich; aber im Großen und Ganzen hielten sie den steilen Anstieg stetig hinauf, was für die Menschen ziemlich anstrengend war, ganz zu schweigen von diesen armen kleinen Milben. Obwohl es sich um einen unfreiwilligen Exodus handelte, schien es mir bei niemandem Schmerz oder Bedauern zu verursachen. Weder bei dieser Gelegenheit noch an dem Tag, an dem sie Magdala verließen, sah ich eine Träne vergießen oder Zeuge irgendwelcher Anzeichen von Trauer. Nun sind die Abessinier ein äußerst demonstratives Volk und weinen und jammern ausgiebig und trotzig über die kleinste eingebildete Beschwerde; Folglich kann ich nicht anders, als zu glauben, dass der große Teil des Volkes froh war, Magdala zu verlassen und in ihre jeweiligen Länder zurückzukehren. Alle drängten stetig vorwärts; Es gab kein Anhalten, keine Verzögerung, kaum eine Pause zum Durchatmen; denn in ihrem Rücken und an ihrer Flanke, und manchmal auch mitten in ihrer Mitte, plünderte der Räuber Gallas alles, was ihnen begegnete. Ich habe in meinem letzten Buch von den Gallas gesprochen . Seitdem sind sie noch kühner und gefährlicher geworden, und nicht wenige sind bei Gefechten mit unseren Truppen gefallen. Bald nachdem wir uns der Flüchtlingsgruppe angeschlossen hatten, hörte ich vor uns Schreie und Schreie, und als wir mit meinem Freund im Galopp hineinritten, trafen wir auf eine Reihe von Eingeborenen, die in großer Aufregung waren und deren Frauen weinten und die Hände rangen . Sie zeigten auf eine Schlucht und machten uns klar, dass die Gallas dort waren. Als wir darauf zuritten, stießen wir auf eine Gruppe von acht oder zehn Männern mit Speeren und Schilden, die ein paar Dutzend Ochsen vertrieben, die sie gerade gestohlen hatten. Bevor sie sich von ihrer Überraschung erholen konnten, waren wir in ihrer Mitte, und unsere Revolver schleuderten sie bald mit zwei oder drei Verwundeten den Hügel hinauf. Wir trieben das Vieh zurück und wurden von den unglücklichen, aber erbärmlich feigen Eingeborenen mit Jubel empfangen, die ihre Angreifer nur mit Steinen auf Distanz hätten halten können, wenn sie so viele Schafe gehabt hätten. Ein paar hundert Meter weiter stießen wir auf eine weitere Gruppe von Gallas , die aktiv Plünderungen durchführte; und als sie uns mit unseren Gewehren und Revolvern in der Hand sahen, flohen die meisten von ihnen; aber wir nahmen zwei der Räuber gefangen, die sahen, dass die einzige Chance, der Erschießung zu entkommen, darin bestand, sich auf ihr Gesicht zu werfen. Wir fesselten ihnen die Hände auf dem Rücken und übergaben sie unseren Syces, die sie bis zum Ende des Tages vor sich hertrieben, als wir sie an Colonel Graves von der 3. Kavallerie übergaben, der in Dalanta das Kommando hatte und das Kommando hatte Genugtuung, zu sehen, wie jeder von ihnen zwei Dutzend Peitschenhiebe bekam, gut angelegt. Nach diesem Gefecht, als wir zahlreiche Gallas umherschweifen sahen, stellten wir eine Art Nachhut der einheimischen Kolonne dar, und mein doppelläufiges Gewehr trieb sie bald auf Distanz, auf die große Entfernung, aus der es Kugeln in Gruppen schickte, die auf eine Gelegenheit warteten Der Angriff überraschte sie offensichtlich sehr und veranlasste sie, sich in größter Eile zu zerstreuen. Ich denke, es ist eine Frage, ob die Gallas oder die Abessinier die größten Feiglinge sind. Zwei oder drei Offiziere, die später am selben Tag auftauchten, lieferten sich Gefechte mit ihnen, und drei oder vier der Gallas wurden getötet. Die Eingeborenen lagerten auf den Ebenen von Dalanta , ihre schwarzen Deckenzelte erstreckten sich über weite Strecken des Geländes. Am nächsten Tag überquerten sie die Djedda , und nachdem sie auf die Hochebene dahinter aufgestiegen waren, waren sie vor den Angriffen der Gallas sicher und konnten ihren Weg nach Gondar und den anderen Orten, zu denen sie gehörten, in Ruhe fortsetzen.

Am 20. waren alle Truppen in Dalanta und es fand eine große Parade statt. Die Truppen marschierten vorbei und bildeten dann ein hohles Quadrat, und ihnen wurde der folgende Tagesbefehl vorgelesen:

„ SOLDATEN DER ARMEE VON ABESSINIEN ,

„Die Königin und das englische Volk haben Ihnen eine sehr mühsame und schwierige Expedition anvertraut – unsere Landsleute aus einer langen und schmerzhaften Gefangenschaft zu befreien und die Ehre unseres Landes zu rechtfertigen, das Theodor, der König von Abessinien, beleidigt hatte.

„Ich gratuliere Ihnen von ganzem Herzen zu der edlen Art und Weise, in der Sie die Befehle unseres Souveräns erfüllt haben. Sie haben viele steile und steile Bergketten mit einer Höhe von mehr als zehntausend Fuß überquert, wo Ihre Vorräte nicht mit Ihnen Schritt halten konnten. Als Sie in Reichweite Ihres Feindes ankamen, wenn auch mit spärlicher Nahrung und einige von Ihnen viele Stunden ohne Nahrung oder Wasser, haben Sie in vier Tagen die gewaltige Schlucht von Bachelo überwunden und die Armee von Theodore besiegt, die auf Sie herabstürzte ihre hohe Festung im vollen Vertrauen auf den Sieg. Viele Tausende haben ihre Waffen zu deinen Füßen niedergelegt.

„Sie haben mehr als dreißig Artilleriegeschütze erbeutet und zerstört, viele davon von großem Gewicht und Effizienz, mit reichlich Munitionsvorräten. Sie haben die fast unzugängliche Festung Magdala gestürmt, die von Theodore mit dem verzweifelten Rest seiner Häuptlinge und Anhänger verteidigt wurde. Nachdem Sie sich den Zutritt erzwungen hatten, misstraute Theodore, der niemals Gnade zeigte, den Gnadenangeboten, die man ihm gemacht hatte, und starb durch seine eigenen Hände. Sie haben nicht nur die britischen Gefangenen freigelassen, sondern auch die anderer befreundeter Nationen. Sie haben die Ketten von mehr als neunzig der wichtigsten Häuptlinge der Abessinier gelöst.

„Magdala, auf dem so viele Opfer abgeschlachtet wurden , wurde den Flammen übergeben und ist nur noch ein verbrannter Fels.

„Unser vollständiger und schneller Erfolg ist erstens der Barmherzigkeit Gottes zu verdanken, dessen Hand, davon bin ich überzeugt, in einer gerechten Sache über uns gewesen ist. Zweitens wegen der Hochstimmung, die Sie inspiriert hat. Indische Soldaten haben ihre Vorurteile in Bezug auf Rasse und Glauben vergessen, um mit ihren europäischen Kameraden Schritt zu halten.

ehrenhafteren Gefühlen in einen Krieg eingetreten als Ihre; Dies hat Sie durch viele Strapazen und Schwierigkeiten getragen. Du hast nur auf den Moment gehofft, in dem du deinem Feind näher kommen könntest. Die Erinnerung an Ihre Entbehrungen wird schnell vergehen, aber Ihre tapfere Heldentat wird in der Geschichte weiterleben. Die Königin und das englische Volk werden Ihre Dienste zu schätzen wissen. Als Ihr Kommandant danke ich Ihnen für die Hingabe an Ihre Pflicht und die gute Disziplin, die Sie aufrechterhalten haben. Es wurde keine einzige Beschwerde gegen einen Soldaten eingereicht, der Felder verletzt oder Dörfer vorsätzlich belästigt hat, weder an Eigentum noch an Personen.

„Wir dürfen nicht vergessen, was wir unseren Kameraden schulden, die im schwülen Klima von Zulla und am Pass von Koomaylo oder in der Monotonie der Posten, die unsere Kommunikation aufrechterhielten, für uns gearbeitet haben; Jeder einzelne hätte sein Bestes gegeben, um bei uns zu sein, und ihnen gebührt unsere Dankbarkeit.

„Ich werde bis zu Ihrer Einschiffung über Ihre Sicherheit wachen und mich bis zum Ende meines Lebens mit Stolz daran erinnern, dass ich es Ihnen befohlen habe.

(Unterzeichnet) R. NAPIER , Generalleutnant,
Oberbefehlshaber.

(Unterzeichnet) M. DILLON , Oberstleutnant,
Militärsekretär.“

Die Proklamation ist zwar im Stil etwas übertrieben, entspricht aber dem Wortlaut. Die Männer haben Entbehrungen und Mühen ertragen, wie sie selten einem Soldaten zufallen, mit einem guten Gefühl und einer Fröhlichkeit, die im wahrsten Sinne des Wortes nicht zu loben ist. Die einzigen Gelegenheiten während dieser Expedition, bei denen ich Murren gehört habe, waren, als den Truppen von der Abteilung des Quartiermeisters mitgeteilt wurde, dass sie eine bestimmte Distanz marschieren sollten, und als sich herausstellte, dass der Marsch wiederum halb so weit war. Aber dieses Murren richtete sich nicht gegen die Entfernung oder die Mühe, so groß beides auch war; es war gegen die Unfähigkeit, die ihnen unnötige Mühe auferlegt hatte. Bei jeder notwendigen Entbehrung, beim Streikpostendienst in nassen Kleidern nach einem anstrengenden Tagesmarsch, bei Hunger und Durst, bei Müdigkeit, bei Nässe und Kälte, ich hörte sie nie murren; und ich bin mir sicher, dass die Menschen in England, wie es in der allgemeinen Verordnung heißt, ihre Mühen und Dienste zu schätzen wissen werden. Zumindest in einem Punkt könnten sie bis zu einem gewissen Grad belohnt werden. Ihr Gehalt ist hier genau das gleiche wie in Indien; Sie haben keinerlei Feld- oder andere zusätzliche Zulage. Hätte der Krieg in Indien stattgefunden, hätte die Armee zweifellos ein Jahr „Batta“ als Belohnung für ihr Leiden und ihre Mühe erhalten. Im vorliegenden Fall hat die englische Regierung die Fäden in der Hand, aber ich vertraue darauf, dass diese wohlverdiente Zusatzzahlung gewährt wird. Es würde einen vergleichsweise kleinen Posten in den Kosten der Expedition ausmachen, und die Wohltat wäre ein Akt der würdevollen Anerkennung seitens der Nation gegenüber den Männern, die ihre Flagge unter den schwierigsten und schwierigsten Umständen so erfolgreich getragen haben.

Nach der Verlesung der allgemeinen Anordnung übergab Sir Robert Napier die geretteten Gefangenen den Vertretern der Regierungen, denen sie angehörten; und das allgemeine Gefühl aller war, dass wir diesen Offizieren viel Freude mit ihnen wünschten, denn eine Gruppe, die weniger vielversprechend aussah, konnte kaum irgendwo anders außerhalb der Mauern eines Gefängnisses gefunden werden. Bei der Übergabe dieser Gefangenen dankte Sir Robert Napier den ausländischen Offizieren dafür, dass sie die Expedition begleitet und an ihren Mühen und Nöten teilgenommen hatten. Als die Zeremonie vorbei war, kann man davon ausgehen, dass der letzte Akt des Magdala-Dramas beendet war, und die Armee marschierte am nächsten Tag zur Küste, wobei die zweite Brigade an der Spitze und die erste einen Tag in ihrem Rücken folgte. Da der Feldzug nun vorüber war, entschloss ich mich, mit voller Geschwindigkeit weiterzumachen, anstatt im notwendigen langsamen Tempo der Armee mit all ihren Lasten an Material und Gepäck zu reisen. Außerdem ist es viel angenehmer, alleine zu reisen, die Fahrten werden in zwei Dritteln der Zeit zurückgelegt, und zwar ohne den Staub, den Lärm und die endlosen Verzögerungen, die im Gepäckzug auftreten. Am Ende der Reise ist die Abwechslung noch vorteilhafter: Man wählt den Platz für sein Zelt in der Nähe der kleinen Kommissariatsstationen, aber weit genug entfernt, um ruhig zu sein; und hier, frei vom Wiehern und Kämpfen der Pferde und Maultiere, der Herausforderung der Wachposten, dem Geplapper der einheimischen Truppen, die oft bis nach Mitternacht reden, und dem unaufhörlichen Lärm des Hustens und Stöhnens und anderer unangenehmer Geräusche, in denen a Hindu erfreut, wenn es ihm nicht ganz gut geht, verbringen wir die Nacht in Ruhe . Die Hyänen und Schakale sind zwar ein wenig lästig und heulen und schreien unaufhörlich um die Leinwand unseres Zeltes; aber der Lärm einer Hyäne ist wie Musik im Vergleich zum Husten und Stöhnen eines kranken Hindus; und deshalb meckern wir nicht. Wir sind eine vierköpfige Truppe, die mit unseren zehn Dienern, Syces und Maultiertreibern eine ziemlich starke Truppe darstellt; Nichts Unerwünschtes, da das Land auf der ganzen Strecke äußerst unruhig ist. Konvois werden ständig angegriffen und die Maultiertreiber ermordet; Tatsächlich vergeht kaum ein Tag ohne ein solches Verbrechen. Zwischen Lât und Atzala ist es vielleicht am schlimmsten ; Aber jenseits von Antalo und sogar unten am Sooro- Pass sind Morde fast an der Tagesordnung. Das Töten geschieht nicht nur auf einer Seite, denn zahlreiche Eingeborene wurden von den Wachen der Konvois, die sie angegriffen haben, erschossen. Das Böse nimmt von Tag zu Tag zu, und der Oberbefehlshaber hat gerade eine Proklamation an die Eingeborenen herausgegeben, die ins Amharische übersetzt und im ganzen Land verbreitet werden soll, in der er die Bevölkerung warnt, dass die Späher den Befehl haben, auf jede bewaffnete Gruppe zu schießen, die sie betreten treffen, die sich nicht sofort zurückziehen und den Weg frei machen, wenn sie dazu aufgefordert werden. Tatsache ist, dass wir bis zu diesem Zeitpunkt nicht über genügend Truppen im Land verfügen, um ausreichend starke Wachen zum Schutz der Konvois bereitzustellen. Viele sehr weise Leute haben darüber gesprochen, dass unsere Streitkräfte zu groß seien. Im gegenwärtigen Moment reicht es tatsächlich nicht aus für unsere Bedürfnisse, nicht ausreichend, um unsere Konvois selbst vor den verhältnismäßig wenigen Räubern und Räubern zu schützen, die jetzt die Linie heimsuchen. Ein Konvoi von tausend Tieren erstreckt sich über ein sehr langes Stück Land; mindestens drei oder vier Meilen. Was können etwa ein Dutzend Wachen tun, um es zu schützen? Ein Vorfall ereignete sich heute im Umkreis von drei Meilen von diesem Ort. Ein Konvoi von tausend Kamelen kam vorbei; die Wachen waren über die gesamte Länge verstreut; und ein Mann in der Mitte des Konvois wurde von drei oder vier Abessiniern ermordet, die die Soldaten, die weitergezogen waren, bemerkt hatten, wie sie ruhig auf einigen Felsen ein paar Meter von der Marschlinie entfernt saßen. Die Soldaten hinter ihnen hörten einen Schrei und ritten heran, fanden aber gerade noch rechtzeitig den toten Maultiertreiber vor, und seine Mörder konnten entkommen. Wenn die Räuber in Überzahl sind und versuchen, offen zu plündern, werden sie ausnahmslos geschlagen.

Neulich befehligte Leutnant Holt einen Zug mit Schätzen für Ashangi und hatte eine Bewachung aus zehn Sepoys. Er wurde von einer Gruppe von fünfzig oder sechzig Männern angegriffen, die zweimal zum Angriff anrückten, aber vertrieben wurden und drei von ihnen tot am Boden zurückließen. Diese Fälle sind keine Ausnahme; Sie kommen täglich vor und nehmen rasch zu. Es ist sehr zu bedauern; aber es war aus dem Verhalten vorherzusehen, das zunächst gegenüber Männern verfolgt wurde, die im Sooro- Pass bei einem Raubüberfall erwischt wurden. Bei meinem ersten Besuch in Senafe , Anfang Dezember letzten Jahres, habe ich vorhergesagt, was das unvermeidliche Ergebnis des Verfahrens sein muss, das gegenüber den Männern verfolgt wird, die beim Plündern ertappt wurden. Sie wurden ein oder zwei Tage lang im Wachhaus festgehalten, besser ernährt als jemals zuvor in ihrem Leben und dann entlassen, um erneut zu stehlen und ihre Kameraden zum Stehlen zu ermutigen, weil sie glaubten, wir seien zu schwach und zu kleinmütig es wagen, sie zu bestrafen. Und so ist es seitdem. In den Augen unserer politischen Beamten konnte ein Eingeborener keinen Schaden anrichten. Jede Strafe, die gegen sie verhängt wurde, wurde von Regimentsoffizieren oder Offizieren des Transportzuges verhängt, die sie beim Raubüberfall ertappt haben. Und selbst diese moderate

Gerechtigkeitsquote wurde auf Gefahr der Richter ausgeübt. Leutnant Story, 26. Regiment, ein äußerst energischer Offizier des Transportzuges – um nur ein Beispiel aus einer Reihe zu nennen – stellte fest, dass an einer der Stationen die Eingeborenen, die unbedingt herkommen wollten, um Gras und Getreide zu verkaufen, von zweien vertrieben wurden Häuptlinge, die offen diejenigen schlugen und misshandelten, die darauf beharrten, uns etwas zu verkaufen. Die Folge war, dass die Eingeborenen sich fernhielten und nur wenige nachts hineinkamen, um ihre Vorräte zu verkaufen. Leutnant Story stellte fest, dass seine Maultiere am Verhungern waren, und fing die beiden Häuptlinge ganz richtig ein und gab ihnen jeweils ein halbes Dutzend. Die Häuptlinge meldeten den Fall; die milden „ Politiker " hatten wie üblich ihren Willen; und Leutnant Story wurde kurzerhand aus dem Transportzug entfernt.

Ich habe in einem früheren Brief den Fall des Maultiertreibers erwähnt, der einem Mann, der die Maultiere ausrauben wollte, die Muskete entriss, ihn mit seiner eigenen Waffe erschoss und der für seine Tapferkeit mit einem Dutzend Peitschenhieben belohnt wurde . Ich könnte eine Spalte mit ähnlichen Beispielen füllen. Hätten wir das Glück gehabt, anstelle von Oberst Merewether einen Mann mit Entscheidungskraft und Tatkraft als politischen Offizier gehabt zu haben, wäre das alles vermieden worden. Der erste Mann, der mit Waffen in der Hand dabei erwischt wurde, wie er unsere Konvois angriff und plünderte, hätte vor Gericht gestellt und erschossen werden müssen; es ist das, was er von den einheimischen Häuptlingen erhalten hätte; und es hätte dem Räubertum ein Ende gesetzt. Stattdessen bestand die Politik – sofern man solche Machenschaften überhaupt als Politik bezeichnen kann – darin, sie mit allen uns zur Verfügung stehenden Mitteln dazu zu ermutigen, unsere Konvois zu plündern und unsere Fahrer und Männer zu ermorden. Eine strenge Politik gegenüber Wilden ist am Ende unendlich viel barmherziger. Ein paar Leben hätten zunächst fünfzig gerettet, die auf beiden Seiten bereits geopfert wurden, und hundert weitere, die wahrscheinlich verloren gehen werden, bevor wir das Land verlassen. Sir R. Napier ist sich nun, da er die Zügel selbst in die Hand genommen hat, des begangenen Fehlers und der absoluten Notwendigkeit bewusst, den Räuberbanden, die um uns herum zu schwärmen beginnen, keine Nachsicht mehr zu zeigen. Es ist äußerst bedauerlich, dass die ersten Phasen unseres Umgangs mit den Eingeborenen nicht einem Mann von Festigkeit und gesundem Menschenverstand anvertraut wurden. Mit der wiederholten Vorsicht der Beamten an den verschiedenen Stationen in unseren Ohren und mit den Berichten, die wir an fast jedem Rastplatz über einen Angriff und einen Mord in der Nachbarschaft innerhalb von ein oder zwei Tagen nach unserer Ankunft erhielten, kann man sich vorstellen, dass wir alle Vorsichtsmaßnahmen getroffen. Unsere Diener waren alle mit Speeren bewaffnet, unsere Maultiere wurden in dichter Reihe gehalten, und zwei von uns ritten vorne, zwei hinten in unserer Gruppe, mit gespannten Gewehren und griffbereiten Revolvern. Wie erwartet wurden wir nicht angegriffen; Denn in der Regel werden die feigen Räuber, so zahlreich sie auch sein mögen, nicht angreifen, wenn sie die Aussicht auf starken Widerstand sehen. Unsere Vorsichtsmaßnahmen waren jedoch nicht umsonst; denn wir wussten, dass wir zumindest in einem Fall hätten angegriffen werden müssen, wenn wir nicht so offensichtlich auf der Hut gewesen wären. Auf der Kuppe des Hügels oberhalb von Atzala kamen wir vorbei, ohne einen einzigen Eingeborenen zu sehen; Aber als wir zurückblickten, nachdem wir drei- oder vierhundert Meter zurückgelegt hatten, sahen wir eine Gruppe von fünfzig oder sechzig Männern, bewaffnet mit Speeren und Schilden, zwischen einigen Büschen und Felsen am Straßenrand aufstehen und sich auf den Weg machen. Es besteht kein Zweifel daran, dass wir angegriffen und wahrscheinlich ermordet worden wären, wenn wir nicht vorbereitet gewesen wären. Für den Rest unserer Reise besteht kaum Gefahr. Tatsächlich geht die Plünderung auf der ganzen Linie weiter; aber das Land ist offen und kahl, und die Eingeborenen würden niemals im Traum daran denken, im Freien anzugreifen.

Ich bedaure sehr, den Tod von Lieutenant Morgan von den Royal Engineers an Ruhr bekannt geben zu müssen. Er starb an der Front, und die Nachricht von dem traurigen Ereignis erreichte England wahrscheinlich mit der letzten Post; aber in Antalo hörte ich davon erst, nachdem ich meinen letzten Brief abgeschickt hatte. Er stand an der Spitze der Signalabteilung und war einer der energischsten und unermüdlichsten Offiziere. Tatsächlich habe ich noch nie einen Mann getroffen, der sich mehr für seine Arbeit interessierte; und wenn er gelebt hätte, wäre er in seinem Beruf der angesehenste geworden. Sir Robert Napier, der seine Bemühungen sehr würdigte, hat den folgenden allgemeinen Befehl erlassen: „Der Oberbefehlshaber hat mit großem Bedauern die Nachricht vom Tod von Leutnant Morgan, RE, dem Leiter der Signalgeber der 10. Kompanie, erhalten. RE Sir Robert Napier hatte ständig Gelegenheit, den unermüdlichen Eifer und die Energie dieses jungen Offiziers zu beobachten und die fröhliche Bereitwilligkeit, mit der er jede Gelegenheit nutzte, um seine besondere Arbeit für die Streitkräfte nützlich zu machen. Leutnant Morgan gab denjenigen unter seinem Kommando ein leuchtendes Beispiel; und durch seinen vorzeitigen Verlust aufgrund längerer Belastung und Erschöpfung verlieren die Dienste Ihrer Majestät und das Korps der Royal Engineers einen äußerst vielversprechenden Offizier."

Es kommt nicht oft vor, dass ein Subaltern so hohes und wohlverdientes Lob von seinem Oberbefehlshaber erhält; aber der arme Morgan war einer von tausend. Sein Tod war zweifellos das Ergebnis seiner harten Arbeit und Enthüllung. Er war einer von denen, denen seine Pflicht, so schwer sie auch sein mochte, eine Freude war. Obwohl er hätte reiten können, wenn er sich dazu entschlossen hätte, marschierte er doch an der Spitze seiner kleinen Gruppe von Männern und erleichterte ihnen die Arbeit durch eine fröhliche Bemerkung; und wenn er im Lager ankam und die Arbeit der anderen Männer beendet war, würde er vielleicht losgeschickt, um für die Signalisierung von Befehlen an die Brigade im Hinterland zu sorgen, eine Aufgabe, die die ganze Nacht in Anspruch nehmen würde. Er würde mit einer fröhlichen Bereitwilligkeit davonlaufen, die ich nie getrübt gesehen habe. Er hatte ein ruhiges und ungekünsteltes Wesen und gehörte zu den Männern, die diejenigen am meisten mögen, die sie am besten kennen. Mit aufrichtigem Bedauern schreibe ich diese kurze Mitteilung über seinen frühen Tod.

Was das Land betrifft, habe ich kaum etwas zu erzählen, was den englischen Lesern nicht bereits bekannt wäre. Nach den gewaltigen Schluchten von Djedda und Bachelo , deren Tiefe jetzt nachweislich 3900 Fuß beträgt, sind die Hügel auf dieser Seite des Tacazze , die bei unserer vorherigen Überquerung so beeindruckend erschienen waren, nur noch Kleinigkeiten. Auch die Straßen waren viel besser als bei unserem Aufstieg, da die zweite Brigade sowie Pioniere und Bergleute viel daran gearbeitet hatten, sie für Elefanten befahrbar zu machen. Der Regen, der in letzter Zeit gefallen ist, hat viel zur Aufhellung des Landes beigetragen; nicht auf den kahlen Hügelhängen – dort ist alles braun und verbrannt wie zuvor –, sondern in der Tiefe der Täler und auf den Hügelhängen, wo während des Regens Bäche ergossen sind, erstrahlt das leuchtende Grün des jungen Grases eine angenehme Wohltat für das Auge. Auch die Pflanzen sehen hell und gut aus; und es ist ein merkwürdiger Umstand, dass es hier anscheinend keinen festen Zeitpunkt für die Ernte gibt. Es ist nichts Ungewöhnliches, drei aneinander angrenzende Felder kultivierten Landes zu sehen – auf dem einen steht die Gerste in der vollen Ähre, auf dem zweiten liegt die Ernte nur wenige Zentimeter über dem Boden und auf dem dritten wird gerade gepflügt.

Die Armee ist jetzt etwa sieben Tage hinter mir, da ich sehr viel schneller unterwegs bin als sie. Jedes verfügbare Maultier wird ihnen entgegengeschickt, um Vorräte und Gepäck herunterzutragen; und an den Hauptstationen auf ihrem Weg gibt es Rum und alle anderen Annehmlichkeiten für sie. Die einheimische Kutsche ist dabei, die Ersatzvorräte herunterzubringen; und wenn nur genügend davon beschäftigt sind, werden uns die Vorräte bald nicht mehr belästigen; denn die Eingeborenen sind so arrogante Diebe, dass zwischen diesem und Atzala nur zwei Tagesmärsche liegen, Säcke mit Reis und Mehl, die anfänglich 75 Pfund wogen, ankommen und nur noch 40 Pfund, 30 Pfund und manchmal nur 25 Pfund wiegen. Das Wort Habesh , ihr allgemeiner Name für das Volk Abessiniens, bedeutet „Mischung"; und ich kann mir kaum eine schlimmere

Mischung vorstellen, denn sie scheinen alle Laster und keine der Tugenden der zahlreichen Rassen, aus denen sie bestehen, geerbt zu haben.

Darüber hinaus brauche ich nichts mehr zu schreiben; Aber ich kann mein Tagebuch über die Abessinien-Expedition nicht schließen, ohne meine Dankbarkeit für die überaus große und durchgängige Freundlichkeit zum Ausdruck zu bringen, mit der ich vom Oberbefehlshaber und vom größten Teil seines Stabes behandelt wurde. Besonders erwähnen möchte ich Colonel Dillon, den Militärsekretär; einer der fähigsten und sicherlich beliebtesten Offiziere im Stab, dessen Freundlichkeit und Aufmerksamkeit uns gegenüber grenzenlos war. Er war immer bereit, uns alle in seiner Macht stehenden Informationen zu geben und uns bei all den kleinen Schwierigkeiten zu helfen, mit denen ein Zivilist, der mit einer Armee reist, unvermeidlich konfrontiert ist.

Man kann nun sagen, dass die Abessinien-Expedition beendet sei und ein vollkommenerer und außergewöhnlicherer Erfolg gewesen sei, als der Zuversichtlichste es hätte vorhersagen können. Angesichts der schrecklichen Vorahnungen, die sich zu Beginn des Angriffs äußerten, wäre es nahezu unmöglich gewesen, dass wir hierher hätten reisen, Theodores Armee besiegen und fast vernichten können, die gesamten Gefangenen einsammeln und Magdala stürmen können – unvergleichlich die stärkste Festung der Welt – und tötete Theodore und kehrte vor dem Regen zurück, mit dem Verlust von nur einem Mann, der an seinen Wunden starb, und zwei oder drei an Krankheiten; ein Verlust, der unendlich geringer ist, als er im normalen Verlauf der Natur bei einer so großen Menschenmenge eingetreten wäre. Und doch wurde diese scheinbare Unmöglichkeit durch die besondere Vorsehung Gottes erreicht; Da Er unsere Bemühungen besonders gesegnet hat, wäre es der Gipfel der Skepsis , daran zu zweifeln. Wir haben Strapazen und Nöte durchgemacht, von denen man annehmen würde, sie hätten sich auch auf die stärkste Verfassung ausgewirkt. Wir waren Tag für Tag nass, mit bitterkalten Winden und seit einem Monat haben wir nicht einmal die Unterwäsche gewechselt; Wir hatten weder Tabak noch Stimulanzien, die es unserem Körper ermöglichen würden, dieser Nässe und Kälte zu widerstehen. Und doch sind die Krankenhäuser leer und der Gesundheitszustand der Truppen perfekt. Wir haben eine große und bisher unbesiegbare Armee besiegt und die stärkste Festung der Welt eingenommen, wobei wir einen Mann verloren haben. Wir haben einen Marsch durch ein Land voller sagenhafter Schwierigkeiten geschafft, ohne Straßen und fast ohne Nahrung, und unsere Transportschwierigkeiten wurden durch die unglaubwürdigen Berichte der Vorgesandten und durch den daraus resultierenden Zusammenbruch unseres Gepäckzuges erheblich verschärft. durch Krankheit, Durst und Überarbeitung; und doch werden wir das Land verlassen, bevor es regnet.

Menschlich kann man Sir Robert Napier kaum allzu viel Anerkennung zollen. Er musste unzählige Schwierigkeiten überwinden, auf die ich von Zeit zu Zeit hingewiesen habe; aber er hat sie alle auf bewundernswerte Weise erfüllt. Wie so oft bei erfolgreichen Kommandanten erfreut er sich großer Beliebtheit. Seine außerordentliche Freundlichkeit und Rücksichtnahme gegenüber allen machen ihn sehr beliebt, und ich glaube, dass die Männer alles für ihn getan hätten.

Im Großen und Ganzen mag England durchaus stolz auf den Feldzug sein, stolz auf seinen General und auf die tapfere und zähe Armee, deren Ausdauer und Mühe ihn erfolgreich durchführten. Es war zahlenmäßig keine große Kampagne; Aber durch unseren Erfolg unter unzähligen Schwierigkeiten hat England ein Ansehen erlangt, das, abgesehen von den eigentlichen Zielen des Feldzugs, mit geringem Aufwand zu erreichen ist, und das umso erfreulicher ist, als England, obwohl es sich immer unter Schwierigkeiten erhoben hat, Sie hat die großen Kriege triumphierend überstanden, ist aber in ihren „kleinen Kriegen" notorisch gescheitert.

DAS ENDE.

Fußnoten

1. Erst einige Monate nach diesem Datum durften die Transportoffiziere ihr Lager an einen bewohnbareren Ort verlegen.

2. Diese Regimentsanordnung wurde während des letzten Teils des Marsches nach Magdala durchgeführt und erwies sich als äußerst erfolgreich.

3. Meine Erwartungen bezüglich der Eisenbahn wurden mehr als erfüllt ; denn die letzten zwei Meilen der Eisenbahn nach Koomaylo waren am Ende der Expedition noch nicht fertiggestellt, und der Teil, der fertiggestellt wurde, war ausnahmslos das raueste, wackeligste und gefährlichste Eisenbahnstück, das jemals gebaut wurde. Es ist zu hoffen, dass in Zukunft ein Auftragnehmer anstelle eines Ingenieuroffiziers eingestellt wird, der weder über die erforderlichen Kenntnisse noch über die erforderliche Erfahrung verfügt.